Luiz Alberto Moniz Bandeira

O GOVERNO JOÃO GOULART

AS LUTAS SOCIAIS NO BRASIL – 1961-1964

8ª edição revista e ampliada

editora unesp

© 2010 Editora UNESP

Direitos de publicação reservados à:
Fundação Editora UNESP (FEU)

Praça da Sé, 108
01001-900 – São Paulo – SP
Tel.: (0xx11) 3242-7171
Fax: (0xx11) 3242-7172
www.editoraunesp.com.br
www.livrariaunesp.com.br
feu@editora.unesp.br

CIP-BRASIL. Catalogação na fonte
Sindicato Nacional dos Editores de Livros, RJ

B166r

Moniz Bandeira, Luiz Alberto, 1935-
  O governo João Goulart: as lutas sociais no Brasil, 1961-1964/Luiz Alberto Moniz Bandeira – 8.ed. rev. e ampliada. – São Paulo: Editora UNESP, 2010.
  512p. : il.

  Apêndices
  Inclui bibliografia
  ISBN 978-85-393-0015-0

  1. Goulart, João, 1918-1976. 2. Brasil – Política e governo, 1961-1964. 3. Brasil – História – Revolução, 1964. 4. Brasil – Relações – Estados Unidos. 5. Estados Unidos – Relações – Brasil. 6. Movimentos sociais – Brasil – História. I. Título.

10-1465.
CDD: 981.08
CDU: 94(81)"1961/1964"

Editora afiliada:

Asociación de Editoriales Universitarias
de América Latina y el Caribe

Associação Brasileira de
Editoras Universitárias

Recomenda-se aos governantes, estadistas, povos preferivelmente o ensinamento por meio da experiência da história. Mas o que a experiência e a história ensinam é que os povos e os governos nunca aprenderam qualquer coisa da história nem se comportam de acordo com suas lições.[1]

G. W. F. Hegel

A sociedade é frequentemente salva todas as vezes que o círculo dos seus dominadores se restringe e um interesse mais exclusivo se sobrepõe. Qualquer reivindicação, ainda que da mais elementar reforma financeira burguesa, do liberalismo mais vulgar, do mais formal republicanismo, da mais trivial democracia, é ao mesmo tempo castigada como "atentado contra a sociedade" e estigmatizada como "socialismo". Por fim, os pontífices da "religião e da ordem" são eles mesmo expelidos a pontapés de suas cadeiras de Pythia, arrancados da cama no meio da noite e da névoa, colocados em camburões, lançados no cárcere ou enviados para o exílio, seu templo arrasado, sua boca lacrada, suas penas partidas, sua lei rasgada, em nome da religião, da propriedade, da família, da ordem.[2]

Karl Marx

---

1. "Man verweist Regenten, Staatsmänner, Völker vornehmlich an die Belehrung durch die Erfahrung der Geschichte. Was die Erfahrung aber und die Geschichte lehren, ist dies, dass Völker und Regierungen niemals etwas aus der Geschichte gelernt und nach Lehren, die aus derselben zu ziehen gewesen wären, gehandelt haben." (Hegel, 1994, p.19.)

2. "Die Gesellschaft wird ebenso oft gerettet, als sich der Kreis ihrer Herrscher verengt, als ein exklusiveres Interesse dem weiteren gegenüber behauptet wird. Jede Forderung der einfachsten bürgerlichen Finanzreform, des ordinärsten Liberalismus, des formalsten Republikanertums, der plattesten Demokratie, wird gleichzeitig als ,Attentat auf die Gesellschaft' bestraft und als Sozialismus' gebrandmarkt. Und schließlich werden de Hohenpriester der ,Religion und Ordnung' selbst mit Fußtritten von ihren Pyathiastühlen verjagt, bei Nacht und Nebel ais ihren Betten geholt, in Zellenwagen gesteckt, in Kerker geworfen oder ins Exil geschickt, ihr Tempel wird der Erde gleichgemacht, ihr Mund wird versiegelt, ihre Feder zerbrochen, ihr Gesetz zerrissen, im Namen der Religion, des Eigentums, der Familie, der Ordnung." (Marx, 1982, p.123.)

SUMÁRIO

Abreviaturas dos arquivos   11

Siglas   13

Prefácio à oitava edição   17

Prefácio à sétima edição   37

Prefácio à primeira edição   77

Socialismo e trabalhismo no Brasil   83

De Vargas a Goulart   111

CAPÍTULO 1 – Goulart, populismo e trabalhismo –
Origens e evolução do PTB – Ascensão e queda do
ministro do Trabalho – A república sindicalista e a
campanha contra o movimento operário   129

CAPÍTULO 2 – As divergências com o governo de Kubitschek –
O programa das reformas de base e as mudanças
constitucionais – O PTB como partido de esquerda   139

CAPÍTULO 3 – Goulart e o parlamentarismo – Fatores da inflação –
Início da conspirata – A questão da Hanna e a política
externa independente – O caso da ITT   147

CAPÍTULO 4 – A questão agrária – O duelo entre Goulart
e o Congresso – A emergência do proletariado e o
surgimento do CGT – A luta pelo plebiscito   163

CAPÍTULO 5 – A articulação do empresariado contra o
governo – A criação do IBAD e do IPES – A atuação da
CIA e o papel da Embaixada dos Estados Unidos   173

CAPÍTULO 6 – Fortalecimento da esquerda nas eleições de 62 –
O bloqueio de Cuba – A proposta de Kennedy para intervenção
e a recusa de Goulart – As pressões americanas   185

CAPÍTULO 7 – A vitória no plebiscito – O significado da ajuda
americana – San Tiago Dantas em Washington – O impasse do
Plano Trienal – As contradições na área do governo   205

CAPÍTULO 8 – O escândalo da AMFORP – A queda de
San Tiago Dantas e a reação de Washington – Sargentos
e radicalização nas Forças Armadas – As medidas
econômicas e nacionalistas do governo   221

CAPÍTULO 9 – Realizações do governo de Goulart – A retomada
do projeto de Vargas – Fechamento do IBAD – Os militares e
as greves políticas – O levante dos sargentos de Brasília   237

CAPÍTULO 10 – Os preparativos para a contrarrevolução –
O papel de Vernon Walters e dos agentes da CIA – Boinas-verdes
no Brasil – A tentativa de decretar o estado de sítio   253

CAPÍTULO 11 – A conspiração militar e a participação dos Estados
Unidos – O assassínio de Kennedy – O plano de levante –
Os informes do SFICI – A ofensiva política de Goulart   273

CAPÍTULO 12 – A implementação do Acordo Militar
Brasil-Estados Unidos à revelia de Goulart – A *guerra
revolucionária* de Bilac Pinto – O aguçamento das
lutas sociais – Alternativas de Goulart   293

CAPÍTULO 13 – As reformas de Goulart – A proposta de
reforma agrária – As Marchas da Família – O papel de
Castelo Branco – A CIA, o papel do cabo Anselmo e o motim
dos marinheiros – O levante de Minas Gerais   313

CAPÍTULO 14 – A Operação Brother Sam – Plano de
contingência dos Estados Unidos para invadir o Brasil –
Pressões contra o CGT – Tentativas de resistência – O colapso
militar, fracasso da greve geral e queda do governo   331

CAPÍTULO 15 – A popularidade do governo Goulart às vésperas
do golpe – O exílio – Ameaça de invasão do Uruguai pelo
Brasil – A ruptura entre Brizola e Goulart – A conspiração
de Adhemar de Barros – A Frente Ampla   351

CAPÍTULO 16 – O modelo insurrecional de Brizola – O fracasso da
Operação Pintassilgo – As divergências e a ruptura com Goulart –
Brizola e os seis focos de guerrilha planejados – O AI 5 –
Radicalização e esgotamento da ditadura   371

CAPÍTULO 17 – Convite de Perón a Goulart – Os negócios na
Argentina – A Operação Condor e o assassinato de líderes
políticos – O clima de terror em Buenos Aires – Reconciliação
de Brizola e Goulart – Exame cardiológico em Lyon   389

CAPÍTULO 18 – As alternativas de Goulart – Residir na França ou
retornar ao Brasil – A missão de Cláudio Braga junto a Almino
Affonso – A viagem a Mercedes – O falecimento de Goulart –
A mesquinhez da ditadura – O enterro em São Borja   405

Conclusões   415

Apêndice
Da morte de João Goulart   423

Arquivos e outras fontes primárias   461

Referências bibliográficas   465

Índice onomástico   475

Abreviaturas dos arquivos

AA – Arquivo do Autor

ACACP – Arquivo de Carlos Alberto Carvalho Pinto

ACB – Arquivo Cláudio Braga

ADA – Arquivo de Doutel de Andrade

AGV – Arquivo de Getúlio Vargas

AHF – Arquivo de Hugo de Faria

AHMRE-B – Arquivo Histórico do Ministério das Relações Exteriores – Brasília

AIPG – Arquivo do Instituto Presidente João Goulart

AMJDH – Arquivo do Movimento de Justiça e Direitos Humanos

AN – Arquivo Nacional

AN – COREG – DF – Arquivo Nacional – Coordenação Regional – Distrito Federal

ASTD – AN – Arquivo de San Tiago Dantas (Arquivo Nacional)

AWF – Arquivo de Wilson Fadul

CMS – UCM – CPHC – Centro da Memória Social – Universidade Cândido Mendes – Centro de Pesquisa de História Contemporânea

CPDOC – FGV – Centro de Pesquisa e Documentação de História Contemporânea – Fundação Getúlio Vargas

DJG – Documentação de João Goulart[1]
JFKL – John Fitzgerald Kennedy Library
LBJL – Lyndon Baines Johnson Library

---

1 A documentação de João Goulart, que ainda estava comigo, doei ao CPDOC, à mesma época que também o fez Beatriz Bandeira Ryff, viúva do jornalista Raul Ryff, com a documentação que possuía.

Siglas

ACL – Arquivo de Carlos Lacerda.

ADA – Arquivo Doutel de Andrade.

ADEP – Ação Democrática Parlamentar.

AFL-CIO – American Federation of Labor – Congress of Industrial Organization.

AGV – Arquivo de Getúlio Vargas.[1]

AID – Agency for International Development.

AMFORP – American & Foreign Power.

AN – COREG – Arquivo Nacional – Coordenação Regional do Distrito Federal.

AOA – Arquivo de Osvaldo Aranha.

AP – Ação Popular.

ARENA – Aliança Renovadora Nacional.

CAMDE – Campanha da Mulher Democrática.

CEBRAP – Centro Brasileiro de Análise e Pesquisa.

CENIMAR – Centro de Informações da Marinha.

CGT – Comando Geral dos Trabalhadores.

---

1   Essa referência corresponde ao tempo em que o arquivo do presidente Getúlio Vargas ainda se encontrava na residência de sua filha, Alzira Vargas do Amaral Peixoto, e lá o autor pesquisou, em 1971. Posteriormente passou para o CPDOC-FGV

CIA – Central Intelligence Agency.

CIE – Centro de Informações do Exército.

CIEX – Centro de Informações do Exterior.

CISA – Centro de Informações e Segurança da Aeronáutica.

CNBB – Conferência Nacional dos Bispos do Brasil.

CONESP – Comissão Nacional das Empresas de Serviço Público.

CPI – Comissão Parlamentar de Inquérito.

CPDOC – FGV – Centro de Pesquisa e Documentação de História Contemporânea – Fundação Getúlio Vargas.

CPOS – Conselhos Permanentes das Organizações Sindicais.

CSN – Conselho de Segurança Nacional.

DIA – Defense Intelligence Agency.

DINA – Dirección Nacional de Inteligencia.

DOI-CODI – Destacamento de Operações de Informações – Centro de Operações de Defesa Interna.

DOPS – Departamento de Ordem Política e Social.

DSI – Divisão de Segurança e Informações.

ERP – Ejército Revolucionario del Pueblo.

FALN – Fuerzas Armadas de Libertación Nacional.

FAUR – Fraterna Amizade Urbana e Rural.

FIP – Força Interamericana de Paz.

FMI – Fundo Monetário Internacional.

FMP – Frente de Mobilização Popular.

FPN – Frente Parlamentar Nacionalista.

FOIA – Freedom of Information Act.

GEIFAR – Grupo de Estudos da Indústria Farmacêutica.

IBAD – Instituto Brasileiro de Ação Democrática.

IBGE – Instituto Brasileiro de Geografia e Estatística.

IBOPE – Instituto Brasileiro de Opinião Pública e Estatística.

IEPES – Instituto de Estudos Políticos, Econômicos e Sociais.

IPES – Instituto de Pesquisas e Estudos Sociais.

IPM – Inquérito Policial-Militar.

IS – Internacional Socialista.

ITT – International Telephone & Telegraph Company.
MDB – Movimento Democrático Brasileiro.
MIR – Movimiento de la Izquierda Revolucionaria.
MLN-T – Movimiento de Libertación Nacional – Tupamaros.
MRE – Ministério de Relações Exteriores.
MRN – Movimento Revolucionário Nacionalista.
MRT – Movimento Revolucionário Tiradentes.
MSD – Movimento Sindical Democrático.
OEA – Organização dos Estados Americanos.
ONU – Organização das Nações Unidas.
ORIT – Organización Regional Inter-Americana del Trabajo.
PCB – Partido Comunista Brasileiro.
PCdoB – Partido Comunista do Brasil.
PCUS – Partido Comunista da União Soviética.
PFL – Partido da Frente Liberal.
POLOP – Política Operária.
POR – Partido Operário Revolucionário (trotskista).
PSB – Partido Socialista Brasileiro.
PSD – Partido Social-Democrático.
PTB – Partido Trabalhista Brasileiro.
PSP – Partido Social Popular.
PT – Partido Trabalhista.
PUA – Pacto de Unidade e Ação.
RESDETRAL – Resistência Democrática dos Trabalhadores Livres.
SFICI – Serviço Federal de Informações e Contrainformações.
SNI – Serviço Nacional de Informações.
SORPE – Serviço de Orientação Rural de Pernambuco.
SRB – Sociedade Rural Brasileira.
STF – Supremo Tribunal Federal.
STM – Supremo Tribunal Federal.
SUMOC – Superintendência da Moeda e do Crédito.
SUPRA – Superintendência da Reforma Agrária.
TIAR – Tratado Interamericano de Assistência Recíproca.

UCF – União Cívica Feminina.

UDN – União Democrática Nacional.

UnB – Universidade de Brasília.

UTB – União Trabalhista Brasileira.

USIA – United States Information Agency.

PREFÁCIO À OITAVA EDIÇÃO

Sempre me emociono quando escrevo sobre o golpe militar que derrubou o governo do presidente João Goulart. Esse acontecimento foi traumático para mim e milhares de brasileiros. Marcou profundamente minha vida e abalou minha saúde. Desde aquele dia, 1º de abril de 1964, até 23 de dezembro de 1974, vivi, durante dez anos, entre exilado, clandestino, semiclandestino e preso dois anos (1969-1970 e 1973), sem nenhuma perspectiva para o futuro. Como escreveu William Shakespeare, em *Othelo*, "to mourn a mischief that is past and gone is the next way to draw new mischief on",[1] i. e., lamentar danos passados e findos é o meio imediato de atrair para si novos danos. Entretanto, não obstante recordar com saudade e tristeza amigos e personagens que partiram para o "undiscoverd country", de cujos limites "no traveller returns",[2] não podia deixar de rever essa obra – *O governo João Goulart – As lutas sociais no Brasil (1961-1964)* – lançada em 1977, dado que, depois da 7ª edição revista e ampliada (2001), vários livros de memória foram publicados e muitos outros documentos, desclassificados.

---

1   *Othelo*, Act I, Scene I, in Shakespeare, 1975, p.1119.
2   *Hamlet*, Act III, Scene I, in Shakespeare, 1975, p.1088.

É certo que o testemunho de pessoas que assistiram a um aconteci-mento ou participaram dele pode revelar certos aspectos que nenhum historiador ou cientista político encontrará em qualquer documento, embora, às vezes, elas julguem que o que viram ou sabem é toda a ver-dade. No entanto, é necessário considerar que ninguém pode ter conhe-cimento exato e absoluto de qualquer acontecimento. Seu conhecimento imediato é sempre relativo ao ângulo do qual viu o acontecimento, da posição que ocupava, do momento em que participou e do papel que nele desempenhou. Contém, portanto, uma parte de verdade, mas também uma parte de erro ou mesmo de fantasia e mentira. O conhecimento completo, ou quase completo, de um acontecimento histórico só pode aproximar-se da verdade, tanto quanto possível, mediante uma série de conhecimentos relativos. Eu mesmo tenho minhas reminiscências. Vivi a época e acompanhei todo o processo que culminou com o golpe militar de 1964, quando então fui exilado para o Uruguai. Sei, porém, que a memória não constitui a gravação de algo que ocorreu, de um acontecimento que vimos ou do qual participamos. A memória sempre se reconstrói, apaga alguns aspectos do acontecimento, deforma ou acrescenta outros que, às vezes, se sobrepõem e se confundem, e daí que, como historiador e cientista político, para reconstituir os aconte-cimentos, além das memórias publicadas de vários personagens, tratei de entrevistar mais uma vez os sobreviventes, e outros que antes não conseguira ou que não quiseram falar, por motivos de cautela, dado que era ainda vigente o regime militar. Assim cruzei e confrontei todas as informações, de modo a confirmar e ajustar os fatos ao que foi e é plausível, o que me permitiu acrescentar e/ou corrigir algumas infor-mações e aprofundar certos acontecimentos por mim abordados nas edições anteriores desta obra.

O episódio da expulsão de Leonel Brizola do Uruguai, onde ele es-tava asilado, e do seu pedido de asilo aos Estados Unidos constitui um exemplo de como o conhecimento é relativo ao ângulo e ao momento em que uma pessoa participou do acontecimento. Essa informação chegou a mim por meio do jornalista Roberto Garcia, correspondente da revista *Veja*, em Washington, na tarde de domingo, 18 de setembro de 1977, durante uma cerimônia em homenagem a Orlando Letelier, ex-chanceler de Salvador Allende, lá assassinado um ano antes pela DINA, o serviço secreto do ditador Augusto Pinochet. Por ser amigo de Brizola, fui recebê-lo no Aeroporto Internacional John Kennedy, em Nova York, e ele explicou que decidiu solicitar asilo aos Estados Unidos para testar a política de defesa dos direitos humanos do então presidente James (Jimmy) Earl Carter (1977-1981), do Partido Democrata. Àquele tempo, após o escândalo de Watergate, com as revelações das atividades criminosas da CIA e do FBI e a contundente derrota militar no Vietnã, a posição do governo americano era bem diferente em relação às ditaduras na América Latina, e não me estranhou o fato de que ocorresse a Brizola a ideia de solicitar e receber asilo dos Estados Unidos, dado que não lhe restava opção na América do Sul. Nunca me preocupei em indagar as reais razões de sua atitude. E ele também nunca as diria. Não era seu hábito falar sempre a verdade.

Entretanto, quando pesquisava para escrever o livro *Fórmula para o caos – A derrubada de Salvador Allende (1970-1973)*, em 2007, encontrei entre os documentos do Centro de Informações do Exterior (CIEX), depositados na Coordenação Regional do Arquivo Nacional, em Brasília, um informe, datado de 30 de maio de 1977, segundo o qual Paulo Cavalcanti Valente, asilado em Montevidéu, recebeu diversas cartas pela mala diplomática dos Estados Unidos e a sugestão de que procurasse Brizola e estudasse a possibilidade de um contato seu com membros da Embaixada Americana. O funcionário chamado Clayton ou Clipton, que lhe entregou as cartas, pediu ainda o telefone e o endereço de Brizola, que, ao saber do fato, teria enviado uma carta ao deputado Pedro Simon, do MDB do Rio Grande do Sul, por intermédio de João Carlos Guaragna (no informe aparece como Garunho), pois queria tê-lo como testemunha do encontro a realizar-se, possivelmente, após a chegada a Montevidéu do novo embaixador dos Estados Unidos.[3]

---

3   O embaixador Ernest V. Siracusa havia deixado o posto em 22 de abril de 1977.

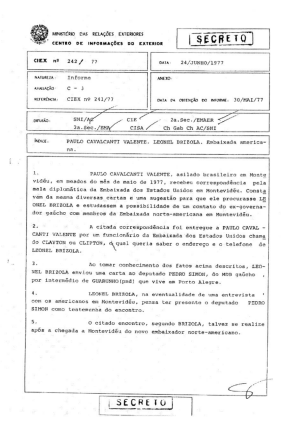

Documento do CIEX, informando que a Embaixada Americana em Montevidéu buscou contato com Brizola, em maio de 1977, cerca de alguns meses antes de sua expulsão do Uruguai. Fundo DSI-CIEX. AN-COREG-DF.

O senador Pedro Simon, conversando comigo pelo telefone, declarou que não recebeu nenhuma carta de Brizola nem foi convidado para testemunhar encontro algum seu com um diplomata americano em Montevidéu.[4] E o novo embaixador, Lawrence A. Pezzullo, nomeado em 1º de julho de 1977, só entregou as credenciais ao governo do Uruguai em 10 de agosto. Se houve ou não encontro com um

---

4   Declaração do senador Pedro Simon ao autor, pelo telefone, em 11 mar. 2010.

diplomata americano é difícil dizer, sem solicitar a desclassificação da correspondência diplomática e dos informes da CIA, nos Estados Unidos. De qualquer forma, não se pode descartar a possibilidade de haver ocorrido alguma comunicação, algum contato, pois, em julho daquele ano, 1977, Brizola manifestou ao advogado Trajano Ribeiro, seu parente e que o visitava no Uruguai, a pretensão de ir aos Estados Unidos, com o propósito de testar a política de direitos humanos do presidente Carter.[5] Propósito estranho, dado seu *status* de asilado político, que não lhe permitia viajar sem autorização do governo uruguaio, sem passaporte brasileiro ou de outro país, e à aparente inviabilidade de obter algum visto dos Estados Unidos.

Dois meses depois, em 15 de setembro, uma quinta-feira, Brizola teve de comparecer ao Ministério do Interior, onde, no fim da tarde, recebeu o aviso de sua expulsão, com o prazo de cinco dias, i. e., até as 24h de 20 de setembro, para abandonar o país. A princípio, ele se negou a assinar a notificação, porém acabou por fazê-lo e manifestou a intenção de regressar ao Brasil, conforme o ministro do Interior, general Hugo Linares Brum, contou ao embaixador do Brasil Antônio Corrêa do Lago[6] que, na véspera, fora informado da decisão do governo uruguaio.[7] O general Hugo Linares Brum ponderou, entretanto, não acreditar que Brizola tomasse tal iniciativa.[8] E tinha razão. Brizola, após receber a intimação para deixar o Uruguai até o dia 20, conversou, em seu apartamento, com Carlos Olavo da Cunha Pereira, homem de sua confiança e que lhe prestava assistência, e daí surgiu a ideia de solicitar o asilo aos Estados Unidos, considerando que não teria

---

5   Informação de Trajano Ribeiro ao autor.
6   Embaixada do Brasil – Montevidéu para a Secretaria de Estado. Tel. 1094 – 17 set. 1977. Secreto – exclusivo – urgentíssimo. G/SG/ Uruguai. Revogação do asilo concedido ao engenheiro Leonel Brizola. a) Antônio Corrêa do Lago. AHMRE-B.
7   Embaixada do Brasil – Montevidéu para a Secretaria de Estado. Tel. 1067 – 14 set. 1977. Secreto – exclusivo – urgentíssimo. G/SG/ Uruguai. Revogação do asilo concedido ao engenheiro Leonel Brizola. a) Antônio Corrêa do Lago. Ibidem.
8   Embaixada do Brasil – Montevidéu para a Secretaria de Estado. Tel. 1094 – 17 set. 1977. Secreto – exclusivo – urgentíssimo. G/SG/ Uruguai. Revogação do asilo concedido ao engenheiro Leonel Brizola. a) Antônio Corrêa do Lago. Ibidem.

segurança em nenhum país da América do Sul e, na Europa, ficaria distante demais dos acontecimentos no Brasil.[9] Assim, na manhã do dia seguinte, sexta-feira, Brizola tomou o automóvel para a Embaixada Americana, lá formalizou o pedido de asilo, e seguiu para a sua estância em Durazno, 183 km distante de Montevidéu, com o objetivo de organizar seus negócios antes de sair do Uruguai. Entrementes, o médico Tuffik Mattar, seu amigo, chegando a São Paulo, procedente do Uruguai, chamou Trajano Ribeiro, por telefone, e transmitiu-lhe o pedido de Brizola para que fosse a Montevidéu, levando seus filhos, que se encontravam no Rio de Janeiro.

Os Estados Unidos não são signatários das convenções de Havana (1928) e Montevidéu (1933) e fizeram constar expressa reserva que não reconheciam e não firmavam a doutrina do asilo político como parte do Direito Internacional. Sempre manejaram, de maneira política, a concessão do asilo. Mas não foi absolutamente normal o fato de que a solicitação de asilo, sendo formulada por Brizola na manhã de uma sexta-feira, tivesse tão rápida tramitação, a ponto de, no domingo, 18, a notícia da concessão já circular em Washington. E Brizola, aparentemente, estava tão seguro de que iria obter o asilo nos Estados Unidos que não cuidou de buscar outra opção, para a eventualidade de o governo de Washington lhe negar a solicitação. Viajou para Durazno, onde passou o sábado e o domingo, e só voltou a Montevidéu na

---

9   "Estávamos numa sexta-feira, o que significava que o prazo de cinco dias, atravessando o sábado e o domingo, terminaria na terça-feira da semana seguinte. Sinceramente, fiquei estarrecido e perguntei a Brizola o que poderíamos fazer e travamos um diálogo sobre as possíveis soluções. Um a um fomos desfiando os países onde ele poderia ser acolhido, claro que sempre levando em conta a existência de suas embaixadas em Montevidéu e a necessidade do asilo, como segurança, porque qualquer voo do Uruguai para o exterior só poderia ter dois destinos: Brasil ou Argentina. No Brasil nem poderíamos pensar e, na Argentina, fatalmente, ele dificilmente poderia transitar, em virtude da terrível ditadura lá implantada. Então disse a Brizola que a saída era o asilo nos Estados Unidos, com a política dos direitos humanos do presidente Carter. Brizola falou: 'Você tem razão'. E, em voz alta, chamou dona Neuza e lhe disse com aquele riso irônico: 'Neuza, que tal a gente ir morar nos Estados Unidos?'. Ato contínuo, ele sugeriu: 'Neuza, vamos abrir uma garrafa de vinho e brindar pela decisão que acabamos de tomar'." Depoimento de Carlos Olavo da Cunha ao autor, enviado por e-mail, em 5 fev.2010.

segunda-feira pela manhã[10], quando então foi oficialmente informado pela Embaixada Americana da decisão favorável à sua solicitação. Aí soube também do oferecimento de asilo pelo primeiro-ministro de Portugal, Mário Soares. Logo em seguida, Trajano Ribeiro procurou a Embaixada do Brasil, na qualidade de representante e sobrinho de Brizola, alegando que ele não mais podia ausentar-se de sua residência, por determinação das autoridades policiais, e que desejava regressar ao Brasil e responder às acusações nos diversos processos em que fora condenado.[11] A ordem do governo era prendê-lo se entrasse no território brasileiro.[12] Esta informação foi dada a Trajano Ribeiro, no dia 20, e Brizola, às 12h45, telefonou para o cônsul-geral do Brasil, Agenor Soares dos Santos, "para perguntar-lhe se recebera autorização para fornecer-lhe um passaporte, dizendo que isso lhe fora adiantado pela Embaixada Americana", e "justificou a interferência daquela missão com a explicação de que os Estados Unidos estariam 'receptivos diante da situação que lhe fora criada no Uruguai'".[13]

A Carlos Olavo da Cunha Pereira e Juan Alonso Mintegui coube a tarefa de solicitar ao Consulado da Argentina permissão para que Brizola, na condição de asilado em Montevidéu, passasse por Buenos Aires até o Aeroporto de Ezeiza, a fim de embarcar para os Estados Unidos. O cônsul argentino pediu-lhes que voltassem uma hora depois, porém a resposta foi negativa. Carlos Olavo da Cunha Pereira então comunicou o fato à Embaixada Americana e o diplomata, que o

---

10 Beatriz Schiller. Brizola chega aos Estados Unidos. *Jornal do Brasil*, Rio de Janeiro, 23 set.1977.

11 Embaixada do Brasil – Montevidéu para a Secretaria de Estado. Tel. 1.103. 19 set. 1977. Secreto – exclusivo – urgentíssimo. G/SG/ Uruguai. Revogação do asilo concedido a Leonel Brizola. A) Antônio Corrêa do Lago. AHMRE-B.

12 "As autoridades de segurança estão alertadas, devendo Leonel Brizola ser detido para cumprir as penas a que está condenado, caso tente ingressar no território brasileiro". Minuta de telegrama – Montevidéu para a Secretaria de Estado. 19 set. 1977. N.640. Secreto – exclusivo – urgentíssimo. G/SG/ Uruguai. Revogação do asilo concedido a Leonel Brizola. a) Exteriores. AHMRE-B.

13 Embaixada do Brasil – Montevidéu para a Secretaria de Estado. Tel. 651. 20 set. 1977. Secreto – exclusivo – urgentíssimo. G/SG/ Uruguai. Revogação do asilo concedido a Leonel Brizola. a) Antônio Corrêa do Lago. AHMRE-B.

atendeu e cujo nome não recordava, disse-lhe, "falando um português bem aceitável": "Fiquem tranquilos. Nós vamos acompanhar Brizola de Montevidéu aos Estados Unidos e ele pernoitará em Buenos Aires sob a nossa guarda".[14] O diplomata na Embaixada Americana, que tratou do asilo de Brizola e manteve os entendimentos com Trajano Ribeiro para retirá-lo do Uruguai, foi James R. Cheek, chefe adjunto da missão (Deputy Chief of Mission – DCM), substituto do embaixador Lawrence A. Pezzullo, que estava ausente, nos Estados Unidos. E, quando Trajano Ribeiro manifestou sua preocupação, supondo que Brizola iria pernoitar no Hotel Liberty, o mesmo no qual o senador Zelmar Michelini fora sequestrado, em maio de 1976, ele disse: "Não se preocupe. Estaremos lá".[15]

A primeira informação foi a de que Brizola partiu para Buenos Aires sem passaporte – apenas com sua carteira de identidade brasileira – pelas Aerolíneas Argentinas, às 21h45 da terça-feira, 20 de setembro de 1977. Na verdade, ele viajou com um Título de Identidade e Viagem, emitido pelo Ministério de Relações Exteriores do Uruguai e assinado por Augustín Ortega, chefe do Serviço de Passaportes, válido unicamente para os Estados Unidos e países da Europa Ocidental, no qual constou um visto B-22, com validade até 19 de março de 1978, aposto pela Embaixada Americana.[16] Evidentemente os americanos (decerto agentes da CIA, com passaporte diplomático) que o acompanharam não iriam hospedá-lo no Hotel Liberty, onde, cerca de quinze dias antes, em 7 de setembro, Guillermo Luis Taub, filho do proprietário, fora sequestrado por um comando do Exército argentino.[17]

---

14 Depoimento de Carlos Olavo da Cunha ao autor, enviado por e-mail, em 5 fev.2010.
15 Informação de Trajano Ribeiro ao autor.
16 Minuta de telegrama – Montevidéu para a Secretaria de Estado. 22 set. 1977. Nº 666. Secreto – exclusivo – urgentíssimo. G/SG/ Uruguai. Revogação do asilo concedido a Leonel Brizola. N.640. a) Exteriores. AHMRE-B.
17 A família Taub era proprietária do Hotel Liberty e de uma grande casa de câmbio, na Avenida Corrientes, em Buenos Aires. O dono, Benjamín Taub, sua esposa, seu filho Guillermo Luis e vários empregados foram sequestrados, àquela época, em setembro de 1977, e mantidos presos em numerosos centros clandestinos, entre eles a Brigada de Investigaciones de Quilmes (Pozo de Quilmes) e o Comando de Operaciones Tácticas

O serviço de inteligência do Brasil acompanhou os passos de Brizola em Buenos Aires e, de acordo com a informação do adido do Exército, coronel Iris Lustosa de Oliveira, ele pernoitou em um apartamento particular, na Calle Uruguay n.534, 2º andar (provavelmente um apartamento de segurança da Embaixada Americana na Argentina), e, às 13h30 do dia seguinte, 21 de setembro, transferiu-se para o Hotel Internacional, em Ezeiza.[18] Ali permaneceu até a hora do embarque, previsto para as 20h, no voo da Braniff, com destino a Nova York, com escalas em Santiago do Chile e Miami e, provavelmente, uma escala técnica em Guayaquil, no Equador.[19] No último instante, porém, "Brizola e seus acompanhantes" deixaram de embarcar no voo da Braniff, para fazê-lo no da Aerolíneas Argentinas, que fazia a rota direta Buenos Aires-Nova York, sem escalas.[20] Sem dúvida, esta súbita mudança ocorreu por questão de segurança e Brizola, sozinho, não teria condições de efetuá-la se não contasse com a cobertura diplomática de seus acompanhantes da Embaixada Americana. Conforme depoimento de Carlos Olavo da Cunha Pereira, três funcionários da Embaixada Americana acompanharam-no até Buenos Aires e ocuparam os quartos vizinhos ao dele, para garantir que nada lhe ocorresse.[21] E Brizola, na entrevista que concedeu à imprensa, ao desembarcar em Nova York, agradeceu a acolhida que lhe foi dada pelos Estados Unidos, destacando

---

Uno (COTI Martínez). Guillermo Luis Taub foi torturado juntamente com seu pai por interrogadores que intentaram vinculá-los com os tupamaros uruguaios, porque haviam hospedado, no seu hotel, o senador exilado Zelmar Michelini.

18 Da Embaixada em Buenos Aires. 21 set. 1977. Tel. 3477. Secreto – exclusivo – urgentíssimo. S/SG – Segurança. Brasil. Passagem por Buenos Aires de Leonel Brizola. a) Cláudio Garcia de Souza. AHMRE-B. – Da Embaixada em Buenos Aires. 21 set. 1977. Tel. 3477. Secreto – exclusivo – urgentíssimo. G7SG – Segurança. Brasil. Passagem por Buenos Aires de Leonel Brizola. a) Cláudio Garcia de Sousa. AHMRE-B.

19 Ibidem.

20 Da Embaixada em Buenos Aires. 22 set. 1977. Tel. 3487. Secreto – exclusivo – urgentíssimo. S/SG – Segurança. Brasil. Trânsito de Leonel Brizola pela Argentina. a) Cláudio Garcia de Souza. Ibidem.

21 O fato de os americanos se alojarem em quartos vizinhos ao de Brizola foi contado por um deles a Carlos Olavo da Cunha Pereira, quando voltou a Montevidéu. Depoimento de Carlos Olavo da Cunha Rodrigues ao autor, enviado por e-mail, em 5 fev.2010.

que "seus diplomatas foram incansáveis na solução das dificuldades" para a obtenção dos documentos.[22]

J. Patrice McSherry, professora de ciência política na Long Island University (Brooklyn), contou em seu livro *Predatory States – Operation Condor and Covert War in Latin América* uma versão bastante fantasiosa, cuja fonte foi o então conselheiro político da Embaixada Americana, John Youle, e ela, como acadêmica, nem tomou o cuidado de conferir as informações. Ali ele se apresenta como herói, o protetor de Brizola, que lhe concedeu o visto de passagem pelos Estados Unidos, com destino a Portugal, não obstante a relutância de Terence Todman, assistente do secretário de Estado para Assuntos Interamericanos.[23] Segundo John Youle, nem lhe foi permitido ir com Brizola até ao aeroporto, o que o levou a organizar uma caravana de cinco ou seis carros, com jornalistas, para acompanhá-lo.[24] Possivelmente alguns jornalistas, entre os quais Daniel Gianelli, da Associated Press, Graziano Pascale e, talvez, Danilo Arbilla, referidos por John Youle,[25] estiveram presentes, mas foi um comboio de automóveis, com dezenas de gaúchos procedentes do Rio Grande do Sul, que seguiu o carro de Brizola, de sua residência, na Rambla Armenia, esquina da Avenida Dr. Luis Alberto de Herrera, à Embaixada dos Estados Unidos e, de lá, até ao Aeroporto de Carrasco.[26] Logicamente nem um nem 15 jornalistas uruguaios (ou americanos) teriam condições de garantir a entrada e a segurança de Brizola na Argentina, cuja implacável ditadura militar recusara a conceder-lhe o visto de passagem para o Aeroporto de Buenos Aires.

---

22 Beatriz Schiller (correspondente). Brizola chega aos Estados Unidos. *Jornal do Brasil*, Rio de Janeiro, 23 set. 1977. Brizola elogia Carter ao chegar a Nova York. Rio de Janeiro, *O Globo*, 23 set. 1977.
23 McSherry, 2005, p.164-5.
24 Idem, ibidem, p.164-5.
25 Correspondência de John Youle com Roberto Garcia, por e-mail, em 16 fev.2010.
26 Informação prestada ao autor por Trajano Ribeiro e Carlos Olavo da Cunha Rodrigues, quando Brizola partiu de Montevidéu para Buenos Aires.

John Youle, respondendo às perguntas que Roberto Garcia lhe fez, por e-mail, a meu pedido, disse constituir "absolute surprise" a informação de que dois funcionários da Embaixada Americana acompanharam Brizola, posto que havia muito pouco desejo – tanto em Washington quanto na Embaixada – de ajudá-lo. "Eu me senti praticamente só nessa pequena cruzada – ou, pelo menos, eu me senti só."[27] John Youle, o super-herói, agiu como um cavaleiro solitário, o bem lutando contra o mal. Omitiu completamente a existência do chefe adjunto da missão, James R. Cheek, substituto do embaixador Lawrence A. Pezzullo, ao qual estava subordinado e cujas instruções devia cumprir. E, de modo a colorir ainda mais sua estorieta, acrescentou que o pessoal da Embaixada Americana, após a concessão do asilo a Brizola, passou a receber ameaças por telefone, e ele, caminhando na rua, foi forçado por um homem mascarado, presumivelmente de algum serviço de inteligência militar, a entrar em um carro e tomou uma surra, com pancadas nas vértebras do pescoço e na parte superior das costas. O tratamento das lesões teria durado quatro anos, pois lhe causaram – alegou – danos permanentes nos músculos e nos nervos. Que herói! Mas o curioso é que nenhum dos companheiros de Brizola, como Carlos Olavo da Cunha Pereira, morando em Montevidéu, sofreu algo nem soube de que um diplomata americano lá houvesse sido sequestrado e agredido em 1977.

A versão que John Youle contou, por e-mail, a Roberto Garcia é mais ou menos a mesma publicada pela professora J. Patrice McSherry, porém acrescida de outros equívocos, semiverdades ou inverdades. Ele disse que Brizola não obteve asilo em embaixadas de outros países e foi à Embaixada Americana procurá-lo, por causa do seu papel como "point man" (principal homem) do presidente Carter para a política de direitos humanos no Uruguai.[28] É possível que Brizola conhecesse John Youle, se este foi o diplomata americano que, em maio, teria procurado um contato com ele, por meio de Paulo Cavalcanti Valente. Mas não é

---

27 John Youle, correspondência com Roberto Garcia, por e-mail, em 16 fev.2010.
28 Entrevista de John Youle a Roberto Garcia, por e-mail, 29 jan. 2010.

certo que Brizola buscou asilo em qualquer outra embaixada estrangeira. Apenas sondou a do Brasil, por intermédio de Trajano Ribeiro, sobre a possibilidade de retornar, bem como obter um documento que lhe permitisse deixar o Uruguai.[29] Fê-lo, na segunda-feira, 19, dois dias após haver solicitado o asilo à Embaixada dos Estados Unidos. E, se John Youle afirma que Washington, "presumably", Terence Todman, "que nunca acreditou na política de direitos humanos",[30] declinou e resistiu tanto quanto pôde a dar o visto de trânsito a Brizola, não é crível que Mark L. Schneider, da equipe do senador Edward Kennedy, e Patricia M. Derian, coordenadora para Direitos Humanos e Humanitários no Departamento de Estado, houvessem conseguido a decisão de concedê-lo, tão rapidamente como aconteceu, sem que o assunto subisse ao aval dos altos escalões, i. e., de Cyrus Vance, secretário de Estado (1977-1980), Zbigniew Brzezinski, assessor de Segurança Nacional, e, quiçá, do próprio presidente Jimmy Carter. Não é necessário recordar que Brizola, exilado, até então era percebido como inimigo público dos Estados Unidos, o homem que nacionalizara duas grandes corporações americanas, a ITT e a Bond & Share, quando governador do Rio Grande do Sul (1959-1963). Por isso a Embaixada dos Estados Unidos em Montevidéu teve de consultar Washington (por telefone, decerto), como o próprio John Youle admitiu,[31] antes de proceder os papéis com a solicitação do asilo. E quem fez a consulta, sem a menor sombra de dúvida, foi James R. Cheek, como chefe adjunto da missão, de quem John Youle apenas cumpriu as instruções.

---

29 Embaixada do Brasil – Montevidéu para a Secretaria de Estado. Tel. 1.103. 19 set. 1977. Secreto – exclusivo – urgentíssimo. G/SG/ Uruguai. Revogação do asilo concedido a Leonel Brizola. a) Antônio Corrêa do Lago. AHMRE-B.
30 Entrevista de John Youle a Roberto Garcia, por e-mail, 29 jan. 2010. Ao contrário do que disse John Youle, Terence Todman estivera no Brasil em maio de 1977 e, conforme o general Sylvio Frota comentou em suas memórias, ligou-se a elementos da oposição, perguntando sobre a situação interna, demonstrando simpatia pelo MDB. No alto comando do Exército, contou o general Frota, houve "indignação pela conduta inamistosa de Terence Todman". (Frota, 2006, p.494-5.)
31 Correspondência de John Youle com Roberto Garcia, por e-mail, em 16 fev.2010.

Também não é certo que foi o senador Edward Kennedy quem conseguiu a prorrogação por seis meses do visto de Brizola nos Estados Unidos.[32] O visto B-22 aposto pela Embaixada Americana no seu título de viagem, emitido pelo governo do Uruguai, foi válido por seis meses, até 19 de março de 1978.[33] E, além disso, Brizola, durante sua estada em Nova York, nunca esteve hospedado no Waldorf Astoria, mas sim no Roosevelt Hotel. Não me consta (pois convivi com Brizola àquele tempo) que ele haja telefonado nem uma vez, muito menos com frequência para John Youle, "em parte por causa do seu sequestro por um pelotão militar uruguaio, em represália por sua evasão".[34] Brizola nunca comentou acontecimento algum desse tipo nem iria gastar dinheiro fazendo ligações para conversar com John Youle no Uruguai. E menos ainda é verdade que, ao regressar do exílio, tenha ido visitá-lo em Montevidéu. Brizola chegou ao Brasil, em São Borja, na fazenda que pertencera a Goulart, procedente do Paraguai, e não esteve no Uruguai, onde a ditadura militar, implantada em 1973, somente acabou em fevereiro de 1985.

Há duas questões, no entanto, que necessitam de reflexão e das quais é necessário levantar hipóteses, para uma ulterior pesquisa, agora difícil para eu realizar. Por que Brizola foi expulso do Uruguai? Por que o governo do presidente Jimmy Carter lhe concedeu asilo nos Estados Unidos? Quais fatores condicionaram esses dois acontecimentos, que historicamente se entrelaçaram? Como observei no prefácio à 7ª edição desta obra, o presidente Ernesto Geisel (1974-1979), ao admitir, em suas memórias, que o governo do Uruguai tinha decidido expulsar Brizola, por "pressão de alguma área do Brasil", mais explicitamente por "pressão do pessoal do Frota",[35] o real motivo, i. e., a pressão do general Sylvio Frota, ministro do Exército, que então articulava um

---

32 McSherry, 2005, p.164-5.
33 Embaixada do Brasil – Montevidéu para a Secretaria de Estado. Tel. 666. 22 set. 1977. Secreto – exclusivo – urgente. G/SG/ Uruguai. Revogação do asilo de Leonel Brizola. a) Antônio Corrêa do Lago. AHMRE-B.
34 Entrevista de John Youle a Roberto Garcia, por e-mail, 29 jan. 2010.
35 D'Araújo e Castro, 1998, p.408-9.

golpe para derrubá-lo da presidência da República. O general Sylvio Frota, posteriormente, negou que pretendesse dar um golpe de Estado. É claro que não iria confessá-lo. Mas o fato é que a expulsão de Brizola do Uruguai resultou de fatores de política interna, da luta pelo poder no Brasil, refletindo o aguçamento das divergências entre o general Sylvio Frota e o presidente Geisel.[36] Nenhuma relação teve com a Operação Condor, como a professora J. Patrice McSherry escreveu, nem com os preparativos da visita do presidente Geisel ao Uruguai, que somente se realizaria muitos meses depois, em 25-27 de janeiro de 1978. Ela se baseou na patranhada de John Youle, que, na primeira entrevista por e-mail a Roberto Garcia, afirmou que "o plano da Operação Condor era eliminar Brizola, antes da visita oficial de Geisel ao Uruguai".[37] E escreveu sobre o que não conhece.

O próprio John Youle, entretanto, ressaltou, em uma segunda mensagem a Roberto Garcia, que o "Uruguai não era Argentina, Chile ou Brasil, onde pessoas desapareciam, e que quase todos os uruguaios eliminados pela Operação Condor, tais como Michelini etc., morreram em Buenos Aires, não em Montevidéu. Os uruguaios não iriam agarrar Brizola no caminho para o aeroporto se não o agarraram durante os dias anteriores, quando ele se movimentou relativamente livre em torno de Montevidéu" – comentou John Youle.[38] Obviamente, os agentes da Operação Condor, para eliminar Brizola, não necessitariam que o governo uruguaio revogasse seu asilo político. Isto não significa que ele não corresse risco de vida. Mas é deveras fantástico, fascinante, saber que, no Uruguai, um país menos perigoso que Argentina, Chile e Brasil, e onde Brizola se movimentara relativamente livre, mesmo depois de expulso, sem que os militares o agarrassem, John Youle foi sequestrado e surrado por um comando dos serviços de inteligência, como represália, por tê-lo ajudado.

---

36 Ver Gaspari, 2006, p.461-81.
37 John Youle a Roberto Garcia, por e-mail, 29 jan. 2010.
38 Correspondência de John Youle com Roberto Garcia, por e-mail, em 16 fev.2010.

Assim como não constituiu um plano da Operação Condor, a pressão sobre o governo uruguaio para expulsar Brizola do país não partiu do general Geisel. Tudo indica que resultou de manobra da facção militar vinculada ao general Sylvio Frota, que acusava seu governo de deformar e abandonar os objetivos do golpe militar de 1964, chamado de "revolução". As contradições dentro do regime militar eram muitas, graves e profundas. O general Sylvio Frota opunha-se, radicalmente, a diversas iniciativas do presidente Geisel, tais como, *inter alia*, o estabelecimento de relações diplomáticas com a China, o voto de abstenção quanto ao ingresso de Cuba na OEA, o reconhecimento do "governo comunista" de Angola, o voto antissionista na ONU,[39] a "complacência criminosa com a infiltração comunista e propaganda esquerdista" e "a existência de um processo de domínio, pelo Estado, da economia nacional – inclusive das empresas privadas – de modo a condicionar o empresariado brasileiro aos ditames do governo".[40] E o regresso de Brizola ao Brasil, onde provavelmente seria morto, acenderia o estopim, provocando a erupção do conflito, para a deflagração do golpe de Estado.

Em suas memórias, o general Sylvio Frota contou que, na terça-feira, 20 de setembro, o ministro da Justiça, Armando Falcão, telefonou-lhe e disse que Brizola iria para o Brasil e que o presidente Geisel "mandou que ele visse um lugar, como Corumbá (Mato Grosso), para confiná-lo".[41] E aduziu: "Como poderia o presidente Geisel [...], que merecera a confiança dos seus colegas da Revolução para exercer o mais alto cargo político-administrativo, acoitar um homem odiado pelo Exército, visceralmente inimigo dos revolucionários e que acabara de ser expulso de uma nação por ter desonrado compromissos assumidos?".[42] Segundo o general Frota, o presidente Geisel, na audiência que lhe concedeu, no dia 20 de

---

39 Sob o governo do general Ernesto Geisel, o Brasil, em 10 de novembro de 1975, votou a favor de uma resolução da Assembleia Geral das Nações Unidas equiparando o sionismo a uma espécie de racismo e de discriminação racial.

40 Nota de despedida do Exército, 12 out. 1977, a) Sylvio Frota. Anexo E, in: Frota, 2006, p.545-50.

41 Idem, ibidem, p.487.

42 Idem, ibidem, p.487-8.

setembro, confirmou o que o ministro Armando Falcão lhe dissera sobre a ordem para o confinamento de Brizola, e ele redarguiu: "Mas não pode vir, presidente! Este homem insultou os oficiais do Exército, instigou os sargentos contra nós, oficiais [...]. Eu não me posso responsabilizar por sua integridade física, visto que não é possível impedir que um oficial, ou mesmo um grupo, venha a agredi-lo em revide".[43]

Eis a insinuação da ameaça, a chave para a compreensão do acontecimento. O governo do Uruguai expulsou Brizola não para evitar que ele fosse assassinado em seu território, conforme o senador uruguaio Wilson Ferreira Aldunate, do Partido Blanco, conversou comigo, em 1978, quando eu morava em Londres, onde ele estava asilado. Atualmente me parece mais claro o que ocorreu, considerando que somente no fim da tarde de 15 de setembro, quinta-feira, Brizola tomou conhecimento do decreto de expulsão, com o prazo de apenas cinco dias para deixar o Uruguai até o pôr do sol do dia 20, terça-feira da semana seguinte. Era um prazo extremamente exíguo, entremeado por sábado e domingo, para obter asilo e visto em qualquer outro país. Caso permanecesse no Uruguai, seria preso e entregue, na fronteira, à polícia brasileira. Em suas memórias, o próprio general Ernesto Geisel admitiu essa possibilidade, ao dizer que não sabia os motivos que o governo do Uruguai teve para expulsar Brizola, "se foi por pressão de alguma área do Brasil, se foi por pressão do pessoal do Frota".[44] Ao dizer que não sabia "se foi por pressão do general Frota" que Brizola foi expulso do Uruguai, o general Geisel entremostrou que sabia haver sido esse, realmente, o motivo da expulsão. Com efeito, tudo indica que houve um entendimento da facção militar comandada pelo general Frota com os militares uruguaios, visando a compelir Brizola a regressar ao Brasil. E seu regresso, fosse ele preso, fosse ele morto por militares, serviria como pretexto para justificar a derrubada do presidente Geisel. Esta hipótese, a mais plausível, explica os avisos de que Brizola seria morto,

---

43 Idem, ibidem, p.490-1.
44 D'Araújo e Castro, 1998, p.408-409.

se entrasse no Brasil, avisos que recebi de dois militares, em São Paulo e Porto Alegre, e transmiti a Brizola, quando fui com Carlos Olavo da Cunha Pereira à sua estância em Durazno, em 6 de junho de 1977.

No entanto, nem os militares alinhados com o general Sylvio Frota, no Brasil, nem os militares uruguaios, que dominavam o governo de Aparício Méndez (1972-1981), contaram com a possibilidade de que Brizola jogasse a carta americana. E ele o fez porque, provavelmente, já havia sinalização para algum entendimento, anterior à sua expulsão determinada pelo governo do Uruguai. E qual a razão do governo do presidente Jimmy Carter para dar guarida e lançar na ribalta aquele que era percebido como subversivo no Brasil e até então identificado, inclusive pelo próprio presidente John Kennedy,[45] como inimigo dos Estados Unidos? Para compreendê-la basta recordar que o governo militar do presidente Ernesto Geisel entrara em rota de colisão com os interesses dos Estados Unidos. Em 27 de junho de 1975, assinou o Acordo Nuclear Brasil-Alemanha, que provocou violenta oposição de Washington, que, por sua vez, usou todos os meios de pressão sobre o Brasil e a República Federal da Alemanha para impedir a sua execução. Dentro desse contexto, o Departamento de Estado elaborou um texto crítico sobre o desrespeito aos direitos humanos no Brasil, referindo-se a tortura, assassinatos e prisão de estudantes e militantes políticos, e o Congresso dos Estados Unidos determinou que, para receber assistência militar, os países deveriam submeter-se à inspeção sobre direitos humanos. O presidente Geisel rechaçou a intromissão dos Estados Unidos nos assuntos internos do Brasil e, mediante o Decreto n.79376, de 11 de março de 1977, denunciou o Acordo de Assistência Militar, celebrado entre o Brasil e os Estados Unidos, em 15 de março de 1952. Em tais circunstâncias, com a política de defesa

---

45 Em 1962, o próprio presidente John Kennedy, referindo-se a Brizola, que havia nacionalizado, como governador do Rio Grande do Sul, a corporação americana ITT, frisou duas vezes que ele "não tem sido particularmente identificado como amigo dos Estados Unidos". The President's News Conference of March 7, 1962. *Public Papers of the Presidents of the United States – John F. Kennedy,* 1962 (Jan. 1 to Dec. 31, 1962) (U. S. Government Printing Office), p.203.

dos direitos humanos encapando diversos outros litígios, a concessão do asilo a Brizola, considerado o principal inimigo político do regime militar, no Brasil, constituiu uma carta que o governo do presidente Jimmy Carter, inaugurado em janeiro de 1977, jogou contra o governo do presidente Geisel, dado que o regime militar já não atendia aos interesses dos Estados Unidos. O próprio Centro de Informação do Exército (CIE), após salientar que a expulsão de Brizola do Uruguai "teve poder suficiente para tirá-lo do ostracismo e lançá-lo mais uma vez nas manchetes dos jornais brasileiros", observou que "a perfeição e a ordem dos acontecimentos posteriores, a partir do momento em que o governo uruguaio tomou a decisão, são tais que permitem supor que a sua expulsão é parte de um sutil plano, elaborado com a finalidade de desgastar e comprometer o governo brasileiro perante a opinião pública interna e externa".[46]

O presidente Geisel venceu o duelo com o general Frota, frustrando o golpe de Estado, demitindo-o do Ministério do Exército, em 12 de outubro de 1977.[47] Porém, as razões para a eventual aproximação entre o governo do presidente Carter e Brizola e a concessão do asilo nos Estados Unidos aqui excogitadas são hipóteses que podem ser ou não ser comprovadas, com a pesquisa em fontes primárias, uma vez desclassificados os documentos do Departamento de Estado e da CIA, nos Estados Unidos, o que é possível mediante requerimento com base no Freedom of Information Act (FOIA). Contudo, havendo encontrado o informe do CIEX, nos fundos documentais existentes no Arquivo Nacional de Brasília, busquei esclarecer a questão, por meio de entrevistas, para a reconstituição oral da história. Assim, não somente para escrever este prefácio à 8ª edição e o apêndice – "Da morte de João Goulart" –, como também alguns acréscimos e correções que fiz no texto do livro, contei com a colaboração de diversas pessoas,

---

46 Ministério do Exército – III Exército – Comando – Estado Maior – 2ª Seção. Confidencial. Porto Alegre (RS), 3 de março de 1978 – Informação nº 0210. M34 – E2/78. Assunto: Leonel Brizola. Origem CIE: CIE. ACE 2659/81. AN – COREG-DF.
47 Gaspari, 2006, p.475-81.

entre as quais o advogado e incansável ativista dos direitos humanos Jair Krischke, que me forneceu diversos documentos do arquivo do Movimento de Justiça e Direitos Humanos, bem como importantes informações. Não posso deixar de referir-me ao apoio que recebi dos jornalistas Sérgio Caldieri, que foi assessor de imprensa de meu tio Edmundo Moniz, quando este era secretário de Cultura no governo de Leonel Brizola (1991-1995), Roberto Garcia, Flávio Tavares e Carlos Olavo da Cunha Rodrigues, todos excelentes profissionais da imprensa. Também de fundamental importância são as informações e a entrevista que me foram concedidas por Cláudio Braga; os coronéis Eduardo Chuahy e Juarez Mota; o advogado e empresário Orpheu dos Santos Salles; os comandantes Wilson Fadul e Paulo de Melo Bastos. Todos trabalharam e conviveram com o presidente João Goulart. A entrevista do senador Pedro Simon e as informações fornecidas por Almino Affonso, ex-ministro do Trabalho, de João Goulart, Carlos Araújo, ex-dirigente das Ligas Camponesas no Rio Grande do Sul, e Manuel Carvalheiro, do extinto Partido Socialista Brasileiro, igualmente me valeram para esclarecer vários episódios. Também os diplomatas Laudemar Gonçalves, ministro-conselheiro na Embaixada do Brasil em Paris, e Carlos Ceglia, ministro-conselheiro na Embaixada do Brasil em Washington, muito me ajudaram a estabelecer certos contatos. E aqui ressalto e agradeço a valiosa colaboração do embaixador Hélio Ramos Filho, ao qual está subordinada a Coordenação de Documentação Diplomática do Ministério das Relações Exteriores, e do 1º secretário Igor Sobral, que mais uma vez, gentilmente, me ajudou na pesquisa. E, como sempre, reitero meus agradecimentos ao velho amigo Jaime Antunes, diretor do Arquivo Nacional; a Wanda Ribeiro, Coordenadora de Documentos Audiovisuais e Cartográficos (CODAC), e a Maria Esperança de Resende, responsável pela Coordenação Regional do Arquivo Nacional – Distrito Federal. Meus agradecimentos também se estendem a João Vicente Fontella Goulart, presidente do Instituto Presidente João Goulart (IPG), ao advogado Trajano Ribeiro, a Terezinha Zerbini, viúva do general legalista Euryales de Jesus Zerbini, bem como ao professor Celso Castro, diretor do Centro de Pesquisa e Documentação de História Contemporânea (CPDOC), ao jornalista Roberto Pereira, de *La Onda Digital*, do Uruguai, e aos jornalistas e escritores Rogelio Garcia Lupo e Isidoro Gilbert, que me forneceram documentos e informações da Argentina.

A bem da verdade cabe ressaltar que o apoio e a generosa colaboração dessas pessoas não significam que endossem todas as minhas opiniões e interpretações, e daí o seu maior valor.

Luiz Alberto Moniz Bandeira
St. Leon (Baden-Württemberg), inverno de 2009-2010.

Prefácio à sétima edição

Esta obra reflete o espírito de uma época, uma época muito conturbada e difícil, em que ainda lutávamos pela restauração das liberdades democráticas, contra o regime discricionário vigente no Brasil. Escrita entre fins de 1976 e o primeiro semestre de 1977, ela constituiu a primeira tentativa de desmistificar, em termos acadêmicos, o golpe de Estado que o implantara em 1964. Vali-me para tanto não apenas da pesquisa em fontes primárias, ou impressas, como de depoimentos dos mais diversos personagens que participaram da ascensão e queda do governo João Goulart. De todos quantos pude, tanto dos que estavam com Goulart como dos que contra ele conspiraram, tratei de ouvir depoimentos, a fim de fazer a reconstrução oral da história, pois, conforme o historiador inglês Timothy Garton Ash muito bem ressaltou, a testemunha, se tem sorte, pode ver coisas que o historiador não encontrará em nenhum documento.[1]

Nesse particular, posso dizer que fui também testemunha do que ocorreu no Brasil, desde a renúncia de Jânio Quadros à presidência da República, em 1961, ao golpe de Estado de 1964, na condição tanto de assessor do deputado Sérgio Magalhães, do PTB, presidente da Frente

---

1 Ash, 1999, p.22.

Parlamentar Nacionalista e vice-presidente da Câmara Federal, quanto de chefe da seção política do *Diário de Notícias*, um dos mais importantes órgãos da imprensa brasileira, o que me permitiu acompanhar de perto os acontecimentos, recebendo informações tanto do lado do governo quanto da oposição, dado que desde a adolescência aprendi a não confundir diferenças de ideias e opiniões políticas quer com meu trabalho profissional quer com minhas relações de amizade ou de mera cordialidade. Destarte, sempre fui bem informado e até mesmo soube, àquela época, que o então coronel Vernon Walters, agente da Defense Intelligence Agency (DIA), na condição de adido militar na Embaixada dos Estados Unidos, conspirava com a oposição ao governo do presidente João Goulart – fato este que revelei nas "Notas Políticas" do *Diário de Notícias* –, bem como a estranheza do Itamaraty ante a contínua solicitação pelo embaixador Lincoln Gordon de vistos oficiais para cidadãos norte-americanos, que se dirigiam, sobretudo, ao Nordeste. Esse conhecimento direto do que ocorria nos bastidores serviu para argamassar as informações colhidas para esta obra, por meio da pesquisa de documentos e das entrevistas que as *dramatis personae* gentilmente me concederam, independentemente do papel que desempenharam contra ou a favor do golpe de Estado. Assim, procurei ser tanto quanto possível objetivo ao escrever *O governo João Goulart – as lutas sociais no Brasil – 1961-1964*, que também representa um depoimento de quem viveu intensamente aqueles anos de crise e sofreu as suas consequências.

O golpe de Estado não constituiu surpresa para mim. A ameaça estava latente na política brasileira desde que Jânio Quadros renunciara à presidência da República, tentando compelir o Congresso a outorgar-lhe o Poder Legislativo e entrar em recesso permanente como condição para que retornasse ao governo, diante do impasse político e constitucional que se criaria com o veto previsível dos ministros militares à investidura no cargo do seu sucessor, o vice-presidente João Goulart. Logo percebi esse seu desígnio, porque, conquanto nunca tivesse sido partidário de Jânio Quadros, eu o acompanhara, durante a campanha eleitoral, como encarregado da seção política do *Diário de Notícias*, importante jornal do Rio de Janeiro, e possuía uma série de dados que me permitiram deslindar o enigma e publicar, dois meses depois da renúncia, um pequeno livro – *O 24 de agosto de Jânio Quadros* – provocando certo espanto, por sustentar que Quadros pretendera "constituir-se como alternativa para a junta militar que ele próprio sugerira",[2] enquanto muitos criam na hipótese de que fora deposto pelos militares por causa de sua política exterior, em defesa da autodeterminação de Cuba.

Hoje não há dúvida de que Quadros renunciou à presidência da República contando com a possibilidade de voltar com o apoio das multidões. Seu secretário de Imprensa, o respeitável jornalista Carlos Castelo Branco, ouviu-o dizer a Francisco Castro Neves, ministro do Trabalho: "Não farei nada por voltar, mas considero minha volta inevitável. Dentro de três meses, se tanto, estará na rua, espontaneamente, o clamor pela reimplantação do nosso governo".[3] O jornalista Carlos Castelo Branco comentou que "a atitude de Jânio, nos dias que se seguiram à renúncia, soa como uma nota ingênua, sem consonância com os acontecimentos e com os personagens".[4] De fato, foi ingênua, mas seu intuito consistiu em criar um impasse político e voltar à presidência da República com a soma dos poderes Executivo e Legislativo, ou seja, como ditador constitucional. Ele próprio, no entanto, confirmou, na obra *História do povo brasileiro*, escrita em coautoria com Afonso Arinos de Melo Franco, que seu propósito, ao renunciar à presidência do Brasil, fora constranger o Congresso, coagido pelos acontecimentos, a delegar-lhe as faculdades legislativas, sem prejudicar, aparentemente, "os aspectos fundamentais da mecânica democrática".[5] Também o almirante Sílvio Heck, ministro da Marinha no seu governo, confirmou, entrevistado por mim em 1976, que "Jânio Quadros renunciou

---

2   Moniz Bandeira, 1961, p.11.
3   Castelo Branco, 1996, p.28.
4   Idem, ibidem p.118.
5   Quadros e Melo Franco, 1967, p.236-46. Ver também Moniz Bandeira, 1961, p.10-11 e 29-30.

para voltar na 'crista da onda', com o povo, e tornar-se ditador", mas "seu erro foi ter renunciado sem antes ter conversado conosco", ou seja, com os ministros militares, que se opuseram à investidura de Goulart na presidência da República. "Ele queria João Goulart como vice-presidente porque sabia que as Forças Armadas não lhe dariam posse", ressaltou o almirante Sílvio Heck.[6]

Goulart, não obstante a oposição dos chefes militares, assumiu o cargo de presidente da República, embora com os poderes reduzidos pelo sistema parlamentarista, quando necessário se tornava um governo forte para empreender as reformas que o desenvolvimento econômico do Brasil exigia. Naquelas circunstâncias, aliando o conhecimento empírico da situação ao embasamento teórico que possuía, graças a minha formação acadêmica em ciências jurídicas e sociais, percebi que o gabinete parlamentarista, tendo Tancredo Neves como primeiro-ministro, não preenchera o vácuo do governo, pois nascera da conciliação e do compromisso entre as forças políticas, era "fruto do conchavo [...] e não estava em condições de enfrentar os problemas nacionais, as reformas que o próprio capitalismo reclamava", conforme salientei em *O caminho da revolução brasileira*, escrito no primeiro semestre de 1962.[7] Nesse livro, com base em levantamentos econômicos, em dados estatísticos, demonstrei que o Brasil deixara de ser um país semicolonial e agrário, conforme a teoria defendida pelo PCB, mas já apresentava o perfil de uma economia capitalista madura, dado que o valor da produção industrial, inclusive com um setor bastante adiantado de máquinas e equipamentos, já superava o da agricultura, acelerando a concentração tanto do capital quanto do proletariado, ao mesmo tempo que o rápido processo de urbanização, intensificado por inaudito êxodo rural, acentuava o predomínio da cidade sobre o campo. Também assinalei que o crescimento industrial do Brasil começara "a apagar a complementaridade entre a sua economia e a dos

---

6   Entrevista do almirante Sílvio Heck ao autor. Rio de Janeiro, 11 nov.1976.
7   Moniz Bandeira, 1962, p.13.

Estados Unidos, segundo o esquema da velha divisão internacional do trabalho", e "essa transformação determinou o surgimento de outra área de atritos com a burguesia norte-americana",[8] como nos casos dos serviços públicos, que a Bond & Share – desapropriada pelo governador do Rio Grande do Sul, Leonel Brizola – e a Light monopolizavam, entravando o desenvolvimento da economia nacional.

Essa era, na época, minha percepção e afigurava-me que a profunda crise econômica, social e política por que o Brasil passava evoluía para o ponto em que as classes dominantes não mais poderiam manter o antigo *statu quo*, o velho arcabouço social e político,[9] e precisavam "não apenas de um governo forte, mas, também, de mãos livres, desembaraçadas, para remodelar, readaptar a máquina do Estado às suas novas necessidades".[10] Assim, citando a observação de Friedrich Engels, no prefácio à obra de Karl Marx – *Klassenkämpfe in Frankreich 1848 bis 1850* – segundo o qual os "partidos da ordem" (*Ordnungsparteien*), exclamando, desesperados, com Odilon Barrot, que *la légalité nous tue* (a legalidade nos mata), "não terão outro caminho senão romper eles mesmos esta legalidade tão fatal para eles",[11] advoguei, então, que cabia às forças de vanguarda "preparar a insurreição, a tomada do poder", como forma de enfrentar o golpe de Estado, que ocorreria, conforme previa.[12]

No entanto, Jacob Gorender interpretou abusiva e capciosamente o que escrevi, ao comentar em seu livro *Combate nas trevas* que a palavra de ordem de "preparar as massas para o levante armado, para a insurreição e a tomada do poder", no seu contexto teórico e em termos práticos, naquela conjuntura, "só podia ganhar a forma concreta de derrubada do governo Goulart", sentido no qual "já se orientavam os golpistas de direita".[13] Homem com formação escolástica, recorrendo

---

8 Idem, ibidem, p.33-34.
9 Idem, ibidem, p.170.
10 Idem, ibidem, p.170.
11 Engels, 1895, p.55.
12 Moniz Bandeira, 1962, p.164-5.
13 Gorender, 1987, p.50.

aos métodos stalinistas de falseamento dos fatos e das ideias, ele adulterou propositadamente meu pensamento, aliás, bastante claro, pois, nas frases subsequentes, aludi ao golpe de Estado que derrubara o presidente Arturo Frondizi (março de 1962), antevendo que, no Brasil,

> [...] as classes dominantes, como na Argentina, darão o primeiro tiro. Para elas já se torna, cada vez mais, insustentável essa legalidade, o atual regime, uma vez que não conseguem resolver os seus problemas. Mas às massas operárias e camponesas caberá o segundo. E não podem errar.[14]

Não se tratava, portanto, de preparar as massas para um levante sob o governo de João Goulart, para disparar o primeiro tiro, mas para dar o segundo, ou seja, para responder ao golpe de Estado que me parecia inevitável, em consequência das lutas sociais e das contradições políticas intestinas, bem como do recrudescimento da Guerra Fria no continente, ao assumir a revolução em Cuba um caráter socialista.

A minha posição sempre foi claramente contra qualquer intento de ação armada enquanto a democracia subsistisse no Brasil. Tanto isto é certo que, ao saber que eu iria a Havana, em julho de 1962, Mário Alves,[15] do Comitê Central do PCB, procurou-me e pediu-me que advertisse os dirigentes cubanos sobre o comportamento de membros das Ligas Camponesas, que treinavam guerrilha em algumas fazendas compradas com recursos fornecidos pelo governo de Fidel Castro. Eles estavam ameaçando de fuzilamento os militantes do PCB, acusando-os de reformistas e contrarrevolucionários por serem contra a luta armada, e os conflitos atingiram tal nível que alguns comunistas até mesmo já se dispunham a denunciar ao Exército aqueles campos de treinamento, mesmo que tal atitude pudesse afetar e enfraquecer a política do governo brasileiro em defesa da soberania e da autodeterminação de

---

14 Moniz Bandeira, 1962, p.165.

15 Apesar de termos uma orientação política diferente, porquanto nunca fui militante do PCB, Mário Alves, que morreu sob tortura durante o regime militar, manteve sempre um bom entendimento pessoal comigo, uma vez que ele era baiano, como eu, e tínhamos um relacionamento de família. Seu tio, Raúl Alves, fora secretário no governo de meu tio, Antônio Ferrão Moniz de Aragão, governador da Bahia, no período de 1915 a 1920.

Cuba. Abordei aquele problema na conversa particular que tive com o comandante Ernesto Che Guevara, durante quatro horas, no seu gabinete do Ministério da Indústria, em Havana, onde estive mais de um mês, entre meados de julho e agosto de 1962. E, quando referi a possibilidade de que esses militantes das Ligas Camponesas pudessem ser presos, Guevara adiantou: "Já estão presos". Tirou então do bolso e mostrou-me um telegrama, creio que da *Associated Press* ou da *United Press*, recebido pela *Prensa Latina*, noticiando que um irmão de Francisco Julião[16] e outros militantes das Ligas Camponesas haviam sido detidos, porque aparentemente faziam treinamento de guerrilha em uma fazenda no interior do Brasil. Em seguida, Guevara chamou John William Cooke, representante da esquerda peronista e que trabalhava na *Prensa Latina*, em Havana, e colocou-me em contato com ele, a fim de que eu pudesse acompanhar o noticiário proveniente do Brasil.[17] A deflagração de guerrilhas pelas Ligas Camponesas, durante

---

16 Francisco Julião Arruda de Paula, dirigente das Ligas Camponesas, nasceu em 16 de fevereiro de 1915, no Município de Bom Jardim, em Pernambuco. Faleceu, vítima de enfarte do miocárdio, em 10 de julho de 1999, aos 84 anos, no povoado mexicano de Tepoztlán, perto de Cuernavaca.

17 Embora, se a memória não me falha, Che Guevara, na conversa comigo, houvesse mencionado Pernambuco, onde parece que ocorreu a prisão de militantes das Ligas Camponesas, efetuada pelo governo de Miguel Arraes (1962-1964), o campo de treinamento desbaratado provavelmente foi o existente no Estado de Goiás. De fato, em julho/agosto de 1962, quando eu estava em Havana, o coronel Nicolau José de Seixas, nomeado por Goulart diretor do Serviço de Repressão ao Contrabando, recebeu informações de que enormes caixotes com geladeiras chegavam a Dianópolis, um lugar sem energia elétrica, no interior de Goiás, realizou uma operação e invadiu a fazenda. As pessoas que lá estavam, sob direção de Amaro Luís de Carvalho, logo fugiram e ele se deparou com um campo de treinamento militar das Ligas Camponesas. Os caixotes continham armas, manuais de instrução, planos para a implantação de outros focos de guerrilha, além de material de propaganda, bandeiras cubanas, retratos e um relatório dos fundos financeiros. E o coronel Seixas entregou toda a documentação a Goulart, que, espantado com a descoberta, chamou o embaixador de Cuba, Raul Roa Kouri, protestou e insinuou que se sentia traído. Depois a documentação foi entregue ao presidente do Banco Central de Cuba, que foi ao Brasil com uma delegação e, ao regressar a Havana, no dia 27 de novembro de 1962, o Boeing 707, da Varig, caiu quando ia pousar no aeroporto de Lima (Peru), e morreram todos os passageiros, entre os quais Raúl Cepero Bonilla, ex-ministro do Comércio (1959-1960) e então presidente do Banco Nacional de Cuba, após a Sétima Conferência Regional da FAO para a América Latina e o Caribe, realizada no Rio de Janeiro. Entre os

o governo do presidente João Goulart, não contou, certamente, com a simpatia de Guevara, pois, como reiterou na conversa comigo, ele sempre havia considerado impossível iniciar a luta armada em países que ainda mantivessem, pelo menos, uma aparência de legalidade, sem que houvesse esgotado a possibilidade de luta legal. Aliás, posteriormente, Regina de Castro, segunda esposa de Francisco Julião, contou ao jornalista Flávio Tavares que o governo de Havana, contra a opinião de Guevara, fornecera cerca de US$ 2 milhões à direção das Ligas Camponesas (Francisco Julião e Clodomir Moraes), entre 1960 e 1962, para a compra de fazendas no Brasil, viagens e treinamento de guerrilheiros.[18] Em outubro de 1962, Clodomir Moraes, dirigente das Ligas Camponesas, já havia comprado seis fazendas, espalhadas nos Estados de Goiás, Maranhão, Mato Grosso, Rio de Janeiro, Bahia e Rio Grande do Sul, com o objetivo de realizar o treinamento de guerrilha.

A orientação das Ligas Camponesas, radicalizando suas atividades, era de fato aventureira e irresponsável, e a ela os dirigentes do PCB se opuseram, por considerar que a preparação de guerrilhas, àquela época, adquiria, objetivamente, o caráter de provocação. Em realidade, os dirigentes do PCB conduziram-se com moderação, prudência e sensatez, embora fossem de certo modo imprevidentes e até mesmo ingênuos, na expectativa de que a União Soviética iria superar estrategicamente os Estados Unidos. Com algumas exceções, talvez Carlos Marighela, eles aparentemente não criam na possibilidade de que um golpe de Estado viesse a ocorrer no Brasil, encorajado pelos Estados Unidos, conforme o próprio Mário Alves, homem inteligente e culto, manifestou em conversa comigo, argumentando que a situação internacional

---

destroços, foi encontrada com ele uma pasta de couro, contendo os relatórios descobertos no campo de treinamento em Goiás, nos quais os militantes do MRT – Carlos Franklin Paixão de Araújo e Tarzan de Castro – explicavam os atrasos nos preparativos para a luta armada e acusavam Clodomir Morais de corrupção e malversação de recursos recebidos. Flávio Tavares conta esse fato, no seu livro *Memórias do esquecimento*. Tavares, 2005, p.82-84. Há suspeita de que o desastre resultou de sabotagem da CIA, informada, talvez, da existência dos documentos entregues a Raúl Cepero Bonilla.

18 Informação do jornalista Flávio Tavares ao autor, por telefone, em 2 jan.2010.

não o permitia, em face do fortalecimento da União Soviética, pois uma advertência de Nikita Kruschev, secretário-geral do PCUS, ao presidente John Kennedy bastaria para inibi-lo de qualquer propósito de intervenção na América Latina. Naquela conjuntura, entretanto, a radicalização no Brasil, apesar de China e Cuba incentivarem a luta armada, estava sobre-excedendo os próprios impulsos ideológicos, induzida em grande parte artificialmente pelos agentes dos serviços secretos, sob orientação da CIA, que empreendia uma *spoiling action*, com o objetivo de estreitar as bases sociais e políticas de sustentação do governo e levá-lo a apoiar-se cada vez mais na extrema esquerda, de modo a facilitar sua derrubada.

Depois do levante dos sargentos em Brasília, que ocorreu em setembro de 1963 e surpreendeu os dirigentes da POLOP e, aparentemente, do PCdoB, eu mesmo, mais tarde, tive de participar, algumas vezes, de reuniões com sargentos da Vila Militar, no Rio de Janeiro, tratando de impedir que intentassem outras sublevações, instigadas por elementos mais radicais, que em realidade eram agentes dos serviços secretos, conforme se descobriu depois do golpe de Estado em 1964. E essa radicalização atingiu o auge em 25-26 de março com o motim dos marinheiros, criando para Goulart uma situação política extremamente difícil, por compelir a maioria legalista da oficialidade, irritada com a quebra da hierarquia e da disciplina nas Forças Armadas, a aceitar o golpe de Estado, cuja deflagração, sob a chefia do então general Humberto Castelo Branco, estava prevista para 2 de abril, após a realização no Rio de Janeiro da "Marcha da família com Deus pela liberdade".

Os acontecimentos, porém, afoitaram-se. Logo após a Páscoa, no dia 30 de março, segunda-feira, Carlos Meirelles Vieira, presidente do Conselho Nacional de Petróleo e meu amigo pessoal, telefonou-me pela manhã e pediu-me que fosse encontrá-lo com urgência. Mandou então seu automóvel buscar-me em casa. Quando cheguei ao seu gabinete, no centro do Rio de Janeiro, ele me disse que recebera um telefonema do presidente do Sindicato dos Revendedores de Combustível (postos de serviços) de Belo Horizonte informando que a distribuição de gasolina àqueles postos deixara de ser feita, durante a noite e pela manhã, e que, no curso do dia, certamente a cidade estaria sem condições de abastecimento. Tudo indicava que o governador José Magalhães Pinto estava controlando todos os estoques existentes em Minas Gerais. Não tivemos dúvida de que era o golpe de Estado, a preparação para a guerra civil. Passamos o dia em vigília, aguardando novas notícias de Belo Horizonte. Entrementes, averiguamos que o estoque de combustível lá existente somente daria para uma semana e eu lhe sugeri que determinasse a imediata suspensão de qualquer remessa para aquele Estado, mesmo sem consultar o ministro das Minas e Energia e o próprio presidente Goulart. De pronto, isto foi feito. No fim da tarde daquele dia, caracterizada a não distribuição de derivados aos postos de serviços, Carlos Meirelles dirigiu-se para o Ministério da Guerra, a fim de colocar as autoridades militares a par dos acontecimentos. À noite, fui ao Automóvel Clube, onde a diretoria da Associação dos Sargentos tomava posse. José Carlos Brandão Monteiro, dirigente do Centro Acadêmico Cândido de Oliveira (CACO) e dirigente do Movimento Revolucionário Tiradentes (MRT), da Faculdade de Direito, que lá estava comigo, comentou, enquanto assistíamos ao discurso de Goulart: "Vê, Moniz, a cara de Jango é de quem sabe que já está deposto".

Com efeito, Goulart estava virtualmente deposto. E sua queda consumou-se 48 horas depois, em 1º de abril, sem que as massas trabalhadoras reagissem. Os líderes da esquerda, sobretudo do PCB, entre os quais Jacob Gorender se destacava, ainda confiavam no espírito legalista e democrático das Forças Armadas, quando a mutação da estratégia de segurança continental já se processava, orientada pelo Pentágono por intermédio da Junta Interamericana de Defesa, colocando como primeira hipótese de guerra não mais um inimigo externo, mas o inimigo interno, a subversão ou "um governo central vermelho contra governos estaduais azuis". E foi a projetar essa percepção que uma corrente militar, a antiga Cruzada Democrática, que conspirava contra o regime desde o início dos anos 50, levou as Forças Armadas a subverterem a ordem constitucional, a pretexto de combater a subversão, e em nome da democracia ocidental e representativa destruiu a democracia, instalando uma ditadura, talvez ocidental, mas nada representativa do povo brasileiro. O golpe de Estado de 1º de abril, por ser este o dia da mentira,[19] foi rebatizado como Revolução de 31 de março e a farsa encenada continuou – em meio ao "Festival de Besteiras que Assola o País", segundo a expressão criada pelo jornalista Stanislaw Ponte Preta –, depois que o general Olympio Mourão Filho, chefe do levante militar em Minas Gerais, autoproclamou-se uma "vaca fardada". Essa ópera-bufa seria engraçada se não resultasse em drama para o país e milhares de cidadãos brasileiros, adversos ao golpe de Estado, que violentou a legalidade e derrubou o presidente constitucional do Brasil, João Goulart, com a bênção e sob os aplausos do presidente dos Estados Unidos, Lyndon B. Johnson.

Esse acontecimento marcou profundamente minha vida. Aos 28 anos de idade, em 1964, vi o horizonte fechar-se para mim, sem trabalho, minha carreira interrompida, quer como jornalista, quer como professor. Ameaçado de prisão, não me restou senão asilar-me na Embaixada do Uruguai, a fim de ir para Montevidéu e lá fazer a conexão com Leonel Brizola, uma vez que a Política Operária (POLOP), resultante da fusão da Juventude Socialista do PSB com a Liga Socialista Independente, de São Paulo, e a Mocidade Trabalhista, de Minas Gerais,[20] pretendiam implantar um foco de luta, com a participação de vários sargentos e marinheiros, expulsos das Forças Armadas, no Nordeste de Minas

---

19 Quando eu era menino, nos anos 40, as pessoas costumavam comemorar o 1º de abril como o dia da mentira. Alguém inventava uma história, ou brincadeira, e, se o outro acreditasse, gritava-se: "Primeiro de abril!". Esta tradição é ainda muito forte em alguns países da Europa, como a Grã-Bretanha. Quando morava em Londres, em 1978, o *Financial Times* publicou, em um 1º de abril, uma página inteira sobre determinado país na África e não faltou quem se apresentasse como seu agente comercial, ou quem quisesse fazer negócios com ele. Porém, o país não existia. Tratava-se de uma brincadeira, promovida, aliás, por um jornal da maior seriedade. Essa tradição, ao que parece, está desaparecendo no Brasil, mas, em 1964, o costume de fazer brincadeiras e enganar o próximo continuava viva. Por essa razão os militares resolveram comemorar o golpe de Estado de 1º de abril como "Revolução de 31 de março", com o que acentuaram ainda mais a mentira.

20 Eu fui diretor da revista *Política Operária*, órgão teórico que se converteu em jornal, no início de 1964, quando passei a direção para Rui Mauro Marini.

Gerais, nas cercanias do vale do Rio Doce, zona de importância econômica e conflitos sociais. Essa região fora estudada desde 1962-1963, inclusive por técnicos de Cuba, juntamente com Clodomir de Moares, mas a POLOP era contra a deflagração da guerrilha, dado que o regime democrático ainda funcionava, com João Goulart na presidência do Brasil. A direção da POLOP também tinha consciência e eu, que a ela pertencia, demonstrara em *O caminho da revolução brasileira* que, em um país como o Brasil, onde o processo de industrialização estava bastante adiantado, várias dificuldades surgiriam para o estabelecimento de guerrilhas, dado que não conseguiriam afetar a espinha dorsal do Estado e abalar as classes dirigentes. Uma economia diversificada "não sofreria de pronto maiores consequências, os efeitos da luta nos campos".[21] Assim, "no Brasil, país que alcançou níveis de desenvolvimento, o terreno da luta armada não poderia ser fundamentalmente o campo, pois ao Nordeste atrasado e cuja economia se assenta na agricultura se contrapõe o alto estágio industrial de São Paulo, Rio de Janeiro e algumas faixas de Minas Gerais", ressaltei.[22] Esse era, na época, o pensamento de toda a direção da POLOP.

A situação naturalmente modificou-se com a ruptura da legalidade constitucional pelo golpe de Estado e a insurgência, portanto, se justificava. A deflagração da luta armada nas imediações da serra de Caparaó, no nordeste de Minas Gerais, não tinha, entretanto, o objetivo estratégico de conquistar o poder político por meio de uma campanha de guerrilha, tal como acontecera em Cuba. Seu objetivo era tático, i. e., alimentar a resistência nas cidades e encorajar a reação das correntes democráticas e legalistas existentes dentro das Forças Armadas, ainda profundamente divididas, de modo a provocar defecções, e os levantes desestabilizarem o regime autoritário implantado no Brasil, após a queda de Goulart. Esse plano não passou dos preparativos. Poucos dias depois de chegar a Montevidéu, soube que o CENIMAR, serviço secreto da

---

21 Moniz Bandeira, 1962, p.178-9.
22 Idem, ibidem, p.182.

Marinha, que infiltrara um agente no grupo, invadira três apartamentos em Copacabana e prendera vários sargentos e marinheiros, assim como dois dirigentes da POLOP, o engenheiro Arnaldo Mourthé e o professor Ruy Mauro Marini. Submetido a torturas, Arnaldo Mourthé atribuiu a mim (porque me encontrava fora do país, a salvo, fora do alcance do CENIMAR) a entrega de mapas da região nordeste de Minas Gerais ao sargento da Marinha (fuzileiro naval), José Medeiros de Oliveira,[23] de quem eu fora advogado, depois do levante de Brasília, em setembro de 1963. E o professor Ruy Mauro Marini, também dirigente da POLOP, não só jogou sobre mim a responsabilidade como declarou que o grupo acreditava que "a deflagração de uma luta de guerrilhas iria desencadear uma reação popular" e que as operações seriam "em áreas de importância econômica vitais e não periféricas",[24] em outras palavras, na região nordeste de Minas Gerais, no vale do Rio Doce.

Assim, antes de implantado o foco de resistência, o plano não só se frustrou, deixando o nordeste de Minas Gerais sob a observação dos serviços de inteligência, como alguns meses depois se desvaneceu a possibilidade de que viesse a ter qualquer êxito. Em 11 de abril de 1964, 122 oficiais já haviam sido expurgados das Forças Armadas.[25] Esse número elevou-se no decorrer dos meses para cerca de 450.[26] E, somados os oficiais aos sargentos, marinheiros e fuzileiros navais, o número dos expulsos das três Armas, segundo constava, teria alcançado um total superior a quatro mil militares. Destarte, ao constatar que o governo do marechal Humberto Castelo Branco conseguira, mediante o expurgo, o completo controle das Forças Armadas, extinguindo qualquer possibilidade de rebelião, comecei a perceber, em fins de 1964, que a deflagração da luta, a partir de qualquer foco de resistência no interior do Brasil, já não tinha condições de êxito. Por isso, no curso de

---

23 IPM nº 8.216-65 – 1ª Auditoria de Marinha – GB – Fls. 97/100 – Arnaldo de Assis Mourthé – Depoimento prestado em 2 set. 1964. AA.

24 IPM nº 8.216-65 – 1ª Auditoria de Marinha – GB – Fls. 120/123 – Ruy Mauro de Araújo Marini – Depoimento prestado em 3 set. 1964. AA.

25 Stepan, 1971, p.223.

26 Moniz Bandeira, 1998, p.87.

1965, decidi regressar clandestinamente ao Brasil, onde passei a viver em São Paulo, embora Brizola, antes refratário à ideia da guerrilha como forma de luta contra o regime autoritário, já estivesse a admiti-la e até viesse, mais tarde, a apoiar a implantação do foco em Caparaó, projeto resgatado por alguns sargentos que o conheciam. A POLOP, com a qual rompi, cindiu-se, então, em facções ainda mais radicais, formando a Colina (Comando de Libertação Nacional), a Vanguarda Armada Revolucionária (VAR-Palmares) e a Vanguarda Popular Revolucionária (VPR), que empreenderiam operações de guerrilha urbana e rural e que, em meu entender, não conseguiriam derrubar o regime autoritário, antes o fortaleceriam, como de fato aconteceu.

Em 1966, porém, a 1ª Auditoria da Marinha, com base na Lei de Segurança Nacional e no Código Penal Militar, decretara minha prisão preventiva, juntamente com a de Leonel Brizola, Paulo Schilling, do coronel Dagoberto Rodrigues e de muitos outros civis e militares exilados no Uruguai, envolvendo-nos sem fundamento algum na denúncia resultante do IPM, instaurado com a prisão de dois dirigentes da POLOP, Ruy Mauro Marini e Arnaldo Mourthé, bem como de sargentos e marinheiros, em junho de 1964.[27] Segundo essa denúncia sobremodo imaginosa, formulada pelo procurador da Justiça Militar, Felipe Benedito Rauem,

> [...] o plano era de âmbito ligado aos exilados subversivos de Montevidéu, onde se destacam Leonel Brizola e Moniz Bandeira, entre outros, este antigo militante trotskista, que enviou ao seu íntimo amigo Ruy o plano de viagem ao Uruguai, onde teria ido um emissário do grupo do Rio, dirigido por Leonel Brizola, Moniz Bandeira etc., que lhe enviaram um esquema, com ampla frente de oposição ao atual regime.[28]

---

27 Em junho de 1965, eu fora também indiciado em outro IPM instaurado para apurar atividades subversivas de brasileiros asilados no Uruguai. No relatório, fui apontado como "um dos principais colaboradores de Leonel Brizola" e enquadrado, com outros, nas penas da Lei de Segurança Nacional e do Código Penal Militar. Os autos do inquérito foram remetidos ao comandante do III Exército (Rio Grande do Sul), mas não houve desdobramento.

28 Justiça Militar – 1ª Auditoria da Marinha – Edital de Citação, in: *Diário Oficial*, Parte III, 16 jun. 1966, p.7850-7853.

Acusado de tentar contra a segurança do Estado e incitar motim, entre outros delitos previstos na Lei de Segurança Nacional e no Código Penal Militar, fui condenado a cinco anos de prisão. Não me dispus, entretanto, a partir outra vez para o exílio, porque não tinha nenhuma missão política a cumprir – nem a ilusão de derrubar o regime pela força –, como em 1964, quando fui para Montevidéu. Sem compromisso com qualquer organização, pois em 1965 havia rompido com a POLOP, poderia ter ido para a Europa, onde faria meu doutoramento, mas não admiti cuidar de minha vida pessoal, abandonar a luta, quando tantos companheiros empunhavam armas contra o regime autoritário e tombavam a tiros ou torturados. Era necessário para mim, que não optara pela guerrilha, enfrentar como intelectual todos os riscos, inclusive de morte, para os quais sempre me preparara. E pretendia voltar para São Paulo, onde já vivera dois anos, clandestinamente, mas um pelotão da Marinha, com a participação de um elemento estrangeiro, sem dúvida americano e agente da CIA, capturou-me, no interior do Estado do Rio de Janeiro, levando-me para um calabouço na Ilha das Cobras, em 2 de dezembro de 1969, quando principiava o período de maior terror, sob o governo do general Emílio Garrastazu Médici.

Contudo, ao ser libertado, cerca de dez meses depois, devido à anulação da sentença, voltei às atividades de pesquisa, apesar da situação precária em que me encontrava. Com o apoio de Ênio Silveira, que confiava na minha objetividade acadêmica e em 1967 publicara pela Civilização Brasileira um livro meu – *O ano vermelho: a revolução russa e seus reflexos no Brasil*[29] –, para o qual fiz a pesquisa ainda na clandestinidade, com a colaboração de Clóvis Melo e Aristélio T. Andrade, comecei a escrever *Presença dos Estados Unidos no Brasil – dois séculos de história*. Concluí essa obra em setembro de 1972, em São Paulo, onde outra vez estava vivendo na clandestinidade, novamente condenado, no mesmo processo da Auditoria da Marinha, a quatro anos de prisão por incitamento de motim. Seu lançamento pela Editora Civilização

---

29 Moniz Bandeira et al., 1967.

Brasileira ocorreu no segundo semestre de 1973, quando eu já estava outra vez preso, desde o início do ano, no Regimento Marechal Caetano de Farias (Rio de Janeiro); soube que ela teve repercussão entre os militares, em meio aos quais o nacionalismo voltava a manifestar-se, e era discutida na Escola Superior de Guerra.

Escrever e publicar constituiu para mim, como intelectual, uma forma de resistência e de luta contra o autoritarismo. Sempre entendi que liberdade não se ganha como dádiva; conquista-se, por meio de seu exercício, enfrentando todos os riscos decorrentes de tal comportamento. Na defesa de um princípio, "posso ficar sozinho, mas não trocaria por um trono a minha liberdade de pensar", escreveu Lord Byron.[30] E esta foi a norma pela qual desde a adolescência pautei minhas atitudes. Quando saí da prisão, no segundo semestre de 1970, e minha situação era extremamente precária e incerta, ainda sob a ameaça de outra condenação pela Auditoria da Marinha, não hesitei em escrever *Presença dos Estados Unidos no Brasil*, obra que, não obstante o caráter acadêmico, poderia ser considerada subversiva, naquela conjuntura, por causa das críticas à política norte-americana *vis-à-vis* do Brasil. Da mesma forma, ao ser outra vez libertado, à véspera do Natal de 1973, voltei à luta. Regressei a São Paulo no dia 2 de janeiro de 1974, retomei o trabalho na Editora Banas, cujo proprietário, Geraldo Banas, me dera todo o respaldo enquanto eu estava preso, além de retornar às atividades acadêmicas, assumindo o encargo de uma disciplina na Escola de Sociologia e Política de São Paulo, substituindo meu velho amigo Maurício Tragtenberg. Com o apoio de vários amigos, entre os quais, sobretudo, os professores Francisco Weffort e Lúcio Kowarick, pude então fazer meu doutoramento em ciência política, na Universidade de São Paulo, o que antes não conseguira, devido à repressão, e escrever outro livro – *Cartéis e desnacionalização – A experiência brasileira: 1964-1974*,[31] também publicado pela Civilização Brasileira e cuja pri-

---

30 "I may stand alone, but would not change my free thoughts for a throne". Byron, 1948, p.346.

31 Moniz Bandeira, 1975.

meira edição se esgotou em trinta dias. Este foi "ao mesmo tempo um estudo da economia da grande empresa no Brasil e uma tentativa de análise política", segundo o professor Fernando Henrique Cardoso, no prefácio que não saiu publicado devido a um atraso na entrega e no qual ele ressaltou que nele "Moniz Bandeira encara o problema da dominação imperialista a partir do ângulo correto, considerando-a como o que se poderia chamar de um processo social global". Na sua opinião, a obra "além do valor documental que possui, é uma análise útil para ajudar a reavaliação das opções que se abrem diante da internacionalização crescente da economia brasileira".[32]

Fernando Henrique Cardoso, então diretor do CEBRAP (Centro Brasileiro de Análise e Pesquisa), indicou meu nome à Fundação Ford, que me concedeu uma bolsa, possibilitando-me passar algum tempo na Argentina, entre os anos de 1975/1976, a fim de realizar a pesquisa para minha tese de doutoramento sobre "O papel do Brasil na Bacia do Prata". Na época, tive de ir diversas vezes a Montevidéu para pesquisar em seus arquivos e entendi que devia também aproveitar a oportunidade para fazer entrevistas com João Goulart e publicar um livro sobre seu governo, por considerar que esta seria a melhor maneira de desmistificar o golpe de Estado de 1964 e o regime autoritário, como forma de ampliar a abertura política, que o general Ernesto Geisel, presidente do Brasil, prometia promover. Além do mais, as teorias sobre o populismo, disseminadas, sobretudo, em São Paulo, impediam uma interpretação correta do golpe de Estado de 1964. Aplicadas ao governo João Goulart, elas nada explicavam. Pelo contrário, confundiam e ocultavam o caráter reacionário do golpe militar. Afinal, por que as classes possuidoras derrubaram o governo João Goulart se ele tanto lhes favorecia, por meio da manipulação das massas, um dos elementos essenciais de qualquer conceito sobre o populismo? O golpe de Estado de 1964 representara, a meu ver, um episódio da luta de classes, com o qual o empresariado, sobretudo seu setor estrangeiro, tratou de conter

---

32 Prefácio – AA.

e reprimir a ascensão dos trabalhadores, cujos interesses, pela primeira vez na história do Brasil, condicionavam diretamente as decisões da presidência da República, em decorrência das vinculações de Goulart com os sindicatos. E as multinacionais, com investimentos no Brasil, não podiam tolerar um governo sensível às reivindicações sindicais, nem o estabelecimento de um regime do tipo social-democrata, de garantia do trabalho, semelhante ao existente nos estados de bem-estar social, de onde os capitais emigravam para os países em desenvolvimento em busca de fatores mais baratos de produção para compensar a queda da taxa de lucro nos Estados Unidos e na Europa.

A ideia de escrever este livro entusiasmou Ênio Silveira, meu editor, assim como José Gomes Talarico, militante do antigo PTB, homem corajoso e solidário, que sempre me fora ver no quartel do Regimento de Cavalaria Marechal Caetano de Farias e abordou o assunto com Goulart, de quem era amigo fiel e a quem frequentemente visitava no Uruguai, levando informações do Brasil.[33] E, em uma das minhas viagens a Montevidéu, eu mesmo comuniquei o propósito a Goulart, que se prontificou a dar-me todo o respaldo possível, com o qual não apenas montei uma equipe, para pesquisar todos os jornais da época, como comecei a buscar documentação em fontes primárias e a fazer entrevistas com os mais diversos personagens que participaram do governo e também do golpe de Estado em 1964. Em 25 de julho de 1976, uma das muitas vezes em que fui a Montevidéu, visitei Brizola em seu apartamento da Rambla Armenia, como sempre fazia, e lhe revelei que tencionava escrever um livro sobre o governo do presidente João Goulart. E ele, que havia doze anos rompera com Goulart, exclamou, a espalmar as mãos: "Mas, Moniz, tu vais precisar de toda

---

33 Conversa a quatro. Darcy Ribeiro, Raul Riff, Moniz Bandeira e José Gomes Talarico conversaram na noite de 27 de janeiro de 1976 no restaurante Madison, em Copacabana. No dia seguinte, toda a conversa estava no SNI, pelo informe 487, que girava em torno do livro sobre Jango. Havia um besouro infiltrado, ou talvez escondido debaixo da mesa do restaurante. Quem? Baffa, 1989, p.103.

a habilidade do PSD mineiro[34] para defender o governo de Jango". Repliquei que não se tratava de defendê-lo, mas de resgatar a memória de uma época, restabelecendo a verdade histórica, posto que a pura e simples condenação do governo de Goulart, como inclusive se fazia na esquerda, implicava uma justificativa do golpe de Estado. Brizola não redarguiu. Apenas murmurou: "Pode ser". E concedeu-me as entrevistas, naquele dia e nos meses subsequentes, quando o procurei em Montevidéu. Entrementes os dois se reconciliaram, por iniciativa do próprio Goulart, que foi ao seu apartamento visitar a irmã, Neuza,[35] antes de viajar para a Europa.

Goulart era um homem extremamente tolerante, não guardava rancores e sempre me pareceu condescendente com Brizola. "Você sabe como é o Leonel..." – assim dizia, rindo, sem avançar na apreciação, quando explicava qualquer fato que ocorrera durante seu governo. Só uma vez o ouvi criticá-lo, diretamente, ao dizer: "Leonel tem o dedo podre. Não sabe escolher". Ele se referiu ao fato de que Brizola escolhia ou indicava pessoas incompetentes, erradas, para ocupar postos do governo.[36] Goulart, porém, não comentou o episódio da reconciliação, quando o visitei em Punta del Este, em começo de novembro de 1976. Comentamos a situação do Brasil e eu, referindo-me à oportunidade de publicar o livro sobre seu governo, disse-lhe que continuava a receber inúmeros convites para dar em São Paulo e em outros Estados conferências nas quais criticava o regime militar. Homem muito bem informado sobre o que ocorria no Brasil, Goulart observou: "Deixam que tu fales, que critiques o regime, e nada te acontece, porque já há

---

34 Os líderes do Partido Social-Democrático (PSD) em Minas Gerais sempre se caracterizaram por sua enorme capacidade de superar situações difíceis, mediante fórmula de compromisso e conciliação.

35 Ver Capítulo 15.

36 Comentário semelhante, certa vez, ouvi do próprio Darcy Ribeiro, referindo-se aos áulicos, que cercavam Brizola e aos quais ele conferia os mais importantes cargos tanto no PDT quanto no governo do Rio de Janeiro (1983-1987 e 1992-1995). Brizola, aliás, aceitava Darcy Ribeiro, porque era a maneira que tinha de identificar-se politicamente com a memória do governo de Goulart. Darcy Ribeiro foi o último chefe da Casa Civil de Goulart, com o qual seguiu para o exílio no Uruguai.

muita gente dentro das Forças Armadas simpática à oposição, querendo ouvir o que nós pensamos". A conversa daí passou para a pesquisa que eu devia realizar. Na ocasião, transmiti-lhe a informação, que me fora dada por Celina Vargas do Amaral Peixoto, diretora do CPDOC – FGV, e pelo professor Juarez Brandão Lopes, do CEBRAP, recém-chegados do Texas, de que uma estudante norte-americana, Phyllis Parker, com base no *Freedom of Information Act* (FOIA), aprovado havia pouco tempo pelo Congresso norte-americano, conseguira a liberação de vários documentos importantes sobre a colaboração dos Estados Unidos com o golpe de Estado de 1964, depositados na Lyndon B. Johnson Library, em Houston. Goulart demonstrou o maior interesse na informação, dispondo-se a financiar minha viagem aos Estados Unidos para buscar a documentação. Mostrou-me depois um baú, que estava em um galpão, ao fundo da casa, com muitos documentos, e disse: "Moniz, por volta de 15 de dezembro, vou mandar te chamar. Tu passas aqui comigo o final do ano. De manhã, vamos à praia e depois do almoço trabalhamos na documentação". Certamente ainda estava avaliando a ideia e a oportunidade de retornar ao Brasil ou viajar para a Europa e passar o fim do ano perto dos filhos. Nenhuma de suas intenções, porém, se efetivou. Na madrugada de 6 de dezembro, Goulart faleceu, no interior da Argentina. Soube-o em São Paulo e não consegui viajar para São Borja, a fim de acompanhar seu enterro e dar-lhe adeus.

O falecimento de Goulart dificultou naturalmente meu trabalho. João Vicente, seu filho, não encontrou o baú com os documentos.[37]

---

37 Muito tempo depois, nos anos 80, fui a Porto Alegre e, almoçando na casa de João Vicente Goulart, ele me mostrou a documentação que estaria no baú e que depois encontrou. Entretanto, em 1995, pretendi escrever a biografia de Goulart – por sugestão inclusive de sua viúva, Maria Tereza Goulart, e de sua filha, Denise –, mas apenas poucos documentos, sem maior importância, foram encontrados. Denise e João Vicente informaram que haviam emprestado os papéis a Beatriz Bandeira, viúva de Raul Ryff; ela, porém, alegou que havia devolvido tudo. Depois, como vim residir na Alemanha, desliguei-me do assunto, pois diante das dificuldades tive de postergar aquele propósito para dedicar-me a outros projetos, entre os quais concluir a obra *De Marti a Fidel: a Revolução Cubana e a América Latina* (1998) e a pesquisa para *O feudo: a casa da torre de Garcia d'Ávila – Da conquista dos sertões à independência do Brasil* (2000).

E em 19 de dezembro, cerca de duas semanas após o falecimento de Goulart, o jornalista Marcos Sá Corrêa publicou em suplemento especial do *Jornal do Brasil*, do Rio de Janeiro, vários documentos da Lyndon B. Johnson Library sobre o golpe de Estado de 1964. João José Fontella, irmão de Maria Tereza Goulart, conseguiu, contudo, reunir a documentação espalhada em propriedades de Goulart, no Rio de Janeiro, especialmente no Sítio do Capim Melado (Jacarepaguá) e no apartamento do edifício Chopin (Copacabana), e o professor Francisco Weffort cedeu-me documentos por ele trazidos da Lyndon B. Johnson Library. Assim, com essa documentação, o material colhido nos jornais da época e as informações que obtive em entrevistas com as *dramatis personae*, para também reconstruir oralmente a história, pude escrever e terminar este livro nos últimos dias de maio de 1977.

No começo de junho de 1977, indo ao Rio Grande do Sul participar de um simpósio na Assembleia Legislativa sobre "A questão da democracia e as tarefas da oposição", a convite do Instituto de Estudos Políticos, Econômicos e Sociais (IEPES) do MDB, o partido da oposição consentida, resolvi estender a viagem ao Uruguai para conversar com Brizola e levar-lhe o original do livro. Sabia que ele durante a semana ficava na estância, em Carmen (Durazno), no centro do país, mas costumava passar sábado e domingo na capital. E pedi a João Carlos Guaragna, do velho PTB e seu elemento de contato em Porto Alegre, que lhe comunicasse minha ida, após o encerramento do simpósio, ao final da tarde de domingo, 5 de junho. O ex-deputado de Minas Gerais Carlos Olavo da Cunha Pereira, exilado no Uruguai, foi, porém, esperar-me no aeroporto de Carrasco, para avisar-me que Brizola já não mais passava os fins de semana em Montevidéu e lhe pedira para levar-me, no dia seguinte, à sua estância em Durazno, cerca de 183 km distante da capital. Com efeito, às quatro da madrugada de segunda--feira, Carlos Olavo da Cunha Pereira buscou-me com sua Kombi no Hotel Alhambra e fomos encontrar Brizola. A ele transmiti dois idênticos avisos, que recebera em São Paulo e Porto Alegre, no sentido de que pretendiam matá-lo se regressasse ao Brasil. Depois, passamos todo o dia, das oito da manhã às oito da noite, a conversar sobre a situação do Brasil, onde o regime autoritário se exauria, econômica, social e politicamente, conforme eu percebia e analisava.

Diante de tal perspectiva, sugeri-lhe que assumisse a tarefa de reorganizar o PTB, ainda que de forma clandestina ou semiclandestina, (proposta que Carlos Olavo da Cunha Pereira também endossava), com um programa nitidamente social-democrata, assumindo assim o caráter que objetiva e empiricamente ele tivera desde a fundação, a fim de contar com o respaldo dos partidos social-democratas, trabalhistas e socialistas da Europa Ocidental, filiados à Internacional Socialista, já interessada na América Latina.[38] Daí porque o PTB, sendo reorganizado, deveria assumir clara identidade ideológica, social-democrata, a fim de evitar que o confundissem com o populismo ou o acusassem de comunista. Assim, provavelmente, poderia receber o suporte dos partidos social-democratas, socialistas e trabalhistas, que estavam no poder ou eram opção de poder, na imensa maioria dos países da Europa Ocidental, entre os quais a República Federal da Alemanha, e inibir a hostilidade dos Estados Unidos ou tentativas de golpe de Estado.

No meu entender, um dos erros fundamentais do governo democrático e socialista de Salvador Allende, instituído constitucionalmente no Chile e derrubado também por um golpe de Estado (1973), com apoio dos Estados Unidos, fora não ter buscado aproximar-se dos partidos integrantes da Internacional Socialista. E o PTB, cuja reorganização

---

38 O jornalista Jorge Otero, em seu livro *João Goulart – Lembranças do exílio*, contou que, certa vez em Paris, falou a Goulart sobre a necessidade de que o PTB se integrasse à Internacional Socialista. Goulart teria respondido que "nem todos os companheiros vão entender", o PTB "representava uma carga nacionalista muito forte" e o regime militar iria "encontrar nele outro pretexto para nos acusar de traidores, de estrangeiristas, com o objetivo de fazer-nos perder nossa bandeira" (Otero, 2001, p.50 e 218). Desde 1974, realmente, a Internacional, sob a direção de Willy Brandt, ex-chefe do governo da Alemanha, já se voltara para a América Latina e, no Brasil, por meio de Mário Soares, dirigente do Partido Socialista Português, estabelecera contatos com os senadores Marcos Freire, Paulo Brossard e Gilvan Rocha, os deputados Fernando Lyra, João Gilberto e João Cunha e o empresário Fernando Gasparian, entre outros dirigentes e personalidades do MDB, visando à criação de um Partido Socialista Brasileiro.

contribuiria para forçar a abertura política no Brasil, não podia incorrer no mesmo erro. Na oportunidade, entreguei a Brizola cópia dos originais ainda inéditos deste meu livro – *O governo João Goulart* – no qual eu sustentava a tese de que a *praxis* do PTB, nas condições históricas do Brasil, equivalera à dos partidos social-democratas na Europa, após a Primeira Guerra Mundial (1914-1918), e não se podia qualificá-la como populista. Brizola, depois de ouvir minhas ponderações, solicitou-me que, ao voltar ao Brasil, instasse José Gomes Talarico, Armindo Doutel de Andrade, Almino Affonso e Amaury Silva para que fossem ao Uruguai conversar com ele sobre o assunto. Prometi-lhe que o faria, mas ressalvei que não tinha condições de realizar qualquer outra articulação política, pois recebera do Social Science Research Council e do American Council of Learned Societies um *post-doctoral fellowship* (também por indicação de Fernando Henrique Cardoso) e iria morar mais de um ano nos Estados Unidos e na Europa, a fim de continuar a pesquisa sobre o papel do Brasil na Bacia do Prata. À noite, ao despedir-se de mim e de Carlos Olavo da Cunha Pereira, na porteira da estância, Brizola, com os olhos marejados, comentou, a propósito de seu rompimento com Goulart: "Doze anos sem nos falarmos. Uma briga inútil, desnecessária, que desgostou Neuza, profundamente, e prejudicou seu relacionamento com o irmão. Felizmente eu me reconciliei com ele, antes que morresse, pois do contrário seria muito difícil para mim, senão impossível, unir o trabalhismo e reorganizar agora o partido".

Cerca de dois meses e meio depois, morando em Washington, a pesquisar a documentação diplomática do Departamento de Estado, depositada no National Archive, compareci, no dia 19 de setembro, domingo, a uma cerimônia em homenagem à memória de Orlando Letelier, ex-embaixador do Chile durante o governo de Salvador Allende e um ano antes assinado nos Estados Unidos por agentes da polícia secreta do ditador Augusto Pinochet. Lá encontrei Roberto Garcia, correspondente da revista *Veja*, que logo me disse, sorrindo: "Depois que o vi nos Estados Unidos, nada mais me surpreende. Mas tenho uma notícia que lhe vai estarrecer: Brizola foi expulso do Uruguai e pediu asilo aos Estados Unidos". Com efeito, a notícia deixou-me aturdido. O asilo já se lhe havia concedido. E, consciente de que tinha de lhe dar assistência, naquela situação, procurei informar-me quando e em que voo ele chegaria aos Estados Unidos. Assim, na madrugada do dia 22, quinta-feira, uma jornalista, Flora Viotti, filha da professora Emília Viotti da Costa, levou-me de carro para Nova York, onde esperamos seu desembarque no Aeroporto John Kennedy. Brizola desceu de um avião da Aerolíneas Argentinas, acompanhado por Neuza, e, ao ver-me ali, exclamou, abraçando-me: "Moniz, foi a Providência que te mandou aqui". De fato, eu era o único amigo dele no aeroporto daquela imensa metrópole, onde até o idioma lhe era completamente estranho e para a qual ele fora subitamente catapultado, arrancado da tranquilidade de sua estância, no interior do Uruguai. Os demais eram repórteres, que queriam entrevistá-lo. Para eles, após elogiar a política de defesa dos direitos humanos, inaugurada pelo presidente James Earl Carter (1977-1981), do Partido Democrata, ao assumir em janeiro de 1977 o governo dos Estados Unidos, Brizola definiu-se, politicamente, como "social-democrata, ocidentalista e dissidente dos regimes militares", sobretudo daquele instalado no Brasil. E, com essa declaração, endossou a tese por mim defendida em *O governo João Goulart*, segundo a qual o PTB desempenhara empiricamente um papel equivalente ao dos partidos social-democratas na Europa, após a Primeira Guerra Mundial.

Depois da entrevista, Flora e eu buscamos um hotel para que Brizola e Neuza se hospedassem; eles terminaram por ficar no Hotel Roosevelt, situado na Madison Avenue, centro de Manhattan. Em seguida, tomei um avião e voltei para Washington, com o intuito de desfazer meu apartamento, porquanto tinha de viajar para a Europa e continuar as pesquisas sobre a Bacia do Prata nos arquivos da França e da Grã--Bretanha. Dois dias depois, sábado, regressei a Nova York, onde fiquei cerca de dez dias, colaborando com Brizola, enquanto ele se adaptava à vida naquela cidade. Porém, antes de viajar para Paris, no sábado, 9 de outubro, Brizola pediu-me que fizesse uma escala em Lisboa, com a missão de agradecer a Mário Soares, primeiro-ministro de Portugal, o asilo que lhe oferecera, por intermédio do jornalista Hermano Alves, e tentar conseguir-lhe um passaporte, de modo que pudesse livremente viajar, pois só possuía um *laissez-passer*, para sair do Uruguai.[39] Em Lisboa, o português Joaquim Barradas de Carvalho conseguiu que ele me concedesse uma audiência, no Palácio São Bento, na quarta--feira, 12 de outubro, quando voltou da Grécia, onde participara de uma reunião da Internacional Socialista. Tive êxito na missão, apesar da cautela inicial de Mário Soares, que me falou da crise política no Brasil e me mostrou a nota emitida pelo ministro do Exército, general Sylvio Frota, ao ser demitido pelo presidente Ernesto Geisel,[40] e na qual, entre outras críticas a iniciativas do governo, citou "reuniões de políticos brasileiros, em Paris, para fundar um Partido Socialista, orientados por organização paulista e auxílio financeiro alienígena", acrescentando que "suas ligações com os socialistas europeus e a Internacional Socialista têm sido confirmadas".[41] Era uma clara referência ao Partido Socialista Português (PSP), então a intermediar os contatos entre a Internacional Socialista e algumas correntes democráticas em São Paulo. Mário Soares, como primeiro-ministro de Portugal, receou evi-

---

39 A renovação do visto de permanência de Brizola nos Estados Unidos foi conseguida por Brady Tyson, politólogo, especialista em América Latina, professor da American University, em Washington, e pastor metodista. Ele trabalhava na Missão dos Estados Unidos na ONU (1977-1980), como adjunto do embaixador Andrew Young na ONU, durante o governo do presidente Jimmy Carter (1977-1981), com o qual mantinha estreitas relações. Foi ele que tratou para Brizola da renovação do visto de permanência no Departamento de Estados, para que ele pudesse entrar nos Estados Unidos outras vezes. Brady Tyson, em 1966, foi preso e expulso do Brasil, aonde fora como pastor protestante, devido a seus contatos com a ala esquerda da Igreja Católica, os adeptos da teologia da libertação. E, como diplomata, em reunião do Conselho de Direitos Humanos da ONU, em Genebra, no dia 9 de março de 1977, pediu desculpas ao Chile pelo envolvimento dos Estados Unidos no golpe militar que derrubou o governo constitucional do presidente Salvador Allende, em 11 de setembro de 1973. Faleceu em 29 de janeiro de 2003, com 75 anos. Sofria de diabetes.

40 O general Sylvio Frota opunha-se à abertura política "lenta, gradual, porém segura", iniciada pelo presidente Ernesto Geisel, e pretendeu dar um golpe militar, que abortou, em virtude de sua demissão do Ministério da Guerra, no dia 12 de outubro de 1977.

41 Frota, 2006, p.545-50. Parte da nota do general Sylvio Frota também está transcrita, in: Abreu, 1979, p.141-2.

dentemente criar um incidente diplomático com o Brasil. Não obstante, graças à solidariedade dos portugueses, Brizola obteve o passaporte. Foi expedido pelo Consulado-Geral de Portugal em Nova York, por instrução do chanceler José Medeiros Ferreira,[42] mediante entendimento com Mário Soares, após gestões de Manuel Tito de Moares, um dos fundadores da Ação Socialista Portuguesa (ASP) e do PSP, e do então major Manuel Pedroso Marques,[43] que vivera exilado no Brasil, após o levante militar de Beja, chefiado pelo capitão João Varela Gomes e esmagado pela ditadura de Antônio de Oliveira Salazar (1932-1974), em 1º de janeiro de 1962.

Nunca, porém, foram esclarecidas as verdadeiras razões pelas quais o governo do Uruguai cancelou o asilo, sob a justificativa de que Brizola lhe violara as normas, envolvendo-se em assuntos internos do país, e expulsou-o do seu território, depois de 13 anos. O senador uruguaio Wilson Ferreira Aldunate, do Partido Blanco, disse-me em Londres,

---

42 O chanceler José Medeiros Ferreira era historiador e havia estado exilado na Suíça até 25 de abril de 1975, quando ocorreu a Revolução dos Cravos, que derrubou o governo de Marcelo Caetano e a ditadura instituída por Antônio de Oliveira, por ele continuada.

43 O professor e historiador português Joaquim Barradas de Carvalho (1920-1980) foi quem marcou minha audiência com o primeiro-ministro Mário Soares, de quem era velho amigo, apesar das divergências partidárias, e ele me recebeu no Palácio São Bento, às 15h de quarta-feira, 12 de outubro, logo após regressar da Grécia, onde fora participar de uma reunião da Internacional Socialista. No mesmo dia, após a audiência, fui, à noite, com Manuel Barata, brasileiro exilado em Portugal, a uma casa de fados e lá encontrei o antigo capitão Manuel Pedroso Marques, que voltara a Portugal, depois da Revolução dos Cravos, e fora promovido a major. Já o conhecia e tínhamos relações de amizade, que perduram até hoje, desde o tempo em que ele morou no Rio de Janeiro, exilado, nos anos 60. Em 1º de janeiro de 1962, conversamos, expliquei-lhe o motivo de minha viagem, a questão do passaporte para Brizola e ele me disse que, no dia seguinte, fosse encontrá-lo no escritório de João Manuel Tito de Moraes, diretor da Agência Noticiosa Portuguesa (ANOP), filho de Manuel Alfredo Tito de Moraes, dirigente do PS, para tratarmos do assunto. Aí foi feito o contato com Manuel Tito de Moraes, cujas gestões junto ao chanceler José Medeiros Ferreira e ao primeiro-ministro Mário Soares resultaram, dentro de dois dias, na emissão do passaporte português para Brizola pelo Consulado-Geral de Portugal em Nova York. No sábado, 15 de outubro, viajei para Colônia, onde fiquei hospedado no apartamento do jornalista Arthur José Poerner, da Deutsche Welle, para no dia seguinte, domingo, participar do seminário sobre o trabalhismo promovido pela Fundação Friedrich Ebert, do Partido Social-Democrata da Alemanha.

onde estava asilado,[44] que o governo uruguaio havia expulsado Brizola para que ele não fosse lá assassinado. A ameaça existia e, possivelmente, ele, Brizola, por essa razão deixara de passar os fins de semana em Montevidéu, como era seu hábito, e permanecia em sua estância em Durazno. Talvez o governo uruguaio não quisesse que o matassem no seu território e daí o expulsou para que ele, sem outra opção, voltasse ao Brasil e lá fosse assassinado. Também provável foi que militares brasileiros, ligados ao ministro da Guerra, general Sylvio Frota, e contrários à política do presidente Ernesto Geisel, houvessem exigido a expulsão de Brizola, na expectativa de que, na falta de alternativas, ele decidisse por voltar ao Brasil, onde seria morto. Tais hipóteses são compatíveis e consistentes com os avisos de que Brizola seria assassinado se entrasse no Brasil, avisos que recebi, em junho, de fontes militares e lhe retransmiti em sua estância, em Durazno.

A expulsão de Brizola do Uruguai, naquele contexto, estaria, portanto, relacionada com a luta pelo poder dentro do Brasil. Seu regresso, além de permitir que o matassem dentro do território nacional, quiçá sob a justificativa de que resistira à prisão, fortaleceria o general Sylvio Frota, ao alimentar nas Forças Armadas a oposição à abertura do regime pretendida pelo presidente Ernesto Geisel. Os militares apenas não contaram com a possibilidade de que Brizola recorresse aos Estados Unidos e obtivesse asilo político, lance de profundas consequências e para o qual condições havia, uma vez que as relações entre Washington e Brasília estavam bastante deterioradas, não devido à política de defesa dos direitos humanos, do presidente Jimmy Carter, mas, sim, sobretudo, à assinatura do Acordo Nuclear com a República Federal da Alemanha e à ruptura dos quatro acordos militares de 1952, determinada pelo presidente Ernesto Geisel.

---

44 O senador Wilson Ferreira Aldunate estava em Buenos Aires quando o senador Zelmar Michelini e o deputado Héctor Gutiérrez Ruiz, também uruguaios, foram assassinados, em maio de 1976. Depois, ele também seria executado. O jornalista brasileiro Flávio Tavares, que também estava lá exilado, soube-o, porém, e procurou Ferreira Aldunate, esperando na porta de onde morava, para levá-lo diretamente à embaixada da Grã-Bretanha.

A colaboração dos militares uruguaios, senhores do poder em Montevidéu, com os militares brasileiros, era evidentemente real. Os órgãos de inteligência do Brasil, da Argentina, do Uruguai, do Paraguai, do Chile e da Bolívia estavam intimamente a cooperar e a coordenar suas atividades, mediante a Operação Condor,[45] codinome dado ao acordo para o empreendimento de ações conjuntas, visando a reprimir e eliminar os adversários dos regimes ditatoriais existentes naqueles países do Cone Sul. O fato de que o Pentágono estava interessado na Operação Condor, em 1976, era relevante para a rede de comunicações que foi estabelecida e facilitada pelos serviços de inteligência dos Estados Unidos. As Special Operations Forces do Pentágono forneceram fre-

---

45 O Defense Intelligence Agency (DIA), serviço de inteligência do Exército norte-americano, recentemente desclassificou a mais completa versão sobre a Operação Condor. O texto do telegrama do *attaché* legal do FBI em Buenos Aires, Robert Scherrer, datado de 28 de setembro de 1976 e desclassificado pelo DIA, por solicitação do National Security Archive, da George Washington University, é o seguinte:
"Este RI (Relatório Informativo) é sobre as operações contrainsurgentes por diversos países da América do Sul. Informações fornecidas pelo adido da embaixada dos Estados Unidos que tem ótimos contatos com o Ministério da Informação e a Polícia Federal. Este RI preenche parcialmente o requerimento de ICE A-TAC-44-396.
Em 28 de setembro de 1976, uma fonte secreta estrangeira forneceu a seguinte informação: Operação Condor é o código para a coleta, troca e armazenamento de dados de inteligência concernentes aos assim chamados 'esquerdistas', comunistas e marxistas, recentemente estabelecida entre os serviços de inteligência na América do Sul, visando a eliminar atividades terroristas marxistas na região. Além disso, a Operação Condor propicia operações conjuntas contra alvos terroristas nos países-membros da Operação Condor. O Chile é o centro da Operação Condor e, além dele, seus membros incluem Argentina, Bolívia, Paraguai e Uruguai. O Brasil também tem concordado, timidamente, em fornecer insumos de inteligência para a Operação Condor.
Os membros que demonstram mais motivação até o momento têm sido a Argentina, o Uruguai e o Chile. Estes três países comprometeram-se em operações conjuntas, basicamente na Argentina, contra o alvo terrorista. Durante a semana de 20 de setembro de 1976, o diretor dos Serviços de Inteligência do Exército Argentino viajou para Santiago para consultar seus correspondentes chilenos da Operação Condor (Essa viagem é semelhante à relatada no IR b 804 039 76) a respeito da Operação.
No período de 24 a 27 de setembro de 1976, membros do Ministério Argentino da Informação (SIDE), agindo com oficiais do Serviço Militar de Inteligência Uruguaio, executaram operação contra a organização terrorista uruguaia OPR-33 em Buenos Aires. Como resultado dessa ação, oficiais do SIDE afirmaram que toda a infraestrutura da OPR-33 na Argentina foi eliminada. Grande quantidade de moeda americana foi apreendida nessa operação conjunta."

quentemente oficiais à CIA, durante a Guerra do Vietnã, em particular para missões especiais. Esse tipo de acordo só mais tarde ocorreu na América Latina. Em Buenos Aires – onde havia exilados chilenos, uruguaios, bolivianos, brasileiros e paraguaios –, vários crimes ocorreram no marco da Operação Condor, ainda antes que ela fosse formalmente concertada e oficializada. Em 30 de setembro de 1974, o general Carlos Prats, ex-comandante em chefe do Exército do Chile, no governo de Salvador Allende, morreu, juntamente com sua esposa, Sofia, em um atentado preparado pela Dirección de Inteligencia Nacional (DINA), do Chile, e Michael Townley, um norte-americano que trabalhava para a CIA. Além de outros numerosos dissidentes dos regimes militares, dois parlamentares uruguaios, o senador Zelmar Michelini e o deputado Héctor Gutiérrez Ruiz foram também assassinados em maio de 1976; e o general Juan José Torres, ex-presidente da Bolívia, em junho. No Brasil, em 22 de agosto daquele ano, Juscelino Kubitschek morreu em um acidente de automóvel, na rodovia Presidente Dutra, entre São Paulo e o Rio de Janeiro, gerando suspeita de que o acidente fora planejado.

O raio de ação da Operação Condor não se restringiria à América Latina. A terceira fase e a mais secreta dessa operação, segundo o documento desclassificado pela Defense Intelligence Agency (DIA), do Exército norte-americano, consistiu em formar equipes especiais dos países-membros a fim de que viajassem por todo o mundo e executassem sanções, que incluíam até assassinatos, contra supostos terroristas ou aqueles que apoiassem suas organizações; ou seja, contra adversários políticos dos regimes militares instalados no Cone Sul. Se um adversário político ou alguém que apoiasse a organização política adversa estivesse na Europa, uma equipe especial da Operação Condor seria enviada para localizá-lo e vigiá-lo. Quando culminasse a localização e a vigilância, uma segunda equipe seria enviada para aplicar a sanção efetiva contra aquele adversário. Em teoria, um país proveria de documentação falsa a equipe de assassinos, formada por agentes de outro país. No mês seguinte, em 21 de setembro, Orlando Letelier, ex-embaixador do Chile, e sua secretária, Ronni Moffit, foram assassinados em plena capital norte-americana, na terceira fase da Operação Condor, no âmbito da qual os Estados Unidos facilitaram comunicações entre os chefes dos serviços de inteligência dos países do Cone Sul, conforme revelou o embaixador dos Estados Unidos no Paraguai, Robert E. White.[46] Conforme foi informado pelo próprio general Alejandro Fretes Davalos, chefe do Estado-Maior das Forças Armadas do Paraguai, todos os chefes dos serviços de inteligência dos países da América do Sul, na Operação Condor, mantinham-se em contato um com o outro por meio das instalações de comunicação dos Estados Unidos na Zona do Canal do Panamá que cobriam toda a América Latina. Essas instalações eram empregadas para coordenar as informações de inteligência nos países do Cone Sul.

O fato de João Goulart haver falecido de um ataque cardíaco após chegar à sua estância na Argentina, em 6 de dezembro de 1976, gerou a desconfiança de que fora também vítima de um ato criminoso, uma suposta troca de medicamentos. E às mortes de Kubitschek e de Goulart somou-se a de Carlos Lacerda, em consequência igualmente de um infarto, em 21 de maio de 1977. Os três maiores líderes políticos brasileiros, que haviam formado dez anos antes a Frente Ampla em oposição ao regime militar, desapareceram, em um curto espaço de tempo. E as suspeitas de que foram vítimas de uma trama recresceram quando o jornalista norte-americano Jack Anderson divulgou, no *The Washington Post*, uma carta atribuída ao coronel Manuel Contreras Sepúlveda, chefe da Dirección de Investigaciones Nacionales (DINA), a polícia secreta do Chile, e dirigida ao general João Batista Figueiredo, então chefe do Serviço Nacional de Informações (SNI), do Brasil, com a data de 28 de agosto de 1975, na qual mostrava preocupação com a possibilidade de que o Partido Democrata (cujo candidato era

---

46 Departamento do Estado Norte-Americano, embaixador Robert White (Paraguai) para o secretário de Estado Cyrus Vance. Assunto: Segundo encontro com o chefe da equipe do caso Letelier, 20 out. 1978, Confidencial. Esse telegrama foi descoberto pelo professor J. Patrice McSherry, da Universidade de Long Island, e publicado pelo *New York Times*, em 6 mar. 2001. O embaixador Robert White relata a conversação em http://www.gwu.edu/-nsarchiv/mews/20010306/.

Jimmy Carter) vencesse a eleição para presidente dos Estados Unidos, devido ao apoio que dava a Juscelino Kubitschek e Orlando Letelier, "lo que en el futuro podría influenciar seriamente en la estabilidad do Cono Sur de nuestro hemisfério".[47] O professor José Herrera Oropeza entregou fotocópia dessa carta a um jornal de Caracas, *El Nacional*, que a publicou na sua edição de 23 de outubro de 1977, e eu recebi uma outra na Europa, à mesma época. No entanto, jamais acreditei na sua autenticidade, apesar de seu conteúdo ser plausível e de, coincidentemente, Kubitschek ter morrido em um desastre de automóvel cerca de um ano depois, em 22 de agosto de 1976; Letelier, logo em seguida, vítima de um atentado à bomba em Washington, no dia 21 de setembro; e Goulart, de infarto, em 6 de dezembro do mesmo ano.

O deputado Paulo Octavio Alves Pereira (PFL – Distrito Federal), que presidia a comissão parlamentar para investigar a morte do ex--presidente Juscelino Kubitschek, soube no National Security Archive, da George Washington University, que eu também possuía fotocópia de tal carta e, por intermédio da Embaixada do Brasil nos Estados Unidos, entrou em contato comigo, a fim de perguntar-me como a obtivera. Conquanto já houvesse concluído que a morte de Kubitschek

---

47 A íntegra da carta que supostamente o coronel Manuel Contreras Sepúlveda, chefe da DINA, dirigira ao general João Batista Figueiredo, chefe do SNI, é a seguinte:
"Distinguído señor general: He recibido su envío del 21 de agosto de 1975 y al agradecerle su oportuna y preciosa información me es grato expresarle mi satisfacción por su colaboración que debemos estrechar aún más. En respuesta cumplo em comunicarle lo seguiente: Comparto su preocupación por el posible triunfo del Partido Demócrata en las próximas elecciones presidenciales en los Estados Unidos. También tenemos conocimiento del reiterado apoyo de los demócratas a Kubitschek y Letelier, lo que en el futuro podría influenciar seriamente en la estabilidad del Cono Sur de nuestro hemisferio.
El plan propuesto por Ud. para coordinar nuestra acción contra ciertas autoridades eclesiásticas y conocidos político aocialdemócratas y demócratascristianos de América Latina y Europa cuenta con nuestro decidido apoyo.
Su información sobre Guyana y Jamaica es de indudable importancia para esta Dirección. Por creerlo de interés para Ud. le comunico que ultimamente el Gobierno de Chile tomó la decisión de liberar un grupo de presos que serán expulsados a países europeus. Le transmitiremos, a medida que nos vaya llegando, la información relativa a la actividad política de estos liberados y sus eventuales contatos con la emigración brasileña.
Lo saluda my atentamente. A) Manuel Contreras Sepulveda, coronel, Director de Inteligencia Nacional". A A.

fora realmente acidental, uma fatalidade,[48] sem relação alguma com a Operação Condor, ele ainda aparentava ter dúvidas quanto à veracidade do documento, dúvidas estas que os resultados da investigação não dissiparam. Com efeito, de acordo com o relatório sobre os resultados da investigação no Chile, apresentado pelo deputado Osmani Pereira (PMDB–MG) na reunião da comissão externa de 21 de novembro de 2000, a assinatura do coronel (depois general) Manuel Contreras, na carta a ele atribuída, era idêntica à de outros documentos que as organizações de direitos humanos no Chile possuíam, porém faltava o carimbo constante em todos os documentos da DINA, conforme a observação do advogado chileno Hector Salazar, que a eles tivera acesso. Também o papel não apresentava o brasão da DINA. "Mas o conteúdo da carta é pertinente àquele momento e as pessoas que tiveram acesso à assinatura do general Contreras, em outros documentos – e o volume é muito grande –, identificam a assinatura como verdadeira" – o deputado Osmani Pereira observou.[49] Não obstante, não se pode atestar a autenticidade da carta, e eu disse ao deputado Paulo Octavio Alves Pereira que realmente recebera uma fotocópia em 1977, na Europa, e nunca citara ou utilizara esse documento, porque sempre me parecera apócrifo e me faltavam dados para avaliar se a morte de Kubitschek fora

---

48 "O ex-governador Miguel Arraes conta uma história que a princípio parecia fantasiosa. Ele estava em sua casa, na Argélia, no ano de 1976, quando apareceram três pessoas pedindo uma conversa reservada. Um era agente do serviço secreto argelino e os dois outros pertenciam ao equivalente cubano. Eles levaram a informação de que as agências de informação dos países do Cone Sul estavam se organizando, com a célebre Central Intelligence Agency (CIA), para matar os principais líderes políticos do continente. Ninguém citou nomes, nem elaborou listas dos possíveis visados. A informação foi transmitida ao Brasil. Logo em seguida, no entanto, um senador foi assassinado na Argentina e Juscelino Kubitschek morreu em um acidente na Via Dutra, rodovia que liga o Rio de Janeiro a São Paulo. A Comissão Especial de deputados que investigou a morte de JK concluiu que o acidente com o ex-presidente foi uma fatalidade. Mas descobriu que a Operação Condor, de fato, existiu." André Gustavo Stumpf – "Ação do Mercosul do terror", Brasília, *Correio Brazliense*, 24 jan. 2001. De fato, a comissão externa, presidida pelo deputado Paulo Octavio Alves Pereira, concluiu que o acidente que matou Kubitschek foi uma fatalidade.

49 Relatório do deputado Osmani Pereira (PMDB-MG) – 8ª Reunião da Comissão Externa – Morte do ex-presidente Juscelino Kubitschek. Nº 00189/00. Câmara dos Deputados.

acidental ou não. Com respeito a Goulart, entretanto, sei que sobre ele pairava a ameaça de assassinato e constou que, à mesma época em que os parlamentares uruguaios Zelmar Michelini e Héctor Gutiérrez Ruiz, e outros amigos, foram assassinados, um comando paramilitar possivelmente tentara sequestrá-lo, entrando em seu escritório, na Avenida Corrientes 349, em Buenos Aires.[50]

Dúvida não resta de que a Operação Condor funcionava e que interesse havia na eliminação de Goulart. Por essa razão não posso descartar a hipótese de que a morte de Goulart resultou de um ato criminoso, embora pessoalmente creia que, na verdade, ele sofreu um enfarte, dado, sobretudo, ao fato de que era portador de cardiopatia grave, já tivera outros, ainda estava gordo, quando o vi um mês antes, início de novembro, e fumava muito. Não abordei essas questões na edição *princeps* deste livro, cujo lançamento ocorreu em dezembro de 1977, um ano após o falecimento de Goulart. Àquele tempo, eu estava morando na Europa e em menos de dois meses três edições esgotaram-se, num total de 15 mil exemplares,[51] número que se elevaria a mais de quarenta mil com as tiragens subsequentes. No entanto, uma vez que a Editora da Universidade de Brasília e a Editora Revan se propuseram a publicar sua sétima edição, em 2001, no 25º aniversário do falecimento de Goulart, entendi que se tornava necessário não apenas revisá-lo e ampliá-lo com outras informações, como também acrescentar um capítulo sobre Goulart no exílio e seu falecimento.

Quando estive nos Estados Unidos, em 1977, depois de haver entregue a Ênio Silveira, ainda proprietário da Editora Civilização Brasileira, os originais de *O governo João Goulart*, tive a oportunidade de obter enorme quantidade de documentos liberados na John F. Kennedy Library e na Lyndon B. Johnson Library, bem como de entrevistar o embaixador Lincoln Gordon, que servira no Brasil e sem dúvida alguma encorajara o golpe de 1964. Recentemente, em 6 de

---

50 Esse fato nunca foi confirmado.
51 Carta de Ênio Silveira ao autor. Rio de Janeiro, 17 jan. 1978. AA.

dezembro de 2000, voltei a vê-lo, quando estive em Washington, e conversamos durante quatro horas, no seu escritório, na Brookings Institution. Em contradição com a evidência dos fatos, ele insistiu em que os Estados Unidos não deram assistência nem conselhos para a derrubada de Goulart, que não houve participação americana na sua remoção pela força militar, razão pela qual podia dizer que o golpe de Estado foi "100 percent, not 99.44, Brazilian",[52] declaração que ele fizera perante o Senado norte-americano e reproduziu no seu livro *Brazil's second chance: en route toward the First World*.[53] De fato, ao que se sabe, nenhum norte-americano participou diretamente do levante militar, deflagrado em Minas Gerais. Mas quem manejou os cordéis? Quem estava por trás dos *puppets*? Não promoveu a CIA *covert actions* e *spoiling actions* para desestabilizar o governo? Não admitiu o embaixador Lincoln Gordon que o governo dos Estados Unidos gastou US$ 5 milhões no Brasil, na campanha para as eleições parlamentares de 1962? Aliás, o próprio Lincoln Gordon igualmente reconheceu que acionara a Operação Brother Sam, em 31 de março de 1964, porque acreditava que a força-tarefa "showing of the American flag"[54] poderia servir a dois propósitos: exercer "psychological pressure"[55] em favor do lado anti-Goulart e atender à evacuação de milhares de civis norte-americanos, que viviam ou visitavam o Brasil.[56] E acionar uma força-tarefa dos Estados Unidos para o litoral do Brasil, a fim de fazer pressão psicológica em favor da sublevação contra o governo Goulart, não constituía indevida intervenção nos assuntos internos do país, uma forma de participação no golpe de Estado?

Os propósitos, na verdade, não foram apenas os que Lincoln Gordon declarou. Segundo ele próprio confirmou, o governo dos Estados Unidos, atendendo à requisição do industrial Alberto Byington Jr., decidira

---

52 100%, não 99,44%, brasileiro.
53 Gordon, 2001, p.68.
54 Exibir a bandeira norte-americana.
55 Pressão psicológica.
56 Idem, ibidem, p.66.

enviar três navios-tanques para abastecer de gasolina as forças anti-
-Goulart, em caso de sabotagem dos oleodutos na região de São Paulo,
bem como fizera planos de contingência para supri-las com armas leves
e munição, transportadas por via aérea. Tudo isto foi preparado sem
articulação com os militares que conspiravam contra Goulart? Seriam
eles supreendidos com tamanha generosidade? Obviamente não. Não
apenas era necessário que houvesse prévia coordenação, a fim de que
as forças anti-Goulart pudessem receber tais suprimentos de gasolina,
armas e munições, como também o desembarque dos *marines* tornar-
-se-ia inevitável para sua segurança e garantia. A oposição a Goulart
decerto tinha uma dinâmica interna própria, determinada pelas contradições econômicas e sociais, que se aguçaram no Brasil. Mas teriam
os militares brasileiros, que conspiravam contra Goulart, desfechado
o golpe de Estado, para derrubar um governo legalmente constituído,
se não soubessem que contariam com o respaldo dos Estados Unidos?
Teriam ousado empreender essa aventura, que poderia deflagrar uma
guerra civil, se não estivessem seguros de que receberiam assistência
militar do governo norte-americano, sob a forma de gasolina, armas,
munições e até mesmo assessores, se necessário fosse? Seguramente não.

A afirmativa do embaixador Lincoln Gordon de que a derrubada
de Goulart foi realizada pelos militares brasileiros sem "assistance or
advice" dos Estados Unidos não corresponde à realidade. No dia 30 de
março, enquanto Goulart discursava para os sargentos no Automóvel
Club, o secretário de Estado, Dean Rusk, leu para o embaixador Lincoln
Gordon, pelo telefone, o texto do telegrama nº 1.296, informando-o
de que, como os navios, carregados de armas e munições, não podiam
alcançar o Sul do Brasil antes de dez dias, os Estados Unidos poderiam
enviá-las por via aérea, se fosse assegurado um campo intermediário
no Recife ou em qualquer outra parte do Nordeste, capaz de operar
com grandes transportes a jato, e manifestou o receio de que Goulart, o deputado Ranieri Mazzilli, os líderes do Congresso e os chefes
militares alcançassem naquelas poucas horas uma acomodação, fato
que seria "deeply embarrassing" para o governo norte-americano e

"deixar-nos-ia presos a uma desastrada tentativa de intervenção".[57] No mesmo telegrama, Dean Rusk forneceu o *script* da encenação, de forma a disfarçar o golpe de Estado e a intervenção dos Estados Unidos, ao recomendar que:

> É altamente desejável, portanto, que, se for empreendida pelas Forças Armadas, tal ação seja precedida ou acompanhada por uma clara demonstração de ações inconstitucionais da parte de Goulart ou de seus colegas, ou que sua legitimidade seja confirmada pelo Congresso (se este tiver liberdade para atuar) ou por manifestações de governadores-chave, ou quaisquer outros meios que aportem uma substancial confirmação de legitimidade.[58]

Dean Rusk enfatizou essa necessidade de que qualquer movimento anti-Goulart, i. e., o golpe de Estado, tivesse uma aparência de legitimidade, de modo que os Estados Unidos pudessem fornecer a ajuda militar aos sediciosos, conforme o embaixador Lincoln Gordon reconheceu em seu livro. Conforme contou, "Rusk continuou lendo para ele um longo telegrama, significativo por sua ênfase sobre a necessidade de legitimar qualquer movimento anti-Goulart em que tivéssemos que fornecer apoio militar".[59] E o senador Auro Moura Andrade cumpriu fielmente o roteiro prescrito. Declarou a vacância da presidência da República, mesmo sabendo que Goulart não renunciara e continuava no Brasil, empossou no cargo o deputado Ranieri Mazzilli, que como presidente do Congresso estava imediatamente na linha de sucessão. Aí, se resistência houvesse e a guerra civil irrompesse, ele poderia requerer a assistência dos Estados Unidos, com base no Acordo Militar renovado por meio das notas reversais de 28 de janeiro de 1964. Mas não foi necessário.

---

57 Texto do telegrama 1296 do Departamento de Estado para a Embaixada Americana do Rio de Janeiro, de 30 mar. 1964, 21h52 (hora de Washington). In: Gordon, 2001, p.68-70.

58 "It is highly desirable, therefore, that if action is taken by the armed forces such action be preceded or accompanied by a clear demonstration of unconstitutional actions on the part of Goulart or his colleagues or that legitimacy be confirmed by acts of the Congress (if it is free to act) or by expressions of the key governors or by some other means which gives substantial claim to legitimacy". (Gordon, 2001, p.69)

59 Idem, ibidem, p.68.

Resistência não houve. E o embaixador Lincoln Gordon pôde declarar que estava "muito feliz" com a vitória da sublevação de Minas Gerais, "porque evitou uma coisa muito desagradável, que seria a necessidade da intervenção militar americana no Brasil".[60] E continuou a insistir na "plausible denial", i. e., em negar convincentemente a responsabilidade e a cumplicidade dos Estados Unidos com o golpe de Estado, norma esta pela qual os governos norte-americanos pautaram muitas vezes suas políticas de intervenção em outros países. De qualquer forma, as entrevistas que ele me concedeu propiciaram subsídios interessantes para esta obra. A ele agradeço inclusive pelo exemplar do seu livro, que me enviou e foi para mim de grande utilidade, devido, principalmente, aos documentos nele transcritos.

Quanto ao general Vernon Walters, que fora adido militar dos Estados Unidos no Brasil, ainda com a patente de coronel, e articulara a conspiração contra o governo João Goulart, também o entrevistei, quando ele exercia a função de embaixador em Bonn, porque ele previra, em maio de 1989, a derrubada do Muro de Berlim e a reunificação da Alemanha, tema que eu estava pesquisando;[61] porém percebi, desde o início, que não adiantava perguntar-lhe sobre seu papel no golpe de Estado de 1964, uma vez que jovialmente me disse, sorrindo, ao receber-me:

> Depois que vim para a Alemanha, o Muro de Berlim foi derrubado. Agora vão dizer que sou o responsável. Pois é, eu fui acusado de ser artesão da derrubada do rei Farouk, no Egito, do presidente Arturo Frondizi, na Argentina, do presidente João Goulart, no Brasil, e do presidente Charles de Gaulle, na França. Mas ninguém até agora provou nada contra mim.

Respondi-lhe com o mesmo bom humor: "Sim, embaixador, o senhor é um homem de inteligência [falei-o no duplo sentido, dado

---

60 Lacerda, 1977, p.20.
61 A pesquisa, financiada pela Friedrich Ebert Stiftung, do Partido Social-Democrata da Alemanha, resultou no livro *A reunificação da Alemanha – Do ideal socialista ao socialismo real*, cuja terceira edição revista, ampliada e atualizada saiu em 2009 pela Editora UNESP.

que ele fora agente da Defense Intelligence Agency (DIA) e diretor da Central Intelligence Agency] e sabe que conspiração dificilmente se faz com documentos". Vernon Walters riu e passamos a conversar, durante duas horas, sobre a queda do Muro de Berlim e a reunificação da Alemanha.

Em *Silent Missions*,[62] o livro de memórias que publicou, Vernon Walters tratou de negar seu envolvimento no golpe de Estado de 1964. Porém, pode-se perceber, pela sua narrativa, que ele acompanhou por dentro todo o desenvolvimento da conspiração, a ponto de frequentar intimamente a casa de militares que preparavam o golpe de estado e ver (provavelmente lhe foi mostrado) "veritable arsenal", com metralhadoras, rifles, granadas e munição,[63] sem nada comunicar ao governo brasileiro.[64] Igualmente dava opiniões e conselhos, tanto que, conforme contou, um oficial do Exército brasileiro certa vez lhe disse que tinha uma pessoa que poderia abater Goulart por US$ 5.000, e ele retrucou que não acreditava em assassinatos, porque era contra a lei de Deus, contra a lei dos homens e geralmente a vítima era substituída por alguém ainda mais fanático.[65] Não estivesse Vernon Walters tão envolvido no complô, nenhum oficial do Exército brasileiro permitiria que ele tivesse acesso e visse em sua residência "veritable arsenal" ou comunicar-lhe-ia que contava com alguém disposto a matar Goulart por US$ 5.000,00. Diante de tais fatos, relatados por ele próprio, o que no mínimo se pode concluir é que ele foi conivente com a articulação do golpe de Estado de 1964, previsto, desejado e encorajado pelo embaixador Lincoln Gordon, que pediu diretamente ao presidente John Kennedy, em meados de 1962, a remoção de Vernon Walters para o Brasil, onde "a dangerous situation was developing in which the military would obviously play a key role of some sort".[66]

---

62 Walters, 1978, p.374-88.
63 Idem, ibidem, p.382-3.
64 Black, 1977, p.43-4.
65 Walters, 1978, p.378.
66 "Estava-se desenvolvendo uma perigosa situação, na qual os militares obviamente desempenhariam de algum modo um papel-chave." Idem, ibidem, p.364.

Apesar da persistente negativa do embaixador Lincoln Gordon e do general Vernon Walters, contra, aliás, o que todos os documentos revelam, foram os próprios *scholars* norte-americanos que mais escreveram, mostrando, consistentemente, a participação dos Estados Unidos no complô para desfechar o golpe de Estado de 1964. Além da monografia de Phyllis R. Parker (1977), que por volta de 1976 conseguiu, apoiada no Freedom of Information Act (FOIA), a liberação de documentos depositados na John F. Kennedy Library e na Lyndon B. Johnson Library, outros livros sobre o golpe de Estado de 1964 apareceram nos Estados Unidos. Em 1977, à mesma época em que *O governo João Goulart* foi lançado no Brasil, a politóloga Jan Knippers Black publicou *United States Penetration of Brazil*, para o qual entrevistou vários personagens norte-americanos, como Vernon Walters, que lhe confirmou ter sido bem informado sobre os planos para o golpe, embora alegasse que não tinha obrigação de informar coisa alguma ao governo de João Goulart.[67] Sem dúvida nenhuma, só poderia estar muito bem informado sobre os planos para um golpe de Estado quem merecesse a confiança dos conspiradores e estivesse integrado no complô. Não sem fundamento Jan K. Black concluiu que "adidos militares norte--americanos e conselheiros incentivaram e coordenaram a conspiração de oposicionistas militares brasileiros para o golpe de Estado".[68] e que os Estados Unidos mantiveram uma força naval *stand-by* para auxiliar os militares golpistas na eventualidade de que viessem a sofrer reveses.[69] Outrossim, Ruth Leacock, historiadora, publicou em 1990 outra excelente obra – *Requiem for Revolution – The United States and Brazil, 1961-1969*, na qual, reproduzindo vivamente o clima político do Brasil, no início dos anos 60, ressaltou que Vernon Walter assistiu, pela televisão, no apartamento de Ipanema do general Humberto Castelo Branco, ao comício da Central do Brasil, em 13 de março de

---

67 Idem, ibidem, p.43.

68 "[...] U.S. military attachés and advisers encouraged and coordinated the plotting by factions of the Brazilian military of a coup d'etat". (BLACK, 1986, p.43)

69 Idem, ibidem, p.43.

1964. Aliás, W. Michael Weis, em sua importante obra *Cold Warriors & Coups d'Etat – Brazilian-American Relations, 1945-1964*, lançada em 1993, observou que Lincoln Gordon retornou de Washington (logo após 20 de março) para ajudar os conspiradores, cujos esforços se somavam em torno da liderança do general Humberto Castelo Branco, "*a close friend of Walters*".[70] Tais obras agora me serviram na revisão de *O governo João Goulart*, permitindo-me confirmar e/ou enriquecer o que já havia escrito em 1976/1977.

Ao contrário do que ocorreu nos Estados Unidos, os livros acadêmicos publicados no Brasil, depois do lançamento de *O governo João Goulart*, em 1977, não aportaram maior contribuição documental ao estudo do golpe de Estado de 1964, com exceção de *1964 – A conquista do Estado: ação política, poder e golpe de classe*, em que René Armand Dreifuss (1981), com farta documentação, aprofundou o estudo sobre o papel do empresariado na campanha para a derrubada do governo João Goulart, e de *Dossiê Brasil – As histórias por trás da história recente do País*, de Geneton Moraes Neto (1997), de caráter mais jornalístico, mas com base em pesquisa feita, sobretudo, nos arquivos da Grã-Bretanha. As memórias publicadas por diversos personagens, contemporâneos daqueles acontecimentos, valeram, no entanto, como preciosa fonte de informações, no trabalho de revisão e ampliação desta obra, que espero venha a servir como testemunho para que as novas e futuras gerações possam julgar historicamente João Goulart e seu governo, assim como o papel daqueles que, articulados com uma potência estrangeira, conspiraram e deram o golpe de Estado de 1964, possibilitando a instalação do regime autoritário no Brasil.

Luiz Alberto Moniz Bandeira

St. Leon (Baden-Württtenberg), primavera de 2001

---

70 Weis, 1993, p.167.

PREFÁCIO À PRIMEIRA EDIÇÃO

AGRADECIMENTOS

Este livro sobre o governo de João Goulart e as lutas de classes no Brasil constitui apenas o ponto de partida para a abertura de um debate, que se torna mais do que nunca necessário e oportuno. Embora com o sacrifício de outras atividades universitárias, comecei a escrevê-lo porque julguei imprescindível fazer um balanço objetivo, crítico e autocrítico, daquele período da história republicana, tão mal conhecido e menos ainda compreendido pelas novas gerações, em consequência, sobretudo, da máquina de propaganda montada pelos que subiram ao poder com o movimento militar de 1964. A versão dominante é a das classes dominantes, e muitos setores da própria esquerda inconscientemente a assimilaram. Era preciso desmistificá-la.

Talvez outros apresentassem mais credenciais do que eu para realizar essa tarefa. O tema, porém, me empolgava. Assisti a todos os acontecimentos, do começo ao fim, tanto do camarote como do palco e, em parte, dos bastidores. Era cronista e, de certo modo, figurante. Como cronista, tinha a responsabilidade de editar, cotidianamente, as "Notas Políticas" do *Diário de Notícias*, do Rio de Janeiro. Como figurante, além de várias atividades políticas que desenvolvia, era assessor, desde 1956, do deputado trabalhista Sérgio Magalhães, então presidente da Frente Parlamentar Nacionalista, vice-presidente da Câmara Federal e candidato ao governo do Estado da Guanabara. Assim, vivi e sofri a ascensão e a queda de Goulart. Este livro também possui, portanto, o sentido de um testemunho. Ao que pesquisei, levantando documentos e fazendo dezenas de entrevistas, adicionei, é claro, o que sabia e as minhas impressões.

Cada um tem naturalmente a sua verdade, dependendo, além de vários fatores subjetivos, do plano em que viu o acontecimento ou da fase de evolução em que dele participou. As controvérsias e divergências eram, são e serão muitas. Por isso, diante delas, tomei sempre como critério, para estabelecer a verdade, a coincidência de dois ou mais depoimentos sobre o mesmo fato, buscando fixá-lo, não estaticamente, mas em seu desenvolvimento. Mais que detalhar os fatos, todavia, preocupou-me mostrar sua direção, interpretá-los em seu movimento histórico, em suas dimensões econômicas, sociais e políticas, segundo o método dialético que orienta o meu conhecimento da realidade. Os principais protagonistas dessa história política foram, assim, as classes sociais. E o governo de João Goulart refletiu o aguçamento de suas lutas.

Evidentemente, não poderia escrever um livro como este sem a colaboração de muitos, principalmente dos que participaram dos acontecimentos. A mais importante colaboração, sem dúvida, foi a do próprio João Goulart, no seu exílio. Visitei-o várias vezes em Buenos Aires, Maldonado e Punta del Este. Passamos algumas tardes juntos. Procurei conhecê-lo e compreendê-lo melhor, conversando sobre suas posições e sua maneira de ver os episódios que culminaram com o golpe militar de 1964. Ele, sempre solícito, afável e com grande argúcia, nunca se recusou a discutir livremente qualquer assunto, sabendo, por minhas opiniões, que eu não faria um panegírico, mas uma interpretação real e justa do seu governo. A sua memória presto esta homenagem, com o meu reconhecimento pelo que fez e pelo que quis fazer e não pôde, em consequência de sua morte abrupta. Seu filho, João Vicente, colaborou também comigo.

Armindo Doutel de Andrade, ex-secretário e ex-presidente do PTB, é outro a quem este livro muito deve. Sem seu estímulo e sua decidida cooperação, eu dificilmente poderia realizá-lo. Ele compreendeu a importância do trabalho, sua significação política, não medindo esforços e excedendo-se a si mesmo. Meu velho amigo, a quem passei a procurar quase que diariamente, cresceu na minha admiração. Além de facilitar-me o acesso a seu arquivo, empenhou-se com denodo, juntamente com João José Fontella, para reunir toda a documentação de João Goulart, espalhada por suas propriedades no Brasil. Armindo Doutel de Andrade e sua esposa, Ligia, foram incansáveis. E a eficiência de João José Fontella, nesse particular, foi decisiva. Não poderia deixar de falar também na cooperação desinteressada e entusiasta de José Gomes Talarico, sempre disposto a colaborar no que lhe era possível. Cláudio Braga, ex-secretário de Goulart, fez igualmente o que pôde em Buenos Aires, assim como Raul Ryff, que me ajudou, com boa vontade, dando-me indicações e coletando alguma documentação.

Valdir Pires, ex-consultor-geral da República, ajudou muitíssimo na elaboração deste livro, com seu apoio moral e intelectual. Com ele conversei muitas vezes, conferindo certas informações, e o mesmo fiz com Darcy Ribeiro, ex-chefe da Casa Civil de Goulart. Suas opiniões, pela inteligência e honestidade, valeram-me bastante. Eles aliam o espírito acadêmico, intelectuais que são, com a experiência de homens públicos e por isso puderam compreender algumas dificuldades com que a pesquisa se defrontou, auxiliando-me a superá-las.

Naturalmente, muitos outros colaboraram comigo, facilitando-me o acesso a documentos, concedendo-me entrevistas, dando-me indicações, discutindo os acontecimentos e esclarecendo fatos que me pareciam obscuros. Ouvi Amaury Silva, ex-ministro do Trabalho; Wilson Fadul, ex-ministro da Saúde, que também me deu acesso ao seu arquivo; meu velho amigo Leonel Brizola, ex-governador do Rio Grande do Sul; Renato Archer, ex-subsecretário de Estado das Relações Exteriores; o ex-chanceler e ex-primeiro-ministro Hermes Lima; Carlos Alberto de Carvalho Pinto, ex-ministro da Fazenda; Almino Affonso, ex-ministro do Trabalho; o jornalista Samuel Wainer; Hugo de Faria, ex-chefe da Casa Civil e ex-diretor do Banco do Brasil; Ney Galvão, ex-ministro da Fazenda; o ex-primeiro-ministro Tancredo Neves; Carlos Meireles,

ex-presidente do Conselho Nacional de Petróleo; Celso Furtado, ex-
-ministro sem pasta para o Planejamento; Cibilis Viana, ex-chefe da
Assessoria Econômica de Goulart; e o ex-deputado Max da Costa Santos.

Muitos militares que serviram ao governo de Goulart prestaram-
-me inestimável cooperação, com informes e entrevistas. Foram eles o
brigadeiro Francisco Teixeira, ex-comandante da 3ª Zona Aérea; o brigadeiro Anísio Botelho, ex-ministro da Aeronáutica; o coronel-aviador
Rui Moreira Lima, ex-comandante da Base Aérea de Santa Cruz; o
coronel-aviador Afonso Ferreira, ex-membro do Serviço Federal de
Informações e Contrainformações (SFICI); o marechal Osvino Ferreira Alves, ex-comandante do I Exército; o almirante Paulo Mário
da Cunha Rodrigues, ex-ministro da Marinha; o general Argemiro de
Assis Brasil, ex-chefe da Casa Militar; o tenente-coronel Abelardo Mafra, ex-chefe do Estado-Maior do Corpo de Paraquedistas; o coronel
Paulo Pinto Guedes, ex-subchefe da Casa Militar; o capitão Eduardo
Chuahi, da Casa Militar; o major Lauro Cameiro, adjunto do Exército
da Casa Militar; o comandante Paulo Werneck, ex-encarregado da 2ª
Seção do Conselho de Segurança Nacional, ex-chefe do gabinete do
secretário do Conselho de Segurança Nacional e ex-subchefe da Casa
Militar; o comandante Ivo Acioly Corseuil, subchefe da Casa Militar
da presidência da República; e o tenente-coronel Donato Ferreira, chefe da 1ª Seção do Estado-Maior do I Exército.

Também entrevistei os que conspiraram para a derrubada de Goulart. José Magalhães Pinto, ex-governador de Minas Gerais, forneceu-
-me valiosas informações. O almirante Sílvio Heck, ex-ministro da
Marinha, foi muito cavalheiresco e conversou comigo durante duas
horas. O marechal Odylio Denys, ex-ministro da Guerra, concedeu-
-me igualmente uma entrevista. O general Augusto Cezar Moniz de
Aragão, embora se esquivasse de falar sobre episódios da história
recente, recebeu-me gentilmente, bem como o general Carlos Amaury
Kruel, ex-ministro da Guerra e ex-comandante do II Exército, que me
concedeu longa entrevista. Procurei ainda Carlos Lacerda, que faleceu
antes do encontro, e o ex-presidente Jânio Quadros. Este, calorosa-

mente, marcou hora, dia e local. Compareci. Era a inauguração de sua mostra de pintura. Certamente, em vista do momentoso evento, a entrevista não aconteceu. Mas me convenci de que ele, como político, não foi mais que um artista e que, como tal, nunca passou de político.

Muitos outros civis e militares também se dispuseram a ajudar-me: Hélio de Almeida, ex-ministro da Viação; Antônio Balbino, ex-ministro da Indústria; Evandro Lins e Silva, ex-chanceler e ex-chefe da Casa Civil; os deputados Adail Barreto, Bocaiuva Cunha, ex-líder do PTB, Sérgio Magalhães, ex-presidente da Frente Parlamentar Nacionalista, Fernando Santana, Celso Passos – que pôs às minhas ordens o arquivo de Gabriel Passos, ex-ministro de Minas e Energia –, José Aparecido de Oliveira e João de Seixas Dória, ex-governador de Sergipe, bem como Niomar Moniz Sodré, ex-presidente do *Correio da Manhã*.

Não poderia esquecer a cooperação de Hélio Silva, que me facilitou o acesso à documentação de seus arquivos, e o estímulo de Osny Duarte Pereira e Nelson Werneck Sodré, os meus três amigos particulares. Edmundo Moniz, ex-diretor do *Correio da Manhã*, e Hermínio Sachetta deram-me importantes sugestões. E Ênio Silveira, meu editor, como sempre, me deu todo o apoio que pôde.

Os professores Francisco Weffort, que me cedeu documentos da Lyndon Baines Johnson Library, por ele trazidos, Fernando Henrique Cardoso, diretor do CEBRAP, e Francisco de Oliveira discutiram comigo algumas teses deste livro. Se eu omiti algum nome, peço desculpas.

Na pesquisa dos jornais, o esforço de minhas dedicadas assistentes foi fundamental.

A todos agradeço, publicamente, salientando, por um dever de lealdade, que o apoio e a colaboração que me deram não significam endosso de minhas opiniões e posições políticas. Por elas sou o único responsável.

Junho de 1977
Luiz Alberto Moniz Bandeira

SOCIALISMO E TRABALHISMO NO BRASIL

Do fim do século XIX para o começo do século XX, inúmeras tentativas para a formação de centros ou partidos socialistas ocorreram em alguns estados do Brasil, sobretudo no Rio de Janeiro e em São Paulo. Essas iniciativas, sem coordenação, não sensibilizaram politicamente a massa de um proletariado que emergia nas condições de mais absoluta miséria. E todas, na verdade, frustraram-se. O Partido Socialista do Brasil, criado em São Paulo em 1902, logo feneceu. O Partido Socialista Coletivista, que existia àquela época no Rio de Janeiro, não escapou a igual destino. Tanto assim que, quando Isaac Isecksohn, jovem militante da União da Juventude Socialista de Buenos Aires, emigrou para o Rio de Janeiro, em 1916, o Clube Socialista, que ele descobriu, não passava de uma casa de jogo.[1]

A mais importante tentativa de organizar a social-democracia brasileira ocorreu em 1917. Influenciados por alguma leitura de Marx (*Manifesto comunista* e um resumo de *O capital*), mas, principalmente, pelas concepções de Jaurès, Turati, Avenarius e Bernstein,[2] alguns intelectuais e estudantes se reuniram, no Rio de Janeiro, para fundar a

---

1 Entrevista de Isaac Isecksohn, um dos fundadores de vários partidos socialistas no Brasil ao autor. Rio de Janeiro, 31 mar. 1974.
2 Idem.

União Socialista, que se transformaria no Partido Socialista do Brasil, articulando-se com o Centro Socialista Internacional, existente em São Paulo.[3] O PSB, ao qual Nestor Peixoto de Oliveira, Isaac Isecksohn e o poeta Murilo Araújo pertenceram, funcionou precariamente até 1919, quando, por alguns meses, editou o jornal *Folha Nova,* depois rebatizado como *Tempos Novos,* que circulava a cada quinze dias.

O propósito do PSB era filiar-se à Internacional Socialista, com a qual se identificava. Seus dirigentes pretenderam enviar um representante ao Congresso Socialista Pan-Americano, que se realizaria em Buenos Aires.[4] Mas não o fizeram. O PSB não tinha recursos, seus adeptos somavam no máximo trezentos[5] e, além do mais, a Internacional Socialista reconhecera um partido, que existia somente no bairro de Madureira (Rio de Janeiro). Aliás, entre 1919 e 1920, vários partidos surgiram, intitulando-se socialistas ou operários, de âmbito local e sem maiores vinculações entre si. Há notícias de um Partido Socialista Cearense, que publicava *O Ceará Socialista,* de um Partido Socialista Baiano, de um Partido Operário de Petrópolis (Estado do Rio de Janeiro), de um Partido Operário Independente e de um Partido Trabalhista; estes dois últimos no Rio de Janeiro.[6]

Houve, então, várias outras tentativas, sobretudo no âmbito estadual e, por vezes, municipal, para a organização de centros e partidos chamados operários, socialistas ou trabalhistas, com objetivos eleitoreiros. Esse fenômeno refletiu a ascensão do movimento operário que entre 1917 e 1921 abalou as principais cidades brasileiras, como Porto Alegre, São Paulo, Rio de Janeiro, Salvador e Recife, com greves e sublevações. Os socialistas, entretanto, não conheciam bem as ideias de Marx e sofriam forte influência dos socialistas utópicos, com exceção,

---

3   Idem. Entrevista de Nestor Peixoto de Oliveira, também fundador do PSB, ao autor. Rio de Janeiro, 1974.
4   *Folha Socialista,* 1919.
5   Entrevista de Isaac Isecksohn ao autor; cit. Entrevista de Nestor Peixoto de Oliveira, cit.
6   Sobre o assunto consultar Moniz Bandeira et al., 1967, p.149-59.

talvez, de pequenos agrupamentos estrangeiros (italianos e alemães) de São Paulo. Nenhuma daquelas iniciativas, assim, frutificou.

A concepção confusa de um socialismo evolutivo não podia seduzir, evidentemente, um proletariado emergente, miserável e em desespero, premido pela fome, contaminado pela tuberculose e envolto pela prostituição. As reivindicações mais prementes pelas quais o proletariado se batia e enfrentava dura repressão eram ainda jornada de oito horas, aumento de salário, pagamento em dia certo e melhores condições de trabalho.[7] Os anarquistas souberam melhor interpretar e defender essas aspirações. Desde o Congresso Operário de 1906 eles assumiram o controle da maioria das associações de classe e, rejeitando toda e qualquer forma de luta política, particularmente eleitoral, orientaram o proletariado para a ação direta, que tanto significava greves, passeatas e comícios, como boicote, sabotagem e até mesmo a utilização de bombas.

A formação do proletariado brasileiro naturalmente facilitava a penetração dos ideais libertários de Bakunin e de Kropotkin. Era quase todo ele de imediata origem camponesa e artesanal, inclusive o que procedia de correntes imigratórias. O Brasil, cuja industrialização a Guerra Mundial de 1914-1918, interrompendo o fluxo das importações, impulsionara, atravessava uma fase talvez semelhante à da Europa na primeira metade do século XIX. Mas seu desenvolvimento capitalista ainda não atingira os sociais e políticos que favoreciam o surgimento de um partido socialista, nos moldes dos que já existiam na Inglaterra, na França e na Alemanha.

Os países atrasados, no entanto, podem saltar as etapas que os desenvolvidos já percorreram, assimilando suas experiências e absorvendo os avanços tanto econômicos quanto sociais e políticos da sociedade. Isso significa que, em determinadas circunstâncias históricas, as etapas da evolução política de alguns países, na periferia do sistema capitalista, podem sobrepor-se e confundir-se pelo influxo dos níveis mais altos do desenvolvimento da economia mundial. Assim, o Partido Comu-

---

7   Idem, ibidem, p.359.

nista do Brasil, fundado em 1922, nasceu de uma cisão do movimento anarquista e não da social-democracia, ao contrário do que ocorreu em quase todos os países da Europa. Em outras palavras, parte do proletariado brasileiro, sob o impacto da Revolução Russa de 1917, pulou diretamente para a Terceira Internacional sem transitar pela Segunda, que os partidos social-democratas, socialistas e trabalhistas europeus haviam constituído em 1889.

A perspectiva concreta da revolução social, que derrubara, na Rússia, o regime dos tzares, instituiu o poder soviético e ameaçava alastrar-se por toda a Europa, dimensionou politicamente a questão social no Brasil. Na Bahia, onde o governador Antônio Moniz (1915-1920) se recusou a reprimir a greve geral irrompida em junho de 1919, conforme pressionavam as classes conservadoras, o grande jurista Rui Barbosa, em campanha eleitoral como candidato à presidência da República, declarou que "o governo, aqui (Bahia), inspira, excita e encoberta a greve, os esboços da mazorca, as encenações do comunismo".[8] O fantasma do comunismo começou a recorrer o Brasil. As classes dirigentes não mais podiam deixar de considerar a questão social, nem de reconhecer o proletariado como força, depois das greves gerais e das tentativas de levante que aconteceram entre 1917 e 1921. E, apesar da repressão desencadeada contra os trabalhadores, no Rio de Janeiro, São Paulo e outras cidades, a agitação continuou, ganhando os quartéis, onde os tenentes se insurgiram, em 1922, e o ideal socialista, difuso e confuso, tornou-se latente em todos os movimentos de contestação ao regime político existente no Brasil.

João Alberto Lins de Barros, um dos comandantes da Coluna Prestes, evocou a imagem do capitão Joaquim Távora, um dos chefes da insurreição de 1924, como um "socialista ardoroso", que explicava os acontecimentos políticos à luz da economia.[9] Recordava-lhe seu pai, "também socialista, criticando, falando mal do governo".[10] Embora

---

8 Barbosa, 1932, p.132.
9 Barros, 1953, p.21.
10 Idem, ibidem, p.21.

outros autores façam referências mais ou menos análogas à ideologia dos tenentes rebelados em 1922 e em 1924, não se pode dizer com certeza que eles fossem conscientemente socialistas ou mesmo democratas consequentes, embora reclamassem um regime de representações políticas e de justiça social. Alguns, inclusive, admiravam Benito Mussolini, o que não significava, tampouco, que tivessem clara consciência do fascismo.[11]

O Brasil espelhava, obliquamente, as contradições ideológicas que atassalhavam a Europa, e os tenentes, com a ambiguidade própria das classes médias, expressaram os anseios de mudanças generalizados por toda a sociedade. Dessa forma, quando a sublevação de 5 de julho de 1924 irrompeu em São Paulo, centenas de trabalhadores se juntaram aos militares. Segundo o velho militante sindical Everardo Dias, "talvez 50% dos que acompanharam as forças até Bauru ou até as barrancas do Paraná eram trabalhadores e civis simpatizantes".[12] Aliás, desde o levante do Forte de Copacabana, em 1922, a juventude militar, adversa à oligarquia dominante, mantinha estreito contato com os líderes sindicais.[13] E o próprio general Isidoro Dias Lopes, que comandaria a rebelião de 1924, em São Paulo, não só manteve entendimento com militantes operários[14] como conferenciou, demoradamente, com Astrogildo Pereira, fundador e dirigente do PCB.

O general Isidoro Dias Lopes, "encantado com ele" (Astrogildo Pereira),[15] expôs-lhe seus objetivos e mostrou-lhe as vantagens que a vitória do movimento militar poderia trazer para o PCB. Não assumiu, porém, nenhum compromisso senão o de dar aos comunistas, todas, "absolutamente todas", as garantias para que pudessem fazer, com

---

11 Entrevista do jornalista José Maria Reis Perdigão, que participou da coluna do general Isidoro Dias Lopes, ao autor. Rio de Janeiro, 1974.
12 Dias, 1977, p.140.
13 Carta do general Isidoro Dias Lopes a Reis Perdigão. *Libres*, 2 jun. 1927 (Arquivo de Reis Perdigão).
14 Dias, 1977, p.136-38.
15 Idem, ibidem

liberdade, a propaganda de suas ideias.[16] "Não éramos ainda comunistas" – Isidoro Dias Lopes posteriormente recordaria –, "mas poderíamos vir a sê-lo, porque não tínhamos o fetichismo por nenhuma forma de governo."[17] Ele se considerava democrata, "na acepção científica do termo", i. e., "partidário do governo do povo, cuja existência é a razão de ser das forças de governo", e por isso entendia que o proletariado devia governar.[18] Não acreditava no "casamento artificial do capital com o trabalho",[19] ensaiado por Mussolini na Itália, e dizia:

> Por enquanto, se o sovietismo russo é a solução do problema político-social, para lá devemos seguir, não esquecendo nunca que é a questão de aplicação que deve ter variante para cada povo, e que não há nem haverá última forma, definitiva, de governo.[20]

Outros oficiais, como o general Olinto Mesquita de Vasconcelos, também manifestavam confusas simpatias pela esquerda. Durante a marcha da Divisão São Paulo, doou terras aos índios das barrancas do Paraná, concitando-os a "varrer o capitalismo do Brasil".[21] "Você pode imaginar qual foi o meu pasmo, ouvindo da boca de um general uma arrojada proposição dessas" – comentou o jornalista José Maria Reis Perdigão, em carta a Pedro Mota Lima.[22] Os revolucionários integrantes da Divisão São Paulo comemoraram ainda a data nacional do Brasil, no dia 7 de setembro de 1924, promovendo a fundação de uma cidade, às margens do rio Paraná, onde, ao pé de uma grande cruz de madeira enterraram uma garrafa de champanhe, com uma ata, assinada por todos os presentes, e os seguintes dizeres: "Só haverá realmente povo

---

16 Idem.
17 Idem.
18 Idem.
19 Idem.
20 Idem.
21 Carta de Reis Perdigão, assinada com o pseudônimo João de Talma, a Pedro Mota Lima. (Porto São José, 8 set. 1924; Talma, 1926, p.70.)
22 Idem, ibidem, p.71.

quando desaparecerem as castas. O comunismo é o único processo capaz de resolver esse problema".[23]

Tais manifestações não apenas ocorreram na Divisão São Paulo, ao encontro da qual rumou a coluna do Rio Grande do Sul, comandada pelo capitão Luís Carlos Prestes. Também no Amazonas, o primeiro-tenente Alfredo Augusto Ribeiro Júnior chefiou a revolta, assumiu o poder e, instituindo a chamada Comuna de Manaus, criou o tributo de redenção (imposto cobrado aos ricos para socorrer os pobres), acabou com as casas de tavolagem, combateu os açambarcadores de gêneros alimentícios e expropriou o matadouro de propriedade de um grupo inglês, que passou para o controle do governo. Em toda parte, uma indefinida tendência para a esquerda se insinuou, condicionada pela necessidade de mudança que latejava na República Velha.[24]

Origens da Legislação Social

De fato, após as greves gerais e as rebeliões operárias do período de 1917-1921, ninguém mais pôde ignorar a questão social. Ela se evidenciou em todo o movimento desencadeado pelos tenentes, a partir de 1922. O próprio Arthur Bernardes, em sua plataforma de candidato à presidência da República, delineou, embora superficialmente, um esboço de legislação trabalhista, "dentro dos limites constitucionais",[25] e seu governo, entre 1925 e 1926, tomou algumas iniciativas a fim de implementá-la, começando pela instalação do Conselho Nacional do Trabalho.[26]

---

23 Idem, ibidem, p.71.
24 Sodré, 1968, p.214-6.
25 Dias, 1977, p.147.
26 Idem, ibidem, p.148. "O governo Federal [...] em 1923 criou o Conselho Nacional do Trabalho, reorganizado em 1928, conferindo-lhe entre outras a competência de julgar processos relativos a questões de trabalho. Naquela primeira data, determinou fossem instituídas caixas de pensões e aposentadorias, com contribuição dos empregados, em cada uma das ferrovias existentes no País, estendendo a medida, em 1926, a outras espécies de empresas. No ano anterior, foi promulgada a lei de férias remuneradas a todos os

Esse órgão, criado por decreto desde 1923, nasceu de uma ideia do deputado socialista Maurício de Lacerda. Em 1917, ele apresentara à Câmara Federal um projeto de legislação trabalhista bastante completo e avançado, no qual não só preconizava a criação de um Departamento Nacional do Trabalho e de juntas de conciliação e julgamento, como também fixava a jornada de trabalho em oito horas, estabelecia as condições de trabalho das mulheres, limitava em 14 anos a idade mínima para a admissão de operários nas fábricas e nas oficinas e regulamentava os contratos de aprendizado.[27]

O projeto, na época, não encontrou ambiente favorável. Os interesses do empresariado obstaculizaram sua tramitação na Câmara Federal. Em 1926, porém, a situação se modificara. A revolução socialista, que abateu na Rússia o império dos tzares e ameaçava alastrar-se por toda a Europa, levara as nações industrializadas a reconhecerem os direitos trabalhistas. E, para que elas não perdessem a competitividade no mercado mundial, em decorrência da elevação do custo da força de trabalho, o Tratado de Versalhes, concluindo a guerra de 1914-1918, obrigou todos os seus signatários a fazer idênticas concessões.[28] O governo brasileiro não podia, por conseguinte, fugir a esse compromisso internacional e, além do mais, interessava ao presidente Arthur Bernardes apaziguar a classe operária, com o objetivo de impedir que a agitação social servisse como combustível à rebelião militar, ainda acesa nos sertões pela Coluna Prestes.[29]

---

assalariados urbanos e, em 1927, as leis de assistência e proteção dos menores". (Simão, 1966, p.79).

27 Desde o começo do século, os socialistas propugnaram por uma legislação do trabalho, nos moldes das existentes na Europa, que ia desde a instituição do salário mínimo e a jornada de oito horas à constituição de juntas de arbitramento para os conflitos de trabalho, com representantes de empregados e empregadores. (Idem, ibidem, p.84).

28 O Tratado de Versalhes, estabelecendo a paz na Europa, incluiu entre seus dispositivos a criação, junto à Sociedade das Nações, de uma organização internacional do trabalho. As decisões adotadas por essa organização tomavam a forma de projetos de convenções, ou de recomendações.

29 O governo Bernardes queria ganhar tempo e amortecer o ardor subversivo das massas, principalmente do proletariado, cuja agitação era temida. (Dias, 1977, p.149)

Arthur Bernardes deixou a presidência da República em 15 de novembro de 1926 e coube a seu sucessor, Washington Luís Pereira de Sousa, sancionar, um mês após, o conjunto das leis sociais, já bem atenuadas pelo Congresso. Mas nenhuma delas praticamente se efetivou. Somente algumas empresas, por exemplo, respeitaram a lei de 15 dias de descanso remunerado para os trabalhadores nos serviços e nas indústrias. As corporações estrangeiras, que monopolizavam os transportes coletivos, eletricidade, gás, minas, metalurgia, frigoríficos etc., sempre se recusaram a cumpri-la. E, quando os trabalhadores reclamavam e recorriam à greve, o governo intervinha para reprimi-los.[30] A questão social continuou como assunto de polícia.

As tensões, geradas na República Velha, afloraram com a insurreição que derrubou o governo de Washington Luís Pereira de Sousa, em 1930, dando-lhe certa substância social. E, em dado instante, essa revolução política, embora empalmada por uma dissidência de oligarquia, tendeu a desbordar, a superar a si mesma e aprofundar-se no nível social. Quando o Rio Grande do Sul se sublevou, os comunistas da cidade de Itaqui, na fronteira com a Argentina, organizaram um *soviet*, que as próprias tropas da Aliança Liberal se incumbiram de esmagar.[31] Em São Luís do Maranhão, com a vitória dos rebeldes, a Junta Governativa, sob a chefia do socialista José Maria Reis Perdigão, pretendeu nacionalizar a norte-americana Ullen Managing Co., encarregada do abastecimento de água, luz, eletricidade, esgoto e carris, após determinar sua ocupação e prender seu gerente, Henry Isler, também cônsul dos Estados Unidos naquela cidade.[32]

Tais iniciativas, tendendo a radicalizar o movimento no sentido social e anti-imperialista, ocorreram em toda parte. E era natural que ocorressem. O Brasil precisava completar a revolução democrático-industrial, como contingência de um processo de transformações econômicas, sociais e políticas que abalavam a estrutura da sociedade

---

30 Idem, ibidem, p.149.
31 Dulles, 1977, p.357-8.
32 Entrevista do jornalista José Maria Reis Perdigão ao autor, cit.

desde o término da Primeira Guerra Mundial. A insurreição contra o governo de Washington Luís Pereira de Sousa, comandada por Getúlio, respondeu a uma necessidade histórica, porém, em uma conjuntura de crise econômica mundial, deflagrada pelo colapso da bolsa de Nova York, em 1929, e na qual a revolução e a contrarrevolução – o comunismo e o fascismo – se entrechocavam, ameaçando convulsionar toda a Europa. E, como Abguar Bastos observou, a inclinação socialista no Brasil, por volta de 1930, "era uma realidade, pressentida por aqueles que estavam mais em contato com as misérias do povo".[33] E tão fortemente se manifestava que, com a queda da República Velha, os tenentistas fundaram partidos socialistas em diversos Estados, tal como o fez o coronel Miguel Costa em São Paulo.[34] O mimetismo, sem dúvida, pautava o comportamento dos grupos insurgentes. Borradas, momentamente, as diferenciações políticas dos tempos normais pela situação de mudança, todos, inclusive os mais conservadores, procuraram seguir o mesmo parâmetro e avançar em suas posições, a fim de que o processo revolucionário não os superasse.

Luís Carlos Prestes, ainda como chefe da Liga de Ação Revolucionária (LAR), e o Partido Comunista do Brasil (PCB) identificavam-se, historicamente, com uma ideologia de vanguarda social e política. Porém isolaram-se. Aferrados a uma concepção sectária e dogmática do socialismo, não perceberam que a oportunidade revolucionária amadurecera com o cisma das classes dirigentes e que, se participassem da luta, poderiam imprimir-lhe uma diretriz mais consequente e aprofundá-la no sentido social e anti-imperialista. E assim não apoiaram o movimento da Aliança Liberal, à espera de outra revolução, realizada e sustentada pelas grandes massas, conforme Luís Carlos Prestes imaginava.[35] Não obstante, era tal o apelo nacional e popular da insurreição contra o governo da República Velha que enormes contingentes de adeptos de

---

33 Bastos, 1946, p.242.
34 Dulles, 1977, p.406.
35 Prestes apud Bastos,1946, p.225-9.

Luís Carlos Prestes e comunistas a ela aderiram, esvaziando a Liga de Ação Revolucionária e cindindo e desorganizando o PCB.[36]

Dessa forma, se a oligarquia cafeeira, debilitada pela recessão mundial de 1929, não mais tinha condições de sustentar a República Velha, e se nenhum outro segmento das classes dirigentes podia impor sozinho sua hegemonia, faltavam aos trabalhadores – e mais ainda aos trabalhadores do campo – organização e direção para levá-los a aprofundar o processo revolucionário. O impasse permitiu que Getúlio Vargas, ao derrubar a República Velha, jogasse com a direita e com a esquerda e emergisse como autêntico líder bonapartista, no sentido sociológico do termo, i. e., aparecesse como árbitro, em meio à crise de poder, seu governo aparentemente flutuando acima dos interesses das classes sociais, mas favorecendo o desenvolvimento capitalista do Brasil. Dessa forma realizou o que Antônio Carlos de Andrada, presidente do Estado de Minas Gerais, aconselhara: "É preciso fazer a revolução antes que o povo a faça".[37]

Vargas e os socialistas

Getúlio Vargas não tinha tradição revolucionária. Pelo contrário: manifestara-se contra a rebelião militar de 1924,[38] fora ministro da Fazenda de Washington Luís e admite-se que simpatizava com a experiência fascista da Itália, com o direito corporativo, no qual se inspirara – e não o escondera, quando governador do Rio Grande do Sul.[39] No entanto, antes de deflagrar a campanha da Aliança Liberal, como

---

36 "Cristiano Cordeiro, cujo trabalho em prol do Partido lhe dera grande prestígio no Nordeste, transformando-o em lenda, favorecia os 'melhoramentos' prometidos pela revolução da Aliança Liberal e, juntamente com o PCB de Pernambuco, apoiou a Aliança. Também a apoiaram Danton Jobim, Pedro Mota Lima, Josias Carneiro e Plínio Melo." (Dulles, 1977, p.353)

37 Silva, 1971, p.29.

38 Idem, ibidem, p.122.

39 Fausto, 1970, p.110. Lamentavelmente, Fausto não indica a fonte da citação que faz de Vargas.

candidato à presidência da República, buscou a colaboração de antigos militantes socialistas, a exemplo de Agripino Nazareth e Joaquim Pimenta, para a elaboração de sua plataforma social.[40] Nessa plataforma, com a qual arrebatou ao Bloco Operário e Camponês (organização eleitoral do PCB) grande parte do apoio dos trabalhadores,[41] Vargas reconheceu a gravidade da questão social, salientando:

> O pouco que possuímos em matéria de legislação social não *é* aplicado, ou só o é em parte mínima e esporádica, apesar dos compromissos que assumimos a respeito, como signatários do Tratado de Versalhes e das responsabilidades que nos advêm da nossa posição de membro do Bureau Internacional do Trabalho, cujas convenções e conclusões não observamos.[42]

Segundo o antigo militante socialista Isaac Isecksohn, Vargas demonstrou, àquela época, certo pendor para o socialismo.[43] Ou pelo menos, de acordo com a opinião de outro militante, Nestor Peixoto de Oliveira, ele foi o único entre os políticos tradicionais a revelar alguma sensibilidade para o socialismo.[44] Quiçá, um socialismo evolucionista, vago e confuso, bastante poluído pelas concepções corporativistas de Mussolini. Mas o fato é que Vargas demandou efetivamente um entendimento mais concreto com os socialistas, comunicando-lhes, por intermédio de Agripino Nazareth, o propósito de executar seu programa mínimo.[45] E, após a derrocada da República Velha, não só atraiu para o governo diversos socialistas, entre os quais o próprio Agripino Nazareth, Evaristo de Moraes, Francisco Alexandre e Joaquim Pimenta,[46] como

---

40 "Antes de redigir o programa de governo da Aliança Liberal, Getúlio Vargas consultou, entre outros, o professor Joaquim Pimenta, que sugeriu a reforma das 'poucas leis' trabalhistas que já havia [...]. Mas a plataforma – admitiu Pimenta – ia além das sugestões que apresentara." (Dulles, 1977, p.336)
41 Idem, ibidem, p.337.
42 Trechos da plataforma de Vargas de 2 de janeiro de 1930, in: Silva, 1971, p.449-63.
43 Entrevista de Isaac Isecksohn ao autor, cit.
44 Entrevista de Nestor Peixoto de Oliveira ao autor, cit.
45 Entrevista de Isaac Isecksohn e Nestor Peixoto de Oliveira ao autor, cit.
46 Idem. Ver também Dulles, 1977, p.373.

também estimulou a formação do Partido Socialista Brasileiro, durante a reunião do Congresso Revolucionário, em dezembro de 1932.[47]

Esse Congresso exprimiu, claramente, o ecletismo ideológico predominante no movimento revolucionário de 1930, indicativo, contudo, de seu caráter nacional e popular. Dele participaram todas as organizações que animaram e realizaram a insurreição, i. e., tenentes revolucionários, socialistas, anarcossindicalistas, comunistas, católicos, democratas e integralistas.[48] Estes últimos se retiram, escandolasamente, da assembleia, sob a alegação de que os comunistas conduziam suas deliberações.[49] E o Manifesto do PSB, em cuja redação o major Juarez Távora decisivamente influiu, apareceu com as assinaturas dos tenentes revolucionários e, inclusive, do coronel Pedro Aurélio de Góes Monteiro, defendendo uma "linha geral tendente ao socialismo", subordinada, porém, à "realidade brasileira".[50]

O documento, que reivindicava uma "orientação socialista brasileira", condenava a "iníqua e irracional distribuição das riquezas", a "exploração miserável a que meia dúzia de potentados submete uma grande maioria de deserdados da fortuna" e, afirmando a preocupação de seus autores em "não copiar figurinos estrangeiros", proclamava:

> Não somos extremistas. Procuramos adotar do socialismo aquilo que responder às necessidades do país. Pretendemos, assim, preparar o Brasil para a transformação social que fatalmente nos atingirá, evitando que a mesma se faça aqui ex-abrupto, desorganizando a vida nacional e causando aos países prejuízos materiais e morais incalculáveis.[51]

Entretanto, o PSB, que deveria constituir o instrumento da revolução de 1930, não floresceu. Com um manifesto anódino, mesclando princípios social-democráticos a corporativistas, o PSB não contentou

---

47 Entrevistas de Isaac Isecksohn e Nestor Peixoto de Oliveira ao autor, cit. Ver também Dulles, 1977, p.406.
48 Perdigão, 1933, p.17.
49 Carone, 1975, p.408.
50 Carone, 1975, p.408-13.
51 Idem, ibidem, p.411.

ninguém, nem a direita nem a esquerda. Frustrou a todos. O jornalista José Maria Reis Perdigão atacou duramente o "socialismo róseo dos majores"[52] e, em resposta à criação desse Partido Socialista "eclético" e "hilariante", como ele o definiu,[53] fundou, no Maranhão, o Partido Socialista Radical.[54] Os velhos socialistas, como Isaac Isecksohn, Pedro da Cunha e Nestor Peixoto de Oliveira, retraíram-se e passaram a organizar outro PS, ganhando a adesão de alguns tenentes, entre os quais Hercolino Cascardo e João Cabanas.[55] E afinal o próprio Vargas, que incentivara o coronel Pedro Aurélio de Góes Monteiro a articular o PSB, no Congresso Revolucionário, recuou, provavelmente advertido por elementos do clero e da burguesia quanto à sua inconveniência.[56]

O governo provisório, contudo, continuou a executar seu programa social, com Lindolfo Collor no Ministério do Trabalho, assessorado pelos socialistas Joaquim Pimenta, Evaristo de Moraes e Agripino Nazareth.[57] Vargas, nesse particular, não podia retroceder. De um lado, o Tratado de Versalhes impunha ao Brasil a obrigação de integrar-se no Direito Internacional do Trabalho, uma vez que nenhuma nação devia conquistar vantagem na concorrência mundial, produzindo manufaturas a custos mais baixos, devido à ausência de encargos sociais. De outro lado, a pressão do proletariado brasileiro intensificava-se cada vez mais e a única maneira de bloquear a expansão do comunismo e impedir a revolução, apregoada por Luís Carlos Prestes, seria implementar a legislação trabalhista. Os anos de 1930 e 1931 caracterizaram-se por uma sequência de agitações e greves, que prosseguiram, embora depois se espaçassem, até o fracasso da insurreição da Aliança Nacional Libertadora, em 1935, quando a ditadura,

---

52 Perdigão, 1933, p.15-19.
53 Manifesto e programa do Partido Socialista Radical. São Luís, 23 dez. 1932, p.4.
54 Entrevista de Reis Perdigão ao autor, cit.
55 Entrevista de Nestor Peixoto de Oliveira ao autor, cit.
56 Entrevista de Isaac Isecksohn e Nestor Peixoto de Oliveira ao autor, cit.
57 Idem.

formalizada mais tarde com a instauração do Estado Novo, começou efetivamente para os trabalhadores.[58]

A revolução de 1930 e a Legislação Social

Se a legislação do trabalho e da previdência social nasceu antes de 1930, sob pressões internas e externas, foi antes da instalação da ditadura, i. e., entre 1931 e 1936, sobretudo nos anos de maior combatividade da classe operária, que ela se desenvolveu e se consolidou.[59] Foi nesse período que o governo de Getúlio Vargas tomou as mais relevantes medidas no interesse dos assalariados. A extensão da estabilidade no emprego e das pensões e aposentadorias aos empregados em serviços públicos de luz, força, tração, telefone, água, esgoto etc., ocorreu em 1931.[60] A limitação da jornada de trabalho a oito horas no comércio e na indústria, a regulamentação das condições de trabalho das mulheres e dos menores, a concessão de estabilidade, pensões e aposentadorias aos mineiros, a criação de juntas de conciliação e julgamento, bem como a instituição das convenções coletivas de trabalho, foram decretadas em 1932.[61] A nova lei de férias para os comerciários e a lei de estabilidade, pensões e aposentadorias para os marítimos, em 1933.[62] O Instituto dos Comerciários, o Instituto dos Estivadores e o Instituto dos Bancários, beneficiando essas categorias com estabilidade no emprego, pensões e aposentadorias, foram criados em 1934. A "mais característica das leis trabalhistas brasileiras"[63] – a Lei nº 62, que estendeu a estabilidade aos operários e instituiu a indenização por dispensa injusta para os empregados no comércio e na indústria – foi aprovada pelo Congresso Nacional em 1935,[64] e a ela se seguiu a criação do Instituto dos

---

58 Vianna, 1978, p.199.
59 Rocha Barros, 1969, p.73.
60 Idem, ibidem, p.74; Vianna, 1978, p.148.
61 Idem, ibidem, p.148.
62 Rocha Barros, 1969, p.74.
63 Idem, ibidem, p.74.
64 Idem, ibidem, p.75.

Industriários, em 1936.[65] Das normas gerais da legislação trabalhista brasileira, somente a do salário mínimo, conquanto formulada desde 1931 e incluída na Constituição de 1934, começou a vigorar depois do golpe de Estado de 10 de novembro de 1937.[66] A Consolidação das Leis do Trabalho, de 1943, não significou nada mais, nada menos, como o próprio nome indica, a codificação de leis preexistentes.

O velho sindicalista Everardo Dias tinha razão, portanto, ao dizer que as leis do trabalho e da previdência social "o proletariado organizado conquistou com seu sacrifício e seu sangue" e "nada deve aos políticos do outubrismo", referindo-se à revolução liderada por Getúlio Vargas, triunfante em 3 de outubro de 1930.[67] Com sua opinião coincidia a do professor Alberto da Rocha Barros, quando salientou que "essa legislação não foi dádiva de ninguém – foi dura conquista dos próprios interessados".[68] Segundo ele, "na base do surgimento de toda essa legislação, o que se encontra é, essencialmente, a liberdade de ação dos trabalhadores,[69] e não a sua eliminação pela "estrutura autoritária do Estado instalada em 10 de novembro de 1937".[70]

Com efeito, ao contrário do que muitos imaginam, o proletariado brasileiro lutou por essa legislação, até consolidá-la, sob o impulso da revolução de 1930, durante a vigência das liberdades democráticas. O governo de Getúlio Vargas não a outorgou por generosidade, inaugurando o que alguns sociólogos insistem em chamar de período populista, teoria esta que, tal como formulam, menospreza o papel do proletariado com as suas reivindicações, e obscurece o sentido da luta de classes na sociedade brasileira. Essa teoria do populismo converte-se, destarte, no populismo da teoria, pois falar de Estado populista ou democracia populista é mistificar e obscurecer o caráter de classe do Estado e da

---

65 Idem, ibidem, p.75.
66 Idem, ibidem, p.75.
67 Dias, 1977, p.242.
68 Rocha Barros, 1969, p.75.
69 Idem, ibidem, p.75
70 Idem, ibidem, p.55.

democracia. Na verdade, afora a necessidade de cumprir as resoluções do Bureau Internacional do Trabalho, Vargas atendeu às reivindicações do proletariado contra o regime configurado na República Velha. Se não o fizesse, agravaria a agitação social, radicalizaria a crise política e, perdendo o comando dos acontecimentos, abriria o caminho para que outra insurreição o derrubasse do poder e o processo revolucionário prosseguisse em uma direção cada vez mais à esquerda, conforme as condições políticas daquela época. Daí porque Vargas, em face de tais circunstâncias, começou a realizar algumas reformas sociais que, na Europa, couberam aos partidos social-democratas, filiados à Internacional Socialista, promover, dentro do modo capitalista de produção. Entretanto, por outro lado, ele armou uma estrutura sindical, inspirada no modelo corporativista da *Carta del Lavoro,* proposta por Giuseppe Bottai e aprovada pelo Gran Consiglio Fascista em 21 abril de 1927. Essa estrutura sindical, vinculando o movimento operário ao Ministério do Trabalho, consolidou-se após o golpe de 10 de novembro de 1937, quando o governo, com a implantação do Estado Novo, proibiu as greves, já vencida a resistência dos trabalhadores, por meio da repressão, desde o fracasso do levante da Aliança Nacional Libertadora, comandado por Luís Carlos Prestes, com o suporte da Internacional Comunista (Komintern ou Terceira Internacional), entre 23 e 27 de novembro de 1935.

A legislação do trabalho e da previdência social, durante a ditadura, estancou e sofreu até mesmo alguns recuos, como a revogação da estabilidade dos bancários, a suspensão do salário em casos de doenças, a diminuição da percentagem dos salários por horas extraordinárias, a transformação da estabilidade em indenização prefixada etc. Contudo, apesar das restrições aos direitos sociais, do controle dos sindicatos pelo Ministério do Trabalho e da feroz repressão anticomunista que se seguiu ao esmagamento do levante de 1935, não se pode qualificar a ditadura de Vargas propriamente como fascista. Sua semelhança com os regimes de Hitler e de Mussolini era mais formal que de conteúdo. O Estado Novo não expressou social e politicamente os interesses da oligarquia financeira e do grande capital,[71] que era estrangeiro, não representou uma situação de guerra civil aberta, com a mobilização de contingentes da pequena burguesia contra o proletariado.[72] Pelo contrário. Vargas explorou a contradição entre as classes possuidoras e o proletariado emergente, dominou desse modo o antagonismo entre os setores agrários e a burguesia industrial e erigiu o aparelho militar-policial acima da nação, reprimindo a guerra civil e promovendo a intervenção do Estado na economia para romper o bloqueio imposto ao desenvolvimento do país pelos monopólios internacionais.[73] Seu nacionalismo, o de um país ainda sem maior desenvolvimento industrial, capitalista, não encapava os interesses monopolistas das grandes corporações empresariais, como ocorrera na Alemanha e na Itália. Pelo contrário, o nacionalismo de Vargas visou a desenvolver economicamente o Brasil.[74] O Estado Novo foi a forma possível de ascensão da indústria brasileira, historicamente retardatária, numa conjuntura mundial de crise do capitalismo, que perdurou ao longo dos anos 1930, desde o colapso da bolsa de Nova York, na Black Friday, em 1929.[75]

---

71 "O fascismo corresponde a unir a efetiva reorganização e redistribuição das relações de força entre as classes e frações dominantes. Aprofunda e estabiliza, de maneira acelerada, o domínio do grande capital financeiro sobre as outras classes e frações dominantes [...]. Ou melhor, o fascismo atua, do ponto de vista econômico, como um fator de neutralização das contradições entre essas classes e frações, prosseguindo, por um processo de regulamentação, o domínio decisivo do grande capital." (Poulantzas, 1970, p.105-6)

72 "O fascismo põe de pé as classes que se levantam imediatamente acima do proletariado e temem ser precipitadas nas suas fileiras, organizando-as, militarizando-as com os meios do capital financeiro, sob a capa do Estado oficial, e as orienta para a destruição das organizações proletárias, desde as mais revolucionárias até as mais moderadas. O fascismo não é simplesmente um sistema de repressão, de atos de força e de terror policial. O fascismo é um sistema de Estado particular, baseado na exterminação de todos os elementos da democracia proletária na sociedade burguesa." (Trotsky, s.d., p.139) "A hora do regime fascista chega no momento em que os meios militares-policiais 'normais' da ditadura burguesa, com a sua capa parlamentar, se tornam insuficientes para manter a sociedade em equilíbrio." Idem, ibidem, p.152.

73 Moniz Bandeira, 1977, p.15-24.

74 "Os traços característicos desta ideologia (fascista) correspondem perfeitamente aos interesses do grande capital [...] Não existe aspecto essencial da ideologia fascista que não se ache em relação com a ideologia imperialista." (Poulantzas, 1970, p.295)

75 "Um processo de ascensão burguesa em país de economia colonial da época do imperialismo pode revestir-se, naturalmente, por vezes inevitavelmente, de invólucro bonapartista

O Estado Novo

Não comporta aqui uma análise mais profunda do Estado brasileiro após a revolução de 1930. Importa é ressaltar que, em consequência da elevada tensão social e do dissídio no seio das classes dirigentes, as condições para o domínio da burocracia, das Forças Armadas e da polícia amadureceram, entre 1930 e 1935, ganhando o Estado relativa autonomia em relação à sociedade civil. E o caráter bonapartista cristalizou-se quando Vargas, derrotada a esquerda em 1935, instituiu o Estado Novo, antecipando-se ao golpe militar, articulado pelo general Pedro Aurélio de Góes Monteiro. Este golpe ocorreria com Vargas ou contra Vargas, e não lhe restou a alternativa senão executá-lo, mudando a data, inicialmente programada, de 15 para 10 de novembro de 1937. Vargas retomou, pela direita, o processo revolucionário de 1930, e sufocou, seis meses depois, o *putsch* da extrema direita, intentado pela Ação Integralista, com o apoio da Embaixada da Alemanha, a colaboração de alguns liberais, como Otávio Mangabeira, e a cumplicidade de alguns escalões das Forças Armadas.[76]

O Estado Novo não constituiu, pois, um regime fascista. Constituiu, sim, uma ditadura burocrática, que, sustentada pela repressão militar-policial, permitiu a execução de um projeto nacional de desenvolvimento capitalista, a despeito da oposição de vastos segmentos da própria burguesia e do conjunto do grande capital, predominantemente estrangeiro. Sua política externa, explorando as contradições entre os Estados Unidos e a Alemanha, também se orientou no sentido de conseguir melhores condições para a industrialização do Brasil. A proibição das greves e o estabelecimento do controle sindical pelo Ministério do Trabalho, a partir de 1937, visaram a intensificar a acumulação de capital, necessária à construção e expansão do parque industrial.

---

de tipo também colonial e imperialista [...] Concentrando poderes, o Estado teria condições para operar em seu aparelho aquelas alterações prenunciadas desde a Revolução de 1930 e entravadas depois [...]." (Sodré, 1968, p.270)

76 Amaral Peixoto, 1960, p.185-99.

Mesmo a decretação do salário mínimo, em 1940, teve como objetivo reativar o mercado interno, evitando que a erosão do poder aquisitivo dos trabalhadores se agravasse ainda mais, em virtude da proibição das greves. Vargas, entretanto, jogou com o proletariado para impedir que a burguesia industrial e a oligarquia financeira se assenhoreassem completamente do poder, ao mesmo tempo que preservou a posição dos latifundiários, ao não estender ao campo os direitos da legislação do trabalho e a previdência social.

O bonapartismo de Vargas apresentou, como se observa, um caráter extremamente complexo, mesclando traços social-democráticos e fascistas ao longo de 15 anos de duração. Esse caráter combinado expressou-se no fato de que dois partidos – o Partido Social-Democrático e o Partido Trabalhista Brasileiro – se constituíssem, quando o Estado Novo se desintegrou, em 1945, e as Forças Armadas derrubaram Vargas, não para liquidar o que havia de reacionário e sim o que havia de nacional e popular no seu regime. O PTB, ao contrário do que muitos imaginam, não surgiu de cima para baixo, por uma simples determinação de Vargas. Por volta de 1932, no Rio de Janeiro, já existia um grupo que se intitulava Partido Trabalhista do Brasil,[77] e outros apareceram, antes e depois, com o mesmo nome, em vários Estados. Àquela época, todavia, o que Vargas inspirara, realmente, fora a criação do PSB pelos tenentes, no Congresso Revolucionário, iniciativa alimentada em São Paulo por seu governador militar, general Valdomiro Castilho de Lima.[78] Essa ideia, embora eclipsada, nunca morreu. E em 1937, durante a campanha eleitoral para a presidência da República, Vargas mobilizou diversos dirigentes sindicais, entre eles alguns líderes da União Sindical, para organizar o Partido Nacional do Trabalho,[79] "nos moldes do Partido Trabalhista inglês".[80]

---

77 Dulles, op.cit., p.401.
78 Dias, op.cit., p.195.
79 Carta de Alberto da Rocha Barros, então um dos dirigentes do PCB em São Paulo, a Paulo Duarte. São Paulo, 25 dez.1937. (Duarte, 1977, p.110-2)
80 Idem.

Vargas propôs aos próceres do PCB, presos desde a sublevação de 1935, uma anistia parcial, para os que não empunharam armas contra o governo, e outras concessões, se eles aceitassem dissolver, com a divulgação de manifesto, a ANL.[81] Entrementes, procurou atrair elementos de esquerda, como Maurício Goulart e os adeptos de Miguel Costa, a fim de integrá-los no Partido Nacional do Trabalho.[82] O que ele pretendia, naturalmente, era neutralizar um possível apoio popular, sobretudo em São Paulo, a Armando Sales de Oliveira, candidato da oligarquia cafeeira à presidência da República. Mas a inspiração de formar em 1937 um partido trabalhista, segundo o modelo inglês, evidencia que uma das vertentes do bonapartismo de Vargas o conduzia, empiricamente, a uma política reformista muito próxima de padrões social-democráticos, adaptados, é claro, às condições e às particularidades históricas de um país ainda predominantemente agrícola, como o Brasil.

Esse partido trabalhista nada mais seria que uma reedição revista e atualizada do PSB dos tenentes, com um rótulo mais aceitável pelo clero e pelas classes dirigentes, o que indica, não obstante, a continuidade da ideia e a persistência do propósito de concretizá-la. No entanto, diante da perspectiva de retomada do poder pela oligarquia cafeeira de São Paulo, pelas eleições, e do agravamento da crise econômica e financeira, Vargas voltou-se para a direita, precipitando o golpe de Estado, que os chefes das Forças Armadas planejavam e dariam, inexoravelmente, sem ele ou contra ele. E a intenção de formar um partido dos trabalhadores, como alternativa ao PCB, desfaleceu e somente ressurgiu, nos estertores do Estado Novo, quando o processo de redemocratização avançou, sob pressões internas, e Vargas, acossado, sentiu a necessi-

---

81 Idem.

82 "E essa permanência da reação paulista, no momento mesmo em que Getúlio Vargas pretende formar um Partido Trabalhista, e dá mão forte à União Sindical contra o fascismo [...], e envia emissários também aos nossos presos daqui, e procura concentrar no Rio os presos de São Paulo que foram da Legião 5 de Julho para com eles negociar nos ameaça de forçar o abandono da linha assentada, por falta de apoio da base aliancista e da massa popular." Carta de Alberto da Rocha Barros a Paulo Duarte. São Paulo, 27 fev.1937, in: Duarte, 1977, p.114-6.

dade de organizar o apoio de massas ao seu governo, a começar pela campanha de sindicalização.

O surgimento do PTB

A primeira iniciativa de Vargas, em 1945, foi no sentido de fundar o Partido Social-Democrático (o nome já revelava a inspiração), com um Departamento Trabalhista articulando, no mesmo bloco político, segmentos de todas as classes sociais, da oligarquia rural ao operariado. Esse partido se alicerçou na estrutura de poder do Estado Novo, intimamente entrelaçada com interesses dos fazendeiros e da burguesia industrial. Toda a organização política da ditadura, em cada Estado da Federação, a ele aderiu. Entretanto, ao longo dos 15 anos, o processo de industrialização e urbanização, que se intensificara desde a vitória da revolução de 1930, produziu profundas transformações econômicas, sociais e políticas no Brasil. A classe trabalhadora crescera e sua composição se modificara, condicionando-lhe novo comportamento político. O anarquismo praticamente desaparecera e, paralelamente ao fortalecimento do PCB, uma liderança sindical – integrada por alguns chamados "pelegos"[83] surgira, não apenas em função da política do Estado, mas também como expressão dos interesses de vastas camadas de assalariados, que, conquanto ainda não contestassem politicamente o sistema capitalista, aspiravam às reformas econômicas e sociais, para a melhoria do seu padrão de vida.

Assim, sensibilizados pelos benefícios que a legislação do trabalho e da previdência social lhes trouxe ou lhes traria, e temendo que fosse revogada com o fim do Estado Novo, os novos setores urbanos e o movimento sindical, que poderiam fornecer a base para um partido socialista ou social-democrata, animaram o movimento queremista (o lema era "Queremos Getúlio"), ao qual os comunistas aderiram, defendendo

---

83 Denomina-se *pelego* a manta de pele de carneiro e a lã que se põe sobre a montaria para amaciar o assento.

a ideia de que o próprio Vargas permanecesse como presidente da República, com a reunião da Assembleia Constituinte, e encaminhasse o retorno do país à democracia. Não concordaram, entretanto, em aderir ao PSD, montado pela burocracia do Estado Novo, que já desejava, em íntima conexão com os interesses do latifúndio e da indústria, afastar Vargas do governo, a fim de impedir que ele, com a ascensão das massas e o apoio dos comunistas, aprofundasse, socialmente, o processo de redemocratização. No Rio Grande do Sul, líderes sindicais das indústrias metalúrgicas, alimentícias e madeireiras, bem como dos portuários, comerciários e bancários, romperam com o PSD, que se lhes afigurava como "um partido da classe dominante, liderado por burgueses". Vargas viu-se então na contingência de autorizar Alexandre Marcondes Filho, ministro do Trabalho, a articular a organização do Partido Trabalhista Brasileiro, tendo como núcleo o Centro Trabalhista de Estudos Políticos e Sociais, sob a direção de José de Segadas Viana. Um dos objetivos foi evitar que ponderável setor da classe operária, sem outra opção, se voltasse para o PCB.

O PTB surgiu, assim, de uma das vertentes do bonapartismo de Vargas (na outra, o PSD), quando o Estado Novo agonizava, e alicerçou sua organização na classe trabalhadora, apesar dos elementos da classe média e das peculiaridades regionais que o influenciaram.[84] O aparelho sindical, montado a partir de 1930, serviu-lhe como ossatura, tornando-se o Ministério do Trabalho, na ausência de uma central operária,[85] sua fonte de poder. A burocracia, que o ordenava, pautou-lhe as atividades pelo economicismo (luta salarial), restringindo sua ação política à disputa nas eleições. E Alberto Pasqualini, oriundo da União Social Brasileira, tentou dar-lhe um conteúdo teórico, marcado pelas ideias do socialismo evolutivo. Nos conflitos de classes, o PTB

---

84 "O PTB, que se desenvolvera a partir de uma base exclusivamente urbana [...], ampliava sua penetração nos estados menos desenvolvidos e também no interior [...]. Essa ampliação não chegava a descaracterizá-lo como partido trabalhista urbano." (Souza, 1976, p.145)

85 O PCB tentou organizar em 1946 a Confederação dos Trabalhadores do Brasil, dissolvida pelo governo do marechal Dutra.

intermediava, acomodando as reivindicações dos operários aos limites tolerados pelo capitalismo, ao mesmo tempo em que sofreava a exploração excessiva de sua força de trabalho. Por isso, alguns de seus líderes sindicais foram chamados "pelegos" – denominação dada à manta que se põe entre a sela e o dorso do cavalo para facilitar a montaria. Também nesse aspecto o PTB se aproximava da social-democracia, exercendo papel semelhante ao que ela desempenhava na Europa, como fator de equilíbrio nas relações de classes.

Evidentemente, como o próprio Vargas declarou, o PTB, ao menos em seus primórdios, não era socialista, mas apenas socializante,[86] e devia constituir uma opção para os trabalhadores, que não integrariam nem o PDS nem a UDN, variante da oligarquia cindida,[87] segundo a expressão de Alencastro Guimarães. Funcionaria como anteparo contra o avanço do PCB,[88] partido que se propunha a estar na vanguarda dos trabalhadores, até então reprimido pelo Estado Novo. Vargas sempre teve consciência de que não podia neutralizar o comunismo apenas pelo uso da força e que era necessário dar aos trabalhadores outra opção. Em 1935, quando a Aliança Nacional Libertadora, sob a direção do PCB, mobilizara as massas contra o governo, ele reuniu um grupo de industriais e lhes solicitou que colaborassem com a aplicação das leis do trabalho, de modo a impedir que o descontentamento no meio operário nutrisse os preparativos da insurreição. Não encontrou nenhuma receptividade. Pelo contrário: todos os empresários reagiram contra "os despropósitos das leis trabalhistas, reclamaram contra os fiscais do Ministério, que invadiam as fábricas, provocaram a indisciplina dos operários e sabotavam a autoridade dos empresários etc.".[89] "Vargas escutou aqueles protestos com náuseas"[90] e, quando saiu do encontro,

---

86 Entrevista de Alzira Vargas do Amaral Peixoto, in: *Ensaios de opinião – Getúlio Vargas* (1975, p.17).
87 Carta de Alencastro Guimarães a Getúlio Vargas, Rio de Janeiro, 19 nov.1945, doc. 57, v.47, Arquivo de Getúlio Vargas.
88 Entrevista de Alzira Vargas do Amaral Peixoto, cit.
89 Depoimento de Alzira Vargas do Amaral Peixoto a Hélio Silva, in: Silva, 1969, p.398.
90 Idem, p.398.

disse a seu ajudante de ordens, capitão-tenente da Marinha Ernani do Amaral Peixoto: "Estou tentando salvar esses burgueses burros e eles não entenderam".[91]

O PTB, construído com a argamassa da legislação social, sofreu a mesma incompreensão. As classes dominantes, *grosso modo*, nunca o admitiram, nem mesmo com a opção política dos trabalhadores, que formavam uma consciência de classe para si, ainda que não tomassem uma posição antagônica ao regime.[92] Hostilizaram-no à medida que ele se expressava como corrente do movimento operário, participando dos choques sociais. E a animosidade recrudesceu dada a ênfase com que o PTB defendeu a intervenção do Estado na economia, o que o incompatibilizava ainda mais com significativa parcela do empresariado, constituído, em larga medida, por executivos estrangeiros.

O problema político do desenvolvimento econômico do Brasil, que as corporações estrangeiras obstaculizavam, somou-se assim às questões de classe, no plano da produção. E o aguçamento da contradição anti-imperialista, entrançando-se com as lutas sociais, contribuiu para impelir e afirmar o PTB na direção da esquerda, como um partido de reformas populares, não populista, desempenhando um papel similar ao da social-democracia na Europa, embora dentro das circunstâncias e das condições peculiares do Brasil, um país com uma economia capitalista atrasada, mas em processo de industrialização.

A evolução do pensamento de Vargas

A perspectiva era que o PTB constituísse uma opção para os trabalhadores, que não se filiariam nem ao PSD nem à União Democrática Nacional (UDN), onde se agrupavam, indistintamente, liberais, conservadores e elementos de esquerda, adversários do Estado Novo. Vargas tentou, a princípio, manter o equilíbrio entre o PSD e o PTB,

---

91 Idem, ibidem, p.398.
92 Soares, 1973, p.230.

os dois partidos que ajudara a fundar. Era, contudo, uma tarefa difícil, principalmente depois de apeado do poder pelo golpe de Estado, em 29 de outubro de 1945. Os choques de classe, com a redemocratização, aceleraram a diferenciação de seus objetivos políticos. O PSD, herdeiro da máquina administrativa, militar e policial do Estado Novo, continuou no poder, com o marechal Eurico Gaspar Dutra, o condestável do golpe de 10 de novembro de 1937, eleito presidente da República. A ele a UDN aderiu, compondo um governo de união nacional, em outras palavras, de união das classes dirigentes, um governo cada vez mais reacionário, que rompeu relação com a União Soviética, proscreveu o PCB e cassou os mandatos dos seus parlamentares, alinhado politicamente com os Estados Unidos na campanha da Guerra Fria.

Vargas, no ostracismo, somente contou com a simpatia e a solidariedade do PTB, também marginalizado pelo governo do marechal Eurico Dutra. Seu perfil político começou então a adquirir contornos mais nítidos e ele, às vésperas das eleições estaduais de 19 de janeiro de 1947, nas quais apoiou a candidatura de Alberto Pasqualini ao governo do Rio Grande do Sul, criticou "os partidos que, com nomes diferentes, significam a mesma coisa", pois "têm a mesma substância política, social e econômica", dizendo com referência à UDN e ao PSD, que

> Não é de estranhar que venham a se reunir. São expoentes da democracia burguesa, da velha democracia liberal, que afirma a liberdade política e nega a igualdade social. Toda essa liberdade política está organizada no sentido da defesa dos seus interesses econômicos. Não tem conteúdo nacional.[93]

Por isso, segundo ainda as próprias palavras de Vargas,

> Os trabalhadores devem escolher, de preferência, seus representantes dentro da própria classe, conhecedores de suas necessidades, com a marca de seus sofrimentos e a colaboração do seu sangue. [...] A velha democracia liberal e capitalista está em franco declínio porque tem seu fundamento na desigual-

---

93 Discurso pronunciado no comício do PTB, Porto Alegre, 29 nov.1946. CPDOGGV-24, Coleção Getúlio Vargas. Também em *Diário Carioca*, 2 dez.1946.

dade. A ela pertencem, repito, vários partidos com rótulo diferente e a mesma substância. A outra é a democracia socialista, a democracia dos trabalhadores. A esta, eu me filio. Por ela, combaterei em benefício da coletividade. E já que as nossas atividades devem orientar-se na órbita dos partidos, se um conselho posso dar ao povo é que se integre na ação do Partido Trabalhista.[94]

No mesmo discurso, após responsabilizar a "democracia capitalista" pelo "ambiente propício à criação das empresas monopolistas, das negociatas e do câmbio negro, que exploram a miséria do povo", Vargas predisse que:

> Ou a democracia capitalista, compreendendo a gravidade do momento, abre mão de suas vantagens e privilégios, facilitando a evolução para o socialismo, ou a luta se travará com os espoliados, que constituem a grande maioria, numa conturbação de resultados imprevisíveis para o futuro.[95]

Vargas continuou a repetir esses mesmos conceitos depois que voltou à presidência da República, em 1950, pelo voto popular. No dia 19 de maio de 1951, falando aos trabalhadores, disse que o povo o elegeu, esperando "uma nova era de verdadeira democracia social e econômica – e não apenas para emprestar o seu apoio e sua solidariedade a uma igualdade social".[96] Três anos após, em meio à campanha que a UDN civil e militar promovia para derrubá-lo, exortou os trabalhadores à unidade, salientando: "Hoje estais com o governo. Amanhã sereis o governo".[97]

E, mais adiante, acrescentou:

> Não deveis esperar que os mais afortunados se compadeçam de vós, que sois os mais necessitados. Deveis apertar a mão da solidariedade e não estender a mão à caridade.[98]

---

94 Carmo, 1948, apud Silva, 1945, p.172-3.
95 Discurso no comício trabalhista em Porto Alegre, em 19 nov.1946. CPDOGGV-24, Coleção Getúlio Vargas.
96 Discurso no estádio do Vasco, em 1º de maio de 1951. Vargas, 1975, p.23.
97 Ibidem.
98 Discurso no Palácio Rio Negro, 1º de maio de 1954, in: *Ensaios de Opinião*, nº 9, cit., p.28.

Com o suicídio de Vargas, em 24 de agosto de 1954, essa tendência ideológica cristalizou-se, pautada por sua carta testamentária. Nesse documento ele denunciou "a campanha subterrânea dos grupos internacionais" em aliança com os "grupos nacionais revoltados contra o regime de garantia do trabalho",[99] ressaltando:

> A lei de lucros extraordinários foi detida no Congresso. Contra a justiça da revisão do salário mínimo se desencadearam os ódios. Quis criar a liberdade nacional na pontencialização das nossas riquezas através da Petrobras e, mal esta começa a funcionar, a onda de agitação se avoluma. A Eletrobrás foi obstaculizada até o desespero. Não querem que o povo seja independente.[100]

Após o suicídio de Getúlio Vargas, o PTB, sob o impacto da carta testamentária, inflectiu mais para a esquerda e começou a ocupar, assim, o espaço social e político que o Partido Socialista Brasileiro, oriundo da Esquerda Democrática e reorganizado por João Mangabeira, em 1946, não conseguiu, por falta de raízes nacionais e populares. João Goulart, que desde 1952, como presidente do Diretório Nacional, assumira o comando do PTB, transformou-se então no alvo das diatribes do reacionarismo civil e militar, do qual a União Democrática Nacional (UDN) se tornara a mais eloquente e virulenta expressão, desde sua fundação, em 7 de abril de 1945.[101]

---

99 Carta testamentária, in: *Ensaios de Opinião*, p.44.

100 Idem.

101 Por trás da luta udenista pela legalidade e contra Getúlio, luta de que fui porta-voz parlamentar, havia, também, a recusa do partido militarista e conservador em aceitar a fatalidade de certas mudanças. Tanto assim que o udenismo se acomodou perfeitamente com a supressão dos princípios democráticos pela Revolução de 1964, desde que ela se destinasse a erguer uma barragem de força contra a maré esquerdizante (Melo Franco, 1968, p.78)

DE VARGAS A GOULART

Os esforços para a industrialização do Brasil quase sempre se chocaram com interesses de capitais estrangeiros, mais precisamente com interesses da Inglaterra e dos Estados Unidos, que se empenhavam em manter o mercado brasileiro como escoadouro de suas manufaturas. O conflito recrudesceu depois da revolução de 1930, quando o governo de Getúlio Vargas, diante das dificuldades do balanço de pagamentos e da grande crise econômica mundial, deflagrada em 1929 pelo *crash* da bolsa de valores de Nova York, passou a intervir diretamente na economia, tanto para regular as relações de trabalho, quanto para romper o bloqueio imposto pelos cartéis internacionais a setores básicos da produção.

Vargas, cuja ditadura refletiu uma estratégia de compromisso social e político, atrelou o proletariado urbano à fração da burguesia vinculada ao mercado interno, mediante a legislação trabalhista, e atribuiu ao Estado decisivo papel no desenvolvimento do país, explorando as contradições entre as grandes potências industriais para concretizar importantes empreendimentos, como a implantação da primeira usina siderúrgica nacional, em Volta Redonda. Deposto em 1945, por um golpe de Estado desfechado com o aval de Washington, voltou ao poder, pelo voto direto, e tratou de consolidar o processo de industrialização, retomando a orientação nacionalista que o governo do marechal Eurico Dutra (1946-1951) interrompera.

Assim, a partir de 1951, Vargas instituiu o monopólio estatal do petróleo, elaborou o projeto da Eletrobrás, negociou com cientistas alemães a compra de tecnologia nuclear,[1] encareceu as importações de bens de capital, por meio da Instrução 70, da SUMOC (Superintendência da Moeda e do Crédito), e tentou o controle sobre as remessas de lucros para o exterior. Tais iniciativas, objetivando equacionar os problemas de energia, induzir a fabricação de máquinas e equipamentos no Brasil[2] e conter a evasão de capitais, afetavam naturalmente interesses monopolísticos de poderosos cartéis, que investiram contra o governo, para derrubá-lo, em aliança com a burguesia comercial, beneficiária dos negócios de importação e exportação. A campanha, ativada pelo jornalista Carlos Lacerda e pelos oficiais da *Cruzada Democrática*,[3] resultou no suicídio de Vargas em 24 de agosto de 1954. O impacto político de sua morte, ao denunciar as manobras dos grupos estrangeiros,[4]

---

1 Os cientistas Konrad Beyerle, Vilhelm Groth e Otto Hahn, de acordo com os entendimentos que mantiveram com o almirante Alvaro Alberto da Mota e Silva, presidente do Conselho Nacional de Pesquisas, forneceriam ao Brasil a tecnologia para a separação de isótopos ou produção de urânio enriquecido, matéria-prima que permite a fabricação da bomba atômica, pelo processo de ultracentrifugação. A execução do projeto foi embargada pelo governo de Washington.

2 "Na primeira metade dos anos 50, que corresponde quase inteiramente à presidência de Vargas, o padrão de acumulação intentado para a economia brasileira fundava-se numa prévia expansão do setor de bens de produção, em sentido amplo do departamento I da economia, que poderia – veja-se o condicional – fundar as bases para uma expansão industrial mais equilibrada [...]." (Oliveira, s.d., mimeog., p.1) "A reforma cambial de 1953, encarecendo os bens de produção importados, estimulou a sua produção interna, cujas indústrias passaram a utilizar toda a capacidade ociosa existente e ampliá-la, a fim de atender à procura". (Magalhães, 1960, p.14)

3 Corrente militar ligada à União Democrática Nacional (UDN).

4 Em sua carta testamentária, Vargas (1954) acusou os grupos internacionais de lhe moverem uma campanha subterrânea, juntamente com os grupos nacionais revoltados contra o regime de proteção ao trabalho. "A lei dos lucros extraordinários foi detida no Congresso" – disse. "Contra a justiça da revisão do salário-mínimo desencadearam-se os ódios. Quis criar a liberdade nacional na potencialização das nossas riquezas por meio da Petrobras. Mal esta começa a funcionar, a onda de agitação se avoluma. A Eletrobrás foi obstaculada até o desespero." Vargas revelou ainda que os lucros das empresas estrangeiras alcançavam até 500% ao ano. E acrescentou que, "nas declarações de valores

desencadeou uma reação popular de tamanha magnitude que paralisou o golpe de Estado, impediu-lhe a radicalização, sustando a tendência autoritária a que parte das Forças Armadas aderira.[5] Pouco mais de um ano depois, a reviravolta sobreveio com as intervenções militares de 11 e 21 de novembro de 1955, que asseguraram a posse de Juscelino Kubitschek e João Goulart na presidência e vice-presidência da República.[6]

Eleito pela coligação PSD-PTB, com o apoio dos comunistas, Kubitschek ampliou o regime de liberdade e executou um programa de desenvolvimento – o Plano de Metas – à custa de substanciais concessões aos capitais estrangeiros. Se o governo de João Café Filho não teve condições para fazer a reforma cambial, liquidar a Petrobras e reprimir o movimento trabalhista, Kubitschek também não invalidou os objetivos que o golpe de Estado contra Vargas alcançara. Manteve a Instrução 113, da SUMOC, provocando um *dumping* no mercado nacional de máquinas e equipamentos.[7] E orientou a industrialização, não para os setores de base, para a produção de bens de capital, segundo o projeto de Vargas, mas, sim, para a fabricação de bens duráveis de consumo, ou seja, automóveis, eletrodomésticos etc. Os interesses estrangeiros, não mais podendo deter o desenvolvimento do Brasil,

---

do que importávamos, existiam fraudes constatadas de mais de 100 milhões de dólares por ano".

5 Segundo denúncia do almirante Sílvio Camargo, comandante do Corpo de Fuzileiros Navais, ao então ministro da Marinha, almirante Edmundo Jordão Amorim do Vale, existia um chamado grupo dos coronéis, que advogava uma solução extralegal, fazia propaganda fora da escala de comando e mantinha até mesmo um serviço especial de informações, dizendo contar com os oficiais da esquadra, parte da Aeronáutica e pequena parcela no Exército. Na Marinha, o grupo só admitia como solução para o problema político um regime extralegal. Informe n.1.852 (Secreto), Rio de Janeiro, 23 ago. 1955, in: Ramos, 1960, p.164-6.

6 O Congresso Nacional votou, por maioria qualificada, o impedimento constitucional (que o Exército apoiou, sob o comando do general Henrique Teixeira Lott, ministro da Guerra) dos presidentes Carlos Luz (interino) e João Café Filho, que substituíra Vargas e conspirava contra a posse de Kubitschek.

7 Magalhães, 1960, p.42-4.

procuraram dirigi-lo e ajustá-lo à redivisão internacional do trabalho, empreendida pelo sistema capitalista após a guerra de 1939-1945.[8]

Durante o governo de Kubitschek, que expressava os anseios da burguesia cosmopolita, o regime econômico brasileiro, conjugando favores fiscais e de diversos tipos às dificuldades de importação de bens de consumo, funcionou de modo a atrair e a forçar as empresas estrangeiras a investirem no país. De um lado, o dispositivo de proteção às manufaturas com similar nacional as compelia a produzirem no Brasil, a fim de não perderem o mercado, o que antes suas matrizes exportavam. Do outro, não apenas Kubitschek lhes concedia vantagens, isenções e privilégios, facultando a formação de monopólios e oligopólios, como a Instrução 113, revitalizada pela Lei de Tarifas, permitia que elas importassem máquinas e equipamentos obsoletos, valorizados como se novos fossem, sem cobertura cambial ou restrição de qualquer espécie quanto aos similares de fabricação nacional, ao mesmo tempo que negava o mesmo direito às firmas brasileiras.

A Instrução 113 tanto prejudicou o crescimento da indústria nacional de bens de produção que possibilitaria ao país substituir as importações em um setor vital para a reprodução capitalista, quanto incentivou a transferência do controle acionário de empresas brasileiras para as corporações internacionais; em outras palavras, animou o fenômeno conhecido como desnacionalização. E a industrialização prosseguiu sob o comando de capitais estrangeiros, cujos países de origem se reservavam à produção de bens de capital, a tecnologia e o nervo financeiro, como condição de sua preeminência, na redivisão internacional do trabalho. Essa transação, que acomodou o desen-

---

8 "A redefinição da divisão internacional do trabalho, em curso acelerado após a liquidação da recuperação europeia pós-guerra, transformava os termos da atuação do capital internacional em relação às chamadas economias periféricas ou dependentes: agora, a industrialização das economias dependentes entrava na divisão do trabalho do mundo capitalista como nova forma de expansão desse sistema, elevando-se do antigo patamar de produtores de matérias-primas *versus* produtores de manufaturas para produtores de manufaturas de consumo *versus* produtores de manufaturas de bens de produção." (Oliveira, s.d., mimeo., p.4) Sobre o assunto ver também Moniz Bandeira, 1975, p.13.

volvimento do Brasil às conveniências do capitalismo internacional, valeu ao governo de Kubitschek a relativa estabilidade de que gozou, no âmbito da democracia política.

Ao fim do seu mandato, os sinais da crise começaram, entretanto, a aparecer. O Banco do Brasil já não tinha praticamente reservas de divisas, exauridas que foram para cobrir o déficit do balanço de pagamentos, da ordem de US$ 290 milhões, em 1960, déficit esse que se esperava subisse para US$ 455 milhões em 1961.[9] Também a expansão industrial, alimentada pela substituição das importações de bens duráveis de consumo, atingira um limite, em meio aos conflitos sociais, que se aguçavam nas cidades e nos campos. A fraqueza do mercado interno tolhia-lhe o curso. A ociosidade das fábricas, segundo o ramo, variava entre 30% e 60%. A inflação, cujo ritmo se intensificara em 1959,[10] já afetava também o consumo e comprometia a acumulação capitalista, carcomendo a base dos lucros, depois de propiciar, por muitos anos, o aumento da taxa de exploração da classe trabalhadora. O déficit da conta-corrente do balanço de pagamentos pulou de US$ 266 milhões, em 1958,[11] para US$ 410 milhões, em 1960,[12] uma vez que as empresas estrangeiras, ultrapassada a fase de implantação, incrementaram as transferências de recursos para as suas matrizes.[13] E essa crescente evasão de divisas, por vias legais (remessas de lucros, juros, dividendos etc.) e clandestinas (subfaturamento, sobrefaturamento etc.), debilitou enormemente a economia do país, ao acanhar-lhe a capacidade de importar e de reinvestir.

---

9 Despacho 627, Embaixada Americana para o Departamento de Estado, 9 fev.1961, Herberz K. May, Adido do Tesouro (para o embaixador), coordenado por William A. Fowler, Conselheiro da Embaixada para Negócios Internacionais. JFKL.

10 *Conjuntura Econômica*, fev.1960, p.14.

11 Ibidem, p.57

12 Ibidem, fev.1961, p.15, 49.

13 "Não admira que o déficit das transações correntes (mercadorias e serviços) tenha alcançado US$ 410 milhões (US$ 373 em 1959), enquanto [...] se hajam retraído os capitais estrangeiros, reduzindo-se a entrada líquida de capitais autônomos (apenas US$ 30 milhões em 1960, contra US$ 176 em 1959)." *Conjuntura Econômica*, fev.1961, p.13.

A fim de superar a crise que se delineava, algumas forças políticas postularam a necessidade da reforma agrária e da limitação das remessas de lucros para o exterior, a par da ampliação do comércio com a América Latina, África e Bloco Socialista, enquanto outros setores das classes possuidoras, mais vinculados diretamente aos interesses do capital financeiro internacional, advogavam a liberação do câmbio, restrição de crédito e compressão dos salários, o mesmo programa que tentaram aplicar, sem êxito, após a morte de Vargas, em 1954. O encaminhamento de qualquer das alternativas, dentro do quadro da Constituição, afigurava-se difícil, devido às resistências sociais que provocava. A industrialização do Brasil, modelada pela Instrução 113, fortalecera o segmento estrangeiro do empresariado, i. e., a comunidade de gerentes norte-americanos e de outras origens, que sobrepujou gradativamente a burguesia tradicional, influenciando cada vez mais as decisões do estado, à medida que a economia se internacionalizava.[14] A infraestrutura industrial, regida pelas corporações internacionais, tendia a subordinar a superestrutura do país à sua vontade.

A industrialização, entretanto, determinara outro processo correlato, o robustecimento da classe operária, cujo peso político já não se podia ignorar no jogo da democracia política. Se cedera aos interesses estrangeiros, conservando a Instrução 113 como condição para concretizar o Plano de Metas, Kubitschek também conciliara com o movimento de massas em ascensão, sobretudo por meio do PTB, que constituiu um dos suportes do seu governo. E esse equilíbrio assegurou relativa estabilidade ao regime, pelo menos até 1960, quando as tensões do desenvolvimento aguçaram as lutas sociais – greves, invasões de terra – e

---

14 "Em lugar de um proprietário nacional, temos em cada empresa que se associa com o capital alienígena um gerente estrangeiro. [...] A consequência mais visível consiste num reforçamento do setor estrangeiro da economia nacional, com os seus reflexos inevitáveis, inclusive a perda de representação dos grupos nacionais nos órgãos de classe". (Magalhães, 1960, p.16). "Os homens mais capazes surgidos nas indústrias locais puderam ser recrutados para integrar a nova classe gerencial a serviço dos conglomerados. A ação empresarial nacional ficou restrita a setores secundários ou decadentes". (Furtado, 1973, p.54)

as classes possuidoras, debatendo-se em profundas contradições, caíram em um impasse que se manifestou com a eleição de Jânio Quadros para a presidência do Brasil.

Quadros, sustentado pela oligarquia financeira e pelas mesmas forças – UDN, Cruzada Democrática & Cia. – que derrubaram Vargas em 1954, apelou para os anseios populares de mudança, confundiu as massas com a sua duplicidade demagógica e obteve esmagadora vitória sobre o marechal Henrique Teixeira Lott, candidato da coligação PSD-PTB. Uma vez no poder, com o respaldo de seis milhões de votos, principiou imediatamente a liberação do câmbio, promovendo, através da Instrução 204, da SUMOC, uma reforma pela qual os governos de João Café Filho e Juscelino Kubitschek não tiveram condições ou coragem de assumir a responsabilidade, apesar da pressão do FMI. Sua política de combate à inflação teria como complemento a compressão dos salários, a contenção do crédito e outras medidas, que sacrificariam os trabalhadores, as classes médias e os setores mais débeis do empresariado.

Mas a elevação do custo de vida, acelerada pela Instrução 204, desgastava a popularidade do governo e Quadros compreendeu que dificilmente alcançaria seus objetivos dentro da moldura democrática. O Congresso refletia de fato uma situação política superada pelo surto de industrialização, que ocorrera durante o governo Kubitschek e que alterara a correlação de forças no seio das próprias classes dirigentes. A eleição de Quadros significara o fim do bloco histórico, formado a partir da revolução de 1930, quando a República Velha se esbarrondou, com a bancarrota dos cafeicultores, e Vargas, ao assumir o poder, teceu novo sistema de alianças, ao unir o proletariado urbano a um setor da burguesia rural, notadamente os pecuaristas do Rio Grande do Sul, mais voltados para o mercado nacional que para os negócios de exportação. O processo de industrialização encontrara assim condições para prosseguir, como projeto de estado, transferindo-se parte substancial do ônus da acumulação para os ombros dos trabalhadores do campo, aos quais o pacto não estendeu os benefícios da legislação social, a fim de não ferir os interesses dos latifundiários, como requisito essencial de sua vigência.

Esse pacto, com apenas o interregno do governo do marechal Eurico Gaspar Dutra (1946-1951), funcionara durante toda a era de Vargas, que bloqueou o acesso direto ao poder do empresariado de São Paulo, ligado umbilicalmente aos cafeicultores e às finanças internacionais, conquanto contemplasse a fração do empresariado com interesse no mercado interno e a ela atrelasse o proletariado urbano. No entanto, a partir da eleição de Juscelino Kubitschek para a presidência da República, a burguesia industrial, cujo segmento mais poderoso se concentrava em São Paulo, avocou a hegemonia e aquele sistema de alianças começou a desintegrar-se, em meio à crise econômica e social que o desenvolvimento capitalista acarretara.

A Constituição de 1946 continha todos os elementos da crise política – a contradição entre a legislação democrática e a execução autocrática, inerente ao presidencialismo – e Quadros tentou romper o impasse institucional, mediante um golpe de Estado. Não um golpe convencional, arrimado nas Forças Armadas, e sim um golpe aceito pelo consenso nacional, que lhe permitisse dirigir o país acima das classes sociais e dos partidos políticos. E por isso, enquanto favorecia os negócios do grande capital, adulou a esquerda com a chamada política externa independente, que de certo não resultou de pura e simples demagogia. A tendência para distanciar-se das diretrizes do Departamento de Estado já se manifestara na política exterior do Brasil desde o segundo governo de Getúlio Vargas (1951-1953) e se acentuara durante a administração de Juscelino Kubitschek (1956-1961), dado que a situação de complementaridade econômica entre os dois países começara a desaparecer e necessário se tornava a reformulação dos termos do relacionamento com os Estados Unidos. Quadros, porém, manipulou, teatralmente, a política externa, ao adotar posturas antiamericanas, não só para fins de barganha com os Estados Unidos, levando-os a conceder maior assistência financeira ao seu governo,[15]

---

15 Telegrama 01862, 3 fev.1961, 10h51, Dean Rusk para a Embaixada dos Estados Unidos no Rio de Janeiro, confidencial, desclassificado em 10 mar. 1975. JFKL.

como também para fins de propaganda interna, de modo a reforçar seu carisma.

Em conversações com duas autoridades norte-mericanas, o embaixador Adolf Berle Jr. e o secretário do Tesouro, Douglas Dillon, Quadros demonstrou claramente que especulava com a independência de sua política exterior, a fim de extorquir, por um lado, maior auxílio financeiro dos Estados Unidos e adormentar, por outro, a esquerda brasileira, enquanto executava um programa econômico e financeiro em favor do grande capital e dos interesses estrangeiros. Ao embaixador norte-americano Adolf Berle Jr., quando este, em fins de fevereiro de 1961, visitou o Brasil, com a missão de solicitar apoio para a intervenção em Cuba,[16] e mencionou a disposição dos Estados Unidos de outorgar-lhe um crédito de US$ 100 milhões, Quadros manifestou dúvida sobre se o aceitaria ou não, uma vez que não resolveria os problemas financeiros do país.[17] E, embora parecesse concordar completamente com a análise de Berle Jr. sobre a situação de Cuba, argumentou que não podia empreender qualquer iniciativa audaciosa no exterior, enquanto não controlasse melhor a crise econômica e social com que o Brasil se defrontava, ponderando que, se tomasse semelhante atitude, como apoiar a intervenção em Cuba, o resultado seria uma explosão interna.[18] Na ocasião, acentuou que não dispunha de maioria no Congresso, com o que, salientou, estava "satisfeito",

---

16 O embaixador Berle Jr. foi ao Brasil com a missão de articular o apoio à ação armada contra o regime revolucionário de Cuba, segundo um plano que, como contrapartida moral e política, previa também operações para a derrubada das ditaduras de Rafael Trujillo, na República Dominicana, e François Duvalier, no Haiti, o que de fato aconteceria. Conversou inicialmente com Afonso Arinos, ministro das Relações Exteriores, dando-lhe a impressão não de que o governo de Washington queria barganhar a concessão de auxílio econômico e financeiro pelo apoio do Brasil à ação contra Cuba, mas, sim, de que dava a essa questão prioridade a qualquer outra. Sua proposta consistia em que o Brasil ou participasse da ação por meio da OEA ou, não desejando assim cooperar, deixasse os Estados Unidos com as mãos livres para intervir, diretamente ou, talvez, por meio da Venezuela, Colômbia, Nicarágua e El Salvador (Melo Franco, 1968, p.83-7).

17 Telegrama 1.130, 3 mar. 1961, 13h, John Moors Cabot para o secretário de Estado. JFKL.

18 Ibidem

porque ela seria muito "dispendiosa".[19] E, a enfatizar as dificuldades políticas com que se debatia, condicionou a solidariedade do Brasil com os Estados Unidos à solução dos seus problemas econômicos e financeiros, dando aos embaixadores Adolf Berle Jr. e John Moors Cabot a impressão de que fora sincero.[20]

Um mês depois, no encontro com o secretário do Tesouro norte--americano, Douglas Dillon, Quadros voltou a falar de sua posição no governo, a ressaltar que, conquanto eleito pela maior margem de votos registrada na história do Brasil, como repúdio às políticas da administração anterior, ele ainda operava com um Congresso enve-lhecido, no qual – frisou – não contava com maioria, devido ao fato de que as eleições não foram simultâneas.[21] Declarou que assumiu o poder comprometido com a preservação da democracia e do "modo de vida livre" no Brasil, cujo rumo influiria, decisivamente, sobre o destino do hemisfério,[22] pois, com uma população de 70 milhões de habitantes, tornar-se-ia poderosa força para a estabilidade do conti-nente, se ordenasse sua situação interna. Mas, se trilhasse o "caminho errado", toda a América Latina mais cedo ou mais tarde o acompa-nharia.[23] A partir de tais premissas, Quadros observou que trabalhava pelo futuro da democracia no hemisfério, ao concorrer para estabilizar a situação interna do país. E afirmou que, educado dentro de tradições democráticas, acreditava, fervorosamente, "nos mesmos ideais que tornaram os Estados Unidos uma grande nação",[24] e que seu objetivo era fazê-los triunfar no Brasil. Contudo, pedindo aos Estados Unidos que nele confiassem, Quadros alegou que não tinha as "mãos livres" e que somente poderia adotar atitudes mais enérgicas em questões de

---

19 Ibidem
20 Ibidem.
21 Telegrama 1.384, 12 abr. 1961, 12h, da Embaixada dos Estados Unidos no Rio de Ja-neiro para o Departamento de Estado, contendo a mensagem de Douglas Dillon para o presidente John Kennedy, secreto. JFKL.
22 Ibidem.
23 Ibidem.
24 Ibidem.

política externa do hemisfério à medida que sua posição se fortalecesse, internamente, com o sucesso do programa governamental.[25]

Quadros repetiu este pensamento duas vezes, e Douglas Dillon percebeu que ele apelava para o neutralismo, na política internacional, com o propósito de robustecer sua posição contra a esquerda brasileira, na batalha pela aplicação do programa econômico[26] e financeiro, exigido pelo FMI e pelas instituições de crédito dos Estados Unidos. Esta explicação, aliás, o ministro da Fazenda, Clemente Mariani, já lhe dera, anunciando-lhe que Quadros também o faria de viva voz.[27] E a Douglas Dillon, do mesmo modo que a Adolf Berle Jr. e a John Moors Cabot, também se afigurou que ele fora sincero em suas confissões. Douglas Dillon previu, porém, que Quadros iria obter efeitos inesperados e, em tempo, desagradáveis, ao utilizar, primordialmente, a política externa como ferramenta para resolver problemas domésticos.[28]

A preocupação de Quadros fora efetivamente criar condições para que pudesse ter as "mãos livres" na política interna, i. e., para que as pudesse desembaraçar das peias constitucionais. E esta sua duplicidade expressou o impasse com que as classes dirigentes no Brasil se defrontavam, uma vez que o empresariado, fortalecido pela industrialização e articulado pelo setor estrangeiro, reclamava a concentração do poder político, a fim de, em resolvendo o problema da hegemonia, conter a emergência do movimento operário e enfrentar a crise econômica e social, com outros padrões de acumulação. Não fora sem propósito, portanto, que Quadros chamara insistentemente a atenção do Berle Jr. e de Douglas Dillon para a circunstância de que não dispunha de maioria no Congresso. Desta forma, ele estava justificando, previamente, o golpe com que o pretendia compelir a conceder-lhe a soma dos poderes. E, conforme o seu ministro de Minas e Energia, deputado João Agripino depois confirmaria, Oscar Pedro Horta, na condição de ministro da

---

25 Ibidem.
26 Ibidem.
27 Ibidem.
28 Ibidem.

Justiça, articulou realmente o movimento para forçar o Congresso a aceitar o princípio da delegação de poderes e conseguiu a concordância de Carlos Lacerda, então governador do Estado da Guanabara.[29] Consta que quando Oscar Pedro Horta entrançava os elementos para o golpe, em nome de Quadros, este declarara: "Desde que o Congresso quer o recesso remunerado,[30] que o tenha permanentemente".[31]

Seu plano consistia em renunciar ao governo, comovendo as massas, e levar as Forças Armadas, sob o comando de ministros extremamente conservadores, a admitir sua volta como ditador, para não entregar o poder a João Goulart, que se reelegera vice-presidente do Brasil. O Congresso delegar-lhe-ia as faculdades legislativas, coagido pelos acontecimentos, sem prejudicar, aparentemente, "os aspectos fundamentais da mecânica democrática".[32] Esta manobra, Allen Dulles, diretor da CIA, no mesmo dia em que Quadros renunciou, 25 de agosto, compreendeu e enviou ao presidente John Kennedy um memorando, comunicando:

> Nós pensamos que ele (Jânio Quadros) provavelmente renunciou na expectativa de provocar uma forte manifestação de apoio popular, em reação da qual ele retornaria ao governo em melhor posição contra seus opositores.[33]

O memorando do diretor da CIA, após lembrar que Fidel Castro renunciara uma vez, com esse mesmo propósito, e que, na Argentina, Juan Perón o fizera em mais de uma ocasião, admitia que os altos

---

29 Entrevista de João Agripino a Tarcísio Holanda, in: *Jornal do Brasil*, 25 ago. 1971, p.14.

30 Era chamado de "recesso remunerado" o período em que os deputados não compareciam ao plenário da Câmara, ou porque viajavam para seus estados ou porque trabalhavam nas comissões, embora continuassem a receber integralmente seus proventos. Este período, porém, era compensado por outro, de "esforço concentrado", em que os deputados se reuniam durante quinze dias, dando um quorum muito grande, jamais atingido quando a Câmara funcionava no Rio de Janeiro, para a aprovação dos projetos. Esta prática foi adotada devido à mudança da capital para Brasília, cidade ainda pouco povoada.

31 Carli, 1961, p.55.

32 Quadros e Melo Franco, 1967, p.236-46. Ver também Moniz Bandeira, 1961, idem, 1973, p.404-18.

33 Memorando 25/2303Z AUG, do diretor da CIA, Allen Dulles, para a Casa Branca, desclassificado em 27 nov.1974, JFKL.

escalões das Forças Armadas, embora desgostassem de Quadros por causa da política externa, não bloqueariam seu retorno ao governo.[34] Em tais circunstâncias eles o haveriam de preferir, sobretudo quando as alternativas eram a entrega do poder a João Goulart ou a formação de uma junta militar para dirigir o país. E ambas não lhes interessavam. Goulart não contava com a simpatia de poderosos setores das Forças Armadas, que o derrubaram do Ministério do Trabalho em 1953. E a formação da junta militar criaria sérios problemas de ordem interna e externa, podendo dividir as Forças Armadas e desencadear a guerra civil.

Esse plano, tão sinistro quanto ingênuo, esbarrondou-se. A delação de Carlos Lacerda, então governador do Estado da Guanabara, precipitou a aventura. Quadros renunciou. E a reação que esperava não ocorreu.[35] O Congresso acatou-lhe tranquilamente o gesto, como ato unilateral, e ninguém discutiu a possibilidade de seu retorno ao governo. A convulsão de massas, que ocorreu quando em 1954 Vargas se suicidou, não se reproduziu, como Quadros esperava, ao divulgar um documento vazado em termos similares ao da carta testamentária e no qual dizia que foi "vencido pela reação" e acusava "forças terríveis" de se levantarem contra ele.[36] E os ministros militares, marechal Odylio Denys (Exército), almirante Sílvio Heck (Marinha) e brigadeiro Gabriel Grun Moss (Aeronáutica), embora se insurgissem contra a investidura de Goulart, que estava em missão oficial na República Popular da China, não contaram com a unanimidade das Forças Armadas. Com a mobilização da Brigada Militar e a ocupação das estações de rádio em Porto Alegre, o governador Leonel Brizola, cunhado de

---

34 Ibidem.

35 Jânio Quadros renunciou para voltar na crista da onda com o povo, e tornar-se ditador. Mas nós, ministros militares, tínhamos os nossos receios. Seu erro foi ter renunciado sem antes ter conversado conosco. Ele queria João Goulart como vice-presidente porque sabia que as Forças Armadas não lhe dariam posse. Entrevista do almirante Sílvio Heck ao autor, Rio de Janeiro, 11 nov. 1976.

36 Ver íntegra do documento divulgado por Jânio Quadros, para justificar sua renúncia, in: Melo Franco, 1988, p.20-1.

PRESIDÊNCIA DA REPÚBLICA
GABINETE DO PRESIDENTE

[Minuta manuscrita da Carta-Testamento de Getúlio Vargas]

Deixo à sanha dos meus
inimigos o legado da minha
morte.

Levo o pesar de não haver po-
dido fazer, por este bom e gene-
roso povo brasileiro e principalmente pelos mais ne-
cessitados, todo o bem que pretendia.

A mentira, a calúnia, as mais
torpes invencionices foram for-
jadas pela malignidade de
rancorosos e gratuitos inimigos numa publici...

Minuta da Carta-Testamento de Getúlio Vargas. A carta foi entregue pessoalmente a João Goulart, que a leu no velório. No verso, o texto completo, digitalizado. GV c 1954.08.24.

Goulart[37] e já a despontar como um dos principais expoentes do PTB, sublevou o povo do Rio Grande do Sul, de modo que o III Exército, o mais poderoso do Brasil, foi paralisado pela pressão das massas e acabou por alinhar-se na defesa da legalidade. Brizola, com a adesão dos generais Oromar Osório e Peri Beviláqua, conseguira assim que o general José Machado Lopes, comandante do III Exército, cedesse à opinião pública local e cindisse as Forças Armadas.[38] E a campanha pela posse de Goulart, com Brizola a fazer contundentes discursos em uma cadeia de emissoras, estendeu-se a todo o país. Unidades militares rebelaram-se e subjugaram os oficiais no Rio de Janeiro, em São Paulo, no Rio Grande do Sul e em outros estados. O governador Mauro Borges, de Goiás, arregimentou civis e militares para a luta. Greves irromperam nas principais cidades brasileiras, demonstrando a combatividade e o grau de consciência política dos trabalhadores. E a maioria do Congresso não acolheu o pedido dos ministros militares para que votasse o impedimento de Goulart.

A carta-testamento de Getúlio Vargas

Mais uma vez, as forças e os interesses contra o povo coordenaram-se e novamente se desencadeiam sobre mim. Não me acusam, insultam; não me combatem, caluniam, e não me dão o direito de defesa. Precisam sufocar a minha voz e impedir a minha ação, para que eu não continue a defender, como sempre defendi, o povo e principalmente os humildes.

Sigo o destino que me é imposto. Depois de decênios de domínio e espoliação dos grupos econômicos e financeiros internacionais, fiz-me chefe de uma revolução e venci. Iniciei o trabalho de libertação e instaurei o regime de liberdade social. Tive de renunciar. Voltei ao governo nos braços do povo. A campanha subterrânea dos grupos internacionais aliou-se à dos grupos nacionais revoltados contra o regime de garantia do trabalho. A lei de lucros extraordinários foi detida no Congresso. Contra a justiça da revisão do salário mínimo se desencadearam os ódios. Quis criar liberdade nacional na potencialização das nossas riquezas através da Petrobras e, mal começa esta

---

37 Brizola era casado com Neuza, irmã de Goulart.
38 Entrevista de Leonel Brizola ao autor, Montevidéu, 25 jul.1976.

a funcionar, a onda de agitação se avoluma. A Eletrobrás foi obstaculada até o desespero. Não querem que o trabalhador seja livre.

Não querem que o povo seja independente. Assumi o Governo dentro da espiral inflacionária que destruía os valores do trabalho. Os lucros das empresas estrangeiras alcançavam até 500% ao ano. Nas declarações de valores do que importávamos existiam fraudes constatadas de mais de 100 milhões de dólares por ano. Veio a crise do café, valorizou-se o nosso principal produto. Tentamos defender seu preço e a resposta foi uma violenta pressão sobre a nossa economia, a ponto de sermos obrigados a ceder.

Tenho lutado mês a mês, dia a dia, hora a hora, resistindo a uma pressão constante, incessante, tudo suportando em silêncio, tudo esquecendo, renunciando a mim mesmo, para defender o povo, que agora se queda desamparado. Nada mais vos posso dar, a não ser meu sangue. Se as aves de rapina querem o sangue de alguém, querem continuar sugando o povo brasileiro, eu ofereço em holocausto a minha vida.

Escolho este meio de estar sempre convosco. Quando vos humilharem, sentireis minha alma sofrendo ao vosso lado. Quando a fome bater à vossa porta, sentireis em vosso peito a energia para a luta por vós e vossos filhos. Quando vos vilipendiarem, sentireis no pensamento a força para a reação. Meu sacrifício vos manterá unidos e meu nome será a vossa bandeira de luta. Cada gota de meu sangue será uma chama imortal na vossa consciência e manterá a vibração sagrada para a resistência. Ao ódio respondo com o perdão.

E aos que pensam que me derrotaram respondo com a minha vitória. Era escravo do povo e hoje me liberto para a vida eterna. Mas esse povo de quem fui escravo não mais será escravo de ninguém. Meu sacrifício ficará para sempre em sua alma e meu sangue será o preço do seu resgate. Lutei contra a espoliação do Brasil. Lutei contra a espoliação do povo. Tenho lutado de peito aberto. O ódio, as infâmias, a calúnia não abateram meu ânimo. Eu vos dei a minha vida. Agora vos ofereço a minha morte. Nada receio. Serenamente dou o primeiro passo no caminho da eternidade e saio da vida para entrar na História.

Rio de Janeiro, 23 de agosto de 1954.

Getúlio Vargas

Por outro lado, havia nos Estados Unidos duas políticas que se contrapunham: a do Pentágono, corroborada pela CIA, e a do Departamento de Estado, que espelhava a orientação da Casa Branca. Assim, conquanto elementos da CIA e do Pentágono estimulassem o golpe de Estado contra Goulart, a manifestarem que sua posse na presidência da República não agradaria aos Estados Unidos,[39] os ministros militares receberam o informe de que o presidente John Kennedy suspenderia o apoio financeiro ao Brasil caso houvesse ruptura da legalidade, segundo norma adotada em sua administração, após a conferência de Punta del Este.[40] A perspectiva de dificuldades externas, sem dúvida, colaborou também para contê-los. E eles, já sem forças para consumar o golpe de Estado, aceitaram a investidura de Goulart, com base na emenda constitucional que estabelecia o parlamentarismo, transferindo os poderes do presidente da República para um primeiro-ministro, aprovado pela maioria conservadora do Congresso. O deputado Tancredo Neves, do PSD, encaminhou a negociação do acordo, combatido pela maioria da bancada do PTB,[41] cujo líder, deputado Almino Affonso,[42] escreveu a Goulart:

> O parlamentarismo, agora, é golpe branco das forças reacionárias; é o mesmo golpe, em termos civis, que os militares tentaram dar. É eminentemente de sentido reacionário. Não significa apenas um veto ao seu nome. É o veto a todos que se propõem a defender as teses que correspondem hoje aos interesses do povo.[43]

---

39 Entrevista do almirante Sílvio Heck ao autor, cit.

40 Os ministros militares receberam dois informes sobre a posição dos Estados Unidos a respeito da posse de Goulart: um era contra; o outro alertava para o corte de ajuda, no caso de golpe de Estado. Entrevista do almirante Sílvio Heck ao autor. De acordo com os compromissos de Punta del Este, os Estados Unidos não dariam ajuda a regimes ditatoriais, a nações onde não houvesse Poder Legislativo nem eleições periódicas. Esta resolução, um dos alicerces da Aliança para o Progresso, no seu início, foi tomada precisamente para excluir Cuba e atingiria o Brasil se os ministros militares fechassem o Congresso.

41 Em uma bancada de 66 deputados, apenas 19 votaram a favor da emenda parlamentarista, alguns por convicção, outros porque entenderam ser essa a posição de Goulart. Carta de Almino Affonso a Goulart, Brasília, 2 set. 1961. Arquivo de Wilson Fadul.

42 Seu nome completo é Almino Monteiro Álvares Affonso.

43 Carta de Almino Affonso a Goulart, Brasília, 30 ago. 1961, ibidem. Goulart não recebeu essa carta. O avião, que levaria o deputado Tancredo Neves, antecipou a viagem e o deputado Wilson Fadul, que o acompanharia, levando a posição da maioria da bancada do PTB, ficou em Brasília. Fadul acredita que o adiantamento do avião foi proposital,

O parlamentarismo, na opinião de Almino Affonso, não solucionaria a crise nem em termos políticos nem em termos militares.[44] Brizola também se opôs à sua aceitação, que equivalia a perder na mesa das negociações a vitória conquistada nas praças públicas e nos quartéis. Julgava que o III Exército devia marchar sobre Brasília, entregar o poder a Goulart, fechar o Congresso porque violara a legalidade, aprovando o parlamentarismo, e convocar uma Constituinte para dentro de 60 dias.[45] Goulart tinha efetivamente todas as condições, conforme ele próprio reconheceria, para tomar o governo como chefe de uma revolução.[46] Dispunha de exército, milícias estaduais e o povo estava ao seu lado. Mas, ao contrário de Quadros, não quis a ditadura.[47]

---

a fim de que Goulart, no estrangeiro, não tivesse conhecimento das condições reais do país e aceitasse o parlamentarismo.

44 Carta de Almino Affonso a Goulart, Brasília, 30 ago. 1961, loc. cit.
45 Entrevista de Brizola ao autor.
46 Entrevista do ex-presidente João Goulart ao autor, Maldonado, 24 jun. 1976.
47 Idem.

CAPÍTULO 1

Goulart, populismo e trabalhismo – Origens
e evolução do PTB – Ascensão e queda do
ministro do Trabalho – A República sindicalista
e a campanha contra o movimento operário

João Belchior Marques Goulart, também chamado de Jango por amigos e adversários, nasceu em 1º de março de 1918, na estância Yguariaçá, em São Borja, fronteira do Brasil com a Argentina, na mesma terra de Getúlio Vargas. Era o mais velho dos homens, entre sete irmãos (dois homens e cinco mulheres), e antes de completar 25 anos encarregou-se dos negócios do pai, Vicente Rodrigues Goulart,[1] rico estancieiro da região, cuja fortuna ele aumentou, ainda quando jovem, percorrendo o Rio Grande do Sul à pata de cavalo, nas lides de tropeiro, para comprar e vender gado. João Goulart já era muito rico, mas não tinha indústria nem empresa de comércio de exportação. Não exercia outra atividade senão a pecuária, i. e., comprar, criar e vender uma boiada no tempo certo. Sabia muito bem como fazê-lo. Em 1946, ao tempo do governo do marechal Eurico Dutra, já realizava com o Banco do Brasil operações de vulto, da ordem de cinco mil contos,

---

1   O nome Goulart provém de uma alcunha, *gueulard*, que significaria "berrador", em francês. Numa acepção mais popular, poderia significar alguém "estourado", que "não tem papas na língua". O primeiro desse nome, do qual que se tem notícia, em São Borja, foi Francisco Rodrigues Gularte (assim se escrevia), que faleceu em 1812 e deixou com Maria Antônia de Jesus muitos descendentes, entre os quais Vicente Rodrigues Goulart, casado com Vicentina Belchior Marques, estes os pais de João Goulart.

dando mais de vinte mil bois, que valiam o dobro do financiamento, como penhor de garantia, e entregava aos frigoríficos e às cooperativas de carne milhares de cabeças por ano. Possuía então mais de trinta mil cabeças de gado e só em campos, arrendados regularmente ao Exército, tinha mais de cinco mil bois invernando.[2]

Sua atuação política, arregimentando o PTB em São Borja, começou àquela época. Após o golpe que em 1945 acabou com o Estado Novo, ele se aproximou de Vargas, a quem conhecia por ligações de família,[3] e o apoiou,[4] sobretudo moralmente, quando muitos beneficiários da ditadura o renegavam.[5] Conquistou-lhe, com esta atitude, a confiança e, como seu intérprete, ascendeu na chefia do PTB e na política nacional. Em 1950, Vargas, como candidato do PTB à presidência da República (1946-1955), indicou Goulart para manter seu enlace com o general Juan Domingo Perón, então presidente da Argentina:

> Estoy perfectamente de acuerdo – escreveu Perón a Vargas – en que la persona indicada por usted (Goulart) sirva de enlace entre Ud. y yo, y me parece oportuno advertirle que es necesario ponernos a cubierto en cuanto se refiere a las muchas personas que le verán, arguyendo representación mía. Para evitarlo le hago llegar mi deseo de que solamente reconozca carácter de tal a quien sea portador de carta mía autógrafa y de esa manera eliminaremos el peligro de los "comedidos que eligen el pretexto de servir a los demás para servirse a sí mismos".[6]

---

2   Carta de João Goulart a Armindo Doutel de Andrade, Montevidéu, 14 ago. 1964. Arquivo de Doutel de Andrade. Notas de Goulart a Doutel de Andrade. Manuscrito sem data (provavelmente 1964), ibidem. Os fazendeiros de São Borja arrendavam habitualmente ao Exército a Coudelaria Nacional do Rincão. Serviço de Remonta.

3   Entrevista de Goulart ao autor.

4   Sobre o assunto ver Café Filho, 1966, 1, p.131.

5   Informações de Goulart e de Alzira Vargas do Ernani Amaral Peixoto ao autor.

6   Testemunho – Declaração da senhora Zoé Martínez. Buenos Aires, Casa do Governo, 22 dez. 1955. República Argentina – Ministerio de Justicia – Fiscalía Nacional de Recuperación Patrimonial – Expediente 22.081 – V – 56 Com. 47. – Iniciador: Comisión Investigadora nº 47 – Resumo: Vargas, Getúlio/investigação relacionada com a ajuda pré-eleitoral ao nomeado. 30 jul. 1956. Esses documentos foram pesquisados pelo jornalista e escritor argentino Rogelio Garcia Lupo, no Arquivo del Interior da República Argentina, e gentilmente cedidos ao autor. Vide também Garcia Lupo. "Entre Perón y Vargas na Mata-Hari argentina". Clarín, Buenos Aires, 27 jan. 2002.

De acordo com o inquérito instalado na Argentina, após a derrubada do governo de Perón, em 21 de setembro de 1955, e presidido pelo coronel Carlos Velez, Goulart teria recebido pelo menos um milhão de pesos de uma empresa estatal argentina, o grupo Dinie,[7] administradora de bens controlados pelo Estado, para financiar os gastos da campanha eleitoral de Vargas, não por meio da entrega direta de fundos públicos, mas da concessão de licenças para a importação de madeiras do Brasil negociadas por Hugo Borghi (1910-2002), aviador, empresário agroindustrial e candidato ao governo de São Paulo. Por sua vez, Perón designou Zoé Martinez, do serviço de inteligência da Argentina,[8] como agente de ligação com Vargas, para substituir Goulart, em determinadas circunstâncias, quando ele não pudesse cumprir a missão de manter o contato entre os dois, "tanto para fines generales políticos como particulares y quizá econômicos".[9] O propósito de Pe-

---

7   "En el año 1950 Perón entregó al entonces diputado brasileño João Goulart (actual candidato a la vice-presidencia del país hermano) la suma de 1 millón de pesos para contribuir a la campana política em favor de Vargas. De este hecho están debidamente informados los que componían el Consejo Económico (Gomez Morales, Ares, Barros y Cerejo) como también el vice-presidente de Dinie, sr. Raymundo Lopez, el gerente Prada y el subgerente Burghi. La suma de 1.000.000 fue extraida de Dinie en cuya contabilidad debe constar. Sr. Burghi – 740.4753." Ministerio de Justicia – Fiscalía Nacional de Recuperación Patrimonial Expediente – 5-126.55 – Com.2. – Iniciador: Comisión Investigadora nº 2. Resumo: Perón, Juan Domingo/sobre possível entrega de dinheiro ao deputado brasileiro João Goulart. Archivo del Ministerio del Interior – República Argentina.

8   "¿Quién era realmente Zoé Martínez? La declaración ocupa muchos folios de varios expedientes y aunque es indubable que habló bajo presión, otros testimonios coinciden en que fue oficialmente presentada a Vargas como contacto confidencial con Perón y que el brasileño la aceptó como tal. [...] Después de sus declaraciones a los investigadores de la Revolución Libertadora se pierde la pista de Zoé Martínez. Pero no hay motivo para dudar que ella fue la persona de confianza que en marzo de 1950 llegó hasta Getulio Vargas con una carta de Perón donde éste, después de confirmar que había recibido a Goulart, describía la que iba a ser desde entonces la forma de relación entre ambos jefes de Estado". Garcia Lupo, 2006, p.100-3

9   Testemunho – Declaração da senhora Zoé Martínez. Buenos Aires, Casa do Governo, 22 dez. 1955. Sobre o papel de Zoé Fernandes. Archivo del Ministerio de Justicia de la República Argentina. Ministerio de Justicia – Fiscalía Nacional de Recuperación Patrimonial – Expediente 22.081 – V – 56 Com. 47. – Iniciador: Comisión Investigadora nº 47 – Resumo: Vargas, Getúlio/investigação relacionada com a ajuda pré-eleitoral ao nomeado. 30 jul. 1956. Archivo del Ministerio del Interior – República Argentina. Vide

rón era negociar com Vargas uma união aduaneira entre a Argentina, Brasil e Chile (Pacto do ABC), projeto de significativa importância econômica e geopolítica, que não convinha aos Estados Unidos e foi combatido duramente pela UDN.[10]

Goulart era, então, o homem da mais estrita confiança de Vargas, a tal ponto de tornar-se o vínculo entre ele e Perón e intermediar os recursos, que muito contribuíram para a sua campanha eleitoral e assunção ao poder, como presidente da República, pelo voto popular, em 31 de janeiro 1951. E assim passou a ocupar a posição de maior relevância e influência dentro do PTB. Mas também lhe valeu uma enorme capacidade de comunicação com a massa. Goulart, da mesma forma que Vargas, era natural da zona de Missões, fronteira com a Argentina, onde o caudilho se retemperava e sua autoridade se impunha, à medida que se confundia com os peões, nas cavalgadas e nas fainas, vencendo coxilas e recebendo as lufadas do minuano. O modo de produção da pecuária extensiva, na situação dos pampas, gerava uma convivência social mais aberta, mais democrática. E essa tradição igualitária do gaúcho missioneiro, simbolizada pela roda do chimarrão,[11] ajudou o trato de Goulart com os líderes sindicais, que o acatavam como a um dos seus. Goulart era um homem simples, informal e discreto, sem afetação. O jornalista Samuel Wainer, que muito bem o conheceu, retratou-o como um homem que "não tinha prazer algum em conviver com grã-finos, destestava enfiar-se numa casaca para

---

também García Lupo, 2006, p.94-104; "Entre Perón y Vargas uma Mata-Hari argentina". *Clarín*, Buenos Aires, 27 jan. 2002,

10 Perón estava convencido de que o futuro dos povos dependeria da magnitude de suas reservas de alimentos e de matérias-primas. E entendia que, uma vez efetivada a união entre a Argentina, Brasil e Chile, os demais países sul-americanos, sem meios para formarem, juntos ou separados, outro agrupamento, cairiam na sua órbita. Esta ideia ele já expressara, em 1950, para um grupo de estudantes de Minas Gerais e de São Paulo, evocando a clarividência do barão do Rio Branco, o primeiro que tentou estabelecer, em 1907, o Pacto ABC, e afirmou que estava persuadido "de que o ano 2000 nos encontrará unidos ou dominados". Carta de Perón a Vargas, Buenos Aires, 6 mar. 1953 – AGV – Pasta de 1953. Perón, 1973, p.87.

11 Na roda do chimarrão, a cuia passa na mão de todos, patrões e empregados, que tragam o mate por meio da mesma bomba.

comparecer a alguma solenidade", gostava do povo, de gente humilde e "mostrava-se perfeitamente à vontade quando se reunia, por exemplo, com estivadores; então, podia desabotoar o colarinho, afrouxar o nó da gravata e conversar sem cautelas protocolares".[12] A timidez, que aparentava, desaparecia ao contato com a multidão, quando ele se excedia a si mesmo, nos comícios, e improvisava o discurso, abandonando o texto previamente elaborado.

A estância para a criação de gado não era como a fazenda de café, voltada, basicamente, para a exportação. A estância ligava-se à indústria. Seu produto, o gado, ia diretamente para os frigoríficos, na maioria estrangeiros, que ditavam o preço da carne. E com eles os pecuaristas do Rio Grande do Sul tinham que conviver, necessariamente, não obstante atritos e contradições que marcavam seu relacionamento. Por isso Goulart, como Vargas, revelava uma dualidade de comportamento, decorrente das injunções econômicas impostas por aquela indústria, o que lhe permitia compreender os problemas urbanos da classe operária, inclinando-o para o nacionalismo. Não se pode, contudo, considerá-lo populista, como frequentemente se faz. Esta designação deve encerrar um significado político preciso e, aplicada indistintamente a Vargas, Goulart, Quadros, Adhemar de Barros e tantos outros, perde, na generalização, o rigor científico e, em consequência, a utilidade teórica e prática. Embora o populismo seja um fenômeno bastante complexo e apresente, em cada país, especificidades, dificultando-lhe a conceituação, existem alguns traços que o definem, pelo menos no Brasil e no resto da América Latina.[13]

---

12 Wainer, 1987, p.235.
13 "O conceito de populismo, vulgarizado pela sociologia política de ótica norte-americana e francesa, parece consistir numa contraimagem correspondente aos países atrasados, das formas de liderança política tradicional dos regimes republicanos, tal como estes se tornaram viáveis nos Estados Unidos e na França. Nesta acepção, o conceito se refere, de fato, às carências de nossos políticos subdesenvolvidos que apelam para a demagogia, a fim de alcançar o poder ou para manter-se nele. Assim definido, o termo populismo foi aplicado aos mais diversos protagonistas da vida pública latino-americana, sem reconhecer suas diferenças nem explorar seu valor explicativo" (Ribeiro, 1973, p.205).

Conforme Francisco Weffort o explica, o populismo é um "estilo político manifestamente individualista",[14] cuja demagogia deita raiz na "impotência pequeno-burguesa",[15] implicando "em qualquer de suas formas, uma traição à massa popular".[16] O populismo dilui o sentido das contradições concretas de classe numa fórmula ampla e vaga denominada povo. E, como Donald MacRae observou, não cria "partidos altamente estruturados e que gozem de continuidade", mas, tão somente movimentos sociais e políticos.[17] Seu programa se resume na personalidade do líder, no carisma, que sublima o desespero das classes médias urbanas e rurais,[18] a adormentar parte do proletariado, com o objetivo não de reformar e sim de manter o *statu quo*. E esse chefe carismático surge nos momentos em que as lutas de classes se aguçam, capta as necessidades das massas, que o plasmam, por outro lado, para sua liderança.

Tal não era o caso de Goulart. Ele não atuava como demagogo, que entorpecia as massas e as desorganizava, para resguardar o domínio do grande capital, a exemplo do que Jânio Quadros e Adhemar de Barros faziam. De acordo com a tipologia de Darcy Ribeiro,[19] Goulart era um reformista. E sua política fundamentalmente se assentou na massa organizada, nos sindicatos e em um partido político, o PTB, bem ou mal um partido de composição operária,[20] cuja *praxis* mais se assemelhava à da social-democracia europeia depois da guerra de 1914-1918, nas condições históricas do Brasil, do que à *praxis* do populismo. Não se pode obscurecer essa diferença, fundamental para a compreensão do processo político nacional, até 1964.

---

14 Weffort, 1965, p.182.
15 Idem, ibidem, p.183.
16 Idem, ibidem, p.182. Sobre o assunto ver também Weffort, 1965, p.137-58.
17 Rae, 1970, p.192.
18 Na antiga Rússia e nos Estados Unidos, o populismo foi um movimento pequeno-burguês com base rural. Ver Ionescu et al., 1970, p.15-37, 81-120 e 267-79.
19 Ribeiro, 1973, p.192.
20 "Em muitos municípios o PTB se transformou em um partido representativo da classe trabalhadora. Eleitoralmente se baseava na classe trabalhadora, tinha um alistamento eleitoral seletivo e uma ideologia". Soares, 1973, p.196.

Nomeado por Vargas ministro do Trabalho, em 1953, João Goulart suportou violenta campanha desde o primeiro dia de sua gestão. Durante oito meses, todos os dias, jornais, vinculados pela publicidade aos interesses das corporações internacionais, intrigaram-no e agrediram-no. A *Tribuna da Imprensa*, de Carlos Lacerda, orquestrou o coro, possivelmente financiada pela CIA,[21] acusando-o de pretender, com Vargas, implantar no Brasil uma República sindicalista, ao estilo de Perón.[22] Os ataques recrudesceram quando Goulart sugeriu a elevação de 100% para os salários mínimos que vigoravam na época. E a campanha, primeira etapa do golpe para a deposição de Vargas, culminou com um memorial, assinado por inúmeros coronéis e tenentes-coronéis,[23] exorcizando o "comunismo solerte"[24] e condenando a medida anunciada, sob a alegação de que subverteria os valores profissionais.[25]

Goulart caiu. Mas, segundo ele próprio salientou, não se deixaria intimidar com o descontentamento que sua conduta provocara "naqueles que vivem acumulando lucros à custa do suor alheio".[26] Ao resignar ao cargo de ministro do Trabalho, encaminhou a Vargas os estudos para a adoção de várias medidas do maior alcance: revisão dos níveis de salário mínimo, congelamento dos preços, extensão das leis sociais aos trabalhadores do campo[27] e fiscalização pelos próprios operários do cumprimento da legislação trabalhista.[28] "Acredito ter colaborado para dar um sentido mais social e mais cristão à nossa democracia", escreveu a Vargas, acrescentando:

---

21 *Tribuna da Imprensa*, 8 jul., 5 ago., 18 nov., 19-20 dez. 1953.
22 Entrevista de Tancredo Neves ao autor, Rio de Janeiro, 22 dez. 1976. Quando ocorreu o suicídio de Vargas, em 24 de agosto de 1954, Tancredo Neves era o ministro da Justiça.
23 Um dos principais signatários desse memorial, conhecido como o "manifesto dos coronéis", foi o então coronel Carlos Amaury Kruel.
24 Documento secreto. GV 1954 02 00, CPDOC – Fundação Getúlio Vargas.
25 Ibidem.
26 Carta de Goulart a Vargas, Rio de Janeiro, 22 fev.1954, GV 1954 02 00. Ibidem. Cópia no Arquivo de Hugo de Farias.
27 Ibidem.
28 Ofício ao presidente Getúlio Vargas, assinado por João Goulart, s.d., AHF.

Tenho absoluta convicção de que agi com dignidade, preferindo ficar ao lado dos trabalhadores a pactuar com os inúmeros advogados de interesses espúrios que muitas vezes bateram às portas do meu gabinete, pretendendo especular com o sofrimento e a desgraça do povo. Não pretendo recuar do caminho que até agora venho seguindo. Continuo ao lado dos trabalhadores. Apenas mudo de trincheira.[29]

A campanha não cessou nem com sua saída do Ministério do Trabalho nem com o suicídio de Vargas, em 24 de agosto de 1954. O presidente João Café Filho foi "aconselhado, quando estava à frente do governo, a proceder com mão de ferro, por meio de providências drásticas, como a suspensão dos direitos políticos dos getulistas e até a cassação do registro do UDN".[30] O getulista mais visado era naturalmente Goulart, o legatário político de Vargas, e os círculos mais direitistas do empresariado e das Forças Armadas, com apoio no próprio PSD, tentaram impedir sua candidatura à vice-presidência da República, na chapa de Juscelino Kubitschek,[31] e recorreram aos expedientes mais infames para combatê--la. A *Tribuna da Imprensa* acusava-o ora de corrupção, ora de aliar-se aos comunistas, o que muitos candidatos da UDN também fizeram sem que ninguém por isto os criticasse.[32] E Lacerda chegou a ponto de divulgar uma carta falsa, atribuída ao deputado argentino Antônio Brandi, procurando comprometer Goulart com um suposto plano de "coordenação

---

29 Carta de Goulart a Vargas, loc. cit.

30 Café Filho, op.cit., p.405-6.

31 "O próprio Kubitschek reconhecia ser imprescindível uma aliança com o PTB e, quando o nome de Goulart é vetado pelos setores mais conservadores do PSD como candidato, tenho que pensar em termos de cálculo político. Esse cálculo político me obriga a uma aliança com o PTB e, dentro do PTB, o nome de João Goulart é o que reúne maiores possibilidades". Benevides, 1976, p.95.

32 "No que respeita aos comunistas, têm eles apoiado indistintamente candidatos de diversas agremiações políticas, conservadores ou populistas. Não desejava individualizar tais apoios, mas me permito apenas esta indagação: será porventura comunista o coronel Virgílio Távora, só porque, ostensivamente, aceita o apoio dos comunistas cearenses? Como entender-se comunista o ilustre prócer udenista Milton Campos, por aceitar, como aceitou, em Minas, os mesmos votos solicitados pelo sr. Afonso Arinos de Melo Franco aqui no Rio?" Declarações de João Goulart a *O Jornal*, original datilografado, sem data. DJG.

sindical entre o Brasil e Argentina",[33] criação de "brigadas operárias de choque" e contrabando de material bélico pela fronteira de Uruguaiana.[34]

O inquérito realizado pelo general Emílio Maurell Filho concluiu que a carta era "incontestavelmente falsa",[35] forjada por dois falsários argentinos, conhecidos como Mestre Cordero e Malfussi, conforme depois se comprovaria. E não seria por demais supor que a CIA também estivesse envolvida no caso. Joaquim Miguel Vieira Ferreira, secretário--geral da Cruzada Brasileira Anticomunista e agente do Serviço de Informações da Marinha, vangloriou-se certa vez de ter inspirado a famosa Carta Brandi.[36] Esse homem, conhecido pelo pseudônimo de Victor, recebia Cr$ 300.000,00 do serviço secreto norte-americano[37] e, em 1958, falsificaria outros documentos, como um acordo do PTB com os comunistas[38] e um memorial de militares, reclamando a renúncia de Kubitschek e Goulart, bem como a paralisação das obras de Brasília".[39]

O jornalista Carlos Lacerda tentou ainda demonstrar que, "se a Carta Brandi era falsa", ele se enganara "precisamente porque tinha todas as possibilidades de ser verdadeira"[40] e publicou outros documentos que Alberto Gainza Paz, proprietário de *La Prensa*, de Buenos Aires, lhe

---

33 Texto da carta, datada de 5 ago. 1953, in: *Tribuna da Imprensa*, 17 set. 1955.

34 Ibidem.

35 Declaração oficial do general Maurell Filho, in: *Diário Carioca*, Rio de Janeiro, 18 out. 1955; *Diário de Notícias*, Rio de Janeiro, 19 out. 1955.

36 "O que a nação agora vai saber", relatório datilografado e firmado por José Nogueira, redator-chefe da *Tribuna de Notícias*, órgão oficial da Cruzada Brasileira Anticomunista. DJG.

37 "Certa feita tiveram oportunidade de ouvir o que Joaquim dizia aos drs. Oswaldo Nery (engenheiro do Instituto Nacional de Imigração e Colonização) e Carlos Roberto, ex--secretário do presidente Dutra. Para facilitar o desempenho de suas missões, Joaquim realmente adquiriu uma carteira de identidade no Instituto de Polícia Técnica Pereira Faustino, no Estado do Rio de Janeiro, expedida em 30.1.1950, e registrada sob o nº 194 460, com o nome de Victor Wanderley de Souza [...] É portador também de um cartão de identidade fornecido pelo Serviço de Informações da Marinha e assinado por seu chefe, capitão de Fragata Teixeira de Freitas". Ibidem.

38 *Última Hora*, Rio de Janeiro, 2 out. 1958.

39 O inspetor Cecil Borer foi quem informou a Joaquim Miguel Vieira Ferreira da existência de exposição de motivos, elaborada pelo ministro da Fazenda, Lucas Lopes, sugerindo a paralisação de Brasília, o que lhe deu a ideia de inventar o memorial dos militares (ibidem).

40 Idem, ibidem, p.44.

enviara, obtidos seguramente de fontes militares argentinas.[41] Eram as fotocópias de um processo da Comisión Nacional de Investigaciones, com o timbre da Vice-Presidencia de la Nación, sobre transações de madeiras efetuadas por Goulart com o governo de Perón, a fim de obter recursos financeiros para a campanha de Vargas em 1950.[42] A chanceleria Argentina declarou os documentos "absolutamente falsos" e o presidente Aramburu, bem como o vice-presidente, o almirante Isaac Rojas negaram, posteriormente, sua autenticidade.[43]

Os documentos eram verdadeiros, como posteriormente se comprovou. Porém, a sua revelação, naquelas circunstâncias, não foi gratuita. A Carta Brandi, como todas as outras denúncias do gênero, tinha como objetivo prejudicar a candidatura de Juscelino Kubitschek à presidência da República e produzir um clima de repulsa a Goulart, inimizá-lo com as Forças Armadas, cujos oficiais até se formavam na Escola de Estado-Maior, tomando a Argentina como inimigo, dentro do conceito estratégico nacional.[44] E por detrás de Goulart o que se procurava atingir era a estrutura sindical, com a qual o PTB se identificava e que, embora jungida pelo Estado, constituía poderoso instrumento de mobilização dos trabalhadores. Em outras palavras, o que se pretendia, estando já o PCB na ilegalidade, era suprimir qualquer possibilidade de representação operária na política brasileira.

---

41 Carta de Carlos Lacerda ao jornalista Alberto Gainza Paz, Lisboa, 27 ago. 1956, ACL, Biblioteca da UnB.

42 Documentos anexados à carta de Alberto Gainza Paz a Carlos Lacerda, Buenos Aires, 20 jul. 1956, ACL, Biblioteca da UnB.

43 Comunicado de Imprensa, Ministerio de Relaciones Exteriores y Culto de la Argentina, Buenos Aires, 16 ago. 1956. Carta do general Pedro Aramburu a Armindo Doutel de Andrade, Buenos Aires, 16 ago. 1956. Carta do almirante Isaac Rojas a Doutel de Andrade, Buenos Aires, 16 ago. 1956, ADA. "El *affaire* dejó mal herido al director de *La Prensa*, Alberto Gainza Paz, quien había proporcionado a Lacerda el expediente y compartía con él la idea de que Goulart procuraba llevar al Brasil hacia el peronismo. Gainza Paz se consideró traicionado por sus amigos Aramburu y Rojas, que privadamente se disculparon por razones de Estado." Garcia Lupo, 2006, p.99-100.

44 Posteriormente, ao tempo do marechal Odylio Denys no Ministério da Guerra, a Argentina foi substituída como tema nos estudos do conceito estratégico nacional por um "governo central vermelho", contra o qual governos "estaduais azuis" se levantariam, de acordo com a doutrina da guerra contrarrevolucionária exportada pelo Pentágono.

CAPÍTULO 2

As divergências com o governo de Kubitschek –
O programa das reformas de base e as mudanças
constitucionais – O PTB como partido de esquerda

Apesar das infâmias que aturou, Goulart, que se casara àquela época com Maria Tereza Fontella, também nascida em São Borja, elegeu-se vice-presidente da República, em 1955, com 3 milhões, 591 mil e 419 votos, meio milhão a mais que seu companheiro de chapa, Juscelino Kubitschek.[1] Como ele próprio declarou, era "a resposta do povo aos inimigos do regime, que se preparavam para assaltar o país, instituindo o governo dirigido à distância pelos trustes internacionais, durante o qual seriam liquidadas as conquistas sociais alcançadas pelo trabalhador".[2] Efetivamente, o pronunciamento das urnas, a ratificar as explosões de massa provocadas pela morte de Vargas, colaborou para deter o golpe de Estado que a UDN civil e militar jamais deixou de urdir. E a coligação PSD-PTB, "prolongamento, ao nível institucional-partidário, da velha fórmula getulista",[3] deu certa estabilidade política ao Brasil. O PTB ocupou os ministérios do Trabalho e da Agricultura, concor-

---

1 "O caso de Venceslau Braz, ocorrido na Primeira República, foi, no entanto, extraordinariamente ultrapassado na eleição de 1955, quando o candidato eleito para vice-presidência, João Goulart, obteve mais de meio milhão de votos que o candidato presidencial, Juscelino Kubischek" (Café Filho, 1966, p.198; Benevides, 1969, p.95).
2 Pronunciamento de Goulart, original datilografado, s.d. (provavelmente 1955), DJG.
3 Souza, 1976, p.147.

rendo, mediante o controle do movimento sindical, para o êxito da política desenvolvimentista de Kubitschek.[4] Era inevitável, porém, que as divergências aparecessem em função dos conflitos de classe, dos interesses que cada partido representava junto ao governo e das necessidades de mudança criadas pelo intenso ritmo da industrialização. O PTB não podia contrariar frontalmente as reivindicações de assalariados, sob pena de perder sua base social. Goulart julgava que não devia solidariedade incondicional ao governo.[5] E não hesitou, mesmo sendo vice-presidente da República, em apoiar uma greve dos trabalhadores de São Paulo, proclamando:

> Defender os direitos das classes trabalhadoras e os seus anseios legítimos é norma da qual jamais nos afastaremos. O PTB não pode considerar subversivos nem ilegais movimentos pacíficos do povo contra o alto custo de vida que vem angustiando as classes menos favorecidas, pois estaríamos negando a própria democracia.[6]

Essas divergências entre Goulart e o governo Kubitschek, do qual participava, acentuaram-se no curso de 1959, quando o ministro da Fazenda, Lucas Lopes, restringiu o crédito, concedeu bonificações aos exportadores, reduziu os subsídios às importações de trigo e petróleo, tentando executar um programa de estabilização monetária, segundo as diretrizes do FMI, com a recomendação de que o aumento do salário mínimo se limitasse a recompor o poder de compra dos trabalhadores, somente e na proporção da alta do custo de vida, a partir de 1956 (cerca de 37% no Distrito Federal).[7] Goulart manifestou sua oposição. "O governo atual, não sendo dirigido pelo PTB, mas apenas apoiado politicamente, voltou-se, de maneira quase exclusiva, para os problemas do progresso material", diria em nota para publicação, acrescentando:

---

4 Benevides, 1976, p.92.
5 Notas manuscritas de Goulart, esboço para publicação, s.d. (provavelmente 1958). DJG.
6 Pronunciamento de Goulart, original datilografado, s.d. (provavelmente 1959). DJG.
7 Programa de Estabilização Monetária (dez. 1958 – dez. 1959), tomos I e II, Ministério da Fazenda, Rio de Janeiro, 1958.

O povo está financiando, com o seu sacrifício, o desenvolvimemto econômico. Esse povo pode e sabe suportar privações para que o país se mantenha independente e se desenvolva, mas é necessário que esse sacrifício não recaia apenas sobre os menos afortunados, mas sobre todas as classes, proporcionalmente, e que ao mesmo tempo se adotem medidas de reforma social tendentes a impedir que uma pequena minoria, nadando em luxo e na ostentação, continue afrontando as privações e a miséria de milhares e milhares de brasileiros.[8]

Àquela época, quando a política econômica de Lucas Lopes corroía a popularidade de Kubitschek, Goulart observou, em carta ao senador Benedito Valadares, presidente em exercício do PSD, que a economia brasileira estava caindo progressivamente na dependência de interesses internacionais, sob a pressão direta de companhias estrangeiras ou de instituições por elas controladas, como o FMI e as agências oficiais de crédito.[9] Alertou-o ainda para a necessidade de impedir que o processo de desenvolvimento conduzisse a "formas antissociais de utilização do poder econômico, pois é sabido que os grandes interesses não só se colocam muitas vezes em antagonismo com os interesses superiores do povo, como também procuram conquistar a própria máquina administrativa do Estado para assumir as rédeas de sua direção econômica".[10] Por isso, no seu entender, era indispensável o fortalecimento dos meios de intervenção do Estado, "que deve ser o árbitro entre as classes",[11] no domínio econômico.[12]

Goulart pediu então ao senador Benedito Valadares, em continuidade aos entendimentos que tivera com o senador Ernani Amaral Peixoto, o apoio do PSD para a aprovação de várias emendas constitucionais e das seguintes medidas legislativas de base, cujos projetos já se encontravam em tramitação no Congresso:

---

8 Pronunciamento da Goulart, cit.
9 Carta de Goulart a Benedito Valadares, Rio de Janeiro, 24 abr. 1959, DJG.
10 Ibidem.
11 "O Poder Público deve ser o árbitro entre as classes, mantendo-se em condições de proteger aquelas que correm permanentemente o risco da opressão ou do desamparo." Ibidem.
12 Ibidem.

1. Projeto 3.563/53 – Reorganiza a Administração Federal;
2. Projeto 2.119/56 – Dispõe sobre a estrutura político-administrativa da Previdência Social;
3. Projeto 1.471/49 – Regula o exercício do direito de greve;
4. Projeto 3.563/57 – Institui o regime jurídico do trabalhador rural e cria o abono da família rural;
5. Projeto 3.276/57 – Dispõe sobre a locação de imóveis destinados à produção agropecuária;
6. Projeto 3.406/D/53 – Define os casos de desapropriação por interesse social;
7. Projeto 4.072/58 – Institui o salário mínimo familiar;
8. Projeto – Lei de diretrizes e bases da educação nacional, com emendas que permitam a racionalização e modernização do ensino e o acesso do maior número de brasileiros aos seus benefícios;
9. Projeto 104/50 – Dispõe sobre a reforma bancária;
10. Projeto 1/59 – Dispõe sobre a remessa de lucros e retorno de capital estrangeiro;
11. Projeto 1.853/56 – Estabelece o Plano de Classificação de Cargos e Funções do Funcionalismo Civil;
12. Projeto 3.730/58 – Disciplina o ingresso de capitais estrangeiros no país;
13. Projeto – Reorganiza as Delegacias Regionais do Ministério do Trabalho;
14. Projeto 4.280-G/54 – Autoriza a União a constituir a Empresa Centrais Elétricas S/A – Eletrobrás.[13]

As outras reformas, que dependiam de emendas constitucionais, eram fundamentalmente estas:

1. Reforma agrária, para permitir o acesso do trabalhador rural à terra e instituir, em algumas regiões, formas de exploração cooperativa

---

13 Ibidem.

ou coletiva, com assistência financeira e técnica da União ou dos estados.

2. Redistribuição das rendas públicas para que os estados mais pobres e subdesenvolvidos pudessem atender às necessidades de sua população, deixando de viver "como esmoleiros, chapéu na mão, implorando o auxílio do governo federal".[14]

Em junho de 1959, Kubitschek reagiu às pressões do FMI, com o qual suspendeu os entendimentos. Lucas Lopes, acometido de enfarte, afastou-se do Ministério da Fazenda, o governo recuou na política econômica, mas o impasse em torno das reformas de base prosseguiu, dependessem elas de simples medidas legislativas ou de emendas constitucionais. E Goulart, em meio à crise social que se configurava com greves e ocupações de terras, voltou a exigi-las, tornando-as tema de suas preocupações. O problema político-constitucional já era então muito grave e ele o percebeu. Considerava que a Constituição, "inspirada pela reação e pelo ódio, reação dos grupos econômicos que constituíram a maioria de 1946 e do ódio votado ao presidente Vargas deposto em 1945", não mais atendia à realidade social, que demandava "uma reforma de base total da propriedade", abrindo oportunidade [...] para uma distribuição da riqueza, para que os ricos sejam menos ricos e os pobres menos miseráveis".[15] Estas reflexões – apontamentos do próprio punho de Goulart – mostram que sua consciência evoluiu no sentido de uma concepção social-democrática, ou seja, socialista das chamadas reformas de base, à proporção que o desenvolvimento econômico brasileiro, entalhado por monopólios e oligopólios, ressaltava as desigualdades sociais e regionais. O mesmo aconteceu com o PTB, cuja expansão eleitoral não se realizou, como Gláucio Soares assevera,

---

14 Pronunciamento de Goulart, cit. Minuta manuscrita do discurso que pronunciou na Convenção Nacional do PTB, 1960. Minuta manuscrita de nota sobre uma reunião em Brasília com o senador Ernani Amaral Peixoto, 1960. Nove projetos de emendas constitucionais sobre o regime de terras e o sistema de tributação. DJG.

15 Notas manuscritas sobre a reunião com Ernani Amaral Peixoto. Ibidem.

"à custa de certa consistência ideológica"[16] ou "perdendo de vista o objetivo da transformação das estruturas".[17] Pelo contrário, seu corte ideológico pronunciou-se exatamente no período em que ele mais cresceu, entre 1958 e 1962, quando a bancada trabalhista na Câmara Federal saltou de 66 deputados para 116, a exprimir o ascenso e a radicalização do proletariado urbano. Em 1958, o deputado Sérgio Magalhães apontou como tarefa do PTB a Constituição do poder operário no Brasil e lançou a candidatura de Goulart à presidência da República com o propósito de marcar posição. Por sua vez, o deputado Rômulo Almeida, candidato ao governo da Bahia, assinalou que a missão do PTB, tanto no poder como antes dele, era "preparar os trabalhadores brasileiros para assumirem crescentes responsabilidades em todos os níveis do governo".[18] E pouco tempo depois se desenhou na bancada trabalhista uma tendência com pautas ideológicas bem definidas, o Grupo Compacto, que influiu decisivamente para dar o tom de esquerda ao partido, muitas vezes distanciando-se ou dissentindo de Goulart.[19]

Por volta de 1961, excitado pela emergência das massas e pelas impetuosas necessidades de mudança social, todo o PTB já procurava estabelecer uma identidade ideológica, adquirir contornos doutrinários e programáticos. A bancada na Câmara Federal escolheu para sua liderança um dos mais ativos integrantes do Grupo Compacto, o deputado Almino Affonso,[20] enquanto Goulart e outros dirigentes do partido projetavam a realização de um congresso trabalhista, tendo

---

16 Soares, 1973, p.230-31.
17 Idem, ibidem, p.231.
18 Carta de Rômulo Almeida a Inácio de Souza, secretário-geral do PTB (Bahia), Rio de Janeiro, 31 jan. 1958, DJG.
19 Integravam o Grupo Compacto os deputados Sérgio Magalhães, Armando Temperani Pereira, Almino Affonso, Rubens Paiva e muitos outros.
20 "Com relação à escolha de Almino Affonso, de um modo geral, entendeu-se como sendo uma afirmação de um novo espírito que dominava a bancada, sem que, no entanto, representasse uma capitis diminutio de profundidade na sua força de comando. Mesmo os adversários reconheceram que a eleição do Almino fortalecia a posição oposicionista e de avanço para a situação progmática", in: Carta de Gilberto Crocakt de Sá a Goulart, s.d. (provavelmente de Brasília, em fevereiro de 1961). DJG.

"como objetivo primacial a tomada de consciência da opinião pública quanto à existência de uma doutrina político-trabalhista".[21] O deputado Francisco Clementino de San Tiago Dantas e o professor Hermes Lima, que fora um dos teóricos e dirigentes do PSB, encarregaram-se de elaborar a linha de ação política e doutrinária, as diretrizes ideológicas que o congresso trabalhista deveria discutir e homologar, tomando como princípio que

> [...] a posição fundamental do partido é a de um instrumento de reforma, de mudança, de superação da estrutura social brasileira, Não quer o PTB corrigir apenas a estrutura social existente. Quer mudá-la para coisa melhor, favorável à incorporação do povo brasileiro a níveis de educação, produtividade e consumo tão superiores que são, por isto mesmo diferentes em qualidade e finalidade dos atuais. Por isto, o PTB deve afirmar-se como um partido de esquerda, um partido de massa, como um partido que se dispõe a liderar a transformação da estrutura social brasileira por métodos democráticos, até onde for indispensável ao bem-estar do povo.[22]

O congresso trabalhista, em que o PTB defenderia a necessidade do planejamento econômico pelo Estado brasileiro,[23] não se concretizou, em virtude de vários fatores, alguns de ordem interna da agremiação. Sua simples articulação, contudo, já evidenciava que o PTB atingiria determinado grau de amadurecimento ideológico, do qual o programa de reformas de base, propugnado por Goulart, constituía o primeiro reflexo. Esse programa, que tinha como cerne o problema agrário, não representava mero recurso demagógico, populista, eleitoral. Correspondia a um nível de consciência da problemática brasileira. E Goulart anunciou-o, pela primeira vez, em março de 1958, indicando a inevitabilidade de mudanças constitucionais, para possibilitar sua execução. Tomou-o como centro de toda sua pregação e, batendo-se por

---

21 Carta de Paulo Baeta Neves a Goulart, Rio de Janeiro, 6 fev.1961, DJG.

22 Documento elaborado por Hermes Lima, com o aval de San Tiago Dantas, e submetido a Goulart. DJG.

23 Ibidem. Esse documento foi encaminhado a Goulart juntamente com uma carta assinada por Hermes Lima e San Tiago Dantas, datada de Rio de Janeiro, 16 fev.1961. DJG.

ele, reelegeu-se vice-presidente da República, em 1960, enquanto seu companheiro de chapa, o marechal Henrique Teixeira Lott, candidato do PSD à presidência, perdia para Jânio Quadros, cuja popularidade a UDN cavalgava. Era natural, portanto, que ele tratasse de promover as reformas, uma vez no governo. E foi o que tentou fazer quando ascendeu à presidência da República, após a renúncia de Quadros.

CAPÍTULO 3

Goulart e o parlamentarismo – Fatores da inflação –
Início da conspirata – A questão da Hanna e a
política externa independente – O caso da ITT

Ao contrário do que seus adversários difundiram, Goulart não estava despreparado para dirigir o país, quando chegou a Brasília, após dez dias de crise, em 7 de setembro de 1961. Havia realizado uma carreira política completa, desde sua eleição como deputado estadual, no Rio Grande do Sul, em 1947. Tinha mais condições para exercer o cargo de presidente da República do que Jânio Quadros e, quiçá, que o próprio Kubitschek, em 1956. Levava um programa de governo – o das reformas de base – e larga experiência na política federal, o que lhe dava uma visão mais ampla, menos provinciana, dos problemas brasileiros. Bacharel em Direito, fora secretário de Justiça do Rio Grande do Sul (governo de Ernesto Dornelles), deputado estadual e deputado federal, estivera no Ministério do Trabalho e por duas vezes se reelegera vice-
-presidente da República, ocupando, cumulativamente, a presidência do Senado Federal.

Goulart, no entanto, recebeu do Congresso um poder mutilado, enfraquecido, quando a situação do Brasil mais exigia um governo forte, centralizado, para efetuar as mudanças que o desenvolvimento do capitalismo reclamava. A renúncia de Quadros expressara essa necessidade. Ele julgara a Constituição estreita, inadequada, e tentou traumatizar a nação, com aqueles gestos, a fim de compelir o Congresso a ampliar os poderes do presidente da República. Falhou. E o resultado foi que a maioria conservadora do Congresso aproveitou a oportunidade para dar o golpe e reduzi-los, com a emenda parlamentarista, cujo hibridismo sacramentava o impasse constitucional. Nem Goulart nem o Conselho de Ministros, aprovado pelo Congresso, tiveram forças, assim, para enfrentar a situação que a espiral inflacionária deteriorava.

O deputado Tancredo Neves, incumbido de compor o primeiro gabinete parlamentar da República, encontrou o país, como ele próprio diria, "numa situação já bastante difícil, com uma reforma cambial drástica iniciada, cuja implementação, segundo a sistemática do tratamento de choque da economia, impunha medidas ainda mais drásticas, que Jânio Quadros não teve coragem ou condições, para tomar".[1] Sem dúvida, a Instrução 204, da SUMOC, deflagrando a reforma cambial,[2] privou o poder público de recursos – o saldo dos ágios – tão ou mais importantes para o seu esquema financeiro que o imposto de renda, sem lhe proporcionar outra fonte de receita, o que dependia do Congresso, obrigando o governo a emitir cada vez mais, a fim de financiar o déficit de caixa do Tesouro Nacional.[3] Da posse de Quadros, em janeiro, a

---

1 Entrevista de Tancredo Neves ao autor, cit.

2 No começo de 1961, após a posse de Quadros, foi modificada a sistemática da política cambial brasileira, que passou de um sistema de taxas múltiplas – fixas e variáveis – para um de taxa única e flutuante. A partir de 13 de março de 1961, com a Instrução 204, todas as importações passaram a ser feitas pelo mercado de taxas livres, com exceção do trigo, petróleo e alguns outros produtos.

3 "Tudo indica que o setor público teve nesse período responsabilidade fundamental tanto na redução do nível de emprego quanto no aumento da pressão inflacionária. O ponto de partida desse processo parece estar na reforma cambial de 1961, a qual provocou fundo desequilíbrio, que somente seria eliminado anos depois, mediante progressivas reformas fiscais. O salto para alcançar a verdade cambial, dado pelo presidente Quadros sem as precauções necessárias, acarretou um desequilíbrio no esquema de funcionamento do setor público, cujas consequências não foram percebidas na época. No triênio 1958-1960, o saldo dos ágios havia representado para o governo federal uma fonte de recursos tão importante quanto o imposto de renda, ou seja, cerca de 1/3 da renda tributária da União. Sua eliminação provocou, em 1961, uma queda em termos reais de 15% na receita da União (tributária mais saldo de ágios). Em 1964, a União não havia ainda recuperado o nível de receitas (não consideradas as autarquias) de 1960. Essa situação forçou o governo federal a reduzir os investimentos públicos (entre 1960 e 1963 a participação dos investimentos do governo no investimento total declinou de 27,1% para 23,3%) e a apelar ainda mais para

setembro de 1961, quando Goulart assumiu a presidência da República, o governo emitiu cerca de Cr$ 87 bilhões, dos quais Cr$ 58 bilhões em apenas duas semanas, durante a sedição dos três ministros militares.[4]

Em sua primeira mensagem ao Congresso, Goulart revelou que a elevação geral dos preços, registrada em 1961, fora de 45%, a maior do decênio, em virtude das emissões destinadas a atender às crescentes necessidades de crédito das empresas privadas e à cobertura do déficit do Tesouro Nacional.[5] O governo do primeiro-ministro Tancredo Neves não conseguiu contê-las e a inflação acelerou-se, extraordinariamente, exacerbando os conflitos sociais e a inquietação política, porquanto as forças de direita, derrotadas na tentativa do golpe de Estado, não cessaram de tramar. Um mês após sua investidura, em discurso, Goulart denunciou a conspiração contra a "nova ordem constitucional" dos que "ontem procuravam contrariar os legítimos anseios do povo".[6] E o deputado Sérgio Magalhães, na Câmara Federal, advertiu que

[...] grupos financeiros, externos e internos, procuram criar, com a elevação desenfreada do custo de vida e a especulação no mercado cambial, uma situação insustentável, que justifique, perante o povo, a implantação de uma ditadura de direita.[7]

Àquele tempo, dirigentes da UDN e do PSD, aliados aos governadores Cid Sampaio (Pernambuco), José Magalhães Pinto (Minas Gerais), Juraci Magalhães (Bahia) e Carlos Alberto Carvalho Pinto (São Paulo)

---

a inflação". Furtado, 1975, p.32. "Goulart sofreu as consequências da reforma cambial que Jânio Quadros promovera com a Instrução 204. Por meio das diferenças dos ágios, o governo tinha no sistema cambial uma fonte de receita mais importante que o imposto de renda. Extinta, era indispensável encontrar outra fonte de receita por meio da reforma fiscal. E, para tanto, era preciso enfrentar o Congresso." Entrevista de Celso Furtado ao autor, Rio de Janeiro, 18 set. 1976.

4   Relatório do Banco do Brasil S.A., 1961, p.233. *Conjuntura Econômica*, fev.1962, p.69-101.
5   Goulart, 1962, p.1-2.
6   Discurso de Goulart na sede da revista *O Cruzeiro*, in: *Diário de Notícias*, Rio de Janeiro, 8 out.1961.
7   Discurso de Sérgio Magalhães na Câmara Federal, *Diário de Notícias*, Rio de Janeiro, 5 nov.1961.

começaram a entretecer para derrubar o gabinete do primeiro-ministro Tancredo Neves, eclipsado, segundo eles, por Goulart, e constituir um governo forte, que exprimisse a tendência conservadora das forças dominantes nos Congressos.[8] De fato, o gabinete do primeiro-ministro Tancredo Neves inclinara-se no sentido do nacionalismo, ao cancelar, por proposta do deputado Gabriel Passos, ministro de Minas e Energia, todas as concessões de jazidas de ferro feitas ilegalmente à corporação norte-americana Hanna Co.,[9] e manteve a política externa independente, que Lacerda e os três ministros militares (Denys, Heck e Moss) combateram. Em menos de três meses de governo parlamentar, o ministro das Relações Exteriores, Francisco de San Tiago Dantas, restabeleceu as relações diplomáticas com a União Soviética (o que

---

8 *Diário de Notícias*, Rio de Janeiro, 4 nov.1961.

9 "A primeira grande medida do governo parlamentar e que repercutiria na fama ideológica da administração João Goulart, tornando-a suspeita a poderosos interesses de poderosas empresas estrangeiras, foi a do cancelamento de jazidas de minério, situadas no quadrilátero ferrífero de Minas Gerais, ilegalmente concedidas à Companhia de Mineração Novalimense, pseudônimo da Hanna Corporation e, assim, detentora daquela matéria-prima na maior área do Vale do Paraopeba. Jazidas retidas pela Novalimense, pois nem sequer houvera início efetivo da exploração, jazidas mediante meras averbações, transformadas em minas para se enquadrarem nos requisitos da legislação pertinente. Vinha do governo Jânio Quadros o processo de exame da situação jurídica dessas jazidas, cujo relatório o então ministro João Agripino encaminhou ao presidente, despachando este, afinal, em agosto de 1961, que o ministério, promovesse "os processos administrativos necessários para a declaração de nulidade das autorizações feitas irregularmente e a caducidade dos que vêm infringindo o Código de Minas na sua exploração". Publicado o despacho a 29 de agosto no *Diário Oficial*, quatro dias após a renúncia do presidente, o novo ministro das Minas, o deputado Gabriel Passos, no Gabinete Tancredo Neves, no mesmo processo, na mesma página em que decidira o chefe do Estado renunciante, por sua vez exarou a ordem conclusiva à matéria: "Faça-se o expediente para dar cumprimento ao presente despacho." 2 out. 1961. Pouco antes de falecer, Gabriel Passos, aprovando o parecer do consultor jurídico, cancelou as averbações irregularmente processadas e contra essa decisão dirigiu o embaixador Lincoln Gordon telegrama ao presidente Goulart, devolvido ao remetente". (Lima, 1974, p.250-1) A Hanna Minning Co., que se instalara no Brasil, por volta de 1955, assumira o controle das companhias inglesas de mineração (St. John d'El Rey Mining Co., que se instalara no Brasil, por volta de 1955, assumira o Minning Co. e Companhia de Mineração Novalimense Ltda.), disputava com outras companhias norte-americanas e europeias o quadrilátero ferrífero de Minas Gerais e investia contra a Companhia do Vale do Rio Doce (estatal). Ela recorreu da decisão de Gabriel Passos e perdeu no Supremo Tribunal Federal. Seu presidente, no Brasil, era o ex-ministro da Fazenda de Kubitschek, Lucas Lopes.

Quadros prometera e não cumprira) e continuou a rechaçar as sanções contra Cuba, propostas pelos Estados Unidos, como preparativo da intervenção armada, sob a cobertura da Organização dos Estados Americanos.

Os serviços de inteligência dos Estados Unidos avaliaram então que a crise constitucional, desencadeada pela renúncia de Quadros, restringira, pelo menos durante algum tempo, a expansão da influência internacional do Brasil, cuja "aspiração ao *status* de grande potência sofrera um revés", mas observaram que, conquanto houvesse restabelecido (em menos de três meses) as relações diplomáticas com a União Soviética, seus vínculos com os países do Bloco Socialista não iriam muito além daquela moldura.[10] O governo de Goulart, segundo estimavam, continuaria a acentuar o caráter "independente" de sua política externa, porém a necessidade de obter finaciamentos bem como considerações de ordem interna torná-la-iam "menos truculenta", *vis-à-vis* dos Estados Unidos, do que fora na administração de Quadros.[11]

Apesar de sua moderação, Goulart, porém, tinha menos condições do que Quadros para modificar os rumos da política externa, não apenas em virtude das necessidades objetivas do desenvolvimento nacional, a demandarem a abertura de novos mercados, mas, também, dos compromissos políticos e ideológicos com a classe trabalhadora, suporte eleitoral do PTB, os quais o coibiam ainda de executar coerentemente qualquer programa de estabilização monetária, conforme o FMI e as instituições financeiras internacionais exigiam, como condição para conceder linhas de crédito ao Brasil. Com Goulart, as pressões dos sindicatos passaram, pela primeira vez, a influir diretamente sobre o governo, a condicionar suas decisões políticas e a obstaculizar a aplicação de medidas econômicas, como a contenção dos salários, contrárias aos interesses dos trabalhadores. A tendência nacional-reformista de

---

10 Avaliação especial da Inteligência Nacional n. 93-2-61 – Perspectivas de curto prazo para o Brasil sob o comando de Goulart, 7 set.1961, secreto NKL-76-199 § 3, JFKL.

11 Ibidem.

Goulart, pois, diferia essencialmente do populismo de Quadros e daí as crescentes dificuldades internas e externas com as quais se defrontou antes e depois de sua ascensão à presidência da República. A comunidade empresarial, sobretudo o setor estrangeiro, mobilizou-se a fim de combatê-lo, e concorreu, decisivamente, para induzir Kennedy, por fim, a antagonizá-lo.[12] As relações do Brasil, onde as lutas de classes se intensificavam, com os Estados Unidos, traumatizados pela Revolução Cubana, não podiam senão degenerar-se, em meio a sucessivos problemas que interna e externamente emergiram, conturbando-as e aguçando-lhe as contradições.

A política exterior constituiu importante fator de desconfiança e conflito entre os dois países, uma vez que a linha de independência, que Quadros focalizara com as luzes da ribalta, não decorria de uma opção ideológica, e sim da crescente pressão das necessidades do próprio estado nacional e do amadurecimento da consciência de que os interesses dos Estados Unidos, em sua condição de potência hegemônica, nem sempre coincidiam e, no mais das vezes, contrapunham-se aos do Brasil, como país também capitalista e em rápida expansão. Antes da visita de Estado que Goulart faria a Washington, no primeiro semestre de 1962, um *background paper* elaborado pelo Departamento de Estado para o presidente Kennedy ressaltou que, embora sem os "extravagant gestures" de Quadros para os países neutralistas e o Bloco Sino-Soviético, a política externa independente continuava e estava em conexão com o crescimento do sentimento nacionalista e relacionado à crença de que o destino do Brasil iria tornar-se potência mundial e alcançar seu lugar ao sol.[13]

Quem consolidou os fundamentos doutrinários dessa política externa independente foi o jurista Francisco Clementino de San Tiago Dantas, um dos responsáveis, desde o segundo governo Vargas, pelo

---

12 Leacock, 1979, p.636-73.
13 Visita do presidente Goulart – Washington D.C., abr. 1962 – Background Paper – Relações Exteriores do Brasil – confidencial – PGV b-3/2, 27 mar. 1962. JFKL.

delineamento da resistencia às diretrizes dos Estados Unidos. Ao assumir o cargo de ministro das Relações Exteriores de Goulart, no regime parlamentarista, ele afirmou que ela se pautava apenas pela

> [...] consideração exclusiva do interesse do Brasil, visto como um país que aspira ao desenvolvimento e à emancipação econômica e à conciliação histórica entre o regime democrático representativo e uma reforma social capaz de suprimir a opressão da classe trabalhadora pela classe proprietária.[14]

O restabelecimento de relações diplomáticas com a União Soviética obedeceu às conveniências econômicas e políticas nacionais, porquanto o Bloco Socialista, cujo índice de crescimento do comércio, da ordem de 6,47%, era, àquela época, o mais elevado do mundo, oferecia boas oportunidades de negócios e o Brasil somente as poderia melhor aproveitar se saísse do seu autoimposto isolamento político. Ante a perspectiva de que sua população, a crescer, como estava, a uma taxa de 3,5%, saltaria de 70,5 milhões de habitantes, em 1960, para 99 milhões, em 1970, e 125 milhões, em 1980, o Brasil, onde a renda *per capita* era então de US$ 240, necessitava duplicar as exportações, elevá-las de US$ 1,4 bilhão para US$ 3,1 bilhões, em 1965, de modo a ampliar a própria capacidade de importação de bens de capital e insumos básicos, necessários à manutenção de um ritmo acelerado de expansão econômica, no mínimo de 7,5% a.a., evitando assim que a pauperização e o aumento da miséria, dentro de 20 anos, reproduzissem, em seu território, o "espetáculo das comuniades asiáticas em franca regressão".[15] Conforme SanTiago Dantas salientou,

> [...] um país sobre o qual pesa esse desafio não tem o direito de colocar limites de qualquer natureza à sua necessidade de procurar novos mercados. Discriminar é fazer discriminação à custa do futuro do seu povo e das condições mínimas do seu desenvolvimento e da sua segurança econômica.

---

14 Dantas, 1962, p.5.
15 Idem, ibidem, p.77.

Os termos de comércio que a União Soviética oferecia eram realmente bastante favoráveis e atrativos para o Brasil, que enfrentava gravíssima crise cambial. Ela se dispunha a projetar, construir e financiar, a longo prazo, a represa hidrelétrica de Itaipu, recebendo parte do pagamento em café, algodão, arroz e outras *commodities*,[16] em troca das quais também se dispunha a fornecer petróleo, trigo, bem como equipamentos e máquinas.

O próprio Departamento de Estado, no *background paper* preparado por ocasião da visita de Goulart a Washington, reconheceu que o restabelecimento dessas relações com os países do Bloco Socialista decorria da necessidade de expandir os mercados e o comércio exterior do Brasil.[17] A expulsão de Cuba da OEA constituiu, no entanto, o mais importante fator de conflito entre o Brasil e os Estados Unidos. Kennedy, após o fiasco da invasão de Playa Girón, tratou de promovê-la, obstinadamente, como forma de contemplar a opinião pública dos Estados Unidos e compensar o abalo que seu prestígio sofrera. O Brasil recalcitrou, repulsando as pressões para que rompesse relações com Cuba e aprovasse sua expulsão da OEA, isolando-a do convívio com os demais países do continente, porque o governo de Fidel Castro se declarara marxista-leninista. Apesar da grave crise financeira por que passava, com as linhas de crédito suspensas praticamente, desde a posse de Goulart, o Brasil manteve-se firme, no campo dos princípios, enquanto, naquelas circunstâncias, os Estados Unidos se dispunham a fazer.

Na Conferência de Punta del Este (22-31 jan. 1962), San Tiago Dantas defendeu a ideia da neutralização de Cuba,[18] enfrentando a oposição dos Estados Unidos, que recorreram a todos os expedientes de ameaça, corrupção e chantagem, a fim de impor suas pretensões aos

---

16 CIA – Assunto: Avaliação da Inteligência Nacional n. 93-2-63: situação e Perspectivas no Brasil. 2 jul. 1963, secreto, JFKL.

17 Visita do presidente Goulart – Washington D.C., abr. 1962 – Background Paper – Relações Exteriores do Brasil – confidencial – PGV b-3/2, 27 mar. 1962. JFKL.

18 Ministério das Relações Exteriores – *O Brasil em Punta del Este*, Seção de Publicações, 1962, p.34.

países latino-americanos. Dean Rusk, secretário de Estado, chegou a dizer a San Tiago Dantas que não compreendia o significado de *não intervenção*, porque uma potência, como os Estados Unidos, sempre se intrometia nos assuntos internos de outras nações, mesmo quando deixava de fazê-lo. Citou que o Departamento de Estado foi pressionado para intervir no Brasil, quando Quadros renunciou, e não cedeu, o que também constituiu uma forma de intervenção, segundo ele. E ameaçou abertamente utilizar o exército dos Estados Unidos contra os governos que não o acompanhassem na votação contra Cuba.[19]

San Tiago Dantas, diante da impertinência de Rusk, transmitiu suas palavras ao Itamaraty, onde o deputado Renato Archer, como chanceler interino, convocou o embaixador dos Estados Unidos, Lincoln Gordon, para pedir explicações. O incidente não evoluiu, mas o clima de suborno e coação, que envolveu a Conferência de Punta del Este,[20] repercutiu em toda a imprensa. O *Diário de Notícias,* do Rio de Janeiro, salientou que, graças ao Brasil, haveria "uma Conferência civil e não militar, uma Conferência de consulta e não de resoluções trazidas, sub-repticiamente, no bolso do Sr. Dean Rusk".[21] O *Jornal do Brasil* criticou o comportamento do secretário de Estado norte-americano, que colocou a vitória do ponto de vista do seu país, na Conferência, como condição *sine qua*

---

19 Entrevista de Renato Archer ao autor. O embaixador Carlos Alfredo Bernardes, que estava presente e assistiu à conversa de San Tiago Dantas com Dean Rusk, reproduziu os seus termos para o autor deste livro, em 1971. Richard Nixon, na época, foi um dos que pediram publicamente a intervenção dos Estados Unidos no Brasil, quando Quadros renunciou. Informação do embaixador Carlos Alfredo Bernardes ao autor, também em 1971.

20 "O *Washington Post,* jornal liberal e um forte sustentáculo da Administração Kennedy, assevera em editorial que o revés em Punta del Este se deu porque, como alternativa a manter o povo americano informado das realidades no exterior, exigências externas e não realistas foram feitas ao Brasil, no esforço de acalmar a opinião pública norte-americana em seu desejo de ação vigorosa contra Cuba, que o próprio Kennedy havia prometido durante a campanha." *Hanson's Latin American Letter,* n. 881, Washington, 3 fev.1962, in: MRE, p.174. "Barrons viu [...] a posição do secretário Rusk como uma mistura de extorsão e suborno". Ibidem, p.173.

21 *Diário de Notícias,* 21 jan. 1962. "Momento Internacional", ibidem, p.210-3.

non da Aliança para o Progresso,[22] "o plano Castro" conforme alguns americanos ironicamente a chamavam.[23] E a *Hanson's Latin American Letter*[24] declarou que "a Delegação dos Estados Unidos estava praticamente implorando para ser objeto de chantagem e, em lugar disso, o Brasil ficou firme em matéria de princípios".

Quase toda a opinião pública se expressou favoravelmente à atitude de San Tiago Dantas em Punta del Este, aplaudida por sindicatos, associações de classe, entidades estudantis e Câmaras municipaís, e por um momento o governo parlamentar de Tancredo Neves se fortaleceu. Contudo, não obstante a resistência do Brasil, os Estados Unidos, na opinião de Arthur Schlesinger Jr., obtiveram, senão uma vitória completa, pelo menos um êxito substancial e seus esforços para "isolar Cuba progrediram mais do que as autoridades de Washington antes imaginaram.[25] Por 14 votos (o Brasil absteve-se), a OEA expulsou Cuba e aprovou uma declaração (todos a favor, exceto Cuba), condenando sua adesão ao marxismo-leninismo, ao comunismo, como incompatível com o sistema interamericano. Já era um passo para a intervenção armada.

As concessões de San Tiago Dantas, abstendo-se de votar a expulsão de Cuba da OEA e condenando o marxismo-leninismo, não minoraram o agastamento dos Estados Unidos, onde os jornais responsabilizavam o Brasil pelo seu relativo insucesso em Punta del Este, e a desapropriação dos bens (não das ações) da Companhia Telefônica Nacional, subsidiária da ITT (International Telephone & Telegraph), poucos dias depois do término da Conferência, pelo governador do Rio Grande do Sul, Leonel Brizola, cunhado de Goulart, contribuiu ainda mais para

---

22 *Jornal do Brasil*, 21 jan. 1962. Editorial "Salve-se a Aliança", ibidem, p.227-9. "Se não votar uma ação muito forte contra Castro, a totalidade da Aliança para o Progresso estará em perigo" (Schlesinger, 1966, p.782).

23 Mathews, 1969, p.156.

24 *Hanson's Latin American Letter*, n.881, 1962.

25 Schlesinger, op.cit., p.784.

piorar as relações entre os dois países.[26] Brizola, em 1959, já encampara a Companhia de Energia Elétrica Riograndense, subsidiária da American & Foreign Power (Bond & Share), e essa nova investida contra uma empresa norte-americana, julgada um confisco pelo governo de Washington e pela ITT, acirrou os ânimos.

O Departamento de Estado protestou, energicamente, classificando o ato de Brizola como "um passo atrás" nos planos da Aliança para o Progresso.[27] A imprensa norte-americana desfechou feroz campanha contra o Brasil, a ponto de parecer a Goulart "publicidade dirigida".[28] E o Congresso dos Estados Unidos, diante da perspectiva de outras estatizações, votou a emenda Hickenlooper, determinando a suspensão de qualquer ajuda aos países que desapropriassem bens americanos, sem indenização imediata, adequada e efetiva. A tendência para a nacionalização dos serviços públicos acentuou-se, entretanto, em todo o Brasil como imperativo do próprio desenvolvimento do capitalismo. Os grupos estrangeiros (Brazilian Traction-Light & Power, American & Foreign Power, lTT), que os monopolizavam através de suas subsidiárias, nada fizeram para modernizá-los, sintonizá-los com o progresso, adequá-los às necessidades e ao ritmo de crescimento do país, estorvando-lhe assim o processo de industrialização, a pretexto da baixa rentabilidade do setor, embora continuassem a remeter lucros e dividendos para suas matrizes no Canadá e nos Estados Unidos. Como Brizola afirmou,

> [...] a presença daquela empresa estrangeira tornou-se incompatível com o interesse público e o desenvolvimento de nosso Estado, em face da estagnação de muitos anos e do obsoletismo de seus serviços e equipamentos, grande parte dos quais em desuso há mais de 50 anos em outros países.[29]

---

26 Brizola encampou a subsidiária da ITT, mediante o depósito de Cr$ 149,7 milhões, que considerou "justa, atual e prévia indenização", deduzidos do valor total dos bens da empresa as importâncias correspondentes à obsolência, plantas doadas e indenizações de funcionários. *Diário de Notícias*, 17 fev.1962.

27 *Diário de Notícias*, 18-19 fev.1962.

28 Ibidem, 2 mar. 1962.

29 Ibidem, 22 fev.1962.

Esse bloqueio, que a expansão da economia nacional, com o ímpeto que adquiriu no governo de Kubitschek, dramatizou, era muito antigo e forçava o Estado a intervir para rompê-lo. Vargas, ao tempo de seu segundo governo, tentou equacionar o problema, sobretudo no setor de distribuição de energia elétrica, e solicitou à sua assessoria, chefiada pelo economista Rômulo Almeida, que elaborasse o projeto de criação da Eletrobrás, encaminhado ao Congresso em abril de 1954. Noticiou-se que ele preparava a nacionalização das empresas de eletricidade Light & Power e Bond & Share,[30] mas a tentativa de golpe de Estado, levando-o ao suicídio, modificou a situação e, em 1959, a Eletrobrás, "obstaculada até o desespero", conforme o próprio Vargas denunciara (carta testamentária), ainda não saíra do projeto. Goulart, levantando então o problema das reformas de base, pedira ao senador Benedito Valadares a colaboração do PSD para sua aprovação, o que só ocorreu dois anos depois, em 1961.[31] Em 1962, na primeira mensagem que enviou ao Congresso como presidente da República, ele mostrou a importância e a urgência de consolidar a legislação de eletricidade, com a instalação da Eletrobrás para

> [...] dar solução a problemas como o das tarifas, o da eletrificação rural e da uniformização de frequência e encaminhar providências tendentes ao aproveitamento racional do potencial hidrelétrico e à utilização rentável dos combustíveis e dos materiais atômicos na geração de energia elétrica.[32]

Diante das atitudes de Brizola, agravando-se também o problema no setor das comunicações telefônicas,[33] Goulart, com uma viagem aos Estados Unidos já programada, procurou encaminhar, pessoalmente, ao presidente John Kennedy uma solução global para o caso das concessionárias de serviços públicos, a fim de que outras naciona-

---

30 *Correio da Manhã*, 10 jan. 1954.
31 Carta de Goulart a Benedito Valadares, Rio de Janeiro, 24 abr. 1959. DJG.
32 BRASIL, 1962, p.25-6.
33 Lacerda, como provocação ou demagogia, anunciou que também encamparia as empresas da Light & Power no Rio de Janeiro (serviços de bondes) e tentou intervir na Companhia Telefônica Brasileira.

lizações, inevitáveis, não perturbassem as relações entre Washington e Brasília. A conversa dos dois chefes de Estado, em 4 de abril de 1962, possibilitou o estudo de uma fórmula segundo a qual o governo do Brasil, frustrando outras iniciativas isoladas de encampação, negociaria a compra das empresas de utilidade pública, pertencentes a capitais norte-americanos, com a garantia de "justa compensação", para não ferir o artigo 6º (emenda Hickenlooper) do *Foreign Aid Act* dos Estados Unidos. O capital das indenizações as companhias norte-americanas aplicariam em outros ramos da indústria brasileira.[34]

Goulart, na verdade, não contraiu nenhuma obrigação de comprar as concessionárias de serviços públicos e não tratou, muito menos, do critério para a apuração do justo preço e do montante para cada caso.[35] Apenas manifestou uma intenção,[36] que Kennedy interpretou como compromisso, imaginando, "por um fugaz momento",[37] ter encontrado um líder reformista e popular, com uma posição de centro, hábil e de fácil comunicação com as massas, capaz de vender à América Latina, como presidente do Brasil, as ideias da Aliança para o Progresso. Goulart, todavia, não se mostrou muito receptivo à insistência de Kennedy para que apoiasse resolutamente a Aliança para o Progresso e, perante

---

34 Comunicado conjunto dos presidentes dos EU do Brasil e dos EU da América, in: Dantas, 1962, p.229.

35 "Do encontro entre o presidente Kennedy e o presidente Goulart [...] não nasceu nenhum compromisso que obrigasse o Brasil a continuar a estatizar as empresas de serviços públicos." Discurso do senador João Pedro Gouvêa Vieira, in: *Diário do Congresso Nacional*, Seção II, 2 set. 1964, p.3.040. "Não há possibilidade de qualquer dúvida acerca das ressalvas expressas que o presidente Goulart arguia, para deixar de proceder à aquisição das companhias do grupo AMFORP, e que estava contida em seus pronunciamentos. Nunca um compromisso que traduzisse a irretratabilidade da palavra empenhada. [...] O presidente Goulart nenhum compromisso assumiu, fazendo depender sua decisão, de maneira clara, do atendimento do interesse coletivo e da aprovação do povo brasileiro." Discurso do deputado Doutel de Andrade, 30 set. 1964, original datilografado, ADA. [...] O presidente Goulart nenhum compromisso assumiu, fazendo depender sua decisão, de maneira clara, do atendimento do interesse coletivo e da aprovação do povo brasileiro (Discurso do deputado Doutel de Andrade, 30 set. 1964, original datilografado, ADA).

36 Carta de Kennedy a Goulart, Washington, 10 jul. 1963, e carta de Goulart a Kennedy, Brasília, 27 jul. 1963. Íntegra desses documentos, in: *Revista Brasileira de Política Internacional*, p.277-80.

37 Skidmore, 1967, p.394.

o Congresso norte-americano, exprimiu seu ceticismo, os receios de dificuldades quanto à execução daquele programa, sobretudo se não houvesse "espírito de confiança e respeito recíproco" entre os governos dos dois países que o realizariam.[38] Também se recusou a assinar o acordo para a concessão de um financiamento de US$ 131 milhões à SUDENE, dirigida por Celso Furtado, porque os Estados Unidos queriam controlar sua aplicação, exigência da qual posteriormente retrocederam, a fim de facilitar o entendimento com o Brasil.[39]

A viagem poucos resultados rendeu a Goulart. Quando regressou ao Brasil, depois da crise cardíaca que o acometera no México, ele, ao que tudo indica, pensou até mesmo em renunciar à presidência do Brasil, devido às suas condições de saúde, segundo informação do então ministro da Fazenda, Walter Moreira Salles.[40] Porém, mudou de ideia e pretendeu realmente resolver o caso das subsidiárias da ITT e da Bond & Share, nos termos debatidos com Kennedy, instituindo a Comissão de Nacionalização das Empresas Concessionárias de Serviço Público (CONESP). E, no curso de 1962, não só instalou a Eletrobrás, empresa estatal que abarcaria todo o setor de eletricidade, como sancionou duas leis de profundo alcance para o desenvolvimento do país: uma, criando o Conselho Nacional de Telecomunicações (CONTEL), e outra, a Comissão Nacional de Energia Nuclear, com o monopólio estatal para a pesquisa, lavra de jazidas e comércio de minérios nucleares, bem como dos materiais físseis e férteis, dos radioisótopos artificiais e substâncias radioativas das três séries naturais e subprodutos.[41]

Tais iniciativas correspondiam à consciência nacionalista, que se fortalecia no Brasil, como reflexo do próprio desenvolvimento capitalista, e à qual o governo de Goulart-Tancredo Neves, justamente pelo seu caráter de conciliação, não podia fugir. Sem dúvida alguma,

---

38 Discurso de Goulart perante o Congresso dos Estados Unidos, em 4 abr. 1962, in: Dantas, 1962, p.227.
39 *Diário de Notícias*, 14 abr. 1962
40 CIA – Telegrama – Relatório Informativo n. TDCS-3/512,257, 29 maio 1962. JFKL.
41 Ibidem, 29 ago. 1962.

a industrialização, embora moldada pelas corporações internacionais, em parte por isto mesmo conduzira o Brasil a uma situação de discrepância ou de antagonismo com os Estados Unidos, ao despertar-lhe interesses nacionais. Essa tendência apresentava caráter explosivo tanto mais as classes dominantes se internacionalizavam, associando-se aos interesses estrangeiros ou sendo substituídas pelo corpo de gerentes norte-americanos e de outras origens, e a bandeira das aspirações nacionalistas se confundia com a das reivindicações sociais, nas mãos dos trabalhadores e da pequena burguesia, segmentos nacionais da sociedade brasileira. A luta de classes radicalizava assim a contradição entre as necessidades nacionais e os interesses estrangeiros, entrançando-se com ela, e se estendia ao campo, no assédio ao governo.

CAPÍTULO 4

A questão agrária – O duelo entre Goulart e o Congresso – A emergência do proletariado e o surgimento do CGT – A luta pelo plebiscito

A questão agrária com seu potencial revolucionário entrara em pauta ainda ao tempo de Kubitschek, ao se organizarem, em Pernambuco, as Ligas Camponesas.[1] Desde então as invasões de terras se sucederam e se alastraram pelos estados do Maranhão, Paraíba, Goiás, Bahia, Rio de Janeiro e Rio Grande do Sul, enfim, por todo o país,[2] como consequência também da expansão capitalista, que desintegrava a economia rural, acentuando o desemprego e a fome nos campos. Era necessária a reforma da propriedade agrícola, conforme Goulart já em 1958 preconizava, inclusive para possibilitar a ampliação do mercado interno. Mas o empresariado brasileiro, subordinado às finanças internacionais e ligado umbilicalmente ao latifúndio,[3] de onde se originara parte do seu

---

1 "Em 1955 surgiu a Sociedade Agrícola e Pecuária dos Plantadores de Pernambuco, mais tarde chamada Liga Camponesa da Galileia. Essa iniciativa coube aos próprios camponeses do Engenho Galileia, município de Vitória de Santo Antão, não muito longe do Recife". Julião, 1962, p.24.
2 Moniz Bandeira, 1962, p.14.
3 "A burguesia brasileira assim se estruturou, umbilicalmente ligada ao latifúndio e subordinada às finanças internacionais, que manipulavam as transições do café, principal fonte de divisas do país. O industrial e o fazendeiro eram como irmãos xifópagos. E até, o mais das vezes, se confundiam numa só pessoa. Daí sua incapacidade para promover a revolução agrária, ponto de partida, na Europa, do desenvolvimento capitalista [...]" Moniz Bandeira, 1973, p.189.

capital, relutava em promover ou mesmo rechaçava qualquer mudança na estrutura agrária, embora a situação dos trabalhadores agrícolas se deteriorasse cada vez mais, a violência eclodindo em algumas regiões do país. Dois meses após a investidura de Goulart, de 15 a 17 de novembro de 1961, um Congresso Camponês reuniu em Belo Horizonte cerca de 1.600 delegados, com faixas e cartazes que exigiam: "Reforma agrária já. Reforma agrária na lei ou na marra".

O equacionamento legal dessa reforma esbarrava, porém, no art. 141 da Constituição, que previa o pagamento de indenização justa e prévia, em dinheiro, para as desapropriações por interesse público. O Congresso, reduto do conservadorismo rural, recusava-se a modificá--lo, com o apoio ativo dos monopólios estrangeiros, temerosos de que, na trilha aberta para a reforma agrária, o governo também investisse sobre suas propriedades. As classes possuidoras cerraram fileira em torno da inviolabilidade da Constituição, que para elas se resumia na imutabilidade do art. 141, em outras palavras, cerraram fileira em torno da intocabilidade da sacrossanta propriedade privada. E Brizola, favorável ao fechamento do Congresso desde a aprovação da emenda parlamentarista, proclamou, com desprezo: "Esse Congresso que aí está não fará reforma nenhuma".[4]

Ele queria que Goulart rompesse com o Congresso, assumisse de fato e de direito todos os poderes e se movesse à margem ou por cima da Constituição, para realizar as reformas de base. Com o prestígio que adquiriu ao levantar o Rio Grande do Sul contra o golpe dos três ministros militares de Quadros, tratou então de acossar o governo, recorrendo aos fatos consumados, como o faria com a nacionalização da ITT, a fim de forçá-lo a uma definição. Em fevereiro de 1962, perante multidões de lavradores sem terra, Brizola desapropriou duas fazendas (Sarandi e Camaquã), ao noroeste do Rio Grande do Sul, mediante o depósito de pequenas quantias, autorizadas pelo Judiciário, como se fosse a justa indenização. Essa atitude provocou a reação dos pecua-

---

4   *Diário de Notícias*, 2 fev.1962.

ristas, que aumentaram Cr$ 7,00 no quilo da carne, com o objetivo de jogar o povo contra o governo gaúcho, e elaboraram um manifesto, responsabilizando sua política de reforma agrária pelo clima de tensão e de intranquilidade no Estado.[5]

Os conflitos no Nordeste alcançaram maior amplitude. Enquanto na Paraíba tropas do Exército, por ordem do general Artur da Costa e Silva, reprimiam violentamente uma passeata de milhares de lavradores, que protestavam contra o assassínio de um dos seus líderes, o camponês João Pedro Teixeira, a mando dos fazendeiros da região,[6] no interior de Pernambuco multidões famintas saquearam mercados e armazéns, compelindo o governador Cid Sampaio a desapropriar os estoques de feijão, milho e farinha, para garantir o abastecimento das cidades. Comerciantes, latifundiários e industriais de Pernambuco reuniram-se em assembleia permanente e solicitaram ao governo federal medidas imediatas para debelar a "convulsão social reinante".[7] Goulart, por sua vez, defendeu a aliança dos camponeses com os trabalhadores urbanos, para a realização da reforma agrária, dizendo que "sobre a miséria do povo não se constrói a paz social".[8] E, em crítica aberta ao Conselho de Ministros, admoestou: "Se falta feijão, que se importe feijão, que se intervenha no comércio, nos armazéns, mas se organize, paralelamente, um plano de reforma agrária".[9]

O Conselho de Ministros decretou estado de emergência nas regiões do Nordeste afetadas pela fome, o que lhe permitia dispor de recursos extraordinários para minorar o problema.[10] Mas, por trás da crise social, havia também a especulação, que provocava a escassez dos gêneros de primeira necessidade nos grandes centros urbanos, principalmente em São Paulo e no Rio de Janeiro, com o objetivo político de desgastar o

---

5   Ibidem, 1, 2 4, 5, 6, 11 fev.1962.
6   Ibidem, 10-11, 18 abr. 1962.
7   Ibidem, 6-7, 10 maio 1962.
8   Ibidem, 12 maio 1962.
9   Ibidem, 12 maio 1962.
10 Ibidem, 16 jun. 1962.

governo Goulart.[11] O confronto de classes acentuava-se, dia a dia, tanto nos campos como nas cidades. A inquietação social incumbia-se de polarizar a luta, empurrando as forças partidárias para seus respectivos leitos políticos. O PSD, com raízes predominantemente entre os latifundiários, tendia a acompanhar seu aliado ideológico natural, a UDN, partido mais representativo da burguesia cosmopolita e da oligarquia financeira, rompendo com o PTB e com o esquema de conciliação de classes, instituído por Vargas.[12] Evidentemente, naquela conjuntura, o gabinete do primeiro-ministro Tancredo Neves, pelo seu caráter de compromisso, já não mais tinha condições de sobrevivência.

Sua queda, em junho de 1962, sepultou o efêmero esforço de união nacional e descerrou o duelo entre Goulart e o Congresso, que o PSD e a UDN comandavam, pela posse do poder político. Os intervalos entre uma erupção e outra da crise tornaram-se cada vez mais curtos. As dificuldades para a formação do novo gabinete ressaltaram a inviabilidade do conchavo. O Congresso rejeitou o nome do deputado trabalhista Francisco San Tiago Dantas, indicado por Goulart para compor o novo gabinete, a UDN e o PSD concentrando os ataques na política externa independente, que ele desenvolvera como ministro das Relações Exteriores.[13] O senador Auro Moura Andrade, do PSD, pretendeu, por sua vez, constituir um gabinete, de acordo com os líderes de partido,

---

11 Ibidem, 16 jun. 1962.

12 "O caminho natural nas atuais circunstâncias é a aliança do comando udenista-pessedista, nos moldes que vinha funcionando. Esse comando exprime a verdade política do atual Congresso". Castelo Branco, 1975, p.22. "O PSD prossegue seu caminho de aliado natural da UDN, desde que a conjuntura se coloriu ideologicamente. Idem, ibidem, p.38.

13 "O episódio da recusa do nome de San Tiago Dantas [...] foi a prova de que os partidos, na expressão famosa, 'nada haviam esquecido e nada haviam aprendido' com a crise que a emenda parlamentar conseguira afastar, a duras penas. San Tiago Dantas, pelas suas qualidades pessoais e pelo fato de ser do Partido do presidente, era o homem mais indicado para, naquele momento, conseguir um governo de união nacional em alto nível [...]. Mas as antigas desconfianças do PSD e da UDN juntaram-se ao primário reacionarismo dos que temiam a política externa independente, levando de roldão o nome de San Tiago". Melo Franco, 1968, p.227. "O ministro San Tiago Dantas não traçou a política externa de que foi executor. Foi executor de uma política traçada pelo governo [...] que o Conselho de Ministros aprovou". Declaração de Goulart, in: *Diário de Notícias*, Rio de Janeiro, 24/25 jun.1962.

e Goulart, que obtivera previamente uma carta sua de renúncia, fê-la divulgar, antes mesmo que ele assumisse o cargo de primeiro-ministro.[14] No mesmo dia, enquanto as massas, espontaneamente, tomavam as ruas de várias cidades do Estado do Rio de Janeiro, uma greve geral, a primeira grande greve política dos últimos tempos, paralisou quase todo o país, em apoio a Goulart.[15]

O proletariado, desde o episódio da luta pela posse de Goulart, amadureceu politicamente como classe, e os líderes sindicais formaram o Comando Geral dos Trabalhadores (CGT), o Pacto da Unidade e Ação (PUA) e outras associações em nível regional, a fim de coordenar e unificar o movimento operário, não somente para defender reivindicações econômicas como também para influir nas decisões do

---

14 "As divergências entre o presidente João Goulart e o sr. Auro Moura Andrade, premiê aceito ontem de madrugada pela Câmara dos Deputados, se acentuaram nas últimas horas e tudo indica que o chefe do Estado não está disposto, a menos que o Conselho de ministros seja formado de homens comprometidos com as reformas de base e com os princípios democráticos, a ratificar os nomes escolhidos pelo primeiro-ministro, que, para serem levados à Câmara, necessitam do referendo presidencial. O sr. João Goulart, no encontro que teve pela manhã com o sr. Auro Mora Andrade, insistiu em que não assinaria nenhum decreto de nomeação de ministro para o gabinete se não fossem levados em conta os desejos populares. O encontro, segundo fonte credenciada, foi em termos ásperos, tendo o sr. João Goulart cobrado promessa feita pelo sr. Moura Andrade pouco antes de ser indicado premiê à Câmara, no sentido de que o Conselho de ministros seria integrado por nomes com os quais o presidente da República concordara. O sr. Auro Moura Andrade insistiu que teve de curvar-se à evidência, diante da intransigência das cúpulas partidárias, que pretendiam um gabinete formado não por entendimentos do premier com o presidente, mas entre o primeiro-ministro e os chefes de partidos". *Diário de Notícias*, 4 jul. 1962.

15 "Como previmos, em nossos pronunciamentos, se trama contra a legalidade constitucional, se pretende implantar uma ditadura reacionária, acobertada pelo Conselho de ministros composto de inimigos jurados de nosso progresso, de nossa independência e tranquilidade. Uma maioria eventual na Câmara dos Deputados rejeitou a primeira indicação do presidente da República. Animados com essa votação, querem as forças golpistas constituir um Conselho de ministros entreguistas e obrigar o presidente da República a sancioná-lo. Neste momento, apoiamos as enérgicas declarações do presidente da República e estamos coesos em torno de que não transija nem compactue com esses inimigos de nossa pátria e de nosso povo. Estejam certos de que os trabalhadores e demais forças patrióticas civis e militares não permitirão que seja rasgada a Constituição e se introduza no poder os que nos querem esmagar e amordaçar". Trecho do Manifesto à Nação, assinado por Dante Pelacani, Oswaldo Pacheco e mais 23 líderes sindicais, integrantes do Comando Geral da Greve, in: *Diário de Notícias*, 5 jul. 1962.

poder público, em sua política e mesmo em sua composição. Não cabe dúvida de que esse era um dado novo na crise. Aquelas entidades, entretanto, padeciam do mal de todo o sindicalismo brasileiro: o baixo nível de organização, com uma percentagem média de filiados da ordem de 25%.[16] Na verdade, cingidas às cúpulas, nunca chegaram a existir, senão artificialmente, não tendo ramificações mais profundas na massa. E se alarmavam, de um lado, as forças conservadoras, por outro, não preparavam o proletariado para as enfrentar, com uma diretriz própria, de classe. Atrelavam-no à política tradicional, dando-lhe uma perspectiva legalista e reformista,[17] como era igualmente a de Goulart, que em 1961 se recusara a avançar sobre Brasília, na crista de uma revolução, e outra vez, já ao tempo do governo parlamentar de Tancredo Neves, não anuíra com a proposta do general Amaury Kruel para o fechamento do Congresso.[18]

De qualquer forma, a entrada da participação militante do proletariado urbano na cena política mudou, daí por diante, a qualidade do espetáculo. O mesmo Congresso, que rechaçara o nome de San Tiago Dantas, aceitou, já sem opção, o do professor Francisco Brochado da Rocha, comprometido com a política de Goulart, e, principalmente, de Brizola, ou seja, comprometido com os esforços para a antecipação do plebiscito, que referendaria ou não a emenda parlamentarista.[19] E seu gabinete

---

16 Pesquisa do autor realizada em São Paulo (1971). "Pelas pesquisas realizadas no movimento sindical, pode-se observar que a organização não atinge a grande massa de assalariados e que não há organizações com pilares nos locais de trabalho. O que fica evidenciado é que não se deve confundir os sindicatos com a classe. [...] O percentual de sindicalização atinge uma escassa quantidade no conjunto da classe.".Vinhas, 1970, p.262-63.

17 Vinhas, 1970, p.258, 269.

18 Entrevista de Goulart ao autor. Tancredo Neves disse que soube dessa proposta pelo general Humberto Castelo Branco. Entrevista de Tancredo Neves ao autor. "Não participo de qualquer fórmula extralegal para a solução da crise brasileira. Prefiro renunciar a desmentir minhas convicções". Goulart, in: *Diário de Notícias*, 8 jul. 1962. Ver também Castelo Branco, op.cit. p.23, 36, 46.

19 "Ao aceitar o nome de Brochado da Rocha, a Câmara completou com extraordinária eficiência o erro que cometera ao recusar o de San Tiago Dantas". Melo Franco, 1968, p.228.

não duraria mais que dois meses.[20] Em setembro de 1962, enquanto o Congresso relutava em delegar-lhe os poderes extraordinários, que ele solicitara para a realização das reformas de base, e procrastinava uma decisão sobre o plebiscito, a crise se agravou.[21] O general Jair Dantas Ribeiro, comandante do III Exército, sediado no Rio Grande do Sul, telegrafou a Goulart, dizendo-lhe que não tinha condições para garantir a lei, a ordem, o sossego público e a propriedade privada no território sob sua jurisdição, se o povo se insurgisse contra o fato de o Congresso recusar o plebiscito para antes ou no máximo, simultaneamente, com a eleição de outubro.[22] E acrescentou: "O povo é soberano do regime democrático. Negar-lhe o direito de pronunciar-se sobre o sistema de governo que lhe foi imposto é abominar o regime ou querer destruí-lo".[23]

O general Nelson de Melo, ministro da Guerra, embora fosse favorável ao plebiscito e um mês antes houvesse feito pronunciamento com igual objetivo de coagir o Congresso a convocá-lo,[24] quis punir o general Jair Dantas Ribeiro e o gabinete de Francisco Brochado da Rocha, para evitá-lo, renunciou, a fim de contornar o impasse militar. Naquelas circunstâncias, o governador de Minas Gerais, José Magalhães Pinto, em conversação com o cônsul dos Estados Unidos em Belo Horizonte, chegou a aventar até mesmo a hipótese de que a renúncia de Brochado da Rocha visaria a possibilitar que Goulart capturasse ilegalmente o poder, com o apoio dos comandantes do I Exército, dos

---

20 "Logo que dele me aproximei, no governo, percebi que Brochado tinha a intenção de liquidar o parlamentarismo, levado pelas ideias de fidelidade a Goulart, que considerava desapossado, injustamente, das suas atribuições". Idem, ibidem, p.228.

21 Na Câmara, o deputado Adauto Lúcio Cardoso da UDN advertiu: "Plesbicito é que não lhe daremos nem à custa de agitação sindical nem ao preço das ameaças de estudantes, nem através de pareceres de caráter intimidativo" (*Diário de Notícias*, 7 ago. 1962).

22 Telegrama do general Jair Dantas Ribeiro a Goulart, in: *Diário de Notícias*, 13 set. 1962.

23 Ibidem. No telegrama, o general Dantas Ribeiro, declarando não se tratar nem de imposição nem de ameaça, previa a possibilidade de eclosão de uma luta fratricida.

24 "O motivo das crises reside no fato de se ter mudado o sistema de governo sem que até agora o povo fosse chamado a opinar sobre a transformação tão radical. A continuar tal falha, estaria em causa a própria legitimidade do sistema de governo. É da mais alta oportunidade que a Nação seja convocada para as urnas, para a realização do plebiscito." Nota do general Nelson de Melo, in: *Diário de Notícias*, 7 ago. 1962.

Fuzileiros Navais e da Aeronáutica, em conjunção com uma greve geral.[25] Não é provável que Goulart alimentasse realmente tal intenção. Mas o general Jair Dantas Ribeiro tinha razão quando previra a possibilidade de guerra civil no país.[26] Segundo Hermes Lima, ministro do Trabalho no gabinete de Francisco Brochado da Rocha, se o Congresso não concordasse com o plebiscito, a situação tornar-se-ia crítica.[27] O que aconteceria era imprevisível.[28] Ele próprio, com as informações de que dispunha, telefonou ao deputado Pascoal Ranieri Mazzilli, presidente da Câmara Federal, e ao senador Auro Moura Andrade, presidente do Senado, para adverti-los sobre as consequências que adviriam caso o Congresso negasse ou postergasse a solução do problema.[29] Desde agosto, os principais chefes militares estavam indóceis, insatisfeitos com a instabilidade do regime.[30] O chefe da Casa Militar da Presidência, general Amaury Kruel, que já advogara o golpe de Estado, mostrava-se muito impaciente com o parlamentarismo[31] e os comandantes do I, II e III Exércitos, generais Osvino Ferreira Alves,[32] Peri Constant Beviláqua e Jair Dantas Ribeiro, queriam intervir diretamente na questão.[33] Contudo, Goulart, segundo San Tiago Dantas posteriormente testemunharia, "soube resistir a todas as pressões que

---

25 Telegrama nº 601, secreto, Lincoln Gordon para o Departamento de Estado, Rio de Janeiro, 13 set. 1962. JFKL.

26 "Corriam rumores insistentes, ampliados pela disfarçada propaganda oficial, de que o Brasil entraria em luta civil caso o Congresso não restituísse ao povo, através do plebiscito, o poder de decidir diretamente sobre o regime do governo do país." Melo Franco, 1968, p.239.

27 Entrevista de Hermes Lima ao autor, Rio de Janeiro, 10 dez. 1976.

28 Idem.

29 Idem.

30 "O militar brasileiro é presidencialista por tradição e formação." (Lima, 1974, p.252).

31 Entrevista de Hermes Lima ao autor, cit.

32 Sobre a posição do general Osvino Ferreira Alves, ver *Diário de Notícias*, 14 set. 1962.

33 "Quando o governador Magalhães Pinto fez ao sr. Pascoal Ranieri Mazzilli e aos líderes do PSD e UDN e PSP o último apelo por uma transigência [...] informou-lhe [...]: 1) O sr. João Goulart não pretendia dar o golpe nem se solidarizaria com o golpe; 2) estava iminente uma intervenção militar na crise política para afastar o Congresso do centro das decisões institucionais. O golpe seria completado com a anuência do presidente ou sem ela". Castelo Branco, 1975, p.46.

pretendiam conduzi-lo para fora da legalidade e acabou por arrancar do Congresso a emenda do plebiscito".[34]

Sem dúvida alguma, ele manobrou com extrema perícia, e mostrou a inviabilidade do parlamentarismo, cuja manutenção ninguém mais desejava, após um ano de prova. Nem os trabalhadores, porque o identificavam com o conservadorismo, nem os militares, com o vezo da ordem e da autoridade, nem as classes possuidoras, com anseios de paz e segurança para seus negócios. Enfim, como Goulart salientou,

> [...] foi exatamente a experiência de um ano de instabilidade política, de intranquilidade e, por isto mesmo, de falta de planejamento e de soluções para os graves problemas que afligem e angustiam o povo que veio fortalecer no espírito de toda a nação a necessidade de uma reformulação à base democrática da consulta ao povo de onde, por força da Constituição, devem emanar todo o poder e especialmente as grandes decisões.[35]

Apesar da oposição de dirigentes do PSD, da UDN e do PSP[36] ao Congresso então não restou, como alternativa, senão discutir e aprovar, entre 14 e 15 de setembro, a emenda do senador Benedito Valadares a um projeto do deputado Gustavo Capanema, fixando a data do plebiscito para 6 de janeiro de 1963, por conseguinte, para depois das eleições, mas permitindo a Goulart constituir, imediatamente, um Conselho de Ministros provisório, sem prévia anuência do Congresso.[37] Era a restauração informal do presidencialismo.

---

34 Carta de San Tiago Dantas a Goulart, s.d., provavelmente junho ou julho de 1963, DJG.
35 Notas manuscritas de Goulart para o discurso que pronunciaria por ocasião do primeiro aniversário de sua posse em 7 jul. 1962. DJG.
36 Partido Social Progressista, chefiado por Adhemar de Barros.
37 "As conversações entre o ministro do Trabalho, Hermes Lima, e os líderes partidários do Senado duraram até que se ajustou a fórmula consubstanciada na emenda do senador Benedito Valadares. Chegaram à conclusão de que o projeto do deputado Capanema reforma a Constituição ao facultar ao presidente da República a formação de gabinete provisório, abrindo o precedente para que também se pudesse marcar a data do plebiscito. Se a Câmara – argumentam os senadores – reformaria a Constituição com uma lei ordinária, o senador poderia aproveitar a porta aberta para empurrar o problema do plebiscito." *Diário de Notícias*, 14 set. 1962.

CAPÍTULO 5

A articulação do empresariado contra o governo – A criação do IBAD e do IPES – A atuação da CIA e o papel da Embaixada dos Estados Unidos

João Goulart retomou, assim, os poderes que o Congresso lhe usurpara durante a crise de agosto-setembro de 1961. Encarregou o professor Hermes Lima de organizar, como primeiro-ministro, o gabinete provisório, em uma "atmosfera mais presidencialista que parlamentarista",[1] e lançou-se à campanha do plebiscito, a fim de que o povo lhe referendasse a vitória, alcançada, ao seu estilo, sem derramamento de sangue.[2] Parcela do empresariado, à frente o banqueiro José Luiz Magalhães Lins, sobrinho do governador José Magalhães Pinto e presidente do então Banco Nacional de Minas Gerais,[3] resolveu apoiá-lo,[4] com o objetivo de unificar o comando do país, centralizando o poder político e revigorando a autoridade do governo, diluída entre Goulart (de fato) e o primeiro-ministro (pelo direito que o Congresso se outorgara). Não

---

1 Lima, 1974, p.254.
2 "Transigi porque nunca desejei manchar com sangue de irmãos brasileiros a estrada que do Rio Grande me conduziria a Brasília." Goulart, notas manuscritas para o discurso que pronunciaria em 7 set. 1962. DJG.
3 Posteriormente, passou a denominar-se apenas Banco Nacional.
4 "Organizou-se uma grande e custosa campanha, dirigida por um jovem banqueiro mineiro, José Luiz Magalhães Lins. Os governadores de Minas Gerais e de outros estados importantes [...] tudo faziam pelo plebiscito". Melo Franco, 1968, p.236.
Intensificou-se então [...] a campanha para a qual as classes conservadoras contribuíram com largos estipêndios." Idem, ibidem, p.240.

houve quem se movesse, publicamente, em defesa do parlamentaris-mo. Nem mesmo os parlamentaristas.[5] Apenas alguns empresários, mais representativos da burguesia comercial e de grupos estrangeiros, continuaram a se articular contra o governo, fomentando movimentos cujo propósito, a pretexto de combater o suposto perigo comunista, era "estabelecer uma ditadura de direita",[6] "instalar no Brasil um processo político semelhante ao do macartismo norte-americano",[7] conforme os generais Osvino Ferreira Alves e Pery Bevilacqua, comandantes do I e do II Exércitos, na época, denunciaram.

Esses empresários articularam o radicalismo de direita e patroci-naram a criação e o funcionamento de entidades como o Instituto de Pesquisas e Estudos Sociais (IPES) e o Instituto Brasileiro de Ação Democrática (IBAD), em estreito contato com a CIA,[8] que lhes forneceu orientação, experiência e mesmo recursos financeiros, abundantemente, no esforço de corrupção e de intrigas, para influir nas eleições, impor diretrizes ao Congresso, carcomer os alicerces do governo e derrocar o regime democrático. De acordo com as palavras de Goulart eram eles que, "explorando rendosa indústria de combate aos extremismos ou desfraldando falsas bandeiras de legalidade", pretendiam "manter o país em clima de constante intranquilidade e perigosa agitação".[9]

Com efeito, o IPES, surgido nos princípios de 1962,[10] proclamou-se "contra a radicalização da política brasileira entre esquerda e direita",[11] mas logo começou a contratar militares reformados para montar um serviço de inteligência, cuja função consistia em colher dados sobre pretensa infiltração comunista no governo de Goulart e distribuí-los,

---

5 Idem, ibidem, p.239.
6 Pronunciamento do general Osvino Alves ao 1º Grupo de Canhões Automáticos Antia-éreos, in: *Diário de Notícias*, 29 mai. 1962.
7 Declarações do general Pery Bevilacqua à imprensa, idem, 30 mai. 1962.
8 Levinson e Onis, 1972, p.89.
9 Goulart, notas manuscritas para o discurso de 7 set. 1962. DJG.
10 O estudo sobre o IPES foi posteriormente aprofundado, in: Dreifuss, 1981, p.161-205.
11 Declaração do banqueiro João Batista Leopoldo Figueiredo, presidente do IPES, in: *Diário de Notícias*, 8 fev.1962.

clandestinamente, entre oficiais que ocupavam postos de comando em todo o território nacional. De 1962 a 1964, o IPES gastou com esse trabalho de minar as Forças Armadas cerca de US$ 200 mil a US$ 300 mil por ano, segundo revelação do economista Glycon de Paiva, um de seus diretores.[12] E não foi gratuitamente que Carlos Lacerda, pela televisão, acusou os comunistas de manobrarem o governo de João Goulart.[13] Este refrão, batido pelo IPES e por todos os extremistas de direita, como Lacerda, visou a assustar não somente os militares anticomunistas, mas também os demais setores das classes possuidoras, radicalizando-os e predispondo-os, psicologicamente, para a aceitação do golpe de Estado.

O IPES era uma entidade sofisticada, pretensamente científica, e ligou-se à Escola Superior de Guerra, aliciando os generais Golbery do Couto e Silva,[14] Heitor de Almeida Herrera e muitos outros, reformados ou na ativa.[15] Sua influência estendeu-se também aos jornais e a outros órgãos de divulgação, sustentada não apenas pelas verbas que espalhava, diretamente, como pelo interesse das agências de publicidade, manipuladoras das contas das grandes empresas estrangeiras. Estas contribuíram com grandes somas para a atuação do IPES. Somente a

---

12 Entrevista de Glycon de Paiva a Alfred Stepan, in: Stepan, 1970, p.240.

13 *Diário de Notícias*, 1º set. 1962.

14 "O Instituto de Pesquisas e Estudos Sociais (IPES), depois da entrada do sr. Rui Gomes de Almeida e da eficiente e recente assessoria militar do coronel Golbery do Couto e Silva, passou a identificar-se, fundamentalmente, com o Instituto Brasileiro de Ação Democrática e com a Ação Democrática Parlamentar, liderada pelo deputado federal João Mendes, no sentido de, por todos os meios, só permitir, a 7 de outubro próximo, a eleição dos 'candidatos fiéis à democracia'." Dantas, reportagem cit., in: *O Mundo Ilustrado*, Rio de Janeiro, 28 abr. 1962.

15 "Informalmente, sócios do IPES vinham, há muito, cultivando amizades nos meios militares, convidando oficiais ostensivamente para visitarem fábricas em São Paulo; e, na mesa do café ou do jantar, contavam-lhes seus receios. [...] Assim como o IPES tornou-se a célula-mater da resistência civil a Goulart, assim os veteranos da FEB tornaram-se a força motriz entre os militares. [O tenente-coronel Rubens] Resstel e alguns dos oficiais seus correligionários começaram a circular pelo Brasil, sondando outros militares." Siekman, Quando os homens de empresa viraram revolucionários, in: *Fortune*, set. 1964.

Light & Power, entre dezembro de 1961 e agosto de 1963,[16] concorreu mensalmente para a sua caixa com a quantia de Cr$ 200 mil, autorizada por um dos seus diretores, Antônio Gallotti. Essas contribuições, em agosto de 1963, alcançaram a importância de Cr$ 4,2 milhões, num total de aproximadamente Cr$ 7.318.178,20, distribuídos pela empresa a diversas entidades de cultura e de beneficência,[17] entre as quais a Associação dos Diplomados da Escola Superior de Guerra, que recebeu Cr$ 100 mil, em dezembro de 1962.[18] Como a participação do IPES na conta de donativos da Brazilian Traction Light & Power se fixou na quantia de Cr$ 200 mil, pode-se calcular que até 31 de março de 1964 aquela instituição arrecadou mais Cr$ 1,4 milhão.[19]

Convém salientar que políticos e empresários da República Federal da Alemanha também colaboraram com o IPES (e com o governador de São Paulo, Adhemar de Barros), e que todas ou quase todas as empresas estrangeiras, sobretudo as norte-americanas, destinaram-lhe importâncias que não ficavam muito aquém dos donativos da Light & Power, se não se lhes equivaliam ou os superavam.[20] E ainda havia os

---

16 Até agosto de 1963 são os demonstrativos de que o autor dispõe, o que não significa que as contribuições tenham cessado neste mês.

17 Esses dados foram extraídos dos relatórios demonstrativos de contas dirigidos a R. E. Spencer, diretor de Orçamento da COBAST *holding* da Brazilian Traction Light & Power (atualmente dividida em empresas como a Rio Light e outras congêneres estaduais), assinados por H. B. Bilton, controlador, origem: Departamento de Relações Públicas de Light, janeiro de 1962, conta 10.1431.51/59 (incluindo a contribuição de dezembro de 1961 para o IPES, conforme carta VP-RL-31, de 2 jan. 1962, de Antônio Gallotti; demonstrativos de fevereiro a dezembro de 1962, conta 10.1431.51/59; janeiro a maio de 1962, da mesma conta; junho a setembro de 1963, da mesma conta, demonstrativos assinados por A. Scott Younger). Arquivo do autor.

18 Donativos durante o mês de dezembro de 1962, conta 10.1431.51/59. Muitos diplomados pela Escola Superior de Guerra, integrantes da associação, também pertenciam aos quadros do IPES.

19 O banqueiro João Batista Leopoldo Figueiredo, presidente do IPES, afirmou à Comissão Parlamentar de Inquérito, que investigava o IBAD, não existir, entre os seus contribuintes, nenhuma firma estrangeira. Esqueceu-se convenientemente da Light e de todas as outras que o financiavam.

20 No mesmo depoimento, perante a CPI, Figueiredo informou que a receita do IPES, em 1962, foi de 200 milhões e que a média de contribuição dos sócios era superior a Cr$ 400 mil por ano.

que, de um lado, faziam doações ao IPES e, do outro, tiravam dinheiro do IBAD, como o poderoso banqueiro e deputado federal Herbert Levy (Grupo Itaú), também vinculado a interesses estrangeiros.[21]

Essa outra instituição, o IBAD, atuava diretamente sob a direção da CIA, que a financiava, utilizando como seu agente um certo Ivan Hasslocher. Ela mantinha íntima conexão com uma empresa de publicidade – S. A. Incrementadora de Vendas Promotion – e, embora fundada em 1959, suas atividades somente se intensificaram a partir da posse de Goulart na presidência da República. Em 1962, com a criação da Ação Democrática Popular (ADEP), o IBAD interveio abertamente na campanha eleitoral, subvencionando candidaturas de elementos direitistas, que assumiam o compromisso ideológico de defender o capital estrangeiro e condenar a reforma agrária bem como a política externa independente do governo brasileiro,[22] que teria gasto cerca de CR$ 5 milhões, pelo menos,[23] ou, segundo o ex-agente norte-americano Philip Agee, uma quantia equivalente a US$ 12 milhões, talvez atingindo US$ 20 milhões,[24] com a campanha, "uma das maiores operações de ação política da Divisão DW",[25] na qual muito se empenharam a estação do Rio de Janeiro e suas diversas bases, espalhadas pelos consulados norte-americanos.[26] De qualquer forma não resta dúvida de que muito dinheiro norte-americano correu na campanha eleitoral de 1962, em grande parte oriundo do próprio governo dos Estados Unidos e não apenas de suas empresas, conforme o próprio Lincoln Gordon

---

21 Dutra, 1963, p.75. Sobre o IPES e o empresariado consultar Silva, 1975, p.247-56.

22 A ADEP e o IBAD, para fornecer auxílio, geralmente também exigiam de seus tutelados um documento que batizaram de compromisso ideológico (Dutra, 1963, p.16). Ver também Castelo Branco, 1975, p.26.

23 Dutra, 1963, p.17. Depoimento de Artur Oscar Junqueira, secretário da ADEP, perante a CPI do IBAD, 3 jul. 1963, fls. 25.

24 AGEE, 1975, p.285.

25 Idem, ibidem, p.222.

26 Idem, ibidem, p.222. "Fundos provenientes de fontes estrangeiras foram utilizados em 8 dos 11 Estados, em suas corridas governamentais, para 15 candidatos à Senatoria federal, para 250 candidatos a deputados Federais e para cerca de 600 candidatos a legislativos estaduais." (Idem, ibidem, p.285).

confessaria, admitindo um gasto da ordem de US$ 5 milhões, quantia esta que naturalmente não engloba as remessas diretas da CIA, mas tão somente os recursos do Fundo do Trigo aplicados pela Embaixada Americana.[27] De fato, Lincoln Gordon declarou posteriormente que "the expenditure was not by U.S. corporations but by the CIA itself, through Brazilian intermediaries".[28]

De qualquer modo, com um capital de tamanha magnitude, o IBAD assim se transformou em uma *holding*, coordenando várias subsidiárias, entre as quais se destacavam, além da ADEP, a Ação Democrática Parlamentar (ADP), a Campanha da Mulher Democrática (CAMDE) e a Frente da Juventude Democrática (FID). Seus tentáculos alcançaram o proletariado, com o esforço de Constituição da Resistência Democrática dos Trabalhadores Livres (Resdetral), no Rio de Janeiro, e do Movimento Sindical Democrático (MSD), em São Paulo, que mantinham estreitos contatos com a AFL-CIO (Central Operária dos Estados Unidos) e funcionavam com base nas Confederações dos Trabalhadores no Comércio e em Transportes Terrestres, filiadas à Confederação Internacional dos Sindicatos Livres e à ORIT.[29] A criação desses movimentos resultava de uma velha tentativa da CIA para influir nas atividades sindicais do Brasil, principalmente em São Paulo, onde, segundo informe que chegou a Goulart, o secretário do Trabalho do governador Carlos Alberto Carvalho Pinto, Augusto Marzagão, acusado de cooperar com o serviço secreto dos Estados Unidos, já em 1959, promovia encontros entre representantes norte-americanos e

---

27 "Certamente foi muito mais de US$ 1 milhão e eu não ficaria surpreso se tivesse chegado a US$ 5 milhões." Entrevista do embaixador Gordon a Roberto Garcia, in: *Veja*, São Paulo, 9 mar. 1977, p.6.

28 "O esbanjamento não foi pelas corporações norte-americanas, mas pela própria CIA, por meio de intermediários brasileiros." Entrevista de Lincoln Gordon ao autor, Washington, 6 dez. 2000.

29 Dutra, 1963, p.13; Alexander, 1967, p.97-8. O IBAD arrendou o jornal *A Noite*, do Rio de Janeiro, para torná-lo porta-voz da Resdetral. Depoimento do deputado José Gomes Talarico na CPI do IBAD, fls 2.

líderes sindicais brasileiros, como Dante Pelacani, Francisco José de Oliveira, Olavo Previatti, Lourival Portal e muitos outros.[30]

A CIA procurou igualmente penetrar no campesinato. Através do IBAD e de outros canais destinou muitos recursos ao Nordeste,[31] não apenas visando a combater a candidatura de Miguel Arraes ao governo de Pernambuco,[32] mas, também, com o objetivo de dividir as Ligas Camponesas, lideradas por Francisco Julião, refreando-lhe o crescimento. O padre Antonio Melo, vigário do Cabo, tomou a iniciativa de arrostá-las, juntamente com o padre Paulo Crespo, agrupando camponeses em um movimento diversionista, o Serviço de Orientação Rural de Pernambuco (SORPE), subvencionado pelo IBAD e pela Cooperative League (CLUSA), mais precisamente pela CIA, que resolvera financiar, com recursos ilimitados, as cooperativas católicas, como forma de ajudar a reprimir o potencial revolucionário existente no Nordeste brasileiro.[33] O SORPE, sob a direção discreta do padre Crespo, conseguiu, inclusive, o controle da Federação dos Sindicatos Rurais, legalizada em outubro de 1962, pelo então ministro do Trabalho, João Pinheiro Neto.[34]

Com esse primoroso trabalho de corrupção, inédito na história do Brasil, a CIA não somente aliciou empresários, vereadores, deputados estaduais e federais, senadores, governadores de Estado, jornalistas, mas donas de casa, estudantes, dirigentes sindicais, padres e camponeses, enfim, elementos de todas as classes e categorias da sociedade civil brasileira. Nas Forças Armadas, onde a Cruzada Democrática, desde o início da década de 1950, conspirava para desfechar o golpe de Estado,

---

30 Informe a Goulart, manuscrito, s.d. e s.a. DJG.

31 Frutuoso Osório Filho admitiu o recebimento de 229 milhões para aplicar no Nordeste. Em Pernambuco, o estado onde mais se gastou dinheiro, os recursos eram aplicados segundo orientação do governador Cid Sampaio. Dutra, 1963, p.52, 59, 60. Sobre o assunto, ver também Page, 1972, p.74, 128-30 e 134.

32 Page, 1972, p.115, 118. Dutra, 1963, p.52-61.

33 Page, 1972, p.151-69, 209-10. *O Semanário*, 30 jan.-5 fev.1964. Ver também *Jornal do Brasil*, 24, 26 ago. 1972.

34 Page, 1972., p.156.

a pretexto de combater o comunismo, a CIA recrutou, tanto por meio do IPES quanto do IBAD e até diretamente, inúmeros oficiais dos mais diversos escalões.[35] Na época, segundo a Comissão Parlamentar de Inquérito apurou, dezenas e dezenas de generais e coronéis, bem como oficiais de patentes menos elevadas, atuaram em todo o Brasil dentro do complexo de corrupção eleitoral e política, que o IBAD montou, arregimentados pelo general João Gentil Barbato, homem forte da ADEP, e pelo coronel Jurandir Palma Cabral.[36] Esses militares, com patente superior à de coronel, chefiavam, via de regra, as células estaduais da ADEP.[37] E o IBAD, do mesmo modo que o IPES, organizou seu próprio serviço secreto no seio das Forças Armadas, notadamente no IV Exército, sediado no Nordeste, conforme o governador eleito de Pernambuco, Miguel Arraes, denunciou à CPI, instaurada na Câmara dos Deputados para investigar a origem dos fundos que aquelas entidades manipulavam.[38]

Esta CPI teve sua missão embaraçada pela influência dos deputados que os recursos do IBAD beneficiaram. "Como era de esperar, dada a penetração do IBAD no Congresso, um verdadeiro selecionado de deputados ibadianos foi recrutado para fazer parte da CPI" – comentou o deputado Eloy Dutra, acrescentando que "os deputados não ibadianos eram minoria na própria Comissão."[39] O ex-agente da CIA Philip Agee confirmaria posteriormente esse fato, ao anotar em seu diário que a CPI "foi de algum modo controlada", pois "cinco de seus nove membros eram receptadores de fundos monetários do IBAD e ADEP".[40] Ainda assim o esforço da CPI, ou seja, dos deputados trabalhistas Eloy Dutra, Benedito Cerqueira e Rubens Paiva, bem como do deputado José Aparecido de Oliveira, da UDN, colaborou para inibir, em parte, a operação da CIA, comprovando que o dinheiro distribuído

---

35 Dutra, 1963., p.22-23; Stepan, c1970, p.240.
36 Dutra, 1963, p.22.
37 Idem, ibidem, p.22-3.
38 Idem, ibidem, p.14.
39 Idem, ibidem, p.42-3.
40 Agee, 1972, p.286.

pelo IBAD procedia do estrangeiro, remetido para o Brasil através do Royal Bank of Canada, Bank of Boston e First National City Bank.[41] A CPI constatou que, em apenas uma de suas contas, a do Bank of Canada, o IBAD movimentou Cr$ 1.300 milhão, entre maio e outubro de 1962.[42] E o escândalo só não se avultou e explodiu, em toda a sua plenitude, porque os três bancos se recusaram a revelar as fontes estrangeiras que subsidiavam o IBAD.[43] O Royal Bank of Canada, solicitado pela CPI a informar sobre os depósitos da Promotion, do IBAD e dos seus dirigentes, Ivan Hasslocher e Frutuoso Osório Filho, negaceou, enviando-lhe simples demonstração do movimento das contas, sem revelar a origem dos depósitos.[44] Uma fabulosa remessa de dinheiro para o IBAD, por meio do Citibank, foi que levou Goulart a concluir que a CIA realmente estava por trás de tudo, a manejar os cordéis.[45] E o governo, ao que parece, só não agiu firmemente para não agravar suas relações com os Estados Unidos, a partir do que a CPI viesse a desvendar.[46] Segundo o jornalista norte-americano A. J. Langguth, a CIA, através do IBAD e da ADEP, gastara US$ 20 milhões nas eleições parlamentares de 1962 e durante os trabalhos da CPI, "na Embaixada dos Estados Unidos, todos os elementos envolvidos, de Lincoln Gordon para baixo, estavam preocupados com as provas incriminatórias que poderiam vir a público".[47]

Os recursos que o IBAD geriu, entretanto, não provieram apenas de fontes no exterior. Segundo o governador Miguel Arraes, com do-

---

41 Idem, ibidem, p.286; Dutra, 1963, p.26-34.
42 Idem, ibidem, p.53; *O Semanário*, 8-14 ago., 5-11 set. 1963.
43 Agee, 1975, p.286.
44 Dutra, 1963, p.26-7.
45 Entrevista de Goulart ao autor, cit.
46 Dutra, 1963, p.47. "O escândalo somente foi evitado graças a três fatores oportunos: cinco dos nove membros da comissão de investigação tinham, eles próprios, recebido fundos da CIA; três dos bancos envolvidos – o First National City Bank, o Bank of Boston e o Royal Bank of Canada – recusaram-se a revelar as fontes estrangeiras do dinheiro depositado nas contas do IBAD e da ADEP; e, o que era melhor, o presidente Goulart, esperançoso ainda de manter boas relações com Washington, fez com que o relatório final fosse censurado." Langguth, 1978, p.90.
47 Langguth, 1978, p.90.

cumentos, informou à CPI, o IBAD também recebeu contribuições de companhias estrangeiras instaladas no Brasil, entre as quais a Texaco, Shell, Ciba, Cross, Schering, Enila, Bayer, general Eletric, IBM, Coca--Cola, Standard Brands, Souza Cruz, Remington Rand, Belgo-Mineira, AEG e Coty, na maioria norte-americanas.[48] E a Embaixada dos Estados Unidos provavelmente ainda empregou outras verbas para financiá-lo, bem como as outras organizações de extrema direita, que se apresenta-vam (quase todas) com o rótulo de *democráticas,* uma espécie de *trade mark* (marca registrada), *made in USA.* O jornalista Edmar Morel acusou-a publicamente de utilizar na campanha eleitoral os cruzeiros do Fundo do Trigo, dos quais 40% não tinham contabilidade,[49] e o embaixador Lincoln Gordon (sobretudo quando *O Globo,* do Rio de Janeiro, pediu esclarecimento) teve que explicar sua aplicação. Mas o balanço que apresentou não convenceu nem provou sua inocência.[50] Não constituía segredo para ninguém sua intromissão ativa na política nacional, quer mantendo contatos pessoais com adversários de Goulart, tanto do Rio de Janeiro como de São Paulo, quer financiando direta-mente prefeitos e governadores de Estado, sobretudo os da oposição,

---

48 Depoimento do governador Miguel Arraes na CPI, in: *O Semanário,* 5-11 set. 1963.

49 *O Semanário,* 8-14 ago. 1963. Parte dos recursos provenientes da venda do trigo, segun-do o acordo firmado com os Estados Unidos, era entregue à Embaixada dos Estados Unidos, para o financiamento de suas despesas. A outra parte destinava-se ao BNDE para o financiamento das indústrias, o que também se fazia sob o controle do governo americano.

50 "Na nota que divulgou, relacionando as despesas feitas pela Embaixada com as verbas do Fundo do Trigo, Gordon referiu-se apenas aos 20% para custeio da representação diplomática de seu país, esquecendo-se dos outros 20% que lhe eram entregues para distribuir como doações feitas ao seu exclusivo critério. Também não especificou as des-pesas realizadas. Englobou-as em rubricas genéricas: despesas médicas, viagens, vários suprimentos e equipamentos etc. Mesmo assim, deixou claro que, entre maio e agosto de 1962, i. e., em plena campanha eleitoral e no período mais intenso das atividades do IBAD, ele gastou Cr$ 2 bilhões. Só com impressão, assinaturas de jornais e periódicos, material de escritório etc. (rubrica vários suprimentos) despendeu Cr$ 725,6 milhões. As viagens custaram-lhe Cr$ 119 milhões e os transportes, mais Cr$ 75 milhões. As co-municações (correios, fretes, telefonemas e telegramas) somaram Cr$ 293 milhões. Mas com o intercâmbio educacional seus gastos foram mais parcimoniosos: Cr$ 10 milhões apenas." *O Semanário,* 5-11 set. 1963.

sob a capa da Aliança para o Progresso. Já em maio de 1962, Brizola denunciara que

> [...] a Embaixada dos Estados Unidos vem fazendo movimentação de fundos que se encontram à sua disposição no Banco do Brasil e entrando em entendimentos diretos com políticos brasileiros. A Embaixada se está transformando numa espécie de Meca para onde se dirigem diretamente prefeitos, entidades públicas e privadas, procurando a recomendação e o beneplácito do embaixador e órgãos americanos. Dentro em pouco, a prosseguirem essas estranhas praxes, teremos a Embaixada Americana transformada em superministério, eclipsando o próprio gabinete, dado que será o único centro de distribuição de recursos no país.[51]

Os consulados dos Estados Unidos, em todo o Brasil, serviram como bases de operação da CIA.[52] O Itamaraty, em agosto de 1962, sabia que Harry Stone, representante da Motion Pictures no Brasil, era agente da CIA, da mesma forma que Douglas McLean, cônsul dos Estados Unidos no Recife.[53] Segundo Joseph A. Page, entre 1960 e 1961, um dos três vice-cônsules naquela capital era agente da CIA, número esse que aumentou para dois, em 1962, e dobrou para quatro, às vésperas da queda de Goulart.[54] O mesmo se passava nas outras cidades importantes, como Porto Alegre, de onde Brizola pediu a expulsão do cônsul Sharp, acusando-o de intrometer-se na política nacional.[55]

---

51 Entrevista de Brizola, in: *Diário de Notícias*, 8 mai. 1962.
52 Certas operações não podiam ser mantidas na clandestinidade; e durante esse período os Estados Unidos aumentaram o número de consulados no Brasil, a fim de acobertar a expansão das operações da Cia. Langguth, 1978, p.79.
53 Sobre o assunto ver Moniz Bandeira, 1978, p.449.
54 Page, 1972, p.128-129.
55 *Diário de Notícias*, 8, 13 nov.1962.

CAPÍTULO 6

Fortalecimento da esquerda nas eleições
de 62 – O bloqueio de Cuba – A proposta
de Kennedy para intervenção e a recusa
de Goulart – As pressões americanas

Apesar do volumoso investimento realizado pelo IPES e pelo IBAD, com dólares da CIA, cruzeiros do Fundo do Trigo repassados pela Embaixada dos Estados Unidos[1] e generosos donativos de corporações estrangeiras, para favorecer os candidatos direitistas da UDN, PSD e outras agremiações, o nacional-reformismo avantajou-se nas eleições de

---

[1] Segundo depoimento do jornalista Genival Rabelo, prestado à CPI, o IBAD e o IPES tinham três fontes de recursos: 1) o Fundo do Trigo colocado no BNDE, cuja conta a Embaixada dos Estados Unidos movimentava; 2) a caixa, alimentada por empresas nacionais e estrangeiras; 3) auxílio externo. Depoimento de Genival Rabelo, CPI do IBAD, fls. 2. Efetivamente, no caso do IBAD e do IPES, como em diversas outras ocasiões, é difícil distinguir ou determinar onde terminam as atividades das empresas privadas americanas e começam as da CIA. No Chile, por exemplo, a ITT ofereceu à Casa Branca uma assistência financeira de sete algarismos para financiar um golpe de Estado articulado pela CIA contra a posse de Salvador Allende na presidência da República (1970). Documentos do colunista Jack Anderson, *O Estado de S. Paulo*, 28 mar. 1972. Ver também *Documentos secretos da ITT* (cópias dos originais e sua tradução), Empresa Editora Nacional Quimantu, Santiago, Chile, edição em 3 abr. 1962, apresentação da Secretaria General del Gobierno em 29 mar. 1972. O Senado norte-americano posteriormente comprovou o enlace da CIA com a ITT e outras empresas norte-americanas para a derrubada de Allende em 1973. Sobre o Fundo do Trigo, consultar também Martins, 1965, p.46. O artigo "O dinheiro do Diabo" também foi publicado no *Jornal do Brasil*, Rio de Janeiro, 3 jul. 1963, a propósito da declaração do deputado Fidelis dos Santos Amaral Neto, um dos dirigentes do IBAD, de que "para combater esse governo (Goulart) eu recebo dinheiro até do Diabo".

1962.[2] Miguel Arraes conquistou o governo de Pernambuco e Brizola obteve excepcional votação (243.951 sufrágios) para deputado federal, no Estado da Guanabara, onde a Aliança Trabalhista-Socialista (PTB--PSB) somou 408.602 legendas, contra 241.879, da UDN, colocada em segundo lugar.[3] O PTB duplicou sua bancada no Congresso, a Frente Parlamentar Nacionalista fortaleceu-se e a luta pelas reformas de base (reforma agrária etc.) intensificou-se, associada à campanha para o restabelecimento do presidencialismo, através do plebiscito, cuja convocação ocorreria dentro de três meses, em 6 de janeiro de 1963.

A situação do Brasil, naquela conjuntura, não evoluía favoravelmente aos desígnios dos Estados Unidos e as divergências mais uma vez se exacerbaram quando o governo de Washington, em meados de outubro, decretou o bloqueio naval contra Cuba e ameaçou invadi--la, diretamente, a fim de compelir a União Soviética a desmontar as bases de mísseis que lá instalara. Kennedy escreveu a Goulart,[4]

---

2   De acordo com Agee (1975, p.285), na opinião da CIA, os resultados eleitorais foram misturados, com vitórias para ambos os lados.

3   *Diário de Notícias*, 17 out. 1962.

4   A carta de Kennedy a Goulart é a seguinte: "Meu caro senhor presidente: Encaramos a necessidade e a oportunidade neste hemisfério de determinar, pela nossa ação conjunta nos próximos dias, o que pode ser todo o futuro da humanidade sobre esta terra. Vossa Excelência terá a oportunidade de constatar pela minha declaração ao povo norte-americano a natureza da grave ameaça ao hemisfério Ocidental que o regime atual em Cuba permitiu à União Soviética estabelecer em território cubano. Porém, não se trata somente de ameaça militar aos Estados Unidos. Este comportamento da União Soviética, apesar dos nossos bem conhecidos e sempre reiterados acordos de defesa e segurança do hemisfério, não leva em conta, pela sua continuidade, minha advertência de 4 de setembro, bem conhecida por eles; os repetidos desmentidos soviéticos, seja em declarações públicas ou em conversações privadas, de que tal ação fosse empreendida ou mesmo estava sendo contemplada, tornam perfeitamente evidente que os soviéticos estão lançando um desafio ousado e belicoso a todos os povos livres. Devemos responder a esta ação arrogante com uma determinação unida. Senão a União Soviética encaminhar-se-á a violações sempre mais flagrantes das exigências da paz internacional e da liberdade até chegarmos ao momento em que não teremos outra escolha do que a rendição completa ou o desencadear de um holocausto nuclear. Devemos tomar posição hoje; o mundo inteiro está nos olhando. Assuntos sobre os quais nós no hemisfério possamos ter desacertos marginais como também divergências políticas entre os nossos povos tornam-se insignificantes diante dessa ameaça à paz. Espero que nestas circunstâncias Vossa Excelência sentirá que o seu país deseja unir-se ao nosso, expressando os seus sentimentos ultrajados

pedindo-lhe o apoio à posição dos Estados Unidos, que proporiam ao órgão de Consulta da OEA, de acordo com o art. 6 do Tratado do Rio de Janeiro, a adoção de medidas individuais ou coletivas, inclusive o emprego da força armada, para garantir que Cuba não continuasse a receber da China ou da União Soviética material bélico, evitando-se que as bases lá construídas se tornassem, no futuro, ameaça à paz e à segurança do continente.[5] Na carta, vasada em termos prepotentes, quase imperativos, ele ainda convidou Goulart, sem considerar sua posição a respeito do problema, a permitir entendimentos militares, com o objetivo de estudar a participação do Brasil no ataque a Cuba, ao lado dos Estados Unidos e de outros países do hemisfério.

---

diante deste comportamento cubano e soviético, e que Vossa Excelência achará por bem expressar publicamente os sentimentos do seu povo. Espero também que V.Exa. haverá de concordar comigo na necessidade urgente de convocar uma reunião imediata do Órgão de Consulta do Sistema Interamericano sob o Pacto do Rio de Janeiro. Os Estados Unidos proporão àquele Órgão, uma vez reunido, a adoção de uma resolução, para tratar eficazmente esta nova e perigosa situação. O meu embaixador poderá lhe fornecer o texto proposto. É claro que a colocação de armas ofensivas com capacidade nuclear em Cuba 'põe em perigo a paz e segurança do Continente' nos termos do art. 6 daquele pacto. Estou certo de que Vossa Excelência concorda com a urgência de tal resolução. Estou também pedindo uma reunião urgente do Conselho de Segurança das Nações Unidas. Dei instruções ao embaixador Stevenson para apresentar em nome dos Estados Unidos uma resolução que peça a retirada das bases de foguetes e outras armas ofensivas em Cuba sob a supervisão de observadores das Nações Unidas. Eu espero que Vossa Excelência dê instruções ao seu representante em Nova York para trabalhar ativamente conosco e falar diretamente em apoio ao programa na Organização das Nações Unidas. Quero convidar Vossa Excelência para que as suas autoridades militares possam conversar com os meus militares sobre a possibilidade de participação em alguma base apropriada com os Estados Unidos e outras forças do hemisfério em qualquer ação militar que se torne necessária pelo desenvolvimento da situação em Cuba. Tenho confiança de que por intermédio de uma aproximação comum a esta ameaça, por meio de medidas sábias, que combinam a firmeza e a limitação necessária à natureza da crise, haveremos de marchar o novo marco do progresso para o mundo livre com reduzido receio de dominação do mundo pelo comunismo internacional. Neste termo, após indicar os perigos à paz mundial do rumo que a União Soviética tem seguido em Cuba, escrevi ao senhor Kruchev, pedindo-lhe que sejam adotadas medidas que haverão de nos permitir retornar o caminho de negociações pacíficas." John F. Kennedy a Goulart, Washington, 22 out. 1962, secreto, tradução informal possivelmente elaborada pela Embaixada dos Estados Unidos, DJG.

5   Anteprojeto de Resolução a ser apresentado ao Órgão de Consulta da OEA em 23 out. 1962 pelos Estados Unidos. Confidencial. Tradução. DJG.

O governo de Washington, desde a mal digerida derrota da Baía dos Porcos,[6] não só esperava qualquer pretexto para investir novamente contra Cuba, que se tornara a primeira República socialista das Américas, como preparava, com denodo e sem considerações éticas, as condições para fazê-lo. Após a reunião dos chanceleres da OEA, realizada em Washington, vinte dias antes da decretação do bloqueio, o Departamento de Estado chegou a ponto de modificar, sub-repticiamente, o documento aprovado, inserindo opiniões que não foram aceitas, a fim de comprometer todos os países, inclusive o Brasil, com a perspectiva de aplicação de "medidas de maior alcance que as já autorizadas",[7] caso a situação o exigisse.[8] Mas o Brasil continuou a opor-se à invasão de Cuba, conquanto fizesse concessões ao anticomunismo da OEA, e Goulart respondeu a Kennedy que não compactuaria com o atentado aos princípios de não intervenção e de autodeterminação, sendo seu governo, consequentemente, contrário e hostil àquela iniciativa, se os Estados Unidos resolvessem consumá-la.[9] E salientou que

> [...] sempre nos manifestamos contra a intervenção militar em Cuba porque sempre reconhecemos a todos os países, sejam quais forem os seus regimes ou sistemas de governo, o direito de soberanamente se autodeterminarem.[10]

---

6 Invasão de Cuba, em abril de 1961, realizada por exilados anticastristas com o apoio da CIA.

7 Cf. Lima, 1974, p.267. "O objetivo da Conferência fora mobilizar espíritos e solidariedades, como se tratasse de ato preliminar ao drama da crise dos foguetes. Embora do comunicado se ressalvasse que a reunião reiterara apoio ao princípio de não intervenção e democracia com base das relações entre os países americanos, a verdade é que o documento sofrera pela mão astuciosa do Departamento de Estado adaptações aos propósitos de sua política anticubana." Idem, ibidem, p.267. "Numerosas sugestões que fiz, sempre no emprenho de salvaguardar a linha geral de independência de ação dos governos, foram acolhidas pelo plenário. Muitas delas, contudo, se viram atenuadas e mesmo alteradas pela química redacional do Departamento de Estado." Melo Franco, 1975, p.246. Afonso Arinos de Melo Franco foi o representante do Brasil, na Reunião dos chanceleres.

8 Melo Franco, 1968, p.245-46.

9 Entrevista de Goulart ao autor, cit.

10 Minuta manuscrita por Goulart, DJG.

Na minuta da resposta, que ele próprio rascunhou, Goulart ressaltou que o Brasil "sempre foi claro" em sua atitude, fiel à sua "tradição pacifista e ao espírito cristão" do seu povo, admitindo

> [...] como legítimo o direito de Cuba de se defender de possíveis agressões, partissem de onde partissem e que visassem pela força ou pela violência a subjugar a sua soberania ou a impedir o direito de autodeterminação do povo cubano.[11]

Naturalmente, ele não aceitava como "legítimo o armamento ofensivo"[12] que os Estados Unidos alegavam existir em Cuba, mas "nunca reconhecemos a guerra como instrumento capaz de resolver conflitos entre nações".[13] Com base nessas notas, San Tiago Dantas elaborou a carta, na qual Goulart, falando com "franqueza e sinceridade", fez algumas observações tanto sobre a posição do Brasil quanto sobre os rumos que as decisões da OEA estavam a seguir.

Essas observações, na verdade, constituíram críticas diretas à forma como Kennedy conduzira a questão dos mísseis soviéticos e à manipulação da OEA pelos Estados Unidos. Goulart, após reiterar que a defesa do princípio de autodeterminação dos povos, "em sua máxima amplitude", é que repugnava à consciência do povo brasileiro qualquer forma de intervenção em um Estado americano, inspirada na alegação de incompatibilidade com seu regime político, para impor o sistema representativo por meios coercitivos externos, manifestou a "apreensão e a insatisfação" com o modo pelo qual os Estados Unidos pleitearam e alcançaram a decisão da OEA sobre a quarentena, "sem que se tivesse preliminarmente realizado ou, pelo menos, deliberado uma investigação *in loco*, e sem que se tivesse tentado, através de uma negociação", como o Brasil propusera na reunião de Punta del Este, "o desarmamento de Cuba com a garantia recíproca de não invasão".[14]

---

11 Idem.
12 Idem.
13 Idem.
14 Carta do presidente João Goulart ao presidente John Kennedy, Brasília, 24 out. 1962. AP47 – APFCSD – SDP – AN.

"Receio que nos tenhamos abeirado sem necessidade de um risco que o povo brasileiro teme tanto como o norte-americano: da guerra nuclear" – Goulart ponderou, manifestando a esperança de que não fossem usadas contra Cuba medidas militares, "capazes de agravar o risco já desmedido da presente situação".[15] Aí ele expressou também seus "receios sobre o futuro imediato da OEA", cujas decisões perdiam autoridade à medida que eram tomadas por "maioria mecânica, com injustificável precipitação", e com a tendência para transformá-la em um "bloco ideológico intransigente", em que os "regimes de exceção de caráter reacionário" encontravam, entretanto, o "tratamento mais benigno".[16] E, ao finalizar a carta, criticou a "aplicação abusiva" da Resolução II, de Punta del Este, que não outorgava à OEA o direito de "encomendar investigações sobre a situação interna de nenhum país", bem como a criação do Colégio Interamericano de Defesa, inaugurado no dia 12 de outubro de 1962, por julgar que seus efeitos poderiam ser negativos, se, a título de segurança interna, passasse a estudar "questões da competência privativa dos Estados", sobre os quais convinha que os militares recebessem formação e orientação puramente nacionais.[17]

Na madrugada de 23 de outubro, imediatamente após a redação dessa carta a Kennedy,[18] Goulart mandou seu secretário de imprensa, Raul Ryff, entregá-la ao embaixador Lincoln Gordon, credenciando-se

---

15 Idem.
16 Idem.
17 Idem. Outros detalhes sobre a questão da OEA ver Moniz Bandeira, 1995, p.188-92.
18 A íntegra da carta de Goulart a Kennedy é a seguinte:

"Brasília, 24 out. 1962.

Senhor presidente,

Recebi com apreço e meditei com atenção a carta em que Vossa Excelência houve por bem comunicar-me ter sido constatada a presença, em território cubano, de armas ofensivas capazes de constituírem ameaça aos países deste hemisfério. Nessa carta Vossa Excelência também solicitou o apoio do Brasil para as medidas que o seu Governo proporia ao Conselho da OEA e ao Conselho de Segurança das Nações Unidas, com fundamento nas disposições do Tratado do Rio de Janeiro e da Carta de São Francisco.

o Brasil para servir como mediador entre Cuba e os Estados Unidos. O governo de Goulart-Hermes Lima, a pedido de Lincoln Gordon, enviou então a Havana o general Albino Silva, chefe da Casa Militar da

Já é do seu conhecimento o pronunciamento, no primeiro desses Conselhos, do delegado do Brasil. Quero, entretanto, aproveitar o ensejo para fazer a Vossa Excelência, com a franqueza e sinceridade a que não apenas me autorizam, mas me obrigam o meu apreço pessoal por Vossa Excelência e a tradicional amizade entre os nossos povos, algumas considerações, tanto sobre a posição brasileira em face do caso de Cuba, como sobre os rumos que recentemente vêm prevalecendo nas decisões da OEA.

Vossa Excelência conhece a fidelidade inalterável do Brasil aos princípios democráticos e aos ideais da civilização ocidental. Dentro dessa fidelidade, os nossos países já combateram lado a lado em duas guerras mundiais, que nos custaram o sacrifício de inúmeras vidas e nos impuseram, proporcionalmente e de modo diverso, pesados prejuízos materiais. Os sentimentos democráticos do povo brasileiro e do seu governo são hoje, porventura, maiores e mais arraigados do que no passado, porque, com o volver dos anos e a aceleração do desenvolvimento econômico, fortaleceram-se e estabilizaram-se as nossas instituições políticas, sob o princípio da supremacia da lei.

Era natural que paralelamente ao fortalecimento da democracia se desenvolvesse o sentido de responsabilidade internacional, levando-nos a participar dos acontecimentos e problemas não apenas regionais, mas mundiais, para nos situarmos em face deles à luz dos nossos interesses nacionais e dos ditames de nossa opinião pública.

No discurso que tive a honra de pronunciar perante o Congresso norte-americano em 4 de abril de 1962 procurei resumir e enunciar com clareza os aspectos dominantes de nossa posição nos seguintes termos:

'A ação internacional do Brasil não responde a outro objetivo senão o de favorecer, por todos os meios ao nosso alcance, a preservação e fortalecimento da paz. Acreditamos que o conflito ideológico entre o Ocidente e o Oriente não poderá e não deverá ser resolvido militarmente, pois de uma guerra nuclear, se salvássemos a nossa vida, não lograríamos salvar, quer vencêssemos, quer fôssemos vencidos, a nossa razão de viver. O fim da perigosa emulação armamentista tem de ser encontrado através da convivência e da negociação. O Brasil entende que a convivência entre o mundo democrático e o mundo socialista poderá ser benéfica ao conhecimento e à integração das experiências comuns, e temos a esperança de que esses contatos evidenciem que a democracia representativa é a mais perfeita das formas de governo e a mais compatível com a proteção ao homem e a preservação de sua liberdade'. A defesa do princípio de autodeterminação dos povos, em sua máxima amplitude, tornou-se o ponto crucial da política externa do Brasil, não apenas por motivos de ordem jurídica, mas por nele vermos o requisito indispensável à preservação da independência e das condições próprias sob as quais se processa a evolução de cada povo.

É, pois, compreensível que desagrade profundamente a consciência do povo brasileiro qualquer forma de intervenção num estado americano inspirada na alegação de incompatibilidade com o seu regime político, para lhe impor a prática do sistema representativo por meios coercitivos externos, que lhe tiram o cunho democrático e a validade. Por isso o Brasil na VIII Consulta de Chanceleres Americanos se opôs à imposição de sanções ao regime cubano, tanto mais que não eram apontados então, como só agora veio a suceder, fatos concretos em que se pudesse prefigurar a eventualidade de um ataque armado.

presidência da República, para comunicar ao primeiro-ministro Fidel Castro, com que Goulart também falou pelo telefone, que o Brasil, embora se opusesse à invasão de Cuba, participava dos mesmos receios

Ainda agora, entretanto, senhor presidente, não escondo a Vossa Excelência a minha apreensão e a insatisfação do povo brasileiro pelo modo por que foi pleiteada e alcançada a decisão do Conselho da OEA, sem que tivesse preliminarmente realizado, ou pelo menos deliberado, uma investigação in loco, e sem que se tivesse tentado através de uma negociação, como a que propusemos em fevereiro do corrente ano, o desarmamento de Cuba com a garantia recíproca de não invasão.

Receio que nos tenhamos abeirado sem, antes, esgotar todos os recursos para evitá-lo, de um risco que o povo brasileiro teme tanto como o norte-americano: o da guerra nuclear. E é na atuação de Vossa Excelência, no seu espírito declaradamente pacifista, que depositamos a esperança de que não sejam usadas contra Cuba medidas militares capazes de agravar o risco já desmedido da presente situação. Para tudo que possa significar esforço de preservação da paz, sem quebra do respeito à soberania dos povos, pode Vossa Excelência contar com a colaboração sincera do governo e do povo do Brasil.

Não quero encerrar, porém, esta carta, senhor presidente, sem acrescentar às considerações nela feitas a expressão de meus receios sobre o futuro imediato da OEA. Nos últimos tempos observo que as suas decisões vêm perdendo autoridade à medida que se afastam da correta aplicação das suas próprias normas estatutárias, e que são tomadas por maioria numérica com injustificável precipitação. A isso cabe acrescentar a tendência para transformar a Organização num bloco ideológico intransigente, em que, entretanto, encontram o tratamento mais benigno os regimes de exceção de caráter reacionário.

Permito-me pedir a atenção de Vossa Excelência para a violação do art. 22 da Carta de Bogotá, que se está correndo o risco de cometer para evitar a adesão de novos Estados por motivo de ordem ideológica. Permito-me ainda recordar a aplicação imprópria da Resolução H de Punta del Este sobre vigilância e defesa social, que não autoriza a Organização a encomendar investigações sobre a situação interna de nenhum país, para evitar que se firam os melindres de Estados soberanos, e que agora se pretende abusivamente invocar justamente para a execução de uma investigação dessa natureza. A esses casos acrescento o da criação do Colégio Interamericano de Defesa. Este órgão não pode merecer senão a nossa simpatia e cooperação, desde que se limite a apreciar problemas técnicos e de segurança externa, mas seus efeitos podem ser negativos se a título de problemas de segurança interna passar ele a estudar questões da competência privativa dos Estados sobre as quais convém que os militares recebam uma formação e orientação puramente nacionais.

Estou certo de que Vossa Excelência compreenderá as razões de minha apreensão. O Brasil é um país democrático, em que o povo e governo condenam e repelem o comunismo internacional, mas onde se fazem sentir ainda perigosas pressões reacionárias, que procuram sob o disfarce do anticomunismo defender posições sociais e privilégios econômicos, contrariando desse modo o próprio processo democrático de nossa evolução. Acredito que o mesmo se passa em outros países latino-americanos. E nada seria mais perigoso do que ver-se a OEA ser transformada em sua índole e no papel que até aqui desempenhou, para passar a servir a fins ao mesmo tempo anticomunistas e antidemocráticos, divorciando-se da opinião pública latino-americana.

dos Estados Unidos, diante da instalação em seu território de bases de mísseis pela União Soviética.[19]

A posição do Brasil na OEA pareceu, entretanto, vacilante, dúplice e equívoca, em virtude do caráter de conciliação que apresentara. O secretário de Estado, Dean Rusk, solicitara ao embaixador Roberto Campos, especialmente, que interviesse com Goulart para recomendar-lhe que o Brasil, onde a opinião pública e mesmo do governo, segundo ele sabia, estava dividida, desse o consentimento necessário para que a OEA aprovasse por unanimidade a quarentena, por tratar-se de uma "questão vital" para os Estados Unidos.[20] Em face desse apelo e das ponderações de Roberto Campos, Goulart instruiu Ilmar Pena Marinho, embaixador do Brasil na OEA, no sentido de que concordasse com a inspeção dos navios que demandavam a Cuba, a fim de verificar se transportavam armamentos com poder ofensivo, em suma, que aprovasse o bloqueio, ao mesmo tempo que deveria propor e defender a modificação do Anteprojeto de Resolução apresentado pelos Estados Unidos, sobretudo do parágrafo segundo, exigindo, como medida preliminar a qualquer ação de força, a constatação, por observadores da ONU, da permanência dos mísseis soviéticos em Cuba,[21] de modo que as provas apresentadas não pudessem sofrer contestação alguma.[22] Qualquer outra resolução fora dessas linhas básicas, ele desejava ser ouvido com antecedência.

O propósito de Goulart fora impedir que os Estados Unidos precipitassem isoladamente uma operação de guerra. Mas o texto do anteprojeto de resolução[23] era capcioso. O primeiro parágrafo pedia "o

---

Veja Vossa Excelência, senhor presidente, nestas considerações, que pretendia desenvolver pessoalmente, ao grato ensejo de sua visita ao Brasil, uma expressão do propósito de melhor esclarecimento mútuo sobre as aspirações e as diretrizes do povo brasileiro. Renovo a Vossa Excelência a certeza de minha melhor estima e apreço. João Goulart."

19 Entrevista de Hermes Lima ao autor em 1972. Mais detalhes sobre a missão do general Albino Silva, ver Moniz Bandeira, 1998, p.461-2, 476-8.

20 Campos, 1994, p.494-5.

21 Instruções de Goulart, notas manuscritas, cf., Lima, 1974, p.269.

22 Íntegra das instruções com o próprio punho de Goulart, in: Lima, 1974, p.269.

23 O texto do Anteprojeto de Resolução, apresentado pelos Estados Unidos, era o seguinte: "1) Visto as provas inconfundíveis mostrando que o governo de Cuba, apesar de repeti-

desmantelamento e a retirada imediata de Cuba de todos os mísseis e de qualquer outra arma com capacidade ofensiva". O segundo parágrafo recomendava que os Estados-membros da OEA, em outras palavras, os Estados Unidos, adotassem "individual e coletivamente, inclusive o emprego da força armada", que pudessem julgar necessário para que Cuba não continuasse a receber das "potências sino-soviéticas material militar e os abastecimentos correspondentes". Desta forma, o Brasil não podia aprovar o Anteprojeto de Resolução, pois implicava conceder aos Estados Unidos carta branca, como o embaixador Roberto Campos salientou,[24] para intervir militarmente em Cuba, ao seu juízo individual, o que contrariava a orientação de Goulart, favorável a uma inspeção preliminar por uma comissão da ONU, antes de qualquer outra medida a adotar, além da quarentena. Os embaixadores Pena Marinho e Roberto Campos foram então ao Departamento de Estado, onde demandaram o desmembramento do segundo parágrafo em dois, uma vez que a aceitação do bloqueio era unânime, mas a redação do texto era tão ampla que justificaria atos tais como bombardeio ou invasão, medidas tão graves que, no entender do Brasil, não podiam ser tomadas antes que Cuba e a União Soviética, sob pressão internacional, tivessem a oportunidade de interromper a construção das

---

das advertências, tem secretamente posto em perigo a paz e a segurança do Continente, permitindo o estabelecimento de bases para mísseis nucleares intermediários e de médio alcance no seu território por parte das potências sino-soviéticas, esta reunião da OEA, como Órgão de Consulta, resolve pedir o desmantelamento e a retirada imediata de Cuba de todos os mísseis e de qualquer outra arma com capacidade ofensiva. 2) Recomenda que os Estados-membros, de acordo com os art.s 6 e 8 do Tratado do Rio de Janeiro, adotem medidas individual e coletivamente, inclusive o emprego da força armada, que possam julgar necessários para assegurar que o governo de Cuba não possa continuar a receber das potências sino-soviéticas material militar e os abastecimentos correspondentes que possam ameaçar a paz e a segurança do Continente e para evitar que os mísseis e as bases em Cuba com capacidade ofensiva tornem-se no futuro uma ameaça à paz e à segurança do Continente. 3) Informar o Conselho de Segurança das Nações Unidas de acordo com o art. 54 da Carta das Nações Unidas." Cópia enviada por Kennedy a Goulart, tradução, confidencial. DJG.

24 Telegrama nº 774, da Embaixada do Brasil em Washington (Roberto Campos), 22 out. 1962 – 1h. Washington – Telegramas – CTs. – Rec. e Exp.– 1962. AHMRE-B.

bases de mísseis.[25] O secretário de Estado Assistente para os Assuntos Interamericanos, Edwin M. Martin, respondeu, a alegar que tempo não havia para ulteriores negociações com vistas à unanimidade do texto, pois os Estados Unidos necessitavam de uma solução ainda naquele dia, preferivelmente antes das 16 horas, quando o Conselho de Segurança da ONU iria se reunir, e não podiam ficar na dependência de novas decisões daqueles dois organismos internacionais. Apesar desta recusa, Pena Marinho, de acordo com instruções de Goulart, votou favoravelmente ao bloqueio. Mas, na segunda parte do parágrafo, absteve-se, tornando clara a posição contrária a medidas de bombardeio ou invasão de Cuba, no que o México e a Bolívia o acompanharam. Pena Marinho explicou que o Brasil subordinava qualquer outra medida a "prévia comprovação, por observadores da ONU, do arsenal soviético na ilha", mas aprovou o conjunto da Resolução, endossada unanimemente pelo Órgão de Consulta.

Esta sua atitude não refletia exatamente a orientação de Goulart, que, conquanto não a desautorizasse,[26] rechaçara, na verdade, o propósito intervencionista dos Estados Unidos. Goulart, todavia, não revelou o texto da carta que escrevera a Kennedy, não a explorou, politicamente, quiçá para não empecer ainda mais as relações com Washington, e a posição do governo afigurou-se confusa, em um momento de radicalização, quando seus próprios sustentáculos se solidarizavam com Cuba.[27] Brizola, governador do Rio Grande do Sul, Sérgio Magalhães, presidente da Frente Parlamentar Nacionalista (FPN), Almino Affonso, líder da bancada do PTB na Câmara Federal, o CGT, a União Nacional dos

---

25 Telegrama nº 777, da Embaixada do Brasil em Washington (Roberto Campos), 23/23 out. 1962 – 19h. Washington – Telegramas – CTs. – Rec. e Exp.– 1962. Ibidem.

26 "A posição brasileira mantivera-se dentro das bases recomendadas e o presidente não hesitou em aprová-la apesar de saber que isto lhe custaria dissabores em áreas de seu apoio." Lima, 1974, p.269.

27 "Os círculos parlamentares mostram-se perplexos com essa atitude oficial que se contradiz com as instruções mandadas ao nosso representante na OEA, cujo voto foi sem reservas em favor do bloqueio. Apenas se absteve nosso delegado quanto à questão do emprego de armas militares […]." *Diário de Notícias*, 24 out. 1962, editorial.

Estudantes (UNE), intelectuais, enfim, diversos setores da opinião pública manifestaram-se contra a atitude de Washington. Houve comícios em todo o país, realizados pelos sindicatos e associações estudantis. As manifestações evidenciaram, por seu vigor, o acirramento do antiamericanismo. Alguns dirigentes comunistas, que tentavam conter a exaltação dos ânimos, nem sempre alcançaram êxito. E, no Rio de Janeiro, os líderes do CGT, moderados, não conseguiram evitar que uma concentração de massas, em frente da antiga Câmara dos Deputados, se convertesse em passeata de protesto e marchasse contra a Embaixada dos Estados Unidos, tendo que enfrentar bombas de gás lacrimogêneo, jatos d'água e outras violências da polícia do governo Lacerda.

A crise internacional, com a iminência do conflito nuclear, evoluiu, finalmente, no sentido de possibilitar o entendimento entre a União Soviética e os Estados Unidos, que se comprometeram a não intervir em Cuba, em troca do desmantelamento das bases de foguetes lá instaladas. O resultado no Brasil, porém, foi o impulso à radicalização interna, tanto pela esquerda quanto pela direita, paralelamente a outro abalo que causou nas relações com os Estados Unidos.

Apesar do comedimento de Goulart, não negando o apoio a Kennedy, no que lhe fora possível, sem abdicar da defesa da autodeterminação de Cuba, as relações entre o Brasil e os Estados Unidos não melhoraram, antes se engravesceram cada vez mais daí por diante. E este fato evidenciou que as crescentes dificuldades entre os dois países não decorriam, na verdade, das divergências em política externa e sim, essencialmente, de incoercíveis pressões de política interna, a expressarem interesses econômicos e sociais contraditórios, que afetavam suas relações bilaterais e compeliam seus respectivos governos ao conflito.

As autoridades nos Estados Unidos não tinham a menor simpatia por Goulart e nele confiavam cada vez menos. Arthur Schlesinger Jr., um dos principais assessores da Casa Branca, julgava-o um "demagogo fraco e oscilante",[28] em cujo período de governo se tornou "necessária

---

28 Schlesinger, 1966, p.791.

toda a persuasão de dois brilhantes embaixadores, Lincoln Gordon, no Rio, e Roberto Campos, em Washington, para manter alguma racionalidade nas relações brasileiro-americanas".[29] O irmão do presidente dos Estados Unidos e ministro da Justiça, Robert Kennedy, conceituou desprimorosamente o governo de Goulart como "desastroso" por qualquer padrão que o medissem.[30] "A corrupção era endêmica" – escreveu, ulteriormente, acrescentando que "Goulart, seu cunhado (Brizola) e seus amigos se tornaram alguns dos maiores proprietários de terra, alguns dos homens mais ricos do Brasil",[31] o que era absolutamente falso e calunioso.

Corrupção naturalmente houve, como em todo governo, não só no Brasil como nos Estados Unidos e em outros países. Mas Goulart não se transformou num dos maiores proprietários de terra, nem em um dos homens mais ricos do Brasil, depois de assumir a presidência da República. Ele já o era antes de exercer qualquer cargo de governo e aumentou sua fortuna, justamente, durante o mandato do presidente Dutra,[32] quando mais cuidava de suas estâncias de gado. E nunca desviou recursos da pecuária para qualquer outra atividade.[33] Nunca possuiu indústrias, comércio, firmas de importação ou bancos.[34] Enfim, não participava de qualquer outro ramo de negócio, nem tinha um centavo de dólar depositado no exterior.[35] Quanto a Brizola, não era tão rico nem acumulou fortuna durante a vida pública. O governo implantado pelo golpe militar de 1964 não conseguiu apurar, apesar de

---

29 Idem, ibidem, p.791.
30 Kennedy, s.d., p.135.
31 Idem, ibidem, p.135.
32 "Se eu continuasse invernando e vendendo, anualmente, até mesmo sem admitir a natural expansão dos negócios, mas nas mesmas proporções de minhas atividades ao mesmo tempo de todo o período de governo insuspeito marechal Dutra, [...] o meu patrimônio então deveria ser, hoje, muitas vezes maior do que o é." Carta de Goulart a Doutel de Andrade, Montevidéu, 14 ago. 1964. ADA.
33 Notas manuscritas de Goulart a Doutel de Andrade, Montevidéu, s.d., provavelmente meados de 1964. ADA
34 Idem.
35 Idem.

todo o ódio e do esforço que fez, nenhum ato de corrupção ou qualquer outro que desabonasse, moralmente, o comportamento de Goulart e Brizola. Tais opiniões expressavam simplesmente os preconceitos que a campanha contra Goulart alimentara tanto no Brasil como nos Estados Unidos, não por causa de suposta corrupção, inerente a todo o sistema capitalista, e sim em consequência do conteúdo nacional e popular de sua política e do seu governo.

Essa campanha se intensificou após o bloqueio de Cuba, visando à desastibilização do governo João Goulart, pois os dirigentes da CIA passaram a considerar o Brasil o mais urgente problema na América Latina.[36] *The New York Times* noticiou que a situação financeira do Brasil, "cada vez pior", inquietava o presidente Kennedy e que ele "ainda mais" se preocupava com a possibilidade de que os elementos de esquerda tentassem impor "soluções totalitárias" aos problemas do Brasil.[37] Dias depois, o próprio Kennedy, em entrevista à imprensa, manifestou seu desassossego com a situação do Brasil, que considerava das "mais penosas", com uma inflação a 5% ao mês, "anulando a ajuda americana e aumentando a instabilidade política".[38] "Uma inflação no ritmo de 50% ao ano é praticamente sem precedentes" – salientou. "O Brasil deve tomar providências", pois, acrescentou, "não há nada que os Estados Unidos possam fazer para beneficiar o povo brasileiro, enquanto a situação monetária e fiscal for tão instável."[39]

Kennedy prosseguiu na escalada de pressões, com o objetivo de abater Goulart, forçando-o a transigir com as pretensões dos Estados Unidos. Em outro pronunciamento, aludiu aos "problemas cruciantes" do Brasil, que "preocupavam consideravelmente" os Estados Unidos, e ressaltou a situação do Nordeste, onde a renda média *per capita* era de US$ 100,00 anuais.[40] Essa ingerência aberta nos assuntos internos do

---

36 Weis, 1993, p.157.
37 Despacho de E. W. Kenworthy, in: *O Estado de S. Paulo*, 13 dez.1962, p.22.
38 *Diário de Notícias*, 14 dez.1962; *O Estado de S. Paulo*, 13 dez.1962.
39 *Diário de Notícias*, 14 dez.1962.
40 *O Estado de S. Paulo*, 16 dez.1962, p.1.

Brasil, por um presidente dos Estados Unidos, era realmente insólita e abusiva. A declaração feita por Kennedy de que outra nação estava em bancarrota não tinha precedente na história das relações internacionais. Seus efeitos econômicos e políticos seriam evidentemente desastrosos para o Brasil, em especial para seu crédito, considerando que a acusação partira do chefe do maior centro capitalista mundial.[41] Kennedy, sem a menor cerimônia, alinhou-se à oposição interna ao governo Goulart, como qualquer político brasileiro, a incentivar sua desestabilização, antes mesmo de restaurado o presidencialismo. Àquela época, enquanto sua entrevista repercutia, Kennedy, no dia 13 dezembro, recebeu em audiência o senador Juscelino Kubitschek, ex-presidente do Brasil, e Alberto Lleras Camargo, ex-presidente da Colômbia, e abordou com eles o tema da América Latina e, em particular, do Brasil. Kubitschek, que notara crescente animosidade contra o Brasil nos Estados Unidos, defendeu Goulart, como um "homem de sólidos princípios com bom entendimento político", que necessitava sentir-se apoiado, para contrarrestar as influências adversas, tais como a do seu cunhado, Leonel Brizola, "violentamente antiamericano".[42] Kennedy ponderou que não importava quanto os Estados Unidos aplicaram no Brasil, mas a verdade era que o dinheiro não produzira nenhum resultado, uma vez que a inflação e a fuga de capitais continuavam. O outro fato a preocupar, segundo ele, era a forte influência marxista ou comunista no movimento operário e em outras áreas importantes da sociedade brasileira, o que contribuía para o total agravamento da situação. Kubitschek explicou que os elementos de esquerda, embora não apresentassem peso significativo, eram muito atuantes e barulhentos, de modo que contribuíam para impopularizar a Aliança para o Progresso, e instigou Kennedy, várias vezes, a cooperar com o Brasil – e sem demora – na

---

41 "O sr. Kennedy sabe muito bem as consequências desastrosas que pode ter para a vítima de seu ataque uma assertativa dessa natureza [...] É fácil de calcular os efeitos perturbadores e prejudiciais que possa ter sobre o crédito do alvo da alusão semelhante assertiva da maior gravidade". Costa, Oswaldo. Campanha contra o Brasil, in: *O Semanário*, 3-9 jan. 1963.

42 Memorando de Conversação, 13 dez. 1962, NLK-76-96 § 2°, JFKL.

solução dos seus problemas de balanço de pagamentos. No curso da conversa, salientou que, na sua administração, o Brasil recebera mais de US$ 2,5 bilhões, o equivalente à média anual de US$ 500 milhões, o que contrastava com os parcos US$ 10 milhões investidos naquele ano. Kennedy ponderou que as políticas radicais de nacionalização do capital e expropriação de empresas estrangeiras afugentavam cada vez mais os investimentos. E Kubitschek aproveitou, mais adiante, uma oportunidade para salientar que, durante seu mandato, promovera o desenvolvimento do Brasil, alcançando grande sucesso, mesmo sem quase receber ajuda do governo dos Estados Unidos. E havia certas áreas, como a situação do balanço de pagamentos, em que a cooperação dos Estados Unidos, ele enfatizou, seria muito útil. Os argumentos de Kubitschek, em favor da colaboração com Goulart, não sensibilizaram Kennedy, que duas vezes repetiu considerar a situação do Brasil, devido à sua natureza e à sua posição-chave nos assuntos do hemisfério, mais grave que a de Cuba e por isto ela tinha a máxima prioridade. Contudo, acentuou, o fato é que, não importando o que os Estados Unidos fizessem, a situação do Brasil devia deteriorar-se.[43]

O embaixador Lincoln Gordon encontrava-se então em Washington para conferenciar com as autoridades do Tesouro e do Departamento de Estado sobre a atitude que tomariam a respeito do Brasil, já se sabendo que os Estados Unidos não lhe emprestariam dólares, em grande escala, sem alguns indícios seguros de que o governo Goulart realizaria as medidas de estabilização econômica, segundo prometera, mas ainda, não cumprira.[44] Quando regressou ao Rio de Janeiro, às vésperas do plebiscito, Gordon mostrou-se simpático ao regime parlamentarista, do qual, disse, o Brasil não tivera uma "verdadeira experiência", e, como sempre indiscreto, anunciou aos brasileiros, para espanto de todos, o nome do próximo titular da pasta da Fazenda, no gabinete presidencialista. Este, segundo Gordon, seria o deputado San Tiago

---

43 Idem, ibidem
44 Despacho de E. W. Kenworthy, in: *O Estado de S. Paulo*, 9 dez. 1962, p.22.

Dantas, que deveria viajar a Washington, logo depois da posse, a fim de discutir os problemas pendentes.[45]

Os problemas, que prejudicavam as relações entre o Brasil e os Estados Unidos, eram muitos. O que interessava sobremodo a Kennedy, no entanto, era o caso da encampação das concessionárias de serviços públicos, particularmente da Bond & Share ou, como se tornaria mais conhecida, da AMFORP (American & Foreign Power) e de uma subsidiária da ITT, já desapropriada por Brizola. Kennedy julgara-o resolvido, desde a viagem de Goulart a Washington, e oito meses transcorreram sem que o governo Goulart, apesar da criação da CONESP, efetivasse o negócio. A delonga irritou-o[46] tanto mais porque, com a aprovação e a promulgação pelo Congresso da lei que limitava as remessas de lucros para o exterior, o valor das indenizações tenderia a baixar, considerando-se como capital estrangeiro apenas os investimentos oriundos de dólares e não os reinvestimentos com cruzeiros acumulados no Brasil.[47] Também havia a questão da Hanna, que não só perdera inúmeras jazidas no quadrilátero ferrífero de Minas Gerais, canceladas pelo primeiro gabinete parlamentarista, como pleiteava sem êxito licença para ter um porto exclusivo no Rio de Janeiro, contrariando o plano do ministro de Minas e Energia, Eliézer Batista, de obrigar as empresas a investir os dólares resultantes das exportações de ferro na construção de siderúrgicas.[48]

John Kennedy quis resolver, rapidamente, esses e outros assuntos e, após a série de ataques e de críticas à situação do Brasil, no fim de 1962, mandou seu irmão Robert, secretário de Justiça dos Estados

---

45 *O Estado de S. Paulo*, 4 dez. 1962; *Diário de Notícias*, 14 dez.1962.

46 Skidmore, 1967, p.257.

47 "Realmente, as empresas norte-americanas formaram seu patrimônio com a aplicação de parte dos lucros auferidos no país ou em função de empréstimos concedidos por bancos brasileiros, públicos e privados, ou ainda em decorrência de financiamentos e créditos externos, garantidos pelo Tesouro Nacional ou pelo Banco Nacional de Desenvolvimento Econômico (BNDE)". Moniz Bandeira, 1975, p.193.

48 Entrevista de Darcy Ribeiro, ex-ministro da Educação e ex-chefe da Casa Civil de Goulart, ao autor, Rio de Janeiro, 18 mai. 1977.

Unidos, entrevistar-se com Goulart, com o objetivo de extorquir-lhe concessões, mediante pressão e ameaças. Esta súbita viagem de Robert Kennedy a Brasília, sem que houvesse convite do governo brasileiro, gerou inevitavelmente diversas especulações na imprensa e nos meios políticos. Noticiou-se que ele fora condenar a propalada infiltração comunista no governo, defender os negócios da Hanna, cobrar as indenizações à AMFORP e à ITT e exprimir o desagrado de Washington ante o crescente comércio do Brasil com os países do Leste Europeu, sobretudo à base de moeda-convênio, uma vez que se opunha a que o Brasil comprasse petróleo da União Soviética ou helicópteros da Polônia em troca de café.[49] De fato, Robert Kennedy expressou, pessoalmente, a Goulart a inconformidade dos Estados Unidos com os negócios que o Brasil pretendia realizar com a União Soviética, sobretudo à base de moeda-convênio, e abordou também outros temas. Aludiu à presença de comunistas no governo, bem como nos sindicatos, e insinuou que Goulart poderia ter maiores problemas econômicos com os Estados Unidos se não reprimisse o movimento operário.[50] Mostrou-se, nesse particular, "muito intransigente" com a questão trabalhista.[51] E advogou tanto uma solução mais rápida para o caso da ITT e da AMFORP quanto os interesses da Hanna. A conversa, que durou três horas,[52] foi "um pouco dura", conforme Goulart,[53] que repeliu a investida de Robert Kennedy, a propósito da alegada penetração comunista no governo, a redarguir-lhe que o problema sindical era de foro interno e não comportava interferência de nações estrangeiras.[54] A respeito da ambição da Hanna respondeu-lhe que o Brasil não discriminava as empresas privadas norte-americanas, mas exigia que elas se submetes-

---

49 A insolência de Bob, in: *O Semanário*, n° 320, 31 jan.-9 fev.1963.
50 Entrevista de Goulart ao autor, cit.
51 Idem.
52 A conversa durou das 15h30 às 18h30 do dia 17 de dezembro de 1962.
53 Entrevista de Goulart ao autor, cit.
54 Idem.

sem ao plano siderúrgico do Ministério de Minas e Energia.[55] E sobre as compras no Bloco Socialista, Goulart, consciente de que as razões de Robert Kennedy não eram decerto ideológicas, mas de política comercial e de competição por mercados, colocou-se na mesma posição, respondendo-lhe que o Brasil daria a preferência aos Estados Unidos, desde que estes lhe oferecessem iguais condições de comércio, sem o dispêndio de divisas. E era o que os Estados Unidos não podiam fazer, empenhados que estavam em forçar o cumprimento das normas do FMI, contrárias a qualquer restrição do câmbio e a acordos monetários discriminatórios, a fim de liberalizar e multilateralizar cada vez mais o comércio internacional.

Robert Kennedy, posteriormente, declarou que o presidente dos Estados Unidos o incumbira de ir a Brasília dizer a Goulart que "nossos fundos estavam sendo dissipados e não estavam tendo nenhum efeito na vida do povo brasileiro".[56] Segundo fonte do Departamento de Estado, ele deixou claro, no encontro, que o Brasil não deveria esperar ajuda maciça dos Estados Unidos, caso não adotasse medidas para combater a inflação e não colaborasse com o Ocidente, ou seja, não tomasse posição contra Cuba.[57] O governo de Washington, na verdade, estava utilizando os empréstimos ao Brasil como instrumento de pressão econômica e política, aproveitando-se de suas dificuldades com o balanço de pagamentos, criadas pela deterioração dos termos de troca, pelas remessas de lucros para o exterior e pelas fraudes cambiais, que as companhias estrangeiras (na maioria, norte-americanas) efetuavam.

Goulart, conquanto sempre tratasse de contemporizar, não cedeu, porém, no essencial. As ameaças de Robert Kennedy destarte não o vergaram e o Brasil, em abril de 1963, concluiu um acordo de comér-

---

55 Hermes Lima e Darcy Ribeiro, em entrevistas ao autor, também relataram esses pontos da conversa entre Goulart e Robert Kennedy. A questão de Hanna tinha grande importância porque contrariava o plano de incrementar as exportações de perfis de aço, com base na combinação entre o porto de Tubarão e o porto de Rikeja, na Iugoslávia. De acordo com o plano, os navios que levassem ferro deveriam trazer, em vez de petróleo, carvão.

56 Kennedy, op.cit., p.136.

57 *Diário de Notícias*, 22 dez.1962.

cio e pagamento com a União Soviética, visando ao incremento do intercâmbio, que passaria de US$ 70 milhões, em 1962, para US$ 160 milhões, em 1963, US$ 200 milhões, em 1964, e US$ 225 milhões, em 1965, segundo as estimativas.[58] Se tais metas se cumprissem, o Brasil, por volta de 1965, iria receber da União Soviética cerca de 1/3 de suas importações de óleo cru e subprodutos do petróleo. Aos Estados Unidos não convinha, portanto, que esses dois países intensificassem suas transações bilaterais, sobretudo à base de acordos de pagamentos, contrários aos seus esforços para promover a multilateralização do comércio, por meio da livre convertibilidade das moedas.

Em tais circunstâncias, as pressões sobre o governo Goulart continuaram. Poucos dias antes do plebiscito, o embaixador Gordon reiterou que os Estados Unidos endureceriam o jogo com o Brasil[59] e o *US News & World Report* noticiou que Washington exigia de Brasília cinco medidas, desde o "paradeiro à corrida inflacionária" ao "afastamento dos altos funcionários pró-soviéticos" do governo, adiantando que essa atitude não mudaria, "mesmo que o Brasil fosse à bancarrota, mesmo que uma sublevação depusesse Goulart e colocasse os militares no poder".[60] O *Record American,* por sua vez, comentou que os brasileiros seriam "prudentes" se considerassem o plebiscito com cuidado, pois talvez necessitassem de "um novo presidente em vez de aumentar o poder do atual".[61]

---

58 Ibidem.
59 Idem, 4 jan. 1963; *O Estado de S. Paulo,* 4 jan. 1963.
60 Cf. *Diário de Notícias,* 4 jan. 1963.
61 Cf. *O Estado de S. Paulo,* 4 jan. 1963. Todos os jornais da época estão repletos de referências às queixas norte-americanas contra a inflação, à política externa brasileira e à presença de comunistas no governo.

CAPÍTULO 7

A vitória no plebiscito – O significado da ajuda americana – San Tiago Dantas em Washington – O impasse do Plano Trienal – As contradições na área do governo

O povo brasileiro não seguiu o conselho do *Record American*. O que era bom para os Estados Unidos naturalmente não o era para o Brasil. E cerca de 9 milhões de eleitores, em 10 milhões, ratificaram o mandato de Goulart, dizendo *sim* ao presidencialismo e ao programa de reformas de base, que se vinculara à sua restauração. Goulart considerou aquele resultado como outra eleição, sua verdadeira eleição para a presidência da República,[1] a mais expressiva de toda a história do país, maior do que a de Quadros, até então recorde, com 6 milhões de votos. Era seu "triunfo pessoal", como *The New York Times* reconheceu.[2] Ele, entretanto, não quis assumi-lo, em toda a plenitude, como um mandato popular para as reformas de base, e formar um ministério eminentemente de esquerda, a fim de executá-las, com ou contra o Congresso. "Essa coroa eu não ponho na minha cabeça" – disse a Darcy Ribeiro, seu ministro da Educação.[3] Seu propósito era deixar que a onda passasse,

---

1   Entrevista de Goulart ao autor, cit.
2   *O Estado de S. Paulo*, 2 jan. 1963.
3   Entrevista de Darcy Ribeiro ao autor, cit.

evitando a radicalização, para depois retomar, firmemente, o caminho das reformas.[4] Por isso dividiria a vitória com o PSD.[5]

Esse critério orientou a formação do seu primeiro ministério presidencialista. Como sempre, Goulart procurou cercar-se de homens eminentes, juristas e professores, a exemplo de Hermes Lima, Francisco San Tiago Dantas, João Mangabeira, Celso Furtado, Almino Affonso e muitos outros, organizando um ministério de centro-esquerda, com alto nível técnico. E, apesar de toda a animosidade existente contra ele, tentou ainda um compromisso com os Estados Unidos. Celso Furtado, ministro sem Pasta (para o Planejamento) desde o gabinete de Hermes Lima, elaborara o Plano Trienal, que tinha como escopo a continuidade do desenvolvimento do Brasil, dentro de um programa anti-inflacionário, cuja essência consistia na preparação e no desencadeamento de uma recessão atenuada.[6] Por sua vez, San Tiago Dantas, nomeado ministro da Fazenda como Gordon antecipara, tomou uma série de medidas para a estabilização da moeda, antes de viajar aos Estados Unidos, com o objetivo de negociar novos empréstimos e o reescalonamento da dívida brasileira. Aplicou a lei que criara o *cruzeiro forte* (aprovada pelo Congresso em regime de *urgência urgentíssima*, ao término de 1962), aboliu os subsídios às importações de trigo e petróleo, dando mais um passo para a uniformização das taxas de câmbio, conforme a doutrina do FMI e das autoridades de Washington. E batizou com o rótulo de *esquerda positiva* aqueles que se dispunham a colaborar para a realização das reformas de base, de acordo com o esquema da Aliança para o Progresso.

A situação do Brasil já era então extremamente grave. O déficit do Tesouro Nacional ascendeu a Cr$ 280 bilhões, ou seja, quase 60% da arrecadação tributária, e as pressões sobre o Banco do Brasil, por parte do setor privado, aumentaram de forma a obrigá-lo a expandir as operações de sua Carteira de Crédito Geral em mais de 80%, isto sem

---

4   Idem.
5   Idem.
6   Goulart, João – *Mensagem ao Congresso Nacional* – 1963, Brasília, p.6

considerar as transações referentes ao café.[7] Em dezembro de 1962, a inflação atingira fase crítica, com o nível geral dos preços aumentando em mais de 8% e as emissões de papel-moeda atingindo o patamar dos Cr$ 90 bilhões.[8] E o balanço de pagamentos tivera um déficit da ordem de US$ 400 milhões.[9] Só os serviços da dívida externa e da remessa de lucros para o exterior, da ordem de US$ 596 milhões em 1962,[10] consumiram praticamente o valor total dos recursos obtidos com as exportações daquele ano para os Estados Unidos, i. e., US$ 678,5 milhões[11], ou US$ 485 milhões, segundo as estatísticas brasileiras.[12] Assim, para manter o fluxo das importações, o Brasil necessitava de novos empréstimos, que mais onerariam o serviço da dívida externa, mantendo-o no círculo vicioso da dependência e da submissão aos banqueiros de Wall Street.

A imprensa norte-americana, em incessante campanha, acusava então o Brasil de malversação dos dólares que recebia, o que levou o Itamaraty, através da Embaixada em Washington, a mostrar que o montante da suposta ajuda dos Estados Unidos era "muito inferior" ao que se imaginava, sendo praticamente toda ela condicionada à compra de bens e serviços naquele país, com o objetivo de utilizar a capacidade ociosa de suas indústrias.[13] De 1940 a 1962, os desembolsos líquidos efetuados pelos Estados Unidos somaram apenas US$ 1.064 milhão, enquanto os consumidores norte-americanos, entre 1955 e 1961, se

---

7 Idem, ibidem, p.5.
8 Idem, ibidem, p.5.
9 Idem, ibidem, p.8.
10 *Relatório do Banco do Brasil S.A*, 1963, p.234; *Conjuntura Econômica*, fev.1963, p.58.
11 *Statistical Abstract of the United States*, 1965, p.880-1.
12 *Anuário Estatístico do Brasil*, 1964, p.158.
13 Sob o título "Ajuda dos Estados Unidos é pequena e cara diz a Embaixada do Brasil", o *Jornal do Brasil*, de 24 de janeiro de 1963, publicou a nota oficial distribuída pelo embaixador do Brasil em Washington, Roberto de Oliveira Campos, e, simultaneamente, pelo Itamaraty, no Rio de Janeiro. Roberto Campos, antes, já proferira uma conferência no Pan American Society of the United States, na qual se referiu às "objurgatórias, tanto de fontes bem quanto de fontes mal informadas, fustigando um suposto desperdício nos programas de empréstimo ao Brasil, em vista de persistente inflação e das recentes crises no balanço de pagamentos", in: *O Estado de S. Paulo*, São Paulo, 23 dez. 1962, p.31.

beneficiaram de uma queda substancial dos preços pagos por produtos brasileiros de importação, muito maior que o total da pretensa ajuda ao Brasil no período do pós-guerra, i. e., desde 1945.[14]

O que o Itamaraty demonstrou, através de sua Embaixada em Washington, constituía apenas um aspecto da espoliação do Brasil pelos Estados Unidos, sem aprofundar o estudo do problema, a drenagem dos recursos nacionais, através da remessa de lucros, juros, *royalties* e dividendos, que, juntamente com a deterioração dos termos de troca, provocava o déficit estrutural do balanço de pagamentos. "Infelizmente", como Andrew Gunther Frank observou a respeito das notas divulgadas pelos representantes do Brasil e dos Estados Unidos, "a realidade das relações econômicas entre os dois países é bem mais desagradável do que deixam entrever ambos os embaixadores".[15] Como salientou, o líquido do subsídio norte-americano para o Brasil não era nem grande nem pequeno. Era negativo.[16] Todas as verbas prometidas pela Aliança para o Progresso "aguardavam a eventualidade de uma submissão do Brasil às exigências norte-americanas sobre as desapropriações e à política financeira do FMI".[17] E, na verdade, o que ocorria não era uma transferência de capitais dos Estados Unidos para o Brasil e sim, ao contrário, um escoamento de recursos do Brasil para os Estados Unidos.[18]

De acordo com as cifras oficiais, US$ 1.814 milhão, em empréstimos e investimentos, entraram no Brasil, entre 1947 e 1960, e saíram, no mesmo período, US$ 2.459 milhões, sob a forma de remessas de lucros e de juros, deixando um saldo negativo da ordem de US$ 645 milhões, que, em realidade, era muito maior, pois, sob a rubrica Serviços, mais

---

14 "O efeito da queda de preços dos produtos brasileiros importados pelos Estados Unidos foi maior que o total da ajuda de todo o período de pós-guerra." Nota oficial da Embaixada do Brasil em Washington, in: *Jornal do Brasil*, Rio de Janeiro, 24 jan. 1963.

15 Andrew Gunther Frank. As realidades econômicas entre o Brasil e os Estados Unidos, in *Caderno Especial*, p.6, *Jornal do Brasil*, 24.01.1963.

16 Idem, ibidem.

17 Idem, ibidem.

18 Idem, ibidem.

US$ 1.022 milhão ainda se evadiu, como remessas clandestinas de lucros.[19] "O total da afluência favorece aos Estados Unidos" – Gunther Frank acentuou – "com a quantia de US$ 2.481 milhões, quase o dobro do afluxo e mais a retirada líquida de US$ 1.667 milhão".[20] E, com a aprovação da lei que limitava as remessas de lucros, em fins de 1961,[21] não só as empresas estrangeiras intensificaram a transferência de recursos para suas matrizes, a reduzir, por conseguinte, a taxa de reinvestimentos, como o influxo de capitais privados norte-americanos caiu de US$ 18,8 milhões, em 1961, para US$ 9,6 milhões, em 1962, e US$ 6,7 milhões, em 1963.[22] Conforme também a Subcomissão do Hemisfério Ocidental, da Comissão de Relações Exteriores do Senado norte-americano, comprovaria, os investimentos diretos dos Estados Unidos no Brasil, entre 1961 e 1962, somaram apenas US$ 21 milhões, enquanto as transferências de lucros de suas empresas montaram a US$ 59 milhões dando-lhes um saldo positivo da ordem de US$ 38 milhões naqueles dois anos.[23] Em 1963, além das remessas de lucros, no valor de US$ 13 milhões, as companhias norte-americanas retiraram do Brasil como retorno de capital mais US$ 8 milhões.[24] Naquele ano,

---

19 Idem, ibidem.

20 Idem, ibidem.

21 "Em 1961, a situação cambial do Brasil, devido aos excessos cometidos pela administração de Kubitschek, comprometendo nossa receita de divisas com a oferta de dólares que não existiam nos leilões para a importação, agravou-se de tal maneira que foi necessária uma consolidação da dívida externa. Em consequência, sofreram os investimentos diretos, que foram ainda abalados pela crise política de agosto. Os ingressos de novos capitais, diretamente investidos, caíram para US$ 38 milhões. Este ano, nos 5 primeiros meses, sob o impacto de lei aprovada em fins de 1961 pela Câmara, os investimentos diretos de capital estrangeiro caíram ao seu mais baixo nível, depois de 1955, não ultrapassando pouco mais de US$ 10 milhões." *Diário de Notícias*, 17 jul. 1962.

22 *Anuário Estatístico do Brasil*, Instituto Brasileiro de Geografia e Estatística (IBGE),1964, p.181.

23 United States Policies and Programs in Brazil – Hearings before the Subcommitee on Westerns Hemisphere Affairs of the Commitee on Foreign Relations – US Senate, Ninety-second Congress, First Session, May 4, 5 and 11, 1971 – US Government Printing Office, Washington, 1971, p.215.

24 Ibidem, p.215.

o Brasil não recebeu nenhum investimento direto dos Estados Unidos, cujo saldo foi mais uma vez positivo, totalizando US$ 21 milhões.[25]

Conforme o senador Frank Church, dos Estados Unidos, constataria, as empresas norte-americanas não só tiraram mais dólares do Brasil do que investiram como também se apossaram do controle de uma percentagem cada vez maior de sua economia,[26] mediante reinvestimentos em cruzeiros, alimentando a crise do balanço de pagamentos, com remessas de lucros e fraudes cambiais, a exemplo do superfaturamento e do sobrefaturamento nos negócios de importação e exportação. Essa crise, que se agravara desde o tempo de Kubitschek, deixou o governo João Goulart em uma posição extremamente vulnerável. Seus ministros da Fazenda tinham que renegociar a dívida externa a cada três meses,[27] acossados pelas autoridades de Washington, pelo FMI e por outras entidades internacionais de crédito, como o Banco Mundial, que suspendera qualquer empréstimo ao Brasil.[28] E San Tiago Dantas, apesar das medidas anti-inflacionárias que tomara, encontrou em Washington um ambiente adverso e tamanhas dificuldades que, a certa altura das negociações, chegou a examinar com Roberto Campos, embaixador do Brasil, a conveniência de interrompê-las, na mesma linha do procedimento de Kubitschek em 1959. "Cheguei a meditar com Dantas, ao longo de duas noites de insônia, a possibilidade de uma ruptura de negociações" – Roberto Campos confirmou em suas memórias, explicando que ambos, porém, chegaram à conclusão de ser "impraticável qualquer mobilização eficaz do sentimento nacionalista para um duro programa de austeridade, congelamento salarial e racionamento de trigo e combustível, que seriam necessários na hipótese de cassação da ajuda externa".[29]

---

25 Ibidem, p.215.
26 Entrevista de Frank Church à revista *Veja*, São Paulo, 10 nov.1971.
27 Entrevista de Celso Furtado ao autor, cit.
28 Idem.
29 Sobre o tema ver Campos, 1994, p.514.

Os norte-americanos fizeram a San Tiago Dantas toda a sorte de imposições, desde a solução do caso da AMFORP e da subsidiária da ITT a medidas de estabilização ainda mais duras, que o FMI se encarregaria de fiscalizar. Ele cedeu quanto pôde e autorizou Campos a firmar um memorando (22 de abril de 1963), pelo qual o governo brasileiro se comprometia a fechar o contrato de compra da AMFORP até 1° de julho daquele ano, ou seja, dentro de três meses, ficando, porém, com a responsabilidade por todas as operações que as subsidiárias do grupo realizassem, no período, desde 1° de janeiro. Esta seria o que Roberto Campos chamou de "nacionalização pacífica" e, de acordo com o memorando, que equivalia a uma carta de intenção e Roberto Campos assinou sem o prévio conhecimento de Goulart,[30] o governo brasileiro manifestava o propósito de adquirir o patrimônio das empresas da AMFORP pelo preço de US$ 43 milhões, pagáveis US$ 10 milhões na data da escritura de compra e venda e o restante em 25 anos.[31] Em troca, os Estados Unidos concederiam ao Brasil um empréstimo de US$ 398,5 milhões, cuja completa liberação dependeria do cumprimento dos compromissos que San Tiago Dantas assumira. Imediatamente, o governo brasileiro só poderia utilizar US$ 84 milhões, dos quais US$ 30 milhões se destinavam a prover o acordo de compensação com a ITT, ficando a outra parcela hipotecada pela promessa de reembolsar os acionistas da AMFORP.[32] Em outras palavras, duas corporações norte-americanas receberiam o dinheiro, sob a forma dissimulada de doações da Agência Interamericana de Desenvolvimento (AID), e ao governo brasileiro caberia a obrigação de pagar-lhe com as receitas do comércio exterior.

Supôs-se que os compromissos contraídos por San Tiago Dantas em Washington também tivessem implicações políticas. Durante sua estada

---

30 Memorando do ministro de Minas e Energia (Oliveira Brito) ao deputado Doutel de Andrade, líder do PTB, s.d. ADA.
31 Idem.
32 *Hanson's Latin American Letter*, 30 mar. 1963, apud *O Semanário*, n° 329, 18 a 24 abr. 1963, p.3.

naquela capital, propositadamente ou não, a Comissão de Relações Exteriores do Congresso norte-americano deixou que transpirassem para a imprensa trechos de um depoimento do embaixador Gordon sobre o que ele chamava de "forte infiltração comunista" no movimento operário e nas entidades estudantis do Brasil.[33] Este assunto constituiu, sem dúvida, base de discussão com as autoridades de Washington, pois dificilmente o governo brasileiro poderia descarregar o peso da crise econômica e financeira, segundo o modelo do FMI, sobre os ombros dos trabalhadores (contenção dos salários) e das classes médias (alta do custo de vida), sem medidas de repressão política, principalmente contra as organizações populares. E aí é que estava a chave do problema. A crise econômica atingira um ponto que impunha uma definição de classe. A intervenção cirúrgica, de um modo ou de outro, tornara-se necessária. A questão consistia em saber de que lado se cortaria a carne. Ou o governo completava as medidas de estabilização monetária, de acordo com o figurino do FMI, comprimindo os salários etc., ou reorientava o desenvolvimento do país no sentido da redistribuição de renda, mediante crescente intervenção do estado na economia, com a limitação dos lucros extraordinários, controle das remessas para o exterior, tabelamento de preços, reforma agrária, enfim, medidas drásticas e transformações de base, de caráter democrático e nacional. Qualquer das duas opções ultrapassava a força do governo para exigir um governo de força.

San Tiago Dantas, quando regressou ao Brasil, agravou as medidas de estabilização monetária, desvalorizando o câmbio oficial em 30%, o que elevou o valor do dólar de Cr$ 460,00 para Cr$ 600,00, quase à mesma taxa do mercado negro. E em 8 de abril Goulart criou uma Comissão Interministerial, composta pelos ministros da Fazenda (San Tiago Dantas), Guerra (Amaury Kruel), Viação e Obras Públicas (Hélio de Almeida), Indústria e Comércio (Antônio Balbino) e Minas e Energia (Eliézer Batista), para estudar e proceder à compra das subsidiárias

---

33 *The New York Times*, 18-21 mar. 1963.

da Bond & Share (as empresas da AMFORP) e da ITT, no lugar da CONESP, que assim se extinguia. Temeu-se então que Goulart, sob o manto do centrismo, inflectisse para a direita. Em dois discursos, com diferença de poucos dias, ele atacara as "exaltações da extrema esquerda",[34] embora declarasse não admitir o "terrorismo ideológico" da direita,[35] enquanto o ministro da Guerra, general Amaury Kruel, proclamava estar o Exército pronto para "carbonizar" os focos de agitação, estivessem onde estivessem.[36] Na mesma ocasião, a pretexto de promover um desagravo a Goulart por injúrias que o governador Carlos Lacerda lhe fizera, elementos vinculados à presidência da República, como o general Albino Silva, chefe da Casa Militar, articularam, com o respaldo do ministro da Guerra, a realização de um comício no Largo do Machado (Rio de Janeiro), após o qual as massas, insufladas, assaltariam o Palácio da Guanabara, justificando assim a mobilização do Exército e a intervenção federal no estado. O plano, realmente, visava apenas a Lacerda. Os ataques de Goulart à extrema esquerda, porém, despertaram desconfianças e receou-se que, no impulso dos acontecimentos, o governo federal interviesse igualmente em Pernambuco para derrubar Arraes,[37] como o general Kruel queria. O general Osvino Alves, comandante do I Exército, recusou-se a garantir a manifestação e aconselhou aos dirigentes do CGT e aos líderes de esquerda a não apoiá-la, consciente de que se tratava de uma provocação de Kruel para empolgar o poder.[38] Efetivamente, Kruel, um oportunista como a própria Embaixada dos Estados Unidos o classificava, estava já a conspirar para depor Goulart, juntamente com os marechais Odylio

---

34 Discurso no dia 30 mar. cf. *Diário de Notícias*, 31 mar. e 1º abr. 1963. Discurso de 4 de abril, em Marília, cf. *Diário de Notícias*, Rio de Janeiro, 5 abr. 1963.
35 Idem.
36 *Diário de Notícias*, 5 abr. 1963.
37 O plano tenebroso do general Kruel não visava de modo algum a Lacerda. Visava única e exclusivamente ao general Osvino e ao governador Arraes. "Osvino e Arraes", in: *O Semanário*, 18-24 abr. 1963, p.4.
38 Entrevista do general Osvino Alves ao autor, Rio de Janeiro, 17 nov.1976. Castelo Branco, 1976, p.151-52.

Denys e Eurico Gaspar Dutra,[39] o general Nelson de Melo, almirante Sílvio Heck e outros oficiais de patente superior, que haviam marcado uma reunião em Petrópolis, no dia 18 de março, para discutir o plano do golpe de Estado.[40] No entanto, o marechal Odylio Denys estava consciente de que era difícil promover o movimento para depor Goulart porque as Forças Armadas sustentavam a Constituição de 1946, e todas as intervenções que fizeram na política visaram à sua preservação.[41] Elas se orgulhavam de que nunca agiram de forma inconstitucional, diferentemente das outras instituições militares da América Latina.

Tal dificuldade não impediu que a conspiração continuasse, com a participação do próprio ministro da Guerra, o general Kruel. Ainda em 10 de abril de 1963, o general Olympio Mourão Filho, comandante da II Região Militar (São Paulo), revelou e a CIA retransmitiu para Washington que ele era o coordenador, no II e no III, do movimento para desfechar um golpe contra a administração de Goulart, com o apoio dos governadores Carlos Lacerda e Adhemar de Barros, dentro de trinta dias, se a crise político-militar não amainasse. O II e o III Exércitos avançariam para o Rio de Janeiro, a fim de controlar o I Exército, e esperavam receber dos Estados Unidos munição para lançadores de foguetes, metralhadoras, morteiros e lança-chamas.[42] Nem Jair Dantas Ribeiro, comandante então do III Exército, nem Pery

---

39 O marechal Eurico Gaspar Dutra negou posteriormente que estivesse envolvido em qualquer plano para derrubar Goulart, em cuja queda não cria. CIA – Telegram – Information Report nº TDCS-3/544,130. 16 abr. 1963. Subject: Denial of Marshal Eurico Gaspar Dutra that he would accept position as President of Brazil. Ibidem.

40 CIA – Office of Current Intelligence – 8 mar. 1963. OCI Nº 0503/63 – Current Inteligence Memorandum – Subject: plotting against Goulart. JFKL. Central Intelligence Agency – Telegram – Informatiom Report nº TDCS – 3/540,528, 15 mar. 1963. Ibidem.

41 CIA – Office of Current Intelligence – 8 mar. 1963. OCI Nº 0503/63 – Current Inteligence Memorandum – Subject: plotting against Goulart. JFKL. Central Intelligence Agency – Telegram – Informatiom Report nº TDCS – 3/540,528, 15 mar. 1963. JFKL.

42 CIA – Telegram – Information Report nº TDCs-3/543,633, 10 abr. 1963. Subject: Plan within Brazilian Second and Third Armies for coup against Goulart. Ibidem. Administration.

Bevilacqua, comandante do II Exército foram mencionados e, ao que parece, não estavam envolvidos no plano.[43]

Goulart decerto ignorava que essa conspiração se desenvolvia, embora o general Olympio Mourão Filho estivesse para marcar para 15 de maio a data do levante,[44] e a CIA tivesse pleno conhecimento do que ocorria.[45] Talvez por isso ele tentasse, como tentaria, aluir a posição de Arraes, que incomodava a sua liderança.[46] Seria um erro.[47] Não é provável, entretanto, que Goulart houvesse alguma vez cogitado da deposição de Arraes, propósito que, aliás, sempre negou,[48] embora Kruel o tivesse.[49] Não era seu estilo cometer violências, como a intervenção federal em Pernambuco, que o incompatibilizaria com as organizações populares. Na verdade, Goulart dificilmente se ajustaria à imagem do líder equidistante dos extremos, tanto da direita quanto da esquerda, vestido segundo o figurino da Aliança para o Progresso. Goulart não era comunista, sem dúvida. Tampouco o era Kubitschek, com efeito, um político do centro, intérprete das aspirações industriais da burguesia cosmopolita. Goulart tinha compromissos concretos com a classe trabalhadora e, de modo geral, com todos os assalariados, que

---

43 Ibidem.
44 CIA – Telegram – Information Report nº TDCS – 3/545, 753. 24-28.4.1963. Subject: Plan of general Olympio Mourão Filho to overthrow the Brazilian Government by 15 May 1963. Ibidem.
45 Com data de 29 de abril, a CIA enviou para Washington telegrama, informando que Mourão Filho, comandante da II Região Militar, declarara-se líder da organização que pretendia derrubar Goulart, mas aí já sem mencionar data para o golpe de Estado. CIA – Telegram – Information Report No. TDCS –3/546,074, 29 abr. 1963. Subject: Plan of general Olympio Mourão to overthrow the Administration of President Goulart. NLK- -76-132#3. Ibidem. Em 3 de junho, o marechal Odylo Denys declarou e a CIA outra vez retransmitiu para Washington que tinha plena confiança no general Olympio Mourão Filho e que aceitaria sua liderança no movimento para depor Goulart. Disse ainda que qualquer comandante militar que deflagrasse o movimento seria reconhecido como líder. Telegram – Information Report No. TDCS- 3/549,423, 3 jun. 1963. Subject: Leadership of proposed revolt against the Goulart Administration. NLK – 76 – 136 # 1. Ibidem.
46 Entrevista de Hermes Lima ao autor, cit.
47 Idem.
48 Entrevista de Goulart ao autor, cit.
49 Entrevista do general Amaury Kruel, ex-chefe da Casa Militar e ex-ministro da Guerra de Goulart, ao autor, Rio de Janeiro, 9 dez. 1976.

representavam sua base política e sua força eleitoral. Dispôs-se, é certo, a negociar com o FMI, atendendo a algumas de suas exigências. Solicitou-lhe o envio de missão ao Brasil, para examinar sua situação financeira,[50] eliminou os subsídios ao petróleo, trigo e papel, apontados pelo FMI como fator de inflação[51] e, posteriormente, encaminhou ao Congresso Nacional o anteprojeto de reforma bancária, criando o Conselho Monetário Nacional e o Banco Central.[52] A rapidez com que reiniciou as gestões junto ao FMI, após o plebiscito, surpreendeu e animou bastante as autoridades de Washington.[53]

Apesar desses esforços do governo Goulart, da redução das importações e virtual cessação das remessas de lucros, a posição cambial do Brasil rapidamente se deteriorou nos três primeiros meses de 1963. Em 1º de abril, os débitos comerciais totalizaram US$ 138,2 milhões, inclusive os débitos com as companhias de petróleo, da ordem de US$ 37 milhões.[54] O crédito de US$ 84 milhões que os Estados Unidos então concederam como resultado das negociações realizadas em Washington por San Tiago Dantas aliviou momentaneamente a crise cambial, mas não resolveu o problema do Brasil. E o custo de vida elevou-se em 16% (9,7% só em março) entre janeiro e abril de 1963.[55]

O governo João Goulart, em tais circunstâncias, não podia ir às últimas consequências, mesmo gradualmente, na linha de política anti-inflacionária prescrita pelo FMI e pelas agências financeiras dos Estados Unidos. Embora Celso Furtado, ministro sem Pasta (Planejamento), e San Tiago Dantas, ministro da Fazenda, houvessem chegado a um acerto com Almino Affonso, ministro do Trabalho, para não permitir que a expansão do salário monetário se convertesse em fator de

---

50 *Diário de Notícias*, 22 jan. 1963.
51 Idem.
52 Idem, 24-25 mar. 1963.
53 Idem, 23 jan. 1963.
54 CIA – Special Report – Office of Current Intelligence – Economic deterioration of Brazil and leftist gains. OCI Nº 0278/63B, copy No. 6 – NLK – 96 – 132 # 2. JFKL.
55 Ibidem.

inflação,[56] era difícil controlar o movimento operário, que conquistava certa independência em relação ao governo, a organizar-se à margem da legislação trabalhista, com a formação dos pactos sindicais de luta, a exemplo do Pacto de Unidade e Ação (PUA), no Rio de Janeiro, do Foro Sindical, em Santos, dos Conselhos Permanentes das Organizações Sindicais (CPOS), em Salvador e Belo Horizonte etc. Nem mesmo Goulart, por ocasião da luta pelo plebiscito, conseguira evitar a deflagração de uma greve geral, de caráter político, decretada pelo CGT, que já se transformava no embrião de uma central sindical, fora da tutela do Ministério do Trabalho.[57] Evidentemente, nessas condições, o movimento operário tornava-se sério embaraço à execução do Plano Trienal e Goulart não concordava nem podia concordar com quaisquer medidas que violassem os direitos trabalhistas, tendo seu governo, pelo contrário, tratado de estendê-los ao campo,[58] por meio do incentivo à sindicalização rural,[59] e legalizado o próprio CGT,[60] que já se opunha abertamente à política econômico-financeira de Furtado e San Tiago Dantas.[61] Aliás, Goulart, que considerava a greve um direito legítimo dos trabalhadores, única arma capaz de romper o egoísmo de classe do empresariado, sempre dissera a Furtado que não admitia a compressão dos salários e por isso nunca aceitou, plenamente, o Plano Trienal.[62]

Essa tentativa de restabelecer o cálculo econômico e, portanto, manter a continuidade da acumulação capitalista, sem penalizar os trabalhadores, constituiu a grande contradição que liquidaria não apenas a política econômico-financeira de Furtado e San Tiago Dantas, mas,

---

56 Entrevista de Celso Furtado ao autor, cit.
57 Entrevista de Almino Affonso ao autor, Buenos Aires, 29 jul. 1976.
58 "Ao incentivar a sindicalização rural, o governo brasileiro está certo de contribuir para dar ao homem do campo condições de defender seus direitos de acesso à terra e de melhorar suas condições de vida." Discurso de Goulart na Conferência da FAO, cf. *Diário de Notícias*, Rio de Janeiro, 18 nov.1962.
59 *Diário de Notícias*, 2, 15 dez. 1963.
60 Legalizado durante a gestão de Almino Affonso em abril de 1963.
61 Manifesto do CGT, in: *Novos Rumos*, Rio de Janeiro, 8-14 fev.1963.
62 Entrevista de Cibilis Viana, da Assessoria Econômica de Goulart, Rio de Janeiro, 1976.

também, o governo de Goulart e o próprio regime democrático.[63] As medidas, adotadas de acordo com o receituário do FMI, longe de sustar a inflação, aceleraram a alta do custo de vida, não tendo Goulart condições de conter nem os salários nem os preços, que disparavam. A crise social aprofundou-se no redemoinho da inflação e corroeu o prestígio do governo, acossado tanto pela direita quanto pela esquerda. De um lado, as associações rurais e comerciais se eriçaram contra o anteprojeto de reforma agrária, que tramitava no Congresso, já se preparando os fazendeiros para desencadear a guerra civil, com o estímulo de líderes direitistas.[64] Do outro, os sindicatos, a União Nacional dos Estudantes (UNE), a Frente Parlamentar Nacionalista (FPN), o PCB e outras organizações populares intensificaram o combate ao Plano Trienal.[65] As críticas à política de Goulart acentuaram-se também dentro do PTB, com a radicalização do Grupo Compacto, estendendo-se a dissidência às áreas do próprio governo. A diretriz de Almino Affonso no Ministério do Trabalho, ao fortalecer as direções operárias mais independentes, como o CGT, o PUA etc., colidiu com os interesses de Goulart.[66] E as divergências exacerbaram-se quando Brizola, que combatia a compra da AMFORP e da subsidiária da ITT, voltou a ocupar uma cadeia de rádio e televisão,[67] no dia 28 de maio de 1963, e denunciou os entendimentos promovidos pelo ministro San Tiago

---

63 Oliveira, s.d., mimeog., p.10-1.

64 "Mas há outra mobilização: a dos que se opõem à reforma nos termos preconizados pela esquerda. [...] O sr. Armando Falcão é quem promove essa convocação de interessados em todo o país. Semanalmente fala pelo rádio, dirigindo-se aos proprietários rurais do interior, perguntando-lhes: 'Foi para tomar suas terras que você elegeu o deputado de sua região?' E aconselhando: 'Defendam sua liberdade e suas terras'." Castelo Branco, 1975, p.161.

65 O Semanário, 18-24 fev.1963, p.4; Novos Rumos, 8-14 fev.1963 e 15-21 fev.1963.

66 Sobre o assunto ver Castelo Branco, 1975, p.162-4, 166, 171-2, 175, 178-80.

67 Já em fevereiro de 1963 Brizola denunciara: "O que se está fazendo não é a encapação de empresas estrangeiras e sim a compra do acervo da Bond & Share, de modo geral, ferro velho. [...] O que se pretende é entregar a uma corporação estrangeira centenas de milhões de dólares levando-se em conta o valor alegado pela corporação, quando o mais provável é até que não se tenha de pagar mais coisa alguma, pois em geral tais empresas já são devedoras do Estado". Palestra de Brizola pela televisão, in: Novos Rumos, Rio de Janeiro, 8 e 14 fev.1963.

Dantas em Washington como "crime de lesa-pátria", dizendo que se o governo de Goulart os efetivasse criaria com ele uma situação de "discordância insanável".[68]

---

68 *Correio da Manhã*, 29 mai. 1963, última página.

CAPÍTULO 8

O escândalo da AMFORP – A queda de San Tiago Dantas e a reação de Washington – Sargentos e radicalização nas Forças Armadas – As medidas econômicas e nacionalistas do governo

A denúncia de Brizola assumiu a proporção de escândalo. Ele expôs minuciosamente todos os lances da operação e demonstrou que todas as empresas da AMFORP tinham recuperado, desde há muito, o valor dos seus investimentos, faturando fabuloso excesso de lucros ilegais.[1] Com efeito, de acordo com o tombamento realizado pela Comissão Federal do Ministério da Agricultura, no governo Kubitschek, a Companhia de Energia Elétrica Riograndense obtivera excesso de lucros, que suplantavam os capitais investidos e deixavam ainda um saldo de Cr$ 180 milhões. Estudo idêntico, também elaborado por uma Comissão Federal do Ministério de Minas e Energia, ao tempo de Quadros, e encaminhado ao então titular da Pasta, deputado João Agripino, concluiu que The Pernambuco Tramways & Power Co. auferira lucros ilegais superiores em cerca de Cr$ 500 milhões aos seus investimentos.[2] Quase todas as companhias do grupo, que o governo

---

1 Brizola estranhou que a Comissão Interministerial, nomeada por Goulart, contasse com a participação do ministro da Guerra, general Amaury Kruel, e não incluísse os titulares das Pastas de Minas e Energia e das Relações Exteriores, às quais o problema afetava mais de perto.

2 *Correio da Manhã*, 29 mai. 1963, última página. Também in *O Escândalo da Bond & Share*, editado pela Frente de Mobilização Popular, mimeogr., 1963.

do Brasil se preparava para comprar, só possuíam usinas térmicas, obsoletas, e se encarregavam apenas de distribuir a energia produzida pelos complexos hidrelétricos do Estado.[3]

Segundo o balanço dessas companhias, levantados em 31 de dezembro de 1962, o total dos investimentos da AMFORP no Brasil não excedia a importância de Cr$ 25 bilhões, com a correção monetária que elas próprias fizeram. A CONESP, com base nos elementos fornecidos pelas subsidiárias da AMFORP e reavaliados conforme os índices do Conselho Nacional de Economia, calculou generosamente o total dos seus investimentos em Cr$ 46 bilhões, cifra que a Eletrobrás aumentou para Cr$ 57 bilhões, aplicando a correção monetária. Não obstante, essa soma não satisfez os representantes da AMFORP (Henry P, Sargent, N, Nydorf, Edwin D. Ford Jr. e Cizínio Rodrigues), que exigiram uma indenização de US$ 188,1 milhões (incluindo os empréstimos do Eximbank e do BNDE), ou seja, Cr$ 166,6 bilhões, nada menos que o dobro do valor apurado pela CONESP/Eletrobrás.[4] E a Comissão Interministerial, nomeada por Goulart, concordou imediatamente em

---

3   "Estamos comprando a preço de ouro bondes, postes e fios que em grande parte nos pertencem ou que foram largamente financiados pelo dinheiro brasileiro como se fossem investimentos americanos. Não creio que a iniciativa dessa operação seja brasileira. Tudo indica que ela apareceu como imposição americana para atender ao objetivo do presidente Kennedy de afastar os americanos de concessões de serviços públicos que estão a merecer críticas diárias do povo brasileiro." Pronunciamento do jornalista Alexandre Barbosa Lima Sobrinho, in: *Diário de Notícias*, 12 fev.1963.

4   A proposta da AMFORP consistiu dos seguintes itens:
Preço das ações .... US$ 135 milhões
Crédito do holding .... US$ 7,7 milhões
Empréstimos junto ao Eximbank e BNDE .... US$ 45 milhões
Cf. *O Escândalo da Bond & Share.*
"Em primeiro lugar, como sempre consideramos excessivo o preço de US$ 135 milhões, em face da taxa arbitrária tomada para a conversão dos Cr$ em US$; e como jamais entendemos o acréscimo de US$ 7,7 milhões, evidentemente, não podemos considerar justo e razoável o preço de US$ 135 milhões, mas US$ 7,7 milhões e US$ 10 milhões, no total de US$ 152, 7 milhões [...]. Neste particular, é interessante salientar que o preço pedido pela AMFORP [...] sempre foi calculado com base nos investimentos e reinvestimentos por ela realizados em dólares." (Discurso do senador João Pedro Gouvêa Vieira, in: *Diário do Congresso Nacional*, seção II, 2 set. 1964, p.3.039-42). Ele não mencionou ainda o encargo de US$ 45,4 milhões que correspondiam a empréstimos do Eximbank e do BNDE. Os US$ 10 milhões, a que ele se refere, ainda não haviam aparecido no tempo de Goulart.

pagá-la, aprovando a proposta da AMFORP no mesmo dia (22 de abril de 1963) em que Roberto Campos, embaixador do Brasil em Washington, assinou o memorando de compromisso (declaração de intenção). San Tiago Dantas, no Brasil, e Roberto Campos, nos Estados Unidos, apressaram então os passos para a efetivação do contrato, dentro do prazo que o memorando estipulara.[5]

De fato, o memorando, fixando o preço, foi assinado pelo embaixador Roberto Campos à revelia de Goulart, que, nos entendimentos com Kennedy, jamais assumira compromisso algum a respeito do *quantum* ou da forma pela qual o governo do Brasil compraria as concessionárias dos serviços públicos.[6] Tanto assim que, tão logo se inteirou dos detalhes do negócio, Goulart incumbiu o líder do governo na Câmara Federal, deputado Antônio Ferreira de Oliveira Brito, de denunciar o documento, assegurando que só concluiria a transação depois de avaliado o patrimônio das empresas por técnicos brasileiros e preservados os interesses do país.[7] Concomitantemente, determinou ao presidente da Eletrobrás, Paulo Richet, que constituísse uma comissão para fazer o tombamento patrimonial e contábil da Bond & Share.[8] Esta sua atitude irritou profundamente o embaixador Gordon,[9] que queria induzir o governo brasileiro a aceitar o preço pedido pelas subsidiárias norte-americanas.[10]

As negociações foram interrompidas até que se conhecesse o valor exato do acervo da AMFORP.[11] Mas o escândalo enfraqueceu Goulart.

---

5 A forma de transação não se limitaria ao caso da AMFORP, devendo o governo Goulart proceder nas mesmas bases com todas as concessionárias de serviços públicos, energia elétrica e telecomunicações, cuja nacionalização se tornara inadiável, para atender ao desenvolvimento do Brasil, devido à queda da eficiência da maioria delas, segundo nota do Gabinete Civil da presidência da República em resposta ao governador Lacerda. *Correio da Manhã*, 29 maio 1963, última página.

6 Entrevista de Goulart ao autor, cit. Maia Neto, 1965, p.51.

7 Memorando do ex-ministro de Minas e Energia, Oliveira Brito, ao deputado Armindo Doutel de Andrade, líder do PTB, 1965. ADA.

8 *Diário de Notícias*, 5 jun. 1963.

9 Entrevista de Goulart ao autor, cit.

10 Idem.

11 Memorando de Antônio Ferreira de Oliveira Brito, loc. cit.

Toda a imprensa de esquerda atacou a operação, que transformaria o Brasil, segundo a *Hanson's Latin American Letter*, no "palhaço do hemisfério".[12] O *Correio da Manhã*, entre os jornais conservadores, também a criticou.[13] Lacerda aproveitou a oportunidade para cortejar o nacionalismo, condenando o esbulho a que o Brasil se submetia. As divergências fenderam o próprio governo. Brizola, a responsabilizar a comissão interministerial pela aprovação do negócio, investiu, principalmente, contra o ministro da Guerra, general Amaury Kruel,[14] cuja demissão a esquerda reclamava. E João Mangabeira, ministro da Justiça, ameaçou renunciar, caso o governo concretizasse a compra da AMFORP nos termos desejados pelos Estados Unidos.[15] Àquela altura, junho de 1963, não restou a Goulart, como alternativa, senão mudar o ministério.

A queda de San Tiago Dantas do Ministério da Fazenda, com todas as repercussões que acarretou, inclusive sobre os entendimentos para a compra da AMFORP, representou um momento decisivo na evolução da crise brasileira, a influir na conduta que dali por diante os Estados Unidos adotariam em relação ao governo Goulart. Seu afastamento marcou o fim das promessas, a ruptura dos compromissos com Washington, a completa desilusão de Kennedy quanto à possibilidade de Goulart conter a espiral inflacionária e o fluxo de massas, que se avolumava como um alude. E a crise econômica e financeira, a estremecer toda a estrutura da sociedade brasileira, acentuou a diferenciação dos interesses de classe. As correntes de esquerda (CGT, PUA, FPN etc.) agruparam-se na Frente de Mobilização Popular (FPM), que Brizola

---

12 Apud *O escândalo de Bond & Share*.

13 "[...] A CONESP chegou ao resultado de que o governo brasileiro teria de pagar US$ 57,3 milhões. Basta confrontar essa importância com os US$ 188 milhões propostos pela Comissão Interministerial, para compreender nossa surpresa – que será a surpresa da opinião pública brasileira." *Correio da Manhã*, Rio de Janeiro, 29 maio 1963, p.6, editorial.

14 "O ministro da Guerra [...] se encontra numa situação muito difícil para se justificar. Além dos aspectos lesivos à economia popular e aos interesses nacionais, há também o aspecto moral." Entrevista de Brizola, in: *Correio da Manhã*, 29 maio 1963.

15 *Correio da Manhã*, 29 maio 1963.

dirigia, contrapondo-se cada vez mais ao governo de Goulart. O CGT ameaçou com uma greve geral para exigir do Congresso a aprovação das reformas de base, com a mudança da Constituição.[16] Os conflitos abalaram tanto as cidades como os campos. Os trabalhadores, em Pernambuco, paralisaram pela primeira vez os engenhos de açúcar. As invasões de terras tomaram as características de rebeliões. E as lutas de classes refletiram-se no seio das Forças Armadas, onde a questão da inelegibilidade fomentou a radicalização política dos sargentos, antagonizados com parte da oficialidade. As tropas da Polícia Militar, em Alagoas e no Rio Grande do Norte, amotinaram-se, reivindicando melhores condições de vida. Os soldados do Corpo de Bombeiros do Estado da Guanabara também. A rebeldia contaminou todos os escalões militares. E, como um arauto da tempestade que se armava, o suboficial Gelcy Rodrigues Corrêa, no comício organizado pela CGT em 11 de maio de 1963, proclamou: "Se os direitistas não permitem as reformas, usaremos, para realizá-las, nosso instrumento de trabalho: o fuzil".[17]

O nacional-reformismo revelava-se impotente para atender às necessidades políticas da época. As massas caminharam adiante das direções. Os acontecimentos passaram à frente das personagens. Goulart, pelo seu temperamento, não era homem de decisões prontas e imediatas. Atormentava-o a necessidade de tomar atitudes drásticas. Preferia o diálogo, a conciliação. Avaliava todas as opções e suas consequências, consultando a uns e a outros. Devido à sua origem rural, esperava, pacientemente, o momento de plantar e o momento de colher. Tentara evitar a radicalização, recusando-se a assumir plenamente a vitória que obtivera com o plebiscito e impor ao Congresso ou contra o Congresso as reformas de base. Construíra sua carreira pública em campo aberto, por vias sempre pacíficas, e recusava-se agora, como presidente, a implantar as reformas ao preço da derrocada das instituições democráticas.

---

16 Idem.
17 *Correio da Manhã*, Rio de Janeiro, 12 maio 1963. *O Semanário*, Rio de Janeiro, 16-22 maio 1963.

San Tiago Dantas, demissionário, compreendeu a gravidade da situação. Aconselhou Goulart a tomar "uma decisão que restabelecesse o espírito de iniciativa", pois, a seu ver, o governo só sairia da crise se provocasse um "impacto sério", sem medidas profundas e não paliativas.[18] E disse mais:

> O país inteiro está em suspenso à espera dessa decisão, e se ela não provocar o impacto a que acima me refiro a crise estará apenas adiada, mas desta vez com perigos infinitamente maiores quando voltar a eclodir, pois então talvez já não haja mais tempo para uma nova experiência.[19]

Dantas advertiu Goulart de que os grupos de pressão, tanto de esquerda quanto de direita, queriam impedi-lo de formar "um governo forte, definitivo, racionalmente respeitado".[20] Os da "esquerda menos responsável e aparentemente liderada por Brizola", segundo suas palavras, com o objetivo de envolvê-lo e dominá-lo, em meio à crise.[21] Os da direita, especificamente os da extrema direita, na esperança de debilitá-lo de tal forma e assim abrir caminho para o golpe de Estado, do qual nunca desistiram.[22] Dantas, no entanto, entrevia uma "área imensa de opinião e de interesses", que ainda acreditava na possibilidade de formação de uma equipe para ajudar Goulart a transpor o resto do período do governo, realizar algumas reformas de estrutura e preservar sua liderança popular para depois de 1965.[23] Nessa área é que ele deveria escolher os componentes do futuro ministério, incluindo "elementos da esquerda mais responsável",[24] cuja participação lhe parecia essencial.[25] Arraes dispunha-se a colaborar[26] e, a refletir a boa vontade dos grupos

---

18 Carta de San Tiago Dantas a Goulart, s.d. (provavelmente junho de 1963). DJG.
19 Idem.
20 Idem.
21 Idem.
22 Idem.
23 Idem.
24 Idem. Grifo do original.
25 Idem.
26 Idem.

do centro, o ex-governador de São Paulo, Carlos Alberto de Carvalho Pinto, por intermédio de um dos seus assessores, manifestou o desejo de integrar o governo como ministro do Planejamento.[27]

Dantas, paralelamente, comunicou a Goulart as atividades do marechal Oswaldo Cordeiro de Farias entre majores e capitães do Exército, cuja conspiração, tendo Lacerda como corifeu, obedecia aos mesmos moldes de 1954, 1955 e 1961.[28] E alertou-o para a "manobra dos gorilas", que tramavam contra o governo, sob o pretexto de defender *à outrance* a permanência de Kruel no Ministério da Guerra.[29] "Para você ver a que ponto eles estão determinados a levar avante essa manobra" – salientou –, "detenha-se na informação que hoje me transmitiram de que toda a articulação para o golpe, que estaria sendo preparado contra o governo, baseia-se na eventual demissão de Kruel."[30] Em todo caso, ele julgava, de acordo com Goulart, chegara o momento de pagar para ver.[31] Jango demitiu todo o ministério, inclusive Kruel, cuja cabeça a esquerda reclamava, mas a reação das correntes conservadoras, com as quais ele se identificava, limitou-se a simples protestos.

Goulart, ao que tudo indica, aceitou algumas ponderações de San Tiago Dantas, compôs nova equipe, talvez mais do centro do que de esquerda, proclamando que seu propósito era promover, com urgência, as reformas de base, "pois o Brasil estava com pressa".[32] E, como demonstração de que não pretendia radicalizar, nomeou o professor Carvalho Pinto, respeitável expoente do empresariado de São Paulo, ministro da Fazenda. A posição internacional do Brasil, entretanto, era também bastante difícil, o que prejudicava as negociações em torno do refinanciamento da divida externa, diante das pressões insuportáveis sobre o balanço de pagamentos. As relações com a França andavam bastante tensas desde o incidente conhecido

---

27 Idem.
28 Idem.
29 Idem.
30 Idem.
31 Idem.
32 Pronunciamento de Goulart, in: *Diário de Notícias*, 23 jun. 1963.

como a *guerra da lagosta,* no começo de 1963,[33] e só melhoram graças à iniciativa pessoal de Goulart, que se correspondeu diretamente com o general Charles de Gaulle, à margem do Itamaraty e do Quai d'Orsay, dirimindo a questão e convidando-o a visitar o Brasil, o que ele aceitou.[34] Com os Estados Unidos os problemas eram mais graves e mais profundos e só tendiam a entorpecer cada vez mais os entendimentos com o governo Goulart. Kennedy acusava-o de não cumprir nem as doze condições fixadas na troca de cartas entre San Tiago Dantas, quando ministro da Fazenda, e David Bell, diretor-geral da USAID,[35] visando à implementação do programa de estabilização monetária, nem o compromisso para a compra da AMFORP, que Brizola torpedeara. E condicionou o reescalonamento da dívida externa brasileira à concretização dessas medidas, embora não ignorasse as resistências internas com que elas se defrontavam.[36] Concomitantemente, suspendeu todos os recursos da Aliança para o Progresso que pudessem financiar o déficit do balanço de pagamentos do Brasil, passando a Embaixada Americana a firmar acordos apenas com os governadores de estado e prefeitos de município,[37] os mais hostis a Goulart, chamados de "ilhas de sanidade administrativa" (*islands of administrative sanity*), conforme a expressão do embaixador Licoln Gordon, que formulou e propôs esta política ao Departamento de Estado.[38]

---

33 O governo brasileiro proibira que barcos franceses continuassem a pescar lagostas em suas águas territoriais, no Nordeste, e o governo francês mandou navios de guerra para protegê-los.

34 Carta de Charles De Gaulle a Goulart, Paris, s.d. DJG. A visita já se realizou depois do golpe de 1964.

35 Carta de J. Kennedy a Goulart, Washington, 20 mai.1963, secreta. DJG.

36 Idem.

37 Entrevista de Lincoln Gordon a Roberto Garcia, in: *Veja*, 9 mar.1977. Lincoln Gordon confirmou essa informação também em entrevista ao autor, Washington, 6 dez.2000. E procurou justificá-la, ponderando que, ao contrário do que foi alegado, o significado de administrative sanity foi literal e não compreendia uma política contrária a Goulart.

38 Idem.

O bloqueio aos créditos externos impôs um dilema a Goulart: ou ceder a Washington e, além de comprar a AMFORP, adotar o programa de estabilização do FMI, ou recorrer a medidas de caráter nacionalista, entre as quais a aplicação da lei que limitava as remessas de lucros para o exterior. Ceder a Washington significava, fundamentalmente, ter que congelar os salários nos seus níveis mais baixos, intensificar a apropriação do excedente pelas empresas nacionais e estrangeiras, a fim de assegurar a continuidade da acumulação interna de capital e manter a taxa de reinvestimentos, sem prejuízo das remessas de lucros. Isto se tornava dia a dia mais difícil, inviável mesmo, pelos métodos normais de repressão, em face da ascensão dos trabalhadores. E adotar medidas nacionalistas, como a limitação das remessas de lucros, implicava desencadear uma ofensiva contra os interesses dominantes, impossível de sustentar dentro dos limites constitucionais da democracia. Assim, as vacilações de Goulart, naquela conjuntura, decorriam menos do seu estilo de conduta do que de sua condição no poder, premido, de um lado, pelos trabalhadores e, do outro, pela identidade e por contradições entre o empresariado brasileiro e os interesses norte-americanos.

O comportamento da Embaixada dos Estados Unidos, entretanto, assumira ostensivamente o caráter de provocação, corrompendo e aliciando governadores de estado e prefeitos de municípios, mediante a utilização de verbas da Aliança para o Progresso, com o objetivo de formar ela própria uma clientela dentro do Brasil, em oposição ao governo federal. Goulart, diante dessas pressões, reagiu. Mandou publicamente o Itamaraty comunicar ao Departamento de Estado sua disposição de não mais tolerar aquele procedimento, que atentava contra a soberania nacional e a unidade da federação.[39] O governo do Brasil denunciaria a Aliança para o Progresso, caso a Embaixada dos Estados Unidos continuasse a não considerar a realidade do Estado nacional e o monopólio

---

39 *Diário de Notícias*, 30 jun.-1° jul. 1963.

das relações exteriores pela União.[40] Essa decisão evidenciou o grau a que o conflito com os Estados Unidos atingira.

Goulart até então procurara contemporizar quanto pôde. Quando, em fins de 1961, o Congresso aprovou a lei que limitava as remessas de lucros para o exterior, ele não quis sancioná-la nem vetá-la. Embora lhe fosse favorável, o que jamais escondera, lavou as mãos como Pilatos, talvez para não se incompatibilizar, logo no início do governo, com os Estados Unidos. Deixou o prazo constitucional expirar, a fim de que coubesse à Mesa do Congresso a função de promulgá-la. E não a regulamentou, principalmente porque imaginava utilizá-la como instrumento de negociação com os norte-americanos.[41] Em julho de 1963, porém, a situação modificara-se. As margens do diálogo diminuíram. Washington orquestrava, internacionalmente, a campanha contra a renovação dos créditos do Brasil, com o propósito de enfraquecer o governo Goulart, desestabilizá-lo, por meio do bloqueio financeiro.

A dívida externa que vinha de governos passados ascendia a US$ 3 bilhões, e só de juros o Brasil devia pagar ao estrangeiro aproximadamente US$ 150 milhões por ano, ou seja, perto de 15% da receita cambial em moeda conversível.[42] Metade da dívida venceria no triênio de 1963 a 1965, somando-se a ela os encargos de juros, o que totalizava a importância de US$ 1,8 bilhão,[43] o equivalente a 43% da receita das exportações brasileiras, estimada em US$ 4,2 bilhões naquele período.[44] O déficit nas transações correntes (mercadorias e serviços) alcançara a cifra de US$ 2 bilhões, caso o governo não agisse com energia para conter a evasão de divisas,[45] considerando-se, principalmente, que o

---

40 Entrevista de Valdir Pires, que fora consultor-geral da República no governo Goulart, ao autor, em 1972.

41 Entrevista de Goulart ao autor, cit.

42 *Exposição feita pelo ministro Carvalho Pinto ao presidente João Goulart em reunião ministerial de 4 de julho de 1963* – Ministério da Fazenda, 1963, p.14-5. Arquivo de Carvalho Pinto.

43 Idem, loc. cit.

44 Idem.

45 Idem.

Brasil já não podia contar com os créditos norte-americanos. O apoio financeiro dos Estados Unidos ao Brasil, que em 1962 fora apenas de US$ 74 milhões, caíra para US$ 37 milhões, em 1963, liberados durante a visita de San Tiago Dantas a Washington, para o pagamento da ITT.[46]

A dívida externa, segundo Carvalho Pinto, ministro da Fazenda, era razoável.[47] Não crescera, praticamente, desde a queda de Quadros. Não fossem as pressões dos Estados Unidos, devido a contingências políticas, a situação resolver-se-ia.[48] Mas os prazos de vencimento se congestionavam, o que se tornava insuportável para o Brasil.[49] Goulart decidiu então decretar a moratória unilateral[50] e determinou ao professor Carvalho Pinto, no Ministério da Fazenda, que a reativação imediata da lei de Remessa de Lucros, bem como o início dos estudos para sua regulamentação, a fim de conter a drenagem de recursos, a fuga dos capitais, que aumentara nos últimos 18 meses.[51] Goulart estava disposto a agir, mas o embaixador Gordon procurou por todos os meios evitar que a medida se concretizasse. Solicitou várias audiências a Goulart, em um trabalho incessante para impedir que o decreto de regulamentação, em exame, vedasse as remessas sobre os reinvestimentos, ou seja, sobre os capitais acumulados dentro do país e que constituíam mais da metade dos investimentos registrados como estrangeiros. Chegou, inclusive, a sugerir, desesperadamente, a redução do percentual das remessas de lucros de 10% para 4%, desde que, para efeito de seu cálculo, Goulart não excluísse os reinvestimentos da classificação como capital estrangeiro.[52]

O problema da classificação dos reinvestimentos como capital estrangeiro ou nacional constituía o centro da discussão. As empresas norte-americanas sempre se expandiram, fundamentalmente, à custa

---

46 *Statistical Abstract of the United States*, 1965.
47 Entrevista de Carvalho Pinto ao autor, São Paulo, 26 out. 1976. Entrevista de Valdir Pires ao autor, Rio de Janeiro, 30 maio 1977.
48 Entrevista de Carvalho Pinto, cit.
49 Idem.
50 Idem.
51 Idem. Entrevista de Valdir Pires, cit.
52 Sobre o assunto consultar Moniz Bandeira, 1975, p.194-6.

do capital acumulado nos países onde se instalaram, como o Brasil, tornando-se os reinvestimentos o principal suporte para a manutenção dos níveis de suas remessas de lucros.[53] Os investimentos das companhias petrolíferas norte-americanas, por exemplo, elevaram-se de US$ 30 milhões, em 1940, para US$ 188 milhões, em 1955, sem que elas tivessem aplicado qualquer outro recurso nesse período.[54] No setor do fumo, dominado o mercado nacional (70% a 75%) pela Companhia de Cigarros Souza Cruz (British-American Tobacco), os investimentos, entre 1914 e 1971, aumentaram para US$ 15 milhões, dos quais 97% representados pelos reinvestimentos. Por essa razão, as empresas estrangeiras, cujos lucros alcançavam até 500% ao ano e tinham 200 vezes em cruzeiros o que investiram em dólares,[55] jamais concordaram com a classificação dos reinvestimentos como capital nacional, para efeito de regulamentação de suas transferências de lucros, conforme Vargas pretendera, no seu segundo governo (1951-1954), e Goulart, novamente, tencionava fazer. No caso das companhias de cigarros, as remessas de lucros, se fossem avaliadas tão somente sobre o capital que o país de fato recebeu, tenderiam a zero.[56] O mesmo ocorreria com as remessas de quase todas as empresas estrangeiras estabelecidas no Brasil.

A atitude de Gordon visava assim a resguardar a fonte de negócios das subsidiárias norte-americanas. E o esforço para obstaculizar a regulamentação da lei de remessas prosseguiu durante todo o segundo semestre de 1963, enquanto Carvalho Pinto se empenhava em conter também a inflação, por métodos mais originais, como o da Instrução 255, da SUMOC, que autorizava o Banco do Brasil, na qualidade de agente financeiro da União, a emitir letras "destinadas a possibilitar a captação, no mercado interno de capitais, de recursos adicionais não inflacionários".[57] Essas Letras do Tesouro, como depois se

---

53 "U.S. Investments in Latin America", *Life International*, 1955, p.11, apud Moura, 1960, p.41.
54 Magalhães, 1960, p.188.
55 Discurso de Getúlio Vargas no Paraná, em 20 dez. 1953, apud Sodré, 1968, p.349.
56 Pignaton, 1973, p.74.
57 Íntegra da Instrução 255, in: *Jornal do Brasil*, 19 out. 1963.

celebrizariam,[58] tinham a finalidade de enxugar os meios de pagamento, integrando um elenco de outras medidas anti-inflacionárias, mas se depararam com forte resistência do empresariado, que se acostumara à rotina e advogava uma política de maior rigor contra as greves, responsáveis, segundo alegava, pelo recrudescimento da inflação.[59]

O governo Goulart, com a presença de Carvalho Pinto no Ministério da Fazenda, tentou, dessa forma, equacionar os problemas econômicos e financeiros do Brasil, representados pela inflação e pela fuga de capitais. Não podia, contudo, chegar a qualquer solução sem ferir, radicalmente, os cartéis internacionais, que controlavam os setores mais dinâmicos da economia brasileira e estimulavam não só a alta dos preços como as transferências legais e clandestinas de recursos para o exterior. Durante a sua administração, Goulart regulamentou a lei que punia o abuso do poder econômico, estruturando e instalando o Conselho Administrativo de Defesa Econômica (CADE), com a tarefa de fiscalizar seu cumprimento.[60] E, concomitantemente aos estudos para a regulamentação da lei de remessas, procurou estancar a evasão ilegal de divisas, que se processava pelo subfaturamento e pelo sobrefaturamento.

Wilson Fadul, no Ministério da Saúde, atacou a indústria farmacêutica, um dos setores que mais praticavam tais irregularidades e onde o índice de desnacionalização já era aproximadamente de 90%. Mediante investigação na Carteira de Comércio Exterior do Banco do Brasil (CACEX), ele desvendou o sentido das transações entre as matrizes estrangeiras e suas filiais, ao comprovar que tal comércio, em circuito fechado, se fazia a preços muito acima da concorrência internacional, o que configurava fraude na transferência de divisas para o exterior.[61] O superfaturamento nas importações de matérias-primas para a indústria

---

58 As Letras do Tesouro foram depois amplamente utilizadas no combate à inflação pelo governo implantado após o golpe que derrubou Goulart.

59 Pronunciamento da Associação dos Diretores de Empresas de Crédito, Investimento e Financiamento (ADECIF), in: O Globo, 27 nov.1963.

60 Diário de Notícias, 19-20 maio 1963 e 6 ago. 1963.

61 Entrevista de Wilson Fadul ao autor, Rio de Janeiro, 18 abr. 1977.

farmacêutica atingiam índices de 100%, 200% e até 1000%, conforme centenas de certificados de cobertura cambial (C.C.C.) e informações referentes aos respectivos processos de emissão, compulsados pelas autoridades do Ministério da Saúde.[62]

Apoiado em dezenas de informações semelhantes,[63] o governo baixou um decreto, em 13 de setembro de 1963, proibindo a importação de matéria-prima para a indústria farmacêutica a preços fora da concorrência internacional, ao mesmo tempo que determinava a implantação de uma indústria química de base, mediante a concessão de incentivos fiscais, creditícios e outros aos laboratórios nacionais, sob a direção do recém-criado Grupo Executivo da Indústria Farmacêutica (GEIFAR).[64]

---

62 O Laboratório Roche havia importado librium (cloridrato) no montante de mais de US$ 800 mil nos anos de 1961, 1962 e 1963 ao preço de US$ 1.140,8 o quilo Fob, ao passo que firmas italianas produziam e exportavam a substância a US$ 70 o quilo Fob. O fato foi confirmado em carta da CACEX, de 19 nov.1963, dirigida ao subchefe do gabinete do ministro da Saúde, acompanhada da relação dos respectivos certificados de cobertura cambial. Levantamento das importações de librium (cloridrato), realizadas pela firma Produtos Roche Químicos e Farmacêuticos S.A., entre 1961 a 1963. CACEX – Banco do Brasil. AWF. Pela informação SEPED nº 63/211m de 31 maio 1963, o Ministério da Saúde tomou conhecimento, também, de que a Sydney Ross Co. estava importando 2,5 quilos de cloroquina-base a US$ 1.500 o quilo Fob e 8 quilos a US$ 900. Examinados os registros, os preços chamaram a atenção das autoridades: 1 – de 19 jan. 1961 até 17 jul. 1962, o preço por quilo Fob era de U$$ 2 400; 2 – de 2 ago. 1962 até 17 jan. 1963, o preço era de US$ 1.500; 3 – de 4 abr. 1963 até 10 maio 1963, o preço era de US$ 900; 4 – em 5 ago. 1963, o preço caíra para US$ 540. Tornou-se evidente que a queda ocorrera em função da atitude do governo. E assim se verificou que, em 1962, a Sydney Ross importara 66 quilos de cloquina-base ao custo de US$ 138.150. Se tivesse prevalecido, nessas condições, o preço de US$ 540, o custo daquelas importações seria de apenas US$ 35.640 mil. Houve, portanto, uma remessa fraudulenta de divisas de US$ 138.150 mil. Informação SEPED nº 63/211, CACEX, Banco do Brasil, AWF. Levantamento das importações de cloroquina-base, realizadas pela firma The Sydney Ross Co., a partir de 1961 até outubro de 1963. CACEX – Banco do Brasil, AWF.

63 O preço de US$ 540 por quilo de cloroquina-base, a que a Sydney Ross terminara reduzindo as suas importações, era ainda considerado alto. De fato, a CACEX dispunha em seus arquivos de lista de Farbenfabriken Bayer, da Alemanha Ocidental, datada de 1958, registrando cotação de US$ 65 – 80, para o mesmo produto. Informação SEPED 63/211. AWF.

64 O GEIFAR começou a funcionar imediatamente, mas, após o golpe, o Decreto nº 52.471, que a criou, foi alterado. As modificações principais foram: o nome GEIFAR foi substituído por GEIQUIM (Grupo Executivo da Indústria Química) e os incentivos deixaram de ser concedidos exclusivamente às empresas nacionais.

A Associação Brasileira da Indústria Farmacêutica (ABIF), integrada, em sua grande maioria, por firmas estrangeiras, combateu a iniciativas[65] e as companhias norte-americanas em São Paulo encaminharam ao embaixador Gordon um relatório no qual condenavam, especialmente, o tratamento preferencial que o governo se dispunha a conceder aos laboratórios nacionais.[66] A tentativa de uniformização dos preços dos produtos farmacêuticos em todo o território nacional, obrigando os laboratórios a marcá-los nas embalagens, provocou também violenta reação, com a ameaça, inclusive, de *lock-out*.[67]

O controle sobre as importações de matérias-primas pela indústria farmacêutica representou apenas um elo no encadeamento de outras medidas que, paralelamente à regulamentação da lei de remessas em estudo, visavam a conter a sangria do país, a evasão de divisas, fator do déficit crônico do balanço de pagamentos, possibilitando ao governo de Goulart resistir ao bloqueio imposto aos créditos externos pelos Estados Unidos.[68]

---

65 Nota ao Público da Associação Brasileira da Indústria Farmacêutica, in: *O Globo*, 28 out. 1963.

66 Relatório concernente à Indústria Farmacêutica Americana no Brasil preparado para o sr. embaixador Lincoln Gordon. Encaminhado ao ministro da Saúde, Wilson Fadul, pelo ministro das Relações Exteriores, João Augusto de Araújo Castro, Ofício DPF/DAS/DIPROC, Confidencial, em 17 fev.1964 (GEIFAR. Ponderações de firmas norte-americanas no Brasil). AWF.

67 "Enquanto a maioria da população se manifesta favorável ao decreto, que impedirá a exploração na venda de medicamentos, o coronel Americano Freire, do Sindicato da Indústria Farmacêutica do Estado do Rio, propôs aos laboratoristas reagirem [...] 'indo até a decretação do *lock-out*, se for necessário'." (*Última Hora*, 20 mar. 1964)

68 "Durante um seminário da American Management Association, intitulado 'Brasil, o cumprimento de uma promessa', um advogado que trabalhou até há pouco tempo no Brasil, Paul Griffin Garland, apoiando-se em profundos conhecimentos da legislação, traçou, num quadro negro, o mecanismo da remessa de lucros. Depois, como um cirurgião, exibiu a um plenário de industriais e advogados surpresos as fórmulas que permitem lucrar mais e remeter mais. Citou expedientes tais como a criação de companhias paralelas, emprestando-se dinheiro mutuamente, a compra de licença de companhia falidas. Quando terminou, triunfante, anunciou: 'Estou lhes dizendo isso porque sou advogado dos senhores. Se fosse presidente do Banco Central do Brasil mandava fechar essas portas'." *Veja*, nº 170, 8 dez. 1971.

CAPÍTULO 9

Realizações do governo de Goulart – A
retomada do projeto de Vargas – Fechamento
do IBAD – Os militares e as greves políticas –
O levante dos sargentos de Brasília

O governo Goulart não se limitou apenas a reagir em defesa da
economia nacional, como no caso das importações de petróleo e de
matérias-primas pela indústria farmacêutica, buscando contornar,
mesmo em oposição aos Estados Unidos, o déficit do balanço de pagamentos. Ele adiantou uma série de importantes medidas, ofusca-
das, na época, pelas questões políticas e, posteriormente, pelos seus
adversários, que se assenhorearam do governo com o golpe militar de
1964. A diplomacia de Goulart não se resumiu a condenar as ofensas
à soberania nacional e ao direito de autodeterminação de Cuba. Iden-
tificada com o Terceiro Mundo, ela visou a criar condições para que o
Brasil expandisse e diversificasse seu mercado exterior. Dentro desse
princípio, o governo de Goulart estabeleceu relações comerciais com
a República Popular da China[1] e voltou-se para os países da África e
da América Latina,[2] ampliando, tanto quanto possível, o intercâmbio
com o bloco socialista.

---

1   Após o golpe militar de 1964, os componentes da missão comercial da República Popular
    da China foram presos, torturados e expulsos do Brasil.
2   Goulart, em 1963, visitou o Chile e o Uruguai.

Sua política interna definiu-se pela preocupação social. Goulart convocou a III Conferência Nacional de Saúde,[3] para debater o Plano Nacional de Saúde, proposto pelo ministro Wilson Fadul, e indicou a solução como consequência do desenvolvimento econômico e da melhor distribuição de renda.[4] Na Assembleia Mundial de Saúde, em março de 1964,[5] o ministro Wilson Fadul defendeu a mesma tese, contrapondo-se aos Estados Unidos, e rechaçando as propostas para o controle da natalidade.[6] No campo da educação, o governo Goulart elaborou, inicialmente, um Programa de Emergência, ao qual destinou, somente em 1962, cerca de Cr$ 6 bilhões e, depois, começou a executar o Plano Nacional de Educação, que previa a aplicação, até março de 1964, de Cr$ 9,8 bilhões no ensino primário e mais Cr$ 7 bilhões no ensino médio, além de outros recursos que seriam investidos por entidades públicas e privadas.

Na área do Ministério do Trabalho, Goulart determinou a venda, com financiamento a longo prazo, dos conjuntos residenciais construídos pelos Institutos de Previdência Social, em todo o Brasil, beneficiando cerca de cem mil famílias, iniciou a execução do projeto de instalação de hospitais regionais da Previdência Social[7] e instituiu a aposentadoria especial em função da natureza do serviço. Também incentivou a formação de sindicatos rurais, cujo número saltou de 300, em julho de 1963, para cerca de 1.500, em março de 1964,[8] reconheceu a Confederação Nacional dos Trabalhadores na Agricultura (CONTAG) e determinou a regulamentação do Estatuto do Trabalhador Rural. Essa tarefa de sindicalização rural desagradou ao embaixador Gordon, que

---

3 Realizada entre 9 e 15 de dezembro de 1963.
4 Discurso de Goulart na inauguração da Conferência. AWF.
5 Realizada em Genebra.
6 *O Globo*, 1º mar. 1964.
7 O primeiro foi em Londrina.
8 Entrevista de Amaury Silva ao autor, Curitiba, 2-3 jun. 1977.

insinuou sua inconveniência em entrevista com o ministro do Trabalho, Amaury Silva.[9]

Apesar de todas as vicissitudes, que conturbaram sua administração, Goulart realizou ainda inúmeras obras e assentou as bases de significativos empreendimentos, muitos dos quais frutificariam, após o golpe militar de 1964. Regulamentou o Código Brasileiro de Telecomunicações, pelo qual nacionalizou os serviços de telefonia, telegrafia, radiodifusão e radioamador, e criou o Conselho Nacional de Telecomunicações (CONTEL), alargando a rede de telex, que passou a cobrir, além do Rio de Janeiro e Brasília, São Paulo, Belo Horizonte, Recife e Porto Alegre, ligada, por meio de convênios com empresas internacionais, a 72 países. Suas iniciativas nesse campo estabeleceram bases para a criação da Embratel (Empresa Brasileira de Telecomunicações), prevista no Código Brasileiro de Telecomunicações.

Em seu governo foi criada a Eletrobrás e reformulada a legislação sobre o Fundo de Eletrificação, o que permitiu ampliar substancialmente o suprimento de recursos à empresa. E, em menos de um ano e meio de efetivo funcionamento, a Eletrobrás investiu cerca de Cr$ 24 bilhões em suas subsidiárias e Cr$ 2 bilhões em empresas a ela associadas, assegurando assim a expansão da capacidade nacional de produção de energia elétrica. Com o mesmo objetivo, ele decidiu ainda promover o aproveitamento de Sete Quedas, no rio Paraná, e confiou ao engenheiro Otávio Marcondes Ferraz a elaboração dos estudos para a construção de gigantesca usina, com uma capacidade instalada de 10 milhões de quilowatts (cerca de 150% de todo o potencial então existente no Brasil). E, a fim de tornar possível a concretização do projeto, para o qual se elegeria a localidade de ltaipu, o Itamaraty, já àquela época, iniciou os entendimentos com o governo do Paraguai.

Durante sua administração, Goulart incentivou a Companhia Vale do Rio Doce a construir o porto de Tubarão, para o escoamento de minério

---

9 Amaury Silva contestou-lhe que não era pertinente discutir com ele a conveniência ou a oportunidade da reforma agrária ou da forma como o governo promovia a sindicalização rural. Entrevista de Amaury Silva ao autor, cit.

de ferro, e negociou um acordo com a Iugoslávia, a fim de ligá-lo ao Rieka, dentro de um plano que destinava a receita dessas exportações à ampliação do parque siderúrgico nacional. No curso do seu governo, ele inaugurou três grandes usinas (Usiminas, Cosipa e Ferro e Aço de Vitória) e autorizou à Petrobras atividades no setor de distribuição a granel de derivados de petróleo, concedendo-lhe, finalmente, o monopólio para o fornecimento aos órgãos do governo, autarquias e empresas estatais, até então a cargo das companhias estrangeiras.

As atenções do governo igualmente se voltaram para a indústria de bens de capital, cujo desenvolvimento a Instrução 113 prejudicara, provocando um *dumping* no mercado nacional, ao possibilitar importações maciças de máquinas e equipamentos, sem cobertura cambial, pelas companhias estrangeiras. Essa política, vigente desde a gestão de João Café Filho e mantida na de Kubitschek, mudou. Através da Instrução 242, da SUMOC, o governo Goulart proibiu, terminantemente, o registro de financiamento estrangeiro para a importação de máquinas e equipamentos que a indústria nacional pudesse fabricar. Isto acarretaria uma poupança da ordem de US$ 725 milhões, pois o setor, com capacidade ociosa, poderia produzir, segundo cálculos da CEPAL, 87% dos US$ 873,3 milhões em bens de capital, que o Brasil precisaria importar, entre 1961 e 1970, para expansão de importante segmento de sua indústria, ou seja, geração de energia, refinação de petróleo, siderurgia, produção de cimento, papel e celulose.[10]

Goulart procurou, desse modo, recuperar o projeto de Vargas, retomar-lhe o caminho e reorientar o processo de industrialização, distorcido pela Instrução 113, para os setores de base, para a produção de bens de capital, com o objetivo de viabilizar um desenvolvimento mais equilibrado e autônomo do capitalismo brasileiro. E suas medidas, de sentido nacionalista, contrariaram os interesses de poderosos cartéis internacionais, particularmente, dos capitais norte-americanos, o que afastou cada vez mais as perspectivas de conciliação com o governo

---

10 Moniz Bandeira, 1962, p.131-2.

de Washington. Em fins de junho de 1963, sem que o Itamaraty o instruísse, o embaixador do Brasil em Roma, Hugo Gouthier, tentara ainda restabelecer o diálogo entre Kennedy e Goulart, aproveitando a oportunidade da viagem que os dois fariam para assistir à sagração do Papa Paulo VI. Não obstante a oposição de Evandro Lins e Silva, nomeado ministro das Relações Exteriores, os Kennedy e Goulart conferenciaram, durante vinte minutos, na Embaixada Americana em Roma, sem, contudo, chegar a melhores resultados.

Kennedy abordou diretamente a questão da compra das concessionárias de serviços públicos, a alegar que sofria fortes pressões para resolvê-la quanto antes, porque a Bond & Share (a corporação que controlava a AMFORP) tinha "largas ramificações" nos Estados Unidos.[11] Goulart, por sua vez, explicou-lhe suas dificuldades, a dura resistência que encontrara no Brasil para solucionar o caso nos termos em que os norte-americanos pretendiam. Ainda falaram sobre dois outros pontos (um dos quais o vencimento de uma dívida brasileira de US$ 25,5 milhões ao Tesouro dos Estados Unidos), e Goulart saiu da entrevista para o avião que o conduziria de volta ao Rio de Janeiro.[12] Kennedy atendeu à sua solicitação para prorrogar por noventa dias o prazo para o pagamento dos US$ 25,5 milhões, e enviou-lhe uma carta, em que o deixava numa posição bastante desagradável e comprometedora, sobretudo no que se referia aos entendimentos para a compra da AMFORP.[13] O *Jornal do Brasil*, simultaneamente, iniciou uma campanha, inspirada por alguém que conhecia os termos da carta (o embaixador Gordon, naturalmente), com o propósito de compelir o governo a publicá-la. Era mais do que evidente a colocação da armadilha, e Goulart respondeu a Kennedy, pondo o problema em suas devidas proporções. A campanha

---

11 Entrevista de Evandro Lins e Silva ao autor em 1972.
12 Idem. Carta de Kennedy a Goulart, Washington, 10 jul. 1963 (tradução não oficial). DJG.
13 Idem.

então cessou porque não interessava à Embaixada Americana que o governo do Brasil também divulgasse a resposta.[14]

O governo norte-americano, àquela altura, já estava convencido de que se lhe impunha a tarefa de expelir Goulart do governo brasileiro, como contingência da contrarrevolução, para conter o avanço das massas e o transbordamento da democracia formal. Embora Kennedy vacilasse, os interesses da Bond & Share e da ITT, que a perspectiva de negociação neutralizara, moveram seus cordéis, interna e externamente, com o intuito de criar condições para o golpe de Estado. A crise brasileira evoluiu, assim, para uma solução de força, tanto em consequência da dinâmica interna da luta de classes quanto do confronto cada vez mais aberto com os Estados Unidos, cujas posições as medidas nacionalistas do governo, em especial o trabalho para a regulamentação da lei de remessas, ofendiam e abalavam.

Em agosto, Goulart suspendeu por três meses o funcionamento do IBAD e da ADEP, como primeiro passo para fechá-los, com respaldo na esmagadora documentação que os membros da Comissão Parlamentar de Inquérito encaminharam aos poderes Judiciários e Executivo, "comprovando sua intervenção no processo de escolha dos representantes políticos do povo brasileiro, para a tomada do poder através da corrupção eleitoral".[15] Ele não tinha mais dúvida de que por trás das duas entidades a CIA se encontrava.[16] E arriscou a cartada. Mas, por outro lado, alguns generais conservadores, como Pery Bevilacqua, comandante do II Exército, já se manifestavam dispostos a considerar ilegais as greves políticas e a reprimi-las, deflagrando um atrito com os sindicatos e o CGT, atrito que, em última análise, afetava

---

14 Carta de Goulart a Kennedy, Brasília, 27 jul. 1963. DJG. A íntegra das duas cartas – a de Kennedy e a de Goulart – foi posteriormente publicada na *Revista Brasileira de Política Internacional*, junho de 1965, ano VIII, nº 30, p.277-80.

15 O decreto aludia à "incalculável soma de recursos financeiros, cuja origem ainda desconhecida atenta contra a segurança das instituições – e pode, inclusive, atentar contra a própria soberania nacional". Íntegra do decreto in: *O Estado de S. Paulo*, 1º set. 1963.

16 Castelo Branco, 1975, p.59-60, 65-6, 68, 71.

politicamente o próprio Goulart.[17] O ministro da Guerra, general Jair Dantas Ribeiro, exprimiria idêntico propósito.[18] A hostilidade contra o movimento sindical, sobretudo contra sua participação na política, aumentava nas Forças Armadas. Eram os preconceitos fechados de classe que se desnudavam. As associações rurais e comerciais, as confederações das indústrias, enfim, todas as entidades patronais podiam expressar-se livremente, inclusive insuflar a guerra civil e a deposição do governo, sem nenhum constrangimento. Os sindicatos dos trabalhadores, não. Os trabalhadores não tinham o direito de participar da política, pois as classes dirigentes julgavam que somente elas deviam influir nas decisões do seu estado. A democracia não podia ser tão democrática assim. Seria comunismo. A legalidade, subversão. Na verdade, todos os esforços de organização e mobilização da vontade popular assombravam os empresários e os fazendeiros. O CGT, as Ligas Camponesas e outras organizações de massa, por mais débeis que fossem, eram como espectros que lhes tiravam o sono. E, de uma forma ou de outra, Goulart identificava-se com aquele movimento que parte das Forças Armadas queria reprimir.

Esse conflito entre a cúpula militar e os sindicatos, instigado pela sucessão de greves, eclodiu justamente quando o general Osvino Ferreira Alves, nacionalista por convicção, deixava o comando do I Exército, apesar de todas as pressões (de Arraes a José Magalhães Pinto) para que Goulart o conservasse no posto, contornando a lei da compulsória, ou o nomeasse ministro da Guerra.[19] O general Osvino Ferreira Alves tinha sua própria faixa de influência no Exército, uma das razões pelas quais o ministro Jair Dantas Ribeiro não quis que ele continuasse como seu subordinado,[20] e gozava de enorme prestígio com o CGT, pelas

---

17 Idem, ibidem, p.66.
18 *O Estado de S. Paulo*, 8 set. 1963, p.4.
19 Entrevista do tenente-coronel Donato Ferreira Machado, ex-chefe da 1ª Seção do Estado Maior do I Exército, ao autor. Rio de Janeiro, 28 dez. 1976.
20 O general Jair Dantas Ribeiro só aceitava a permanência do general Osvino Ferreira Alves na ativa, na qualidade de ministro de Guerra, mas não como seu subordinado. Entrevista do tenente-coronel Donato Ferreira Machado, cit.

atitudes consequentes que tomara. Seu afastamento da tropa, indo para a reserva em virtude da idade, debilitou, sem dúvida, a linha de defesa do governo. Goulart perdeu, aí, o controle da situação militar e a conspiração começou a envolver maior número de oficiais brasileiros, atemorizados com o inconformismo dos sargentos,[21] que espelhava, dentro das próprias Forças Armadas, as contradições de classe. As notícias (algumas falsas, outras verdadeiras) sobre preparativos para guerrilhas, realizados, presumivelmente, ou por agentes provocadores ou por aventureiros e radicais de esquerda, alimentavam a guerra psicológica contra o governo. As associações rurais, congregando fazendeiros, e outras entidades lançavam manifestos e proclamações contra o perigo comunista, denunciavam planos para a bolchevização do país etc., enquanto as greves ativadas pela inflação, e a inquietude real dos camponeses, em diversas regiões, açulavam o instinto de conservação das classes possuidoras, cujo núcleo mais reacionário se agrupava no Conselho das Classes Produtoras (CONCLAP). E, como indício do agravamento da situação no plano externo, Roberto Campos, por saber ou imaginar o curso dos acontecimentos, renunciou ao cargo de embaixador do Brasil em Washington.[22]

O gesto evidenciou sua discordância com o governo Goulart,[23] diante do impasse a que as relações entre o Brasil e os Estados Unidos haviam chegado, devido a vários fatores, notadamente, o fracasso das negociações para a compra da AMFORP. "Campos, desde há muito tempo, é partidário de forte programa anti-inflacionário, de acordo com os objetivos da Aliança para o Progresso" – o *Washington Post* comentou, acrescentando que Goulart falhara nas promessas de adotar medidas de estabilização, razão pela qual os Estados Unidos ainda retinham os US$ 250 milhões do acordo assinado por San Tiago Dantas.[24] Isso

---

21 "A primeira vez que os sargentos atuaram em grupo, politicamente e como força, foi durante a crise de agosto de 1961." Stacchini, 1965, p.54.
22 "Pedi exoneração em agosto de 1963, sentindo que, totalmente incapaz de influenciar o meu próprio governo, cessara minha utilidade como embaixador." Campos, 1994, p.538.
23 *O Estado de S. Paulo*, 5 set. 1963, p.60.
24 Ibidem, 7 set. 1963, p.6.

significava que os Estados Unidos, apesar da prorrogação do prazo para o pagamento dos US$ 25,5 milhões, não levantariam o bloqueio aos créditos externos do Brasil, dificultando-lhe o reescalonamento de suas dívidas, cujos prazos se venciam, e deixando-o sem recursos para financiar o balanço de pagamentos. A situação econômica tornara-se "desesperada", e Carvalho Pinto, na condição de ministro da Fazenda, já se inclinava a aceitar qualquer ajuda da União Soviética, mesmo aparentemente condicionada ao estabelecimento de missão militar soviética no Brasil.[25]

Alguns dias depois de anunciada a defecção de Roberto Campos, cerca de quinhentos sargentos do Exército, da Marinha e da Aeronáutica sublevaram-se, ocupando, durante a madrugada, importantes centros administrativos de Brasília. O movimento, chefiado pelo sargento da Aeronáutica Antônio Prestes de Paula, carecia, porém, de qualquer direção política e surpreendeu, no Rio de Janeiro, a direção de organizações de esquerda, como Política Operária (POLOP) e, aparentemente, do PC do B (linha chinesa), embora decerto alguns dos seus militantes, em Brasília e Goiás, pudessem estar envolvidos. O motivo alegado para a revolta fora a recusa do Supremo Tribunal Federal em reconhecer a elegibilidade dos sargentos, em consequência do que alguns deles, que se candidataram e venceram, como o sargento Antônio Garcia Filho, do PTB, tiveram seus mandatos cassados. Quando os rebeldes se apoderaram da Rádio Nacional de Brasília, não sabiam, entretanto, que mensagem transmitiriam à nação. Nada disseram. E a sublevação circunscreveu-se a Brasília, onde o governo a abafou em poucas horas, com um saldo de apenas duas mortes, um civil e um militar.

O comandante Paulo de Mello Bastos, um dos principais dirigentes do CGT, escreveu que, em 1963, "todos conspiravam, inclusive quem estava ao lado do presidente João Goulart".[26] Conforme afirmou, "os

---

25 CIA – Telegram – Information Report No. TDCS DB – 3/655,948, August 1963. Subject: Establishment of Soviet Military Mission tied to Soviet offer od aid to Brazil. NLK – 76 – 163 # 3. JFKL.
26 Mello Bastos, 2003, p.101.

sargentos foram instrumento de uma "conspiração civil de extrema-
-esquerda", com grande participação da ala radical do PCB, em que
se destacavam Carlos Marighela e Nelson de Sousa Alves".[27] No seu
entender, "a intenção do movimento não era 'esquerdizar' o governo de
Jango, era mesmo derrubá-lo".[28] Mello Bastos disse que foi convidado
a participar de uma reunião na casa do deputado Max da Costa Santos,
na rua Senador Vergueiro, no Flamengo.[29] "Queriam envolver o CGT
na conspiração dos sargentos, mas nós nos recusamos a participar."
E, ressaltando que Max da Costa Santos era do grupo de Brizola, ele
revelou que, "na época, até o chefe da Casa Civil, Darcy Ribeiro, tinha conhecimento, não só dessa, como de várias outras conspirações
de esquerda", "algumas ele minimizava, outras achava que mereciam
cuidado".[30] "A revolta dos sargentos foi uma tentativa localizada e frus-
trada, porque os verdadeiros líderes (civis) ficaram de fora para ver no
que ia dar" – acentuou Mello Bastos.[31] Essa informação, se comprovada,
mostra que Darcy Ribeiro não era leal a Goulart, que se encontrava,
em Pelotas, Rio Grande do Sul, e o acontecimento surpreendeu-o, e
indica que provavelmente Brizola, assim como os deputados Max da
Costa Santos e, quiçá, José Neiva Moreira, i. e., que a alta cúpula da
Frente de Mobilização Popular estaria por trás do complô.

---

27 Idem, ibidem, p.101-2.
28 Idem, ibidem, p.102.
29 O apartamento na rua Senador Vergueiro, no Flamengo, podia ser de Max da Costa
    Santos, mas sua residência era no Cosme Velho. Em outro dos seus livros de memória – *A
    caixa-preta do golpe de 64* – Mello Bastos contou que, segundo Hércules Corrêa, militante
    do PCB e também dirigente sindical, o levante contou "com o apoio da Frente Parlamentar
    de Brizola, e queriam que o CGT apoiasse (...)". Foi aí que houve uma reunião de que o
    Mello Bastos lembra, ali na senador Vergueiro, num apartamento vizinho ao do deputado
    Max da Costa Santos, brizolista. "O sargento Prestes queria me matar porque o CGT
    não apoiou a revolta." Mello Bastos, 2006, p.212. Esta informação de Hércules Corrêa
    não está muito clara. O movimento que Brizola comandava era a Frente de Mobilização
    Popular, e não a Frente Parlamentar. Talvez ele se referisse à provável participação do
    deputado Neiva Moreira, que era secretário da Frente Parlamentar Nacionalista.
30 Mello Bastos, 2003, p.102. Mello Bastos declarou ao autor, por telefone, em 24 de janeiro
    de 2010, que quem lhe deu essa informação sobre a participação de Darcy Ribeiro foi
    Hércules Corrêa, alto dirigente do PCB e do CGT.
31 Idem, ibidem, p.102.

De qualquer modo, porém, é possível que provocadores, infiltrados (como de fato havia) entre os sargentos, tivessem encorajado a sedição, para abortá-la e polarizar a oficialidade contra o governo. Alguns sargentos, que participaram da rebelião, revelar-se-iam, depois da queda de Goulart, agentes dos serviços secretos das Forças Armadas. Os oficiais que conspiravam contra o governo mantinham uma rede clandestina de informações, em cujo trabalho utilizaram inúmeros "sargentos fiéis,[32] que "conseguiram cumprir pelo menos suas missões principais com sucesso".[33] Maria Madalena Lacerda de Azevedo, secretária de Paulo Schilling, assessor de Brizola e responsável pela FMP no Rio de Janeiro, trabalhava como agente do CIE (Centro de Informações do Exército), também, provavelmente, da CIA,[34] e mantinha relacionamento com Antônio Prestes de Paula, que havia liderado a revolta dos sargentos em Brasília.[35] E um dos requisitos para o golpe de Estado, urdido

---

32 Stacchini, 1965, p.58.
33 Idem, ibidem, p.59.
34 Diversos documentos da CIA, desclassificados e depositados na Lyndon Johnson Library e na Kennedy Library, reproduzem muitas conversas e informações de Paulo Schilling, que somente quem estivesse ao seu lado, trabalhando, poderia tomar conhecimento.
35 Os depoimentos Maria Madalena Lacerda de Azevedo e de seu marido, Gilberto Giovaneti, foram entregues, na forma de relatório, em São Paulo, ao advogado Luiz Eduardo Greenhalgh. Ela deu o depoimento devido ao fato de que a esposa de Onofre Pinto a responsabilizou pelo sumiço do marido, quando lhe garantiu que ele poderia regressar ao Brasil em segurança. O depoimento de Maria Madalena – nome verdadeiro de Ana Barreto Costa, ex-integrante da VPR – foi de muita importância por trazer à tona um dos mistérios da repressão: o desaparecimento do líder nacional da VPR, Onofre Pinto, com mais quatro pessoas a caminho do Brasil, depois de sair de Buenos Aires, em 11 de julho de 1974. Em seu relatório, Maria Madalena disse ter sido aliciada pelos militares antes do desaparecimento de Onofre. No seu depoimento, ela admitiu haver atuado com Onofre no Chile e na Argentina, treinando guerrilha em Cuba e tentando fugir para o exterior, quando foi presa em Curitiba pelo Exército. Disse ter sido levada para o DOI-CODI e para um sítio em São Paulo, onde foi torturada, até que o coronel, conhecido como dr. Ney, propôs que ela e o marido passassem a colaborar com a repressão. Ela conta que fizeram, em Brasília, um curso de informações e contrainformações e passaram a cumprir uma série de missões no exterior, com salário mensal, a fim de convencer militantes a retornarem ao Brasil. O jornalista Shizou Osawa, um dos principais ex-líderes da Vanguarda Popular Revolucionária (VPR), pediu um aprofundamento no depoimento de Maria Madalena, pois crê que ela também possa dar informações sobre outros casos de desaparecidos políticos. E tudo indica que ela começara a trabalhar como informante do CIE – e certamente da CIA – desde antes da derrubada do governo de Goulart, quando

pela direita, era um acontecimento, como a revolta dos sargentos, que provocasse "grande motivação no povo e nas Forças Armadas".[36] De fato, quando, àquela época, Arthur Schlesinger Jr., assessor da Casa Branca, referiu-se à possibilidade de que a crise no Brasil tivesse um desfecho antidemocrático, o próprio Roberto Campos observou que "a mentalidade legalista era ainda dominante nas Forças Armadas, e estas não interviriam a não ser em caso de comoção social ou ameaças à disciplina militar".[37]

Mas a rebelião dos sargentos ainda não provocara grande motivação para justificar o golpe de Estado. O governo controlou a crise e deputados trabalhistas impulsionaram o andamento da emenda constitucional, que concedia aos sargentos o direito de disputarem eleições. Não obstante, considerável parcela da oficialidade assustou-se. A explosão de indisciplina vitalizou os que tramavam a ruptura da legalidade, a pretexto de combater a desordem, a agitação, as greves políticas, em resumo, o comunismo. E, no dia seguinte ao motim, o general Humberto de Alencar Castelo Branco empossou-se na chefia do Estado Maior do Exército, a condenar os "oportunistas reformistas" que, segundo ele, "pretendiam substituir as Forças Armadas por milícias populares de ideologia ambígua".[38]

Era uma alusão a Brizola e aos *grupos dos onze*. Naquele momento, no entanto, não era a esquerda que organizava milícias para substituir as Forças Armadas. Os *grupos dos onze,* ainda embrionários, não dispunham de armas e não chegavam sequer a constituir uma organização política e militar, com um programa de revolução social. As Ligas

---

era secretária de Paulo Schilling, na Frente de Mobilização Popular, cuja sede, no Rio de Janeiro, era frequentada pelos sargentos que haviam participado do levante em Brasília. Depois do golpe militar, em 1964, ela apareceu misteriosamente em Montevidéu, referiu-se às suas ligações com o sargento Antônio Prestes de Paula, com quem ela teria fugido, e tentou infiltrar-se entre os exilados. Depois desapareceu.Na segunda metade dos anos 1970 foi vista em S. Paulo e, depois, em Portugal.

36 Entrevista do marechal Odylio Denys ao autor. Rio de Janeiro, 17 nov.1976.
37 Campos, 1994, p.542-3.
38 *O Estado de S. Paulo*, 14 set. 1963.

Camponesas tampouco. Os principais líderes da esquerda, sobretudo os comunistas, ainda confiavam no "espírito democrático e na vocação legalista das Forças Armadas", conquanto alguns dirigentes do PCB, como Oswaldo Pacheco e Hércules Corrêa, houvessem comprado algum armamento – granadas, fuzis, metralhadoras, balas etc. – contrabandeado do Amazonas e distribuído, com a ajuda de pessoal da Federação da Estiva, nos portos, ao longo do litoral, entre estivadores e portuários, que depois passaram os petrechos militares para os ferroviários, ao Ceará.[39] Mas a quantidade era muito pequena, não era sequer suficiente para qualquer resistência, na eventualidade do golpe de Estado.[40] E as correntes mais radicais da esquerda, de composição pequeno-burguesa, não só eram fracas, numericamente reduzidas, e não contavam com recursos de espécie alguma para armar milícias ou mesmo comandos de autodefesa. O jornalista Tad Szulc, do *The New York Times*, constatou, como evidente, "que não foi a influência direta de agentes, dinheiro ou armas de Cuba que levou Goulart e seus companheiros à beira de um Estado quase revolucionário no Brasil", embora fosse inconfundível a influência psicológica e intelectual da revolução de Fidel Castro, "ainda que transmudada em termos puramente brasileiros".[41]

A direita, sim, formava organizações paramilitares, dentro de uma estratégia de guerra civil, a fim de fomentar arruaças, dissolver comícios, promover sabotagens e até desencadear guerrilhas, caso as Forças Armadas se dispusessem a sustentar a implantação de uma república sindicalista no Brasil, propósito este que se atribuía a Goulart.[42] Elementos vinculados ao marechal Odylio Denys armavam os fazendeiros, no sul do país, e o mesmo o almirante Sílvio Heck fazia no Estado do Rio de Janeiro e em Minas Gerais, distribuindo petrechos bélicos,

---

39 Mello Bastos, 2006, p.268-9.
40 Idem, ibidem, p.269.
41 Szulc, 1968, p.91.
42 Segundo o marechal Denys, Adhemar de Barros informou-lhe que este era o propósito de Goulart, que pretendia proclamá-la em 1º de maio de 1964. Esse propósito, na verdade, nunca existiu.

conseguidos por intermédio do governador de São Paulo, Adhemar de Barros, e do jornalista Júlio Mesquita Filho, diretor de *O Estado de S. Paulo*. Em vários pontos do território nacional havia campos de treinamento para guerrilha, montados, clandestinamente, pelos militares que conspiravam contra Goulart desde 1961.[43]

Com efeito, as forças de direita, no interior, estavam armadas e adestradas para combater até mesmo o Exército. Em Goiás, os latifundiários revelaram que tinham condições de enfrentar os camponeses, "quer com a ajuda do Exército e da Força Pública, quer sem ela".[44] Francisco Falcão, presidente da Associação dos Fornecedores de Cana de Pernambuco, declarou, publicamente, que não precisava da solidariedade da Associação Comercial do estado, mas, sim, dos seus recursos financeiros para comprar armas, pois o Brasil, conforme sua opinião, estava em plena guerra revolucionária.[45] E em Alagoas comerciantes e latifundiários mobilizaram um exército particular de dez mil homens, sob a supervisão do próprio secretário de Segurança, coronel João Mendonça, todos treinados para sabotagem e luta de guerrilhas.[46] Dos 28 grupos empresariais organizados no estado, 22 contavam com pelo menos 150 homens e 15.000 litros de combustível cada um. Para cada metralhadora foram distribuídos 1.000 tiros. E a esse estado-maior de fazendeiros e comerciantes se somaram 1.800 produtores de açúcar e pequenos proprietários, comandando cada um pelo menos cinco homens já armados. O governador Luís Cavalcanti apoiava o empreendimento, que se inseria em uma estratégia global, pois Alagoas, por sua situação geográfica, constituiria, como estado--tampão, uma cunha entre Pernambuco e Sergipe, cujos governadores, Miguel Arraes e João de Seixas Dória, se identificavam com o programa de reformas.[47] A organização desse exército clandestino, com *know-*

---

43 Entrevista de Denys e Heck ao autor, cit.
44 *O Semanário*, Rio de Janeiro, nº 375, 12 a 18 mar. 1964, p.5.
45 Idem.
46 *O Globo*, 11 abr. 1964, p.10.
47 "O dispositivo alagoano dava-se como autossuficiente, a ponto de, caso fosse necessário, poder abrir mão de sua Polícia Militar e de suas guarnições do Exército." Idem.

-*how* da CIA, custou cerca de Cr$ 100 milhões.[48] Em todo o Nordeste havia formações do mesmo tipo.[49] Diariamente, o piloto de um avião particular fazia voos de reconhecimento, ao longo das divisas do Estado de Alagoas, a estabelecer contato com grupos de guerrilheiros, organizados por outros latifundiários da região.[50]

---

48 Idem.
49 Idem.
50 Idem.

Caderno de imagens

Getúlio Vargas – Fundo Correio da Manhã – Arquivo Nacional.

Getúlio Vargas no Rio de Janeiro, após o triunfo da revolução, em 3 de outubro de 1930. Fundo Correio da Manhã – Arquivo Nacional.

Mobilização popular em favor da Constituinte com Vargas – 1945 – Fundo Correio da Manhã – Arquivo Nacional.

Getúlio Vargas, na sua estância em São Borja, com João Goulart – que lhe deu toda a assistência na segunda metade dos anos 1940, quando estava no ostracismo após ser deposto do governo em 1945. Arquivo do IPG.

Sede do jornal *Tribuna da Imprensa*, de Carlos Lacerda, que defendia desde a primeira metade dos anos 1950 a implantação da ditadura, sob o eufemismo de "Estado de exceção". Segundo Tancredo Neves, que era ministro da Justiça quando Getúlio Vargas se suicidou, em 1954, a *Tribuna da Imprensa* provavelmente era financiada pela CIA. Fundo Correio da Manhã – Arquivo Nacional.

Tancredo Neves, João Goulart, Darcy Vargas entre outros no funeral do presidente Getúlio Vargas. Da dir. para esq.: Prostásio Vargas (1º); Tancredo Neves (2º); João Goulart (3º); Lutero Vargas (6º, sob a cruz); Manuel Antônio Vargas (9º). TNfoto0079_1 – CPDOC.

Enterro de Vargas – 1954 – Fundo Correio da Manhã – Arquivo Nacional.

No Rio de Janeiro e em várias outras cidades do Brasil, multidões percorreram as ruas incendiando prédios das empresas americanas, sedes da UDN e jornais da oposição – 1954 – Fundo Correio da Manhã – Arquivo Nacional.

Benjamin Vargas e João Goulart na porta do avião que levou o corpo de Getúlio Vargas para São Borja (Rio Grande do Sul), onde ele foi sepultado em 25 de agosto de 1954. AnCfoto38_35 – CPDOC.

João Goulart – Fundo Correio da Manhã – Arquivo Nacional.

Presidente Juscelino Kubitschek – Fundo Correio da Manhã – Arquivo Nacional.

João Goulart, como candidato à vice-presidência, falando aos operários de São Gonçalo, no Rio de Janeiro. Fundo João Goulart – Arquivo Nacional.

João Goulart, vice-presidente de Juscelino Kubitschek, conversando com o autor, em 1958, no Palácio das Laranjeiras. Arquivo do autor.

João Goulart, abraçado por Leonel Brizola, quando chegou ao Rio Grande do Sul para assumir a presidência do Brasil. Fundo Correio da Manhã – Arquivo Nacional.

Na eleição de 1960, João Goulart foi candidato a vice-presidente, na chapa do marechal Henrique Teixeira Lott, com quem está conversando. Como naquela época o eleitor podia votar separadamente nos candidatos, Goulart elegeu-se, mas o marechal Lott perdeu para Jânio Quadros. Foto: S. Stickert. Arquivo do autor.

João Goulart, no Rio Grande do Sul, com o governador Leonel Brizola e o general José Machado Lopes, comandante do III Exército, que se sublevou contra os ministros militares, a fim de defender a legalidade, após a renúncia de Jânio Quadros, em 1961. Fundo Correio da Manhã – Arquivo Nacional.

João Goulart tomou posse na presidência do Brasil em 7 de setembro de 1961, sob o regime parlamentarista, no qual o deputado Tancredo Neves (1º à esquerda) foi o primeiro-ministro. Ao lado de Goulart, à direita, o deputado Ranieri Mazzili, que assumira interinamente o governo, após a renúncia de Jânio Quadros, e o general Ernesto Geisel. TNfoto1067_46 – CPDOC.

Tancredo Neves foi primeiro-ministro do governo de João Goulart, logo após a implantação do regime parlamentar, que resultou da negociação para evitar o conflito armado, em 1961, quando os ministros militares tentaram um golpe de Estado, e o governador Leonel Brizola levantou o Rio Grande do Sul e contou com o apoio do III Exército. Fundo Correio da Manhã – Arquivo Nacional.

Lincoln Gordon, embaixador dos Estados Unidos, assinando um documento, tendo ao lado, à direita, o primeiro-ministro Tancredo Neves. Ele articulou a derrubada do governo do presidente João Goulart e sempre se caracterizou pelo cinismo e hipocrisia, repetindo, contra todas as provas e evidências, que os Estados Unidos nenhuma participação tiveram no golpe militar de 1964. TNfoto282_4 – CPDOC.

O chanceler San Tiago Dantas e o secretário de Estado Dean Rusk, na reunião de Punta del Este, em 1962, quando Cuba foi expulsa da OEA. Fundo Correio da Manhã – Arquivo Nacional.

O presidente João Goulart, ao lado do presidente John Kennedy, quando chegou aos Estados Unidos, em visita de Estado, em abril de 1962. Foto: City News Bureau. Arquivo do autor.

Miguel Arraes, governador de Pernambuco, ao lado de João Goulart – Fundo Correio da Manhã – Arquivo Nacional.

João Goulart com Almino Afonso, ministro do Trabalho. Arquivo de Almino Afonso.

O presidente João Goulart em reunião com seus ministros. À esquerda aparecem Almino Afonso, Hermes Lima e, na ponta, o general Amaury Kruel. Na ponta da mesa, à esquerda, o jurista Evandro Lins e Silva. Arquivo de Almino Afonso.

Francisco Julião (Arruda de Paula) liderou as Ligas Camponesas, a partir de Pernambuco, no Engenho da Galileia, lutando pela reforma agrária, com distribuição de terras e os direitos para os camponeses – Arquivo Nacional.

A palavra de ordem das Ligas Camponesas era "reforma agrária na lei ou na marra", i. e., por via legal ou pela força. E em novembro de 1961 realizou-se o 1º Congresso Nacional de Lavradores e Trabalhadores Agrícolas, em Belo Horizonte, Minas Gerais. O Congresso exigiu reforma agrária e CLT (Consolidação das Leis de Trabalho) para os trabalhadores rurais. Fundo Correio da Manhã – Arquivo Nacional.

Em fins de junho de 1963, Goulart e Kennedy, quando foram assistir à sagração do papa Paulo VI, conferenciaram, durante vinte minutos, na Embaixada Americana em Roma, mas o diálogo teve pouco resultado. À direita de Kennedy aparece o chanceler Evandro Lins e Silva, que se opôs ao encontro promovido pelo embaixador Hugo Gouthier. JGfoto021_3 – CPDOC.

João Goulart conversando com o marechal Josip Broz Tito, o presidente da República Socialista da Iugoslávia, que visitou o Brasil em setembro de 1963. A Campanha da Mulher Democrática (CAMDE), organização financiada pela CIA, promoveu violenta campanha contra sua recepção pelo presidente João Goulart. Fundo Agência Nacional – Arquivo Nacional.

Na foto acima, o arsenal apreendido pelos soldados do 1º Batalhão da Polícia do Exército, numa casa, em frente ao Sítio do Capim Melado, de propriedade de João Goulart, em Jacarepaguá (Rio de Janeiro). Havia dez metralhadoras Thompson, 20 carregadores, 72 caixas de 50 cartuchos Remington Kleanbore 45, dez granadas e um rádio transmissor-receptor portátil Motorola, marcado com o símbolo do Ponto IV, programa de assistência técnica e assistencial para os países do Terceiro Mundo, lançado pelo presidente Harry Truman, durante a Guerra Fria, como parte da campanha dos Estados Unidos para conter o comunismo. As metralhadoras Thompson entraram clandestinamente no Brasil. Nenhuma daquele tipo existia nas organizações de polícia nem no exército. No dia 12 de outubro de 1963, o jornal *O Estado de São Paulo* publicou uma foto do arsenal, apresentado à imprensa pelo coronel Domingos Ventura, comandante da Polícia do exército. As investigações evidenciaram a existência de uma trama para a eliminação de Goulart. *O Estado de São Paulo*, 12 dez.1963.

Comício na Central do Brasil em 13 de março de 1964. Goulart discursando, tendo ao lado sua esposa Maria Tereza. Fundo Agência Nacional – Arquivo Nacional.

Cecil Borer, ex-diretor do DOPS, no Rio de Janeiro, confirmou em entrevista à *Folha de São Paulo* que o cabo Anselmo trabalhava para ele e para CIA, para todos os serviços de Inteligência, desde antes do golpe militar de 1964. Fundo Correio da Manhã – Arquivo Nacional.

Os marinheiros amotinados e fuzileiros navais no Sindicato dos Metalúrgicos, cercados pela polícia do Exército. Fundo Correio da Manhã – Arquivo Nacional.

Marinheiros navais no Sindicato dos Metalúrgicos. A provocação para justificar o golpe de Estado sob o pretexto de reprimir uma suposta ameaça comunista. Fundo Correio da Manhã – Arquivo Nacional.

Adhemar de Barros colaborou com o golpe militar de 1964, depois conspirou contra o general Castelo Branco e foi derrubado do governo de São Paulo, tendo seus direitos políticos cassados. Fundo Correio da Manhã – Arquivo Nacional.

O jornalista Carlos Lacerda, da UDN, que liderou a campanha contra Vargas na primeira metade dos anos 1950, quando defendia a implantação de um "Estado de exceção", i. e., uma ditadura no Brasil. Depois foi um dos líderes do golpe contra o governo de João Goulart. Era conhecido como "O Corvo" porque provocara o suicídio de Vargas. Fundo Correio da Manhã – Arquivo Nacional.

José Magalhães Pinto, governador de Minas Gerais, apertando a mão de Goulart. Na foto, atrás de Goulart, o deputado Tancredo Neves. Magalhães Pinto foi quem deflagrou o golpe de 1964 a partir de Minas Gerais, com o apoio dos generais Olympio Mourão Filho e Carlos Luís Guedes. Fundo Correio da Manhã – Arquivo Nacional.

Em pé, ao lado de Tancredo Neves, o general Carlos Luís Guedes, comandante da 4ª Divisão de Infantaria. Com o general Olympio Mourão Filho, ele precipitou o golpe contra Goulart, à revelia do general Castelo Branco. Posteriormente, confessou que o então coronel Vernon Walters, adido militar dos Estados Unidos, lhes oferecera até material bélico, e instigava-os para que se insurgissem contra o governo. TN 248 – CPDOC.

Como comandante da 4ª Região Militar e da 4ª Divisão de Infantaria do I Exército, sediados em Juiz de Fora (MG), o general Olympio Mourão Filho, que aparece na foto com o cachimbo na mão, afoitou o golpe militar de 1964 sob a liderança civil do governador Magalhães Pinto. Ele mesmo se proclamou uma "vaca fardada" em matéria de política, contribuindo para o "festival de besteiras" que assolou o país, conforme expressão do jornalista Stanislaw Ponte Preta. CFaFOTO274 – CPDOC.

Tanques do Exército entrando no Rio de Janeiro em 1º de abril de 1964. Fundo Correio da Manhã – Arquivo Nacional.

Soldados vasculhando um carro após o golpe militar. Fundo Correio da Manhã – Arquivo Nacional.

O então coronel Vernon Walters, agente da Defense Intelligence Agency, era Adido Militar na Embaixada dos Estados Unidos e foi o maestro que regeu o golpe militar de 1964. Era amigo pessoal do general Humberto Castelo Branco e, como representante do "poder invisível", respaldou sua candidatura à presidência do Brasil. 05 ago.1992 © Jonas Cunha – Agência Estado.

O general Humberto Castelo Branco, candidato do coronel Vernon Walters, agente da DIA, à presidência da República, assumiu o governo após o golpe militar de 1964 e submeteu o Brasil aos ditames de Washington. Carlos Lacerda depois rompeu com ele e disse que Castelo Branco era "mais feio por dentro que por fora". Fundo Correio da Manhã – Arquivo Nacional.

João Goulart chegando a Montevidéu, em 4 de abril, quatro dias depois de consumado o golpe militar, avalizado ilegalmente pelo Congresso. Ao deputado Doutel de Andrade escreveu: "se houvesse um ponto onde resistir objetivamente, eu permaneceria na estacada, para no mínimo, com o sacrifício, marcar o meu protesto. Isto nem como hipótese é mais possível". Fundo João Goulart – Arquivo Nacional.

O embaixador Lincoln Gordon falando ao microfone durante o jantar anual da Royal Society of Saint George. Durante o governo do general Castelo Branco, ele foi uma espécie de pró-cônsul dos Estados Unidos no Brasil. Sua preeminência foi de tal monta que deu origem ao *slogan*: "Chega de intermediários, Lincoln Gordon para presidente". EUGFOTO040_1 – CPDOC.

O general Artur da Costa e Silva, quando assumiu a presidência da República, radicalizou a ditadura com o Ato Institucional nº 5, porém mudou os rumos da política externa do Brasil e adotou uma política econômica mais desenvolvimentista. Fundo Correio da Manhã – Arquivo Nacional.

João Goulart, exilado, descansando, no Uruguai, com seu filho João Vicente. Fundo João Goulart – Arquivo Nacional.

João Goulart em uma de suas estâncias no Uruguai, tomando chimarrão durante o exílio. Fundo João Goulart – Arquivo Nacional.

Brizola chega aos Estados Unidos

Beatriz Schiller
Correspondente

Nova Iorque — Ao chegar ontem às 8h, hora local (9h de Brasília) a Nova Iorque, o Sr Leonel Brizola só não cruzou com o Ministro da Fazenda, Sr Mário Henrique Simonsen, porque o vôo da Varig atrasou. Sorridente, o Sr Brizola foi recebido por seu amigo professor Moniz Bandeira. No aeroporto, à espera do Ministro, estava o gerente do Banco do Brasil local, Sr Otto Lino Bonn.

"Foi uma patada do Governo uruguaio, foi mais que um contratempo", disse o Sr Brizola a seu amigo Moniz Bandeira, ao abraçá-lo. Disse sentir-se bem por chegar aos Estados Unidos e, logo após retirar com sua mulher, D Neusa, as malas da alfandega, colocou-se à disposição dos jornalistas presentes (brasileiros e um representante da agência UPI) para uma entrevista.

Direitos humanos

— Por que escolheu os Estados Unidos?

(O Sr Brizola fez grande pausa antes de responder)

— Eu diria que a mensagem sobre direitos humanos do Presidente Carter tem alcançado penetração muito profunda; acredito que ele próprio e seus auxiliares não a podem avaliar. Eu, me encontrando sem documentos, como os banidos e desterrados, senti sua mensagem. Quando fui surpreendido com esta medida do Governo uruguaio, minha primeira inspiração foi voltar a meu país. Como não tinha documentos e não queria andar vagando por aí, o que não faria por me considerar um homem de trabalho, tomei a iniciativa de procurar a Embaixada norte-americana em Montevidéu logo que senti as dificuldades que teria para voltar a meu país. Diria a mesma coisa com respeito a outros destinos.

(o Sr Brizola disse que há muito não se encontrava com jornalistas; estava destreinado de entrevistas).

— Venho aos Estados Unidos reconhecido pela acolhida que me deram. Seus diplomatas foram incansáveis na solução de embaraços e dificuldades para obtenção de meus documentos. Venho aos Estados Unidos com intenção de não causar embaraços. Hoje mesmo vou tratar de me atualizar, conhecer o país, estudar inglês.

— O Sr vai para Portugal?

— O Primeiro-Ministro Mário Soares me ofereceu asilo.

— O prazo para o Sr deixar o Uruguai foi rígido?

— Na quinta-feira de tarde recebi a comunicação que deveria deixar o país até o pôr do Sol do dia 20. No dia seguinte (sexta-feira) fiquei sem saber o que fazer. Sábado e domingo fui à fazenda. Só tive segunda e terça para tratar de alguns negócios, mas só tive um dia útil na realidade pois na terça-feira fiquei sem poder deixar minha casa a não ser para ir à Chancelaria uruguaia ou ao Consulado brasileiro, sob custódia. O Governo uruguaio desconhecia minhas atividades; até meus vizinhos podem atestar que minhas atividades eram caseiras.

— Os Estados Unidos não são signatários da Convenção de Asilo Político. Assim, o Sr pode exercer aqui atividades políticas. É esta sua intenção?

— Não tenho planos. Não tinha intenção latente de deixar o Uruguai, embora tenha intenção latente de voltar ao Brasil. O cancelamento do asilo político obrigou-me a mudar de orientação.

O professor Moniz Bandeira, que vive nos Estados Unidos, recebeu o casal Brizola no aeroporto

Arenista dá apoio a Frota e

Na foto acima, publicada no dia 23 de setembro de 1977 pelo *Jornal do Brasil* e por outros órgãos da imprensa, aparecem Leonel Brizola e sua esposa Neuza sendo recebidos pelo autor, no Aeroporto John Kennedy, em Nova York. Na entrevista à imprensa, Brizola declarou que era "social-democrata, pluralista e ocidentalista". Mas não explicou quando foi à Embaixada Americana solicitar o asilo político. Contou apenas que recebeu o aviso de expulsão do Uruguai, no final da tarde de quinta-feira, ficou "sem saber o que fazer" na sexta-feira, passou sábado e domingo na estância e só teve virtualmente dois dias úteis, segunda e terça-feira. Na verdade, Brizola não ficou "sem saber o que fazer". Logo na manhã de sexta-feira foi à Embaixada Americana e, após formalizar o pedido de visto e preencher outros papéis, viajou para a estância, em Durazno, onde passou o fim de semana, e de lá regressou segunda-feira, pela manhã. Aí recebeu oficialmente a notícia da concessão do asilo pelo governo dos Estados Unidos. *Jornal do Brasil*, 27 set.1977.

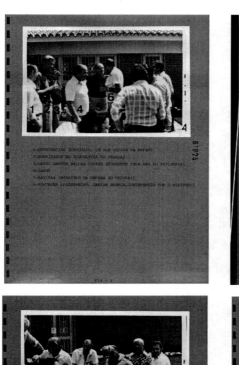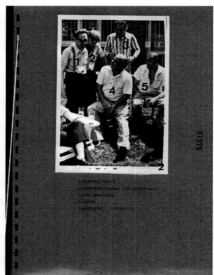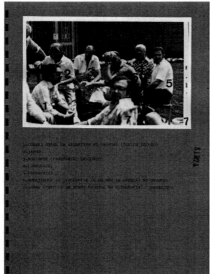

A CIA e os serviços de inteligência do Brasil e do Uruguai monitoraram a movimentação de Goulart e dos demais exilados que chegaram a Montevidéu, em 1964, infiltrando inclusive agentes entre os que costumavam frequentar sua residência. Ao churrasco oferecido por Goulart na estância de Maldonado, quando completou 56 anos, em 1º de março de 1975, compareceu, além de amigos, o ministro de Defesa do Uruguai, Walter Ravena (1973-81), acompanhado por vários agentes de segurança – um dos quais, possivelmente, trabalhava em conexão com o SNI, do Brasil, e tirou várias fotos. Os participantes do churrasco são identificados embaixo das fotos, algumas das quais estão acima reproduzidas. Fundo SNI –AN – COREG-DF.

O féretro de Goulart conduzido pela multidão no cemitério de São Borja. Funeral de João Goulart. São Borja, RS. 09 dez.1976. © Ricardo Chaves – Editora Abril.

João Goulart em Mercedes, entre Cláudio Braga, seu secretário (esquerda) e o estancieiro Martin Sheman, vizinho de sua estância em Corrientes, Argentina. Esta foto, tirada em meados de 1976, é uma das últimas de Goulart. Arquivo do autor.

O ataúde com os restos mortais de Goulart, velado em São Borja, coberto com uma faixa, exprimindo o clamor popular: Anistia. Funeral de João Goulart. São Borja, RS. 09 dez.1976. © Ricardo Chaves – Editora Abril.

Na foto, o conhecido advogado Jair Krischke, incansável ativista dos direitos humano de frente, com o microfone na mão, interrogando o delinquente Mario Barreiro Neira, que disse ter participado do suposto assassinato de Goulart. Na mesa também aparecem, à esquerda, o jornalista Roger Rodríguez, de *La República*, e a jornalista Vera Rotta, secretária especial de Direitos Humanos do gabinete da presidência da República. E à direita de Jair Krischke está o deputado estadual (PDT) Adroaldo Loureiro, da Assembleia Legislativa do Rio Grande do Sul. Mario Barreiro Neira foi depois submetido a um interrogatório, monitorado por um polígrafo (detector de mentira) e a conclusão da análise, feita pelo perito Mauro Nadvorny, foi a de que ele "não foi verdadeiro na maior parte da entrevista e de sua participação nos fatos narrados". Foto: Vitor Hugo Roeher – Acervo Fotográfico. AMJDH.

CAPÍTULO 10

Os preparativos para a contrarrevolução – O papel de Vernon Walters e dos agentes da CIA – Boinas-verdes no Brasil – A tentativa de decretar o estado de sítio

Os agentes da CIA teceram, sem dúvida, toda a rede da conspiração contra o governo Goulart, com a colaboração não somente de militares brasileiros, mas, também, de latifundiários, comerciantes e industriais, amatilhando os radicais da direita para atos de terror e sabotagem, lutas de guerrilha e antiguerrilha. Os depósitos de material bélico, bem como os campos de treinamento militar, espalhavam-se por todo o país, escondidos em igrejas e fazendas. E organizações como Ação de Vigilantes do Brasil, Grupo de Ação Patriótica (GAP),[1] Patrulha da Democracia,[2] Mobilização Democrática Mineira e outras apareceram em todos os estados, como forças policiais paralelas, espécie de milícias fascistas, em um processo de crescente irradiação. E em Minas Gerais foi onde esses bandos mais se desenvolveram e adquiriram maior capacidade de atuação, à sombra da Polícia Militar, cujo adestramento, de acordo com o programa do Ponto IV, estava a cargo de um perito da CIA, chamado Dan Mitrione.[3]

---

1   Organização criada pelo estudante carioca Aristóteles Luís Drumond, recrutado pela CIA. Ver Langguth, 1978, p.78-9.
2   As tarefas da Patrulha da Democracia iam desde a "simples distribuição das instruções até atos de sabotagem e contraespionagem". *O Semanário*, 12 e 18 mar. 1964, p.5.
3   Executado posteriormente, no Uruguai, pelos Tupamaros.

No dia 18 de setembro, uma semana depois do levante dos sargentos, a Polícia do Exército prendeu três elementos (Luís Gomes de Lima, Noir Gonçalves Silva e Manoel Lopes Nascimento), que desembarcaram na Estação Rodoviária Mariano Procópio (Rio de Janeiro), trazendo de São Paulo, como bagagem, 44 carabinas semiautomáticas. À noite, dois choques da Polícia do Exército invadiram o terceiro andar de um prédio situado na rua 1º de Março, nº 31 (Rio de Janeiro) e apreenderam alguns caixotes de armas e munições. Ali, sob a direção de Paulo de Sales Galvão, elemento ligado a Lacerda, funcionava a sede do grupo denominado Ação de Vigilantes do Brasil.[4] O escritório pertencia ao despachante Valter dos Santos Castro e as armas não eram de uso comum nas Forças Armadas. Foram contrabandeadas pela Bolívia ou pelo Paraguai, segundo o ministro da Guerra, que mandou instaurar um Inquérito Policial-Militar; mas o general Idálio Sardenberg, nomeado para presidi-lo, abafou o resultado das investigações, por causa dos indícios de que o caso envolvia generais da reserva.

Com o objetivo de confundir a opinião pública e desnortear as diligências, os agentes da conspiração, muitos dos quais encastelados nos serviços secretos das Forças Armadas e nas polícias estaduais, começaram a propagação de boatos sobre a existência de armas com trabalhadores e camponeses, na Refinaria Duque de Caxias, na Superintendência da Reforma como um esforço diversionista, que tumultuava ainda mais o ambiente no Brasil. Em 28 de setembro, porém, o I Exército descobriu mais de 30 carabinas semiautomáticas[5] ocultadas no Educandário Nossa Senhora de Fátima (Niterói) e na Fazenda do Arizona, também pertencente à Ação de Vigilantes do Brasil.[6] Eram idênticas às apreendidas na Estação Rodoviária Mariano Procópio e o Serviço Federal de Informações e Contrainformações (SFICI), órgão do

---

4   Nesse escritório, montado com requinte, não havia uma única fita verde-amarela. As paredes estavam cheias de retratos de personalidades norte-americanas e mapas turísticos dos Estados Unidos. Devia ser, de fato, uma agência da CIA.
5   *O Estado de S. Paulo*, 29 set. 1963, p.6.
6   Idem, 29 set. 1963, p.5.

Conselho de Segurança Nacional (CSN), apurou que os responsáveis se vinculavam ao almirante Sílvio Heck.[7] Apesar da infiltração de oficiais ligados a Lacerda na secretaria-geral do CSN, o SFICI conseguiu levantar várias pontas da conspiração. Inteirou-se de que o governador Adhemar de Barros recebia armas do Paraguai, contrabandeadas,[8] e que o general Amaury Kruel, no comando do II Exército, não o ignorava.[9] Constatou o desvio de material bélico de arsenais das Forças Armadas, tomou conhecimento de que aviões da FAB transportavam armas para os conspiradores[10] e descobriu uma rede de transmissão no Rio Grande do Sul, montada pelo então major Álcio da Costa e Silva.[11] O serviço secreto do Exército informou-se, por sua vez, dos preparativos de Adhemar de Barros, cuja amante, Ana Benchmol, mantinha as conexões com Lacerda, no Rio de Janeiro, e acompanhou os passos do major Grossman, ex-chefe da Guarda Civil de São Paulo, do tenente-coronel Reinaldo Saldanha da Gama, vinculado ao IBAD e um dos responsáveis pelo tráfico de armas, e do general Ivanhoé Gonçalves Martins, que convidou o general Dario Coelho para participar do levante planejado pelo governo de São Paulo.[12]

Goulart também soube, por informes do SFICI, que o coronel Vernon Walters,[13] adido militar da embaixada dos Estados Unidos e agente da Defense Intelligence Agency (DIA), o serviço secreto do

---

7 Entrevista do comandante Ivo Acioly Corseuil, ex-chefe do gabinete do secretário do CSN e depois subchefe da Casa Militar da presidência da República, ao autor, Rio de Janeiro, 15 dez. 1976.
8 Idem. Entrevista do coronel-aviador Afonso Ferreira, ex-oficial do SFICI, ao autor, Rio de Janeiro, 8 dez. 1976.
9 Entrevista de Goulart ao autor, cit.
10 Entrevista do comandante Paulo Werneck, encarregado da 2ª Seção do CSN durante o governo de Goulart, ao autor, Rio de Janeiro, 9 nov.1976.
11 Entrevista do coronel-aviador Afonso Ferreira ao autor, cit.
12 O general Dario Coelho repeliu a proposta e comunicou o fato ao comandante da 5° Região Militar. Informe n° 23/63, Ministério da Guerra, gabinete do ministro, 2ª Divisão – SSI--D2, 14 nov.1963, secreto. DJG.
13 Foi depois vice-presidente da CIA na administração de Richard Nixon.

Exército norte-americano, coordenava as operações da CIA no Brasil,[14] inclusive envolvendo-se diretamente no contrabando de armas, com a colaboração de alguns brasileiros, entre os quais o policial Cecil Borer e o industrial Alberto Byington Jr.[15] Mas o governo, embora consciente da trama, não adotou medidas mais eficazes para desbaratá-la. Goulart acreditava que, com o apoio popular, neutralizaria qualquer tentativa de golpe de Estado.[16] E seus dois principais assessores militares não estiveram à altura dos acontecimentos. O general Jair Dantas Ribeiro, ministro da Guerra, representou a partir de determinado momento um papel ambíguo, talvez para não aprofundar a divisão nas Forças Armadas. E o general Argemiro de Assis Brasil, chefe da Casa Militar da presidência da República e, por conseguinte, secretário-geral do CSN, era um homem extremamente ingênuo. Quando Goulart pretendeu nomeá-lo adido militar em Buenos Aires, Brizola se opôs.[17] Era seu amigo, conhecia-o bem, não duvidava de que tivesse valor nem de que fosse leal. Não o considerava, entretanto, apto para desempenhar aquela função, devido à falta de malícia e de vivência política. Julgava-o melhor na tropa, comandando um regimento ou uma divisão. E temia que ele se perdesse, num ambiente estranho, afastado da caserna, onde sempre vivera.[18] Brizola advertiu a Goulart e, pelas mesmas razões, não só não indicou, ao contrário do que muitos acreditam, como também não concordou com a designação do general Assis Brasil para a chefia da Casa Militar da presidência da República,[19] versão esta por muitos contestada.

---

14 Entrevista do coronel Paulo Pinto Guedes, assistente do general Albino Silva e depois subchefe da Casa Militar, ao autor, Rio de Janeiro, 25 nov.1976. Entrevista do coronel-aviador Afonso Ferreira ao autor, cit.

15 Alberto Byington, Jr., em 1932, patrocinou o contrabando de armas dos Estados Unidos para a rebelião de São Paulo. Vide Moniz Bandeira, 1973, p.236-9.

16 Entrevista do coronel Paulo Pinto Guedes ao autor, cit.

17 Entrevista de Brizola ao autor, Carmen (Uruguai), 7 jun. 1977. Entrevista do general Argemiro de Assis Brasil ao autor, Porto Alegre, 5 jun. 1977.

18 Entrevista de Brizola ao autor, cit.

19 Idem. Entrevista do general Argemiro de Assis Brasil ao autor, cit.

O general Argemiro de Assis Brasil, conhecido como oficial de esquerda, tornou-se naturalmente alvo da espionagem internacional. O comerciante brasileiro Hélio Gertstein, representante da Companhia Costeira de Navegação, em Buenos Aires, e suspeito de trabalhar para a CIA, enredou-o, seduzindo-o com oportunidades que ele jamais tivera. E ofereceu-lhe um apartamento para morar, gratuitamente, no Rio de Janeiro, quando ele regressou ao Brasil, a fim de assumir a chefia da Casa Militar. Apesar de alertado por um oficial do SFICI, inclusive de que dois agentes da CIA o acompanharam desde Buenos Aires, no mesmo avião da FAB,[20] o general Assis Brasil aceitou o oferecimento e deixou que a vaidade e os prazeres mundanos lhe toldassem ainda mais o discernimento. Também, em 1964, passava por um período difícil (sua mulher, Alba, suicidara-se) e ele, frequentemente, estava alcoolizado. Assim, muitos dos relatórios que o SFICI lhe encaminhava o general Assis Brasil não transmitia a Goulart, ou porque contrariavam suas próprias opiniões ou porque, conforme declarava, não queria fomentar a "indústria do medo" e provocar o pânico.[21] Outros que transitaram de suas mãos para as de Goulart e chegaram ao ministro da Guerra não tiveram consequências práticas.[22]

De qualquer modo, o governo não ignorava, totalmente, o que ocorria. Sua tolerância, entretanto, permitiu que a conspirata se alastrasse no seio das Forças Armadas, tendo como um dos eixos principais a Escola Superior de Guerra, apelidada de "Sorbonne", cujos ideólogos,[23] amigos do coronel Vernon Walters e engajados no anticomunismo da Guerra Fria, passaram da concepção sobre a inevitabilidade do confronto atômico entre os Estados Unidos e a União Soviética para a doutrina da guerra contrarrevolucionária, ao compasso do Pentágono.

---

20 Idem. Entrevista do coronel-aviador Afonso Ferreira ao autor, cit.
21 Entrevista do coronel Paulo Pinto Guedes ao autor, cit.
22 Entrevista do general Assis Brasil ao autor, cit.
23 "Desde o começo, a Escola Superior de Guerra foi anticomunista e se integrou na Guerra Fria. Como a ênfase da Guerra Fria passou de guerra atômica para a guerra revolucionária, a Escola Superior de Guerra tornou-se o centro ideológico da estratégia contrarrevolucionária no Brasil." Stepan, op.cit., p.286.

E, em princípios de outubro, Lacerda antecipou ao *Los Angeles Times* que o governo de Goulart poderia cair antes do fim do ano, estando os militares a discutir se seria "melhor tutelá-lo, patrociná-lo, colocá-lo sob controle até o término do seu mandato ou destruí-lo agora mesmo".[24]

Os ministros militares (general Jair Dantas Ribeiro, almirante Sílvio Mota e brigadeiro Anísio Botelho) consideraram a entrevista injuriosa às Forças Armadas, um insulto ao país. Indignados, quiseram a decretação do estado de sítio, para que pudessem legalmente destituir Lacerda, processá-lo e julgá-lo. O ânimo dos três ministros militares era o de ocupar imediatamente o Estado da Guanabara, pois não mais tolerariam que Lacerda, acobertado pela impunidade do cargo, continuasse sua ação sediciosa para liquidar o regime democrático. Goulart, diante desse fato, resolveu utilizar o instrumento constitucional do estado de sítio, mediante o envio de mensagem ao Congresso Nacional, em que alegava a iminente ameaça de comoção intestina.

Para garantir o apoio de todas as forças populares, Goulart, tarde da noite, chamou Brizola ao Palácio das Laranjeiras, do qual o general Jair Dantas Ribeiro havia acabado de sair com a determinação, endossada pelos ministros da Marinha e da Aeronáutica, de ocupar militarmente o Estado da Guanabara e prender Lacerda. Os dois mantiveram longa conferência, durante a qual esqueceram as divergências e se reconciliaram. Brizola sempre advogara uma atitude dura do governo, do qual se afastara completamente, no curso de 1963, após o episódio da AMFORP. Aconselhara Goulart diversas vezes a dar ele próprio o golpe de Estado. "Se não dermos o golpe, eles o darão contra nós", dizia.[25] Três vezes, pelo menos, instara Goulart a implantar um regime de esquerda, com o apoio do general Osvino Ferreira Alves, comandante do I Exército, segundo Paulo Schilling, seu secretário

---

24 Lacerda ainda sugeriu que os Estados Unidos cessassem toda a ajuda ao Brasil, dizendo que o Departamento do Estado devia compreender que não lhe era indiferente saber "quem está governando o Brasil". Íntegra do telegrama com a entrevista, transmitido pela Associated Press, in: *O Semanário*, nº 353, 3- 9 out. 1963, p.5.
25 Entrevista de Goulart ao autor, cit.

particular.[26] Desde a luta pela posse de Goulart, em 1961, ele defendia uma solução revolucionária e, posteriormente, passara a combater o que considerava concessões ao conservadorismo.[27] Preocupava-o o desgaste do governo, que, a seu ver, não se definia e com isso beneficiava a conspiração em marcha.[28]

Goulart, pelo contrário, nunca pretendeu, em realidade, desfechar o golpe de Estado. Apenas se inclinara, em face da evolução da crise, a tomar uma atitude de força, sem transpor o espaço constitucional, embora considerasse que suas balizas tolhiam a ação e inibiam a agilidade do governo, não só para a adoção de medidas de defesa como para a realização das reformas de base. Goulart sabia que, se mantivesse o mesmo comportamento dos meses anteriores, o assédio da oposição recresceria e ele não teria condições de permanecer no poder. Afigurava-se-lhe, portanto, necessário tomar medidas de força, de sorte que seu governo pudesse realizar as reformas de base e entrar em uma fase muito mais dinâmica, com a participação popular.

Essas medidas de força, na verdade, significavam intervenção no Estado da Guanabara e a prisão de Lacerda, acompanhadas pelo pedido do estado de sítio, que as legalizaria. Na conversação com Brizola, porém, Goulart, para obter sua adesão, não foi muito claro. Ao que tudo indica, deu a entender que haveria um golpe de Estado, conforme ele, Brizola, sempre defendera. De fato, Brizola, segundo posteriormente alegou,[29] não entendeu bem o que ele pretendia, e pediu-lhe maiores esclarecimentos. Mas Goulart somente lhe adiantou que se dispunha a tomar medidas de caráter excepcional, com o objetivo de enfrentar a conspiração incentivada abertamente por Lacerda, romper assim o cerco e promover as reformas de base. Brizola perguntou então qual

---

26 Esta informação foi dada por Paulo Schilling, secretário particular de Brizola, e transmitida para Washington por um agente da CIA, infiltrado no seu grupo. CIA – Telegram – Information Report N. TDCS-3/533,860, 12.7.1963. Subject: Analysis of the current political situation by members of the Brizola group.NLK- 76-315. JFKL.
27 Entrevista de Brizola ao autor, cit.
28 Entrevista de Goulart ao autor, cit.
29 Entrevista de Brizola ao autor, Washington, 1978.

seria a posição das Forças Armadas e Goulart, sem referir o pedido de estado de sítio,[30] demonstrou crer que elas respaldavam sua decisão, de acordo com a palavra dos ministros militares, que se haviam retirado havia pouco tempo do Palácio das Laranjeiras. Embora sem entender muito bem o sentido do conjunto de medidas a ser tomadas, Brizola, de qualquer forma, solidarizou-se, em princípio, com a decisão de Goulart, ressalvando, porém, que sua posição definitiva dependia de consulta ao PTB do Rio Grande do Sul e aos integrantes da FMP.[31] De acordo com seu depoimento, não se comprometeu com aquele conjunto de iniciativas, pois tivera a impressão de que "tudo aquilo estava sendo planejado e estudado sem muita infraestrutura".[32]

Já passava das três horas da manhã quando Brizola se retirou do Palácio das Laranjeiras, a fim de falar com seus companheiros no Rio Grande do Sul e convocar a reunião da FMP, à qual submeteria a proposta de Goulart. "A procissão está nas ruas" – assim anunciando, foi que Paulo Schilling, secretário particular de Brizola, convidou, pelo telefone, os membros da FMP para a reunião, em Copacabana, no apartamento de Hugo Ramos.[33] Mas o dia raiara e nada acontecera. Um major, amigo de Lacerda, avisou-o de que os paraquedistas se mobilizavam para capturá-lo.[34] Lacerda desapareceu. O tenente-coronel Abelardo Mafra, chefe do Estado-Maior do Corpo de Paraquedistas, tentou localizá-lo, sem sucesso,[35] até que recebeu ordem do Ministério da Guerra para cessar a busca.[36] A iniciativa dos ministros militares

---

30 Entrevista de Brizola ao autor, Washington, 1978.
31 Entrevista de Brizola ao autor, cit.
32 Entrevista de Brizola ao autor, Washington, 1978.
33 O autor participou dessa reunião.
34 Entrevista do tenente-coronel Abelardo Mafra ao autor, Rio de Janeiro, 3 set. 1976.
35 A ordem era prender Lacerda durante sua visita ao Hospital Miguel Couto, na manhã seguinte. Porém, entenderam que não havia base legal para cumpri-la. O estado de sítio não havia sido decretado. O coronel Francisco Boaventura Cavalcanti, incumbido pelo chefe do Estado-Maior (EM) do então Núcleo da Divisão Aeroterrestre (Nu Div Aet), de comandar o destacamento, era, entretanto, partidário de Lacerda. Entendeu que cumprir a ordem constituía uma temeridade, além de um ato ilegal, e avisou-o de sua missão, para que ele fugisse.
36 Entrevista do tenente-coronel Abelardo Mafra ao autor, Rio de Janeiro, cit.

não encontrara receptividade nos escalões intermediários das Forças Armadas. E o general Jair Dantas Ribeiro recuou.

Entrementes, só por volta das nove da manhã, quando a reunião da FMP avançava, Brizola soube que Goulart solicitara ao Congresso a decretação do estado de sítio. "Confesso que me surpreendi, pois a perspectiva que me dera foi inteiramente outra", Brizola contou.[37] Com efeito, a perspectiva que se lhe antolhou foi a do golpe de Estado, porquanto Goulart apenas lhe falara das medidas de força, com o objetivo de captar seu apoio, mas não lhe informara sobre o pedido do estado de sítio, que legalizaria a intervenção na Guanabara e a prisão de Lacerda. A informação de que Goulart solicitara o estado de sítio provocou, no entanto, reação desfavorável e contrária entre os integrantes da FMP. E a circunstância de que nem a ocupação do Rio de Janeiro nem a detenção de Lacerda ainda haviam ocorrido alimentou a desconfiança quanto aos verdadeiros objetivos do governo, mais precisamente, dos ministros militares, pois foram eles, sobretudo, que reclamaram a decretação do estado de sítio. Quase todos os integrantes da FMP, inclusive dirigentes do CGT e do PUA, recearam que a suspensão das liberdades públicas visasse a permitir, sobretudo, a repressão das greves e o movimento de massas, no momento em que a paralisação do setor bancário já se arrastava por várias semanas e os proprietários dos estabelecimentos de crédito, em represália, ameaçavam com o *lock-out*.

De fato, a justificativa ostensiva foi conter a crescente agitação operária e evitar a eclosão de uma greve geral, embora seu verdadeiro objetivo fosse prevenir qualquer protesto e distúrbios públicos por causa da prisão de Lacerda.[38] Miguel Arraes, porém, temeu novamente que a intervenção federal atingisse Pernambuco, na esteira da investida contra Lacerda. A grande imprensa também se opôs, sobretudo o *Correio da Manhã*, apesar de Jorge Serpa tentar convencer sua proprietária,

---

37 Entrevista de Brizola ao autor, Washington, 1978.
38 Department of State – The Director of Intelligence and Research – Intelligence Note: Some implications of today's moves by the Brazilian Presidente. INR – Thomas L. Hughes to the Acting Secretary, secreto, 4.10.1963. State NLK – 76 – 176. JFKL

Niomar Moniz Sodré Bittencourt, a apoiá-lo. "Prefiro fechar o *Correio da Manhã* a trair sua tradição em defesa da liberdade", Niomar Moniz Sodré disparou.[39] Nem com a total solidariedade do PTB Goulart contou. Seu líder na Câmara Federal, deputado Luís Fernando Bocaiuva Cunha, acompanhado por parte da bancada, os integrantes do Grupo Compacto, alinhou-se com a UDN e o PSD na oposição à medida de emergência. O deputado Sérgio Magalhães, presidente da FPN, também. Assim o pedido do estado de sítio perdeu substância e chegou ao Congresso na crista de uma onda de repulsa, agitada por todas as correntes políticas, tanto de esquerda como de direita.

Os ministros militares, conquanto indignados com as declarações irresponsáveis de Lacerda, deixaram claro que não agiriam contra ele senão sob fundamentos legais.[40] Como o ex-deputado comunista Marco Antônio Coelho reconheceu em suas memórias, Goulart "não dispunha de força militar para dar cobertura a qualquer ordem que violasse a legalidade".[41] E assim ficou praticamente isolado. Indefeso. Na noite da votação da mensagem, em que a Comissão de Justiça da Câmara Federal rejeitara o parecer do deputado Roland Corbusier, do PTB, favorável à decretação do estado de sítio, ele viajou para Brasília. Quando lá desembarcou, ainda no aeroporto, soube da derrota pelo deputado Doutel de Andrade, seu velho companheiro, que, em meio à dissidência da bancada do PTB, assumira a sua liderança. E comentou: "Nesta madrugada começou a minha deposição".[42] Se insistisse, talvez tivesse condições de fazer ainda aprovar o estado de sítio com o apoio de parte do PSD.[43] Mas Goulart nunca admitira governar sem o apoio dos sindicatos e das outras forças populares.[44] E preferiu retirar a mensagem que enviara ao Congresso, começando a perder o controle

---

39 Reunião assistida pelo autor.
40 Ibidem.
41 Coelho, 2000, p.252.
42 Entrevista de Armindo Doutel de Andrade ao autor, Rio de Janeiro, 27 maio 1977.
43 Entrevista de Valdir Pires ao autor, cit.
44 Entrevista de Amaury Silva ao autor, cit.

político e militar da situação, como o episódio evidenciara. Quase não mais lhe restava nenhuma faixa de segurança. Nem mesmo pessoal.

Cinco dias depois do malogro do estado de sítio, em 10 de outubro, soldados do 1º Batalhão da Polícia do Exército, sob o comando do major Ary Abrahão Ellis, vasculharam uma chácara em Jacarepaguá (Rio de Janeiro), perto de uma propriedade de Goulart, o Sítio do Capim Melado, e descobriram dez metralhadoras Thompson, calibre 45, 20 carregadores, 72 caixas de 50 cartuchos Remington Kleanbore 45, dez granadas Federal Blast Dispersion Tear Gas (CN) e um rádio transmissor-receptor portátil Motorola, marcado com o símbolo do Ponto IV (mãos apertadas), da Embaixada dos Estados Unidos.[45] O sítio pertencia a um amigo de Lacerda, o português Alberto Pereira da Silva, e as armas eram tão modernas que os oficiais do Exército brasileiro estranharam, porquanto ainda não as conheciam.[46] Segundo o ministro da Justiça, Abelardo Jurema, as metralhadoras Thompson entraram clandestinamente no Brasil. Não existia nenhuma daquele tipo nas organizações de polícia do país, nem sequer do Exército, e as investigações evidenciaram que se tramava o assassínio de Goulart e de seus filhos, bem como o de muitos políticos e generais favoráveis ao governo.[47] O Inquérito Policial-Militar comprovou a "intenção criminosa"[48] do inspetor José Pereira de Vasconcelos, do delegado Cecil Borer, diretor do DOPS, de seu irmão Charles e, sobretudo, do coronel

---

45 Relatório do general de Brigada Paulo Francisco Torres, encarregado do Inquérito Policial-Militar que investigou o caso. DJG. Ver também *O Estado de S. Paulo*, 11-12 out. 1963.
46 *Diário de Notícias*, 11-12 out. 1963.
47 "O sr. Ruy de Freitas Guimarães declara e confirma, quando acareado, que o coronel Gustavo Borges, pelo telefone, lhe dissera que: 'Se alguma coisa acontecesse ou viesse a acontecer ao sr. Carlos Lacerda e sua família, os filhos de Jango seriam eliminados, bem como os de muito políticos e generais'." Relatório do general Paulo F. Torres. DJG. "Diante das provas colhidas [...], não poderemos fugir a hipótese de que houve maquinação contra a vida ou a incolumidade ou a segurança do presidente da República." Parecer do general Dantas Ribeiro, ministro da Guerra, encaminhando o relatório à Justiça Militar. DJG. Ver *Correio da Manhã*, 28 nov.1963.
48 Relatório do general Paulo F. Torres. DJG. Ver também *Correio da Manhã*, Rio de Janeiro, 28 nov.1963.

Gustavo Borges, secretário de Segurança do Estado da Guanabara, o principal responsável pela colocação das armas na chácara do português Alberto Pereira da Silva.[49] Nada se apurou diretamente contra Lacerda, mas, sem dúvida alguma, ele, como governador, não estava alheio à iniciativa, segundo o SFICI, que, em informe a Goulart, incriminou também os deputados estaduais da UDN Sandra Cavalcanti e Nina Ribeiro.[50] O propósito de abater Goulart a tiros, aliás, não era recente. Agentes do governo da Guanabara viajaram para o Chile com o intuito de assassiná-lo, quando de sua viagem àquele país, em abril de 1963.[51]

Em seu relatório, o general Paulo Francisco Torres, encarregado do Inquérito Policial-Militar, afirmou que "o depósito de armas de Jacarepaguá não era o único, mas, sim, um dos muitos pontos de apoio do movimento armado a ser desencadeado contra quaisquer ações do governo federal, decorrentes da decretação do estado de sítio, não obstante a negativa das autoridades policiais, que depuseram".[52] Com efeito, sem contar os petrechos de Jacarepaguá, as batidas realizadas pelo I Exército, somente no Rio de Janeiro, resultaram no confisco, até aquela data, de 187 carabinas semiautomáticas (marca Urko, calibre 22), 50.000 cartuchos de munição, 360 carregadores, 521 uniformes de campanha, 437 capacetes de combate, 300 cantis, 10 bombas de gás lacrimogêneo, 53 punhais, 12 bombas para atentados, 13 revólveres de diversas marcas, calibre 38, e 2 lança-petardos,[53] pertencentes a um bando de direita, a Ação de Vigilantes do Brasil.

Àquela mesma época, no Recife, as autoridades também apreenderam 4 rifles Remington e cerca de 2.000 balas, além de outras mercadorias contrabandeadas, no valor de Cr$ 15 milhões.[54] Era uma quantidade muito pequena. Mas o depósito de armas de Jacarepaguá para o atentado contra a vida de Goulart e de seus filhos não consti-

---

49 Relatório do general Paulo F. Torres. DJG.
50 Informe do SFICI a Goulart, s.d. DJG.
51 Idem.
52 Relatório do general Paulo F. Torres. DJG.
53 "Prontuário de um marginal," in: *Correio da Manhã*, 3 out. 1965, p.9.
54 *O Estado de S. Paulo*, 12 out. 1963.

tuía um caso isolado. No princípio de 1963, o Consulado dos Estados Unidos, no Recife, recebera várias caixas de armas e até máquina de fabricar balas, fotografadas por um repórter da *Última Hora* daquela cidade.[55] O Consulado explicou, juntamente com Cid Sampaio, ainda no governo de Pernambuco, e o general Humberto de Alencar Castelo Branco, então comandante do IV Exército, que as armas se destinavam à Polícia do Estado. A Polícia só recebeu, todavia, uma caixa, desconhecendo-se o paradeiro que tomou o restante das armas.[56] Alguns meses depois, por volta da meia-noite do dia 16 de julho, um submarino norte-americano, com o prefixo WZY-0983 e sob o comando de um sobrinho do general Marc Clark, provavelmente chamado Roy, desembarcou ao largo de Pernambuco munições de guerra, entre as quais 750 bazucas, revólveres, espingardas e granadas, com o auxílio de alguns generais brasileiros reformados.[57] Essas armas se espalharam por Paraíba, Alagoas, Rio Grande do Norte e outros estados, sendo muitas de origem tcheca, dentro de um plano de provocação, que visava a justificar, de acordo com o Tratado Interamericano de Assistência Recíproca (TIAR), a intervenção dos Estados Unidos no Brasil.[58] Tais informações chegaram, posteriormente, aos ouvidos de Goulart, por intermédio de seu serviço secreto.

A CIA organizou, indubitavelmente, uma vasta *operação especial,* com suportes militares dentro e fora do Brasil. Havia em Teresina (Piauí) um campo de pouso para helicópteros, clandestino, e, na Guiana Inglesa, uma pequena base norte-americana funcionava, sem o conhecimento do presidente Cheddi Jagan, como posto de observação e com 15 aviões a jato, prontos para a ação, em caso de emergência.[59] A *operação especial* não se limitou, porém, ao contrabando de material bélico para armar as forças direitistas, explorando as agudas contradições internas que

---

55 "Brasilianas", por José Frejat, in: *O Semanário*, 31 jan.-6 fev.1963, p.2.
56 Idem.
57 Informe do SCFICI a Goulart, novembro de 1963, DJG.
58 Idem.
59 Idem.

atassalhavam o Brasil, ou a premeditar o assassínio dos embaixadores de Cuba ou da União Soviética, com o propósito de criar problemas internacionais para o governo de Goulart.[60] Ela envolveu também a participação pessoal de militares norte-americanos, concentrando-se seus cuidados, particularmente, no Nordeste, cuja invasão (e isso não constituía segredo para o governo do Brasil) o Pentágono planejara, diante da previsão de que lá irrompesse uma revolução inspirada pelo exemplo de Cuba.

Desde 1961, aproximadamente, o Departamento de Estado começara a solicitar ao Itamaraty vistos para militares norte-americanos, que entravam no Brasil sob os mais diferentes disfarces (religiosos, jornalistas, comerciantes, Peace Corps etc.), dirigindo-se a maioria para as regiões do Nordeste. Em meados de 1962, da tribuna da Câmara Federal, o deputado José Joffily, do PSD, denunciou os fatos[61] e, no princípio de 1963, o jornalista José Frejat, em *O Semanário*, revelou que mais de cinco mil militares norte-americanos, "fantasiados de civis", desenvolviam, no Nordeste, intenso trabalho de espionagem e desagregação do Brasil, para dividir o território nacional.[62] Se a guerra civil eclodisse, segundo ele, a esquadra do Caribe estaria pronta para apoiar as atividades dos supostos civis norte-americanos, com armas e tropas.[63] Realmente, até 1963, o Itamaraty concedera mais de quatro mil vistos e recebera solicitação para mais três mil, cujo atendimento os militares nacionalistas brasileiros obstaram.[64] Esse volumoso número de requerimentos causara tanta estranheza que levou o Itamaraty, certa vez, a interpelar o embaixador Gordon. Sua resposta foi evasiva. Ele

---

60 Idem.
61 *Diário de Notícias*, 17-18 jun. 1962.
62 *O Semanário*, 31 jan.-6 fev.1963, p.2.
63 Idem.
64 Entrevista de Renato Archer, subsecretário de Estado para as Relações Exteriores, durante o governo parlamentarista, ao autor, em 1971. O fato também foi confirmado ao autor pelo ex-chanceler Affonso Arinos de Melo Franco, em entrevista ao autor, 1971.

declarou que apenas dois mil norte-americanos utilizaram efetivamente os vistos, sendo que os demais ficariam como reservas.[65]

O certo, porém, é que 4.968 norte-americanos, conforme as estatísticas oficiais de desembarque, chegaram ao Brasil apenas em 1962,[66] batendo todos os recordes de imigração originária dos Estados Unidos e superando quase todos os números registrados durante os anos da Segunda Guerra Mundial, quando eles instalaram, oficialmente, bases militares em diversos estados do Nordeste.[67] Aquele número baixou, em 1963, para 2.463, talvez em virtude de restrições do Itamaraty, mas, ainda assim, continuou acima da média de entradas de norte-americanos em todos os anos anteriores e posteriores.[68] As estatísticas oficiais de desembarque, embora possam estar aquém da realidade, demonstram, com nitidez e eloquência, a invasão silenciosa do Brasil:

Anos	Entrada de norte-americanos
1958	1.905
1959	1.462
1960	1.184
1961[69]	
1962	4.968
1963	2.463

continua

---

65 Idem.

66 *Anuário Estatístico do Brasil*, 1963, p.38.

67

Anos	Entrada de norte-americanos	Saída	Saldo
1940	4.337	2.194	2.143
1941	4.734	4.046	688
1942	3.596	1.445	2.141
1943	5.064	2.061	2.463
1944	4.885	3.794	1.091

Anuário Estatístico do Brasil, IBGE, 1941-45, p.41.

68 De 1954 a 1957, a média anual de norte-americanos que entraram no Brasil foi de 1.182. *Anuários Estatísticos do Brasil*, IBGE, 1957 e 1960, p.54 e 30, respectivamente.

69 Em nenhuma das edições do *Anuário Estatístico* do IBGE consta o número de norte--americanos que desembarcaram no Brasil em 1961, precisamente quando começou a solicitação maciça de vistos ao Itamaraty.

continuação

Anos	Entrada de norte-americanos
1964	764
1965	979
1966	823

A presença de tantos norte-americanos no Nordeste inquietou o governador Miguel Arraes, e Francisco Julião, líder das Ligas Camponesas, agitou publicamente o problema:

> Por que infestam nosso Nordeste, segundo notícias apresentadas à Câmara e baseadas em dados sobre os passaportes, aos milhares, como uma praga maldita? Pois não estão aqui como amigos, mas como inimigos.[70]

Na realidade, a maioria daqueles norte-americanos era oficial das Forças Armadas, instruídos e treinados em táticas e técnicas militares e paramilitares para o combate à insurgência subversiva. Integravam uma espécie de Exército secreto dos Estados Unidos, a *Special Forces*, e tornaram-se conhecidos como Green Berets (boinas-verdes), atuantes em cerca de 50 países, inclusive o Brasil, com a tarefa de combater movimentos de esquerda e reprimir intentos de insurreição.[71] Assim, caso um levante irrompesse no Nordeste, como o Pentágono e a CIA receavam, ou o governo de Goulart inflectisse decididamente para a esquerda, eles sustentariam focos de resistência, fariam guerrilhas ou antiguerrilhas, justificando até mesmo o desembarque de *marines*, "a pedido" ou para "salvar" vidas de cidadãos norte-americanos, se o

---

70 Apud Barreto, 1963, p.44

71 "Impulsionados pela agressão comunista ao Vietnã, os Estados Unidos desenvolvem, através do mundo, uma nova espécie de guerra utilizando 25.000 combatentes bem treinados e créditos que somam bilhões de dólares. Esse Exército secreto conduz contrarrevoluções em 50 países, com o objetivo de impedir que a subversão e o terror comunista assumam proporções iguais às do Vietnã. Os distúrbios no Panamá, o contrabando de armas na Venezuela e a infiltração comunista no Chile puderam ser enfrentados sem a menor publicidade, graças aos métodos eficazes dos peritos norte-americanos em contrarrevoluções *US News e World Report*, abril 1965, apud Carlos, in: *O Cruzeiro*, 10 jul. 1965, p.28-9.

curso dos acontecimentos o exigisse. Tornar-se-ia assim mais fácil a intervenção armada dos Estados Unidos, pois seus soldados já estavam preventivamente dentro do Brasil, de acordo com a doutrina da contrainsurreição *(counterinsurgency)* ou da guerra antirrevolucionária, alimentada pelo Pentágono.

Essa doutrina, erigindo a defesa do *statu quo* dos países capitalistas como objetivo estratégico, difundiu-se, sobretudo, a partir da administração de Kennedy, que, em consequência da Revolução Cubana, criara um *Special Group*, por sugestão do general Maxwel Taylor, para conduzir a política de *counterinsurgency*. Sua função, consubstanciada no documento "Training objectives to combat subversive insurgency", de 8 de fevereiro de 1962, consistia em instruir funcionários e militares graduados sobre as características da área onde deveriam atuar, o governo e a população, o *status* do programa de contrainsurgência no país, bem como outros principais problemas confrontados pela Embaixada ou missão dos Estados Unidos.[72] Aos serviços armados eram ensinadas as táticas e técnicas militares e paramilitares de guerra de guerrilha; para o Departamento de Estado, as correspondentes técnicas e táticas políticas; e para a United States Information Agency (USIA), técnicas e táticas de propaganda e informação.[73]

Com este objetivo, o governo norte-americano fundou em Fort Bragg (Carolina do Norte) uma escola de *counterinsurgency*,[74] onde até diplomatas e funcionários do Departamento de Estado faziam cursos.[75] E a primeira equipe do *Special Group* (CI) chegara ao Brasil em 8 de outubro de 1962, após as eleições, integrada pelos representantes da CIA, AID, USIA e chefiada pelo banqueiro William H. Drapper, que manteve diversos contatos com elementos da comunidade empresarial norte-americana e, a refletir suas opiniões, sugeriu a Dean Rusk que

---

72 Training objectives to combat subversive insurgency, 8 Feb. 1962. JFKL.
73 Ibidem.
74 Denominada mais tarde Presidente Kennedy.
75 Ryan, 1998, p.23-4.

os Estados Unidos adotassem a linha dura, recusando qualquer ajuda ao balanço de pagamentos do Brasil, até que Goulart ou aplicasse um plano de estabilização monetária satisfatório para o FMI ou caísse do governo, tragado pela voragem da crise de suas contas externas. Sua perspectiva era a de que Goulart provavelmente não executaria o plano de estabilização monetária e, inflectindo mais para a esquerda, possibilitaria a "polarização das forças políticas domésticas" e, em uma segunda etapa, o golpe de Estado, com a instauração de forte regime militar de direita, "mais bem orientado para os Estados Unidos".[76] John Richard, executivo da RCA e presidente da Câmara Americana de Comércio, também lhe sugerira que os Estados Unidos forçassem o colapso econômico do Brasil, com o corte de toda ajuda ao governo Goulart, a fim de produzir sua derrubada e abrir o caminho para os militares.[77] Gordon, porém, temeu que Goulart se fortalecesse, na onda do antiamericanismo, e realizasse expropriações maciças de empresas dos Estados Unidos, razão pela qual propôs o adiamento de tão drásticas decisões, por poucos meses mais, até a realização do plebiscito, em 6 de janeiro de 1963, quando o povo decidiria pela restauração do presidencialismo. Àquela época, em princípio de 1963, o Pentágono propôs ao Brasil a criação de uma força especial de repressão, semelhante à que os Boinas-verdes formavam, com moderno armamento doado gratuitamente por intermédio do acordo militar, mas os generais Osvino Alves, Pery Constant Bevilacqua, Jair Dantas Ribeiro e o próprio Humberto Castelo Branco a rechaçaram, em reunião do Alto Comando do Exército.[78]

A mutação na estratégia de segurança do hemisfério, dando prioridade à repressão dos movimentos insurrecionais, constituía a outra face – política e militar – da Aliança para o Progresso. E assim o pre-

---

76 Leacock, 1979, p.654. Ver também Leacock, 1990, p.124-6 e 129-30. O artigo e a obra de Ruth Leacock constituem o melhor estudo, o mais elucidativo, sobre as relações entre os governos de Kennedy e Goulart.
77 Idem, ibidem, p.126.
78 *Diário de Notícias*, 23 fev. 1963.

sidente dos Estados Unidos que mais preconizou a necessidade de reformas foi o que mais intensificou a intervenção na América Latina, sob todas as modalidades, para impedir sua realização. "As ações do governo de Kennedy não correspondiam às suas palavras de apoio à democracia na América Latina", conforme Andrey Gromiko salientou, a acrescentar que, em 1963, ele "usou de artimanhas contra o Brasil, em cuja política externa se manifestavam tendências neutralistas".[79] De fato, as declarações de Kennedy em favor da democracia e das reformas econômicas e sociais não modificaram a dinâmica dos acontecimentos. O idealismo liberal da Nova Fronteira não resistira ao conservadorismo real do poder e já se havia esgotado, após um ano de administração. A política de Kennedy cedera às pressões da comunidade empresarial e financeira com interesses no Brasil. E seus objetivos, praticamente, pouco se diferenciavam daqueles que Eisenhower encalçara. O que Kennedy tratou foi de manter condições de segurança e rentabilidade para os investimentos privados norte-americanos, diante dos quais todo o intuito de favorecer reformas econômicas e sociais se desvanece-ram. E, em tais circunstâncias, nada politicamente novo pôde oferecer a Goulart, exceto exigir que ele rompesse as relações do Brasil com Cuba, apoiasse a intervenção para derrubar o regime de Fidel Castro, reprimisse no Brasil tanto os comunistas quanto os demais elementos de esquerda, sobretudo nos sindicatos aplicasse rigoroso plano de esta-bilização monetária e indenizasse a ITT e a American & Foreign Power (AMFORP), e não aplicasse a lei que limitaria as remessas de lucros para o exterior. Este, o contencioso, que levou os Estados Unidos a promoverem a desestabilização e a subversão da democracia no Brasil.

---

79 Gromiko, 1969, p.265.

CAPÍTULO 11

A conspiração militar e a participação dos Estados Unidos – O assassínio de Kennedy – O plano de levante – Os informes do SFICI – A ofensiva política de Goulart

Apesar de todos os esforços do *Council of The Americas*,[1] sob a liderança de David Rockefeller, visando à desestabilização do governo Goulart,[2] com o conhecimento e a participação da CIA,[3] Kennedy talvez não se dispusesse ainda a assumir a responsabilidade por sua queda, embora a desejasse. Segundo parece, não queria ele próprio tomar a iniciativa e violentar a norma, nem sempre rígida, que traçara para desestimular a derrubada de governos democráticos, ameaçando suspender o apoio econômico e militar aos países onde golpes de Estado ocorressem.[4] Era a contradição em que se debatia.

Embora a Aliança para o Progresso tivesse como um dos pressupostos não reconhecer governos que emanassem de atos de força – golpes de estado ou revoluções – e não obedecesse às normas dos regimes democrático-representativos, como eleições livres e periódicas, foi durante sua administração que os Estados Unidos mais incentivaram

---

1 Conselho das Américas, entidade que congrega empresários norte-americanos.
2 Depoimento de Edward Korry, ex-embaixador dos Estados Unidos no Chile durante o governo de Salvador Allende, perante o Senado norte-americano, in: *Jornal do Brasil*, 14 fev.1977.
3 Idem.
4 Despacho de James Minifie, in: *O Estado de S. Paulo*, 8 out. 1963, p.12.

as Forças Armadas a participarem da política interna nos países da América Latina. A Junta Interamericana de Defesa já aprovara, em dezembro de 1960, a Resolução XLVII, instituindo a doutrina da *civic action*, segundo a qual as Forças Armadas, consideradas o grupo profissional mais estável e modernizador, deveriam ter maior participação "no desenvolvimento econômico e social das nações", a fim de empreender as reformas necessárias e evitar o espraiamento da revolução social, que Cuba direta ou indiretamente encorajava. Daí o papel de polícia atribuído aos militares latino-americanos, pelo Departamento de Defesa dos Estados Unidos, como consequência da mutação na estratégia de segurança do hemisfério, cuja essência consistiu em substituir o "inimigo extracontinental", como primeira hipótese de guerra, pelo "inimigo interno". As Forças Armadas latino-americanas, dentro do marco continental, não mais executariam, portanto, a tarefa clássica de "defesa externa", mas exerceriam a função de forças de segurança interna, com a missão de erradicar as causas que poderiam gerar a subversão e a comunização do hemisfério. E a Junta Interamericana de Defesa, a converter-se, sob orientação do Pentágono, em uma verdadeira Internacional Militar, tratou de implementar a estratégia de *counterinsurgency*, que seria tanto terapêutica quanto profilática, a fim de remover todos os obstáculos à eliminação do regime revolucionário em Cuba, acusado de servir como "base para comunizar a América Latina". Esta nova dimensão militar da política de segurança continental, que Kennedy impulsionara, representou, pois, a outra vertente da Aliança para o Progresso. A tendência dos militares para intervir no processo político, que a partir daquela época recresceu no Brasil e nas outras Repúblicas latino-americanas, constituiu, assim, não apenas uma consequência da política interna, mas também um fenômeno de política internacional continental, que os Estados Unidos promoviam, ao estender-se a Guerra Fria à América Latina, após a revolução em Cuba. Por isto, a princípio, os pronunciamentos militares ocorreram, geralmente, em países como Brasil, Equador e Argentina, cujos governos se recusavam a romper relações com Cuba, e visaram a ditar decisões diplomáticas, de conformidade com as diretrizes da política exterior dos Estados Unidos.[5]

Quando da visita de Goulart a Washington, em abril de 1962, Kennedy explicara-lhe que os programas de assistência militar dos Estados Unidos, dando ênfase à segurança interna e à ação cívica, teriam como objetivo fundamental encorajar as Forças Armadas da América Latina a que se dedicassem elas próprias às tarefas de manter a segurança contra a "subversão inspirada pelo castro-comunismo, contribuir para a defesa coletiva de acordo com suas capacidades e promover o desenvolvimento econômico e social".[6] Tratava-se claramente de uma forma de interferir na política interna dos países latino-americanos, induzindo o comportamento de suas Forças Armadas, e Goulart não concordou, ao insistir, polidamente, em que a cooperação entre os estados não dava a nenhum deles o direito de atuar no domínio reservado à soberania nacional, pois o princípio de não intervenção era o que tornava possível o convívio internacional.[7] Daí porque o Brasil energicamente se opôs e protestou, quando Kennedy, atendendo à sugestão de Lesseps Morrison, embaixador dos Estados Unidos ante a OEA, decidiu, no curso de 1962, inaugurar o Colégio Interamericano de Defesa, recomendado, desde 1959, pela Resolução XLI da Junta Interamericana de Defesa.

Segundo os argumentos do Itamaraty, expostos em memorando ao Departamento de Estado, a proposta da Junta Interamericana de Defesa foi "indevidamente" tomada pelo governo norte-americano, uma vez que ela não tinha poderes senão para sugerir o novo organismo, cuja criação, em realidade, dependia de acordo entre os estados americanos, sujeita à aprovação dos respectivos Congressos.[8] Assim, se a maioria do Conselho da OEA diversamente pensasse, o Brasil não poderia reconhecer, para quaisquer efeitos, a criação do Colégio, ainda mais

---

5 Sobre o tema ver Moniz Bandeira, 1995, p.152-200.
6 "Visit of President Goulart." Washington D.C., abr.1962, confidencial, PGV D-2/5, 26 mar.1962, JFKL.
7 Ibidem.
8 Memorando, Criação do Colégio Interamericano de Defesa e da Comissão Consultiva Especial de Segurança, 1962, cópia. AN-ASTD-AP 47(40), pac. 05.

porque, ao contrário do que seu projeto de estatuto previa, as questões internas de ordem econômica, social e política não podiam constituir objeto de estudo e orientação "senão no plano estritamente nacional, sob pena de ficar franqueado a um órgão internacional o exame de matéria pertinente à soberania do estado no terreno prático".[9] Seu entendimento era o de que as avaliações na esfera da Junta Interamericana de Defesa ou de qualquer outro organismo ou colégio de caráter internacional, deviam ficar circunscritas aos aspectos externos, "sob pena de intromissão", cujas consequências, ao longo do tempo, poderiam tornar-se "deploráveis".[10] E por este motivo a Resolução LVII de 1962, em que ela propôs a realização de um estudo da guerrilha e da contraguerrilha, provocou duro protesto, pois o Brasil via "com o maior desagrado" e repelia "de forma categórica qualquer tentativa de credenciar-se um organismo internacional, civil ou militar, para investigar e qualificar fato relacionado com a sua ordem interna", fosse qual fosse a repercussão que tecnicamente se lhe atribuísse sobre a segurança externa. De acordo com o memorando do Itamaraty, "toda internacionalização das Forças Armadas, extravasando os limites de uma política de aproximação e simpatia, constituiria grave ameaça" ao processo de consolidação de democracia no hemisfério.[11] E os mesmos argumentos, levantados contra a forma de criação e os objetivos do Colégio Interamericano de Defesa, valiam igualmente contra a Comissão Consultiva Especial de Segurança, que só poderia ter um caráter consultivo e não a capacidade para empreender estudos e investigações relacionadas com a segurança interna dos estados. Se o fizesse, converter-se-ia facilmente em "instrumento de intervenção" e, em vez de contribuir para a defesa do hemisfério, concorreria para a desconfiança mútua e a desinteligência.[12]

Os chefes militares dos Estados Unidos, ligados à Junta Interamericana de Defesa, já estavam, entretanto, interferindo na política interna

---

9 Ibidem.
10 Ibidem.
11 Ibidem.
12 Ibidem.

do Brasil. Não apenas se limitaram a infiltrar no país armas e soldados, os Boinas Verdes, com o objetivo de frustrar uma eventual sublevação de esquerda, como auxiliaram seus colegas brasileiros e se imiscuíram, pessoalmente, na organização da trama para depor o governo de Goulart. Logo após a tentativa de decretação do estado de sítio, o general Andrew O'Meara, a cargo do US Army Southern Command, no Panamá, viajou para o Rio de Janeiro, em missão relacionada com a crise brasileira, como os observadores de Washington reconheceram.[13] No dia 22 de novembro, mais quatro generais norte-americanos – John W. O'Daniel (reformado), Samuel T. Williams (reformado), Lionel McGarr, comandante do Military Assistance Advisory Group (MAAG) e Maxwell D. Taylor, chefe Joint Chiefs of Staff (Estado-Maior Conjunto) – chegaram ao Brasil, a fim de colher informes e realizar conversações com seus colegas brasileiros e, inclusive, com os governadores Adhemar de Barros e Carlos Lacerda.[14] E, o coronel John Aggar, que passou pela Bahia, transportou "importantes documentos"[15] relativos à conjura, cujas conexões se estendiam a outros países da América do Sul, entre os quais, notadamente, o Chile e a Venezuela.[16] Brasileiros e agentes internacionais, que se articulavam contra Goulart, reuniram-se muitas vezes na Ilha de Marajó e em Caiena, capital da Guiana Francesa, onde o Hotel da Colina os hospedava, com nomes falsos.[17]

O governo dos Estados Unidos orientava-se com base no pressuposto de que o conflito armado inevitavelmente irromperia no Brasil, em caso de qualquer golpe de Estado, e exigiria sua intervenção, para impedir a vitória dos comunistas, nacionalistas etc., que se lhe equivaliam e, no seu entendimento, já detinham ou influenciavam uma parcela do

---

13 Despacho de James Minifie, in: *O Estado de S. Paulo*, São Paulo, 8 out.1963, p.12.

14 Informe do SFICI a Goulart. DJG. O informe do SFICI cita o militar que transportou os documentos apenas como coronel John Aggar. Provavelmente fora um comandante da Marinha britânica, cujo nome completo era Arthur John Aggar, que morreu em um exercício naval, ao largo da Noruega, em 1986.

15 Idem.

16 Idem.

17 Idem.

poder, por meio de assessores de Goulart. Esta era a percepção de Washington. E a perspectiva de que o Brasil se tornasse uma República socialista, uma Cuba com dimensões continentais, apavorava os norte-americanos, cada vez mais intranquilos com a emergência das massas e as medidas nacionalistas de Goulart. Como o embaixador Gordon mais tarde acentuaria, "não podemos esquecer a atmosfera de Guerra Fria em que essas decisões foram tomadas".[18]

O Departamento de Estado, evidentemente, sabia que a conspiração, dentro do Brasil, avançava. A Embaixada dos Estados Unidos no Rio de Janeiro era "excepcionalmente bem informada", conforme Skidmore salientou,[19] porque se convertera, de fato, em um centro de irradiação do movimento contra Goulart. Seus funcionários, principalmente o coronel Vernon Walters, cultivavam estreitas relações com muitos brasileiros, civis e militares, alguns dos quais, como o almirante Sílvio Heck, sugeriram ou reclamaram, diversas vezes, a interferência dos Estados Unidos na crise brasileira. Queriam uma atitude frontal de Washington. Um general da reserva, cujo nome se desconhece, perguntou, certa ocasião, a Walters: "Os senhores querem intervir antes, durante ou depois – quando pode ser tarde demais – da invasão militar russo-cubana no Brasil?".[20] Por sua vez, um "civil bastante respeitável",[21] em nome de Adhemar de Barros e do empresariado paulista,[22] solicitou concretamente o apoio dos Estados Unidos para a deflagração da guerra interna contra o governo do Brasil e o embaixador Gordon, sem dissimular, respondeu que, se o levante resistisse mais de 48 horas, Washington poderia reconhecer a beligerância do Estado onde ele eclodisse.[23]

---

18 Entrevista de Gordon a Roberto Garcia, in: *Veja*, 9 mar.1977.
19 Skidmore, 1967, p.270-1.
20 Stacchini, 1965, p.88.
21 Entrevista de Gordon a Elio Gaspari, in: *Veja*, 11 nov.1971.
22 Entrevista de Gordon a Roberto Garcia, in: *Veja*, 9 mar.1977.
23 Philip Siekman. Quando os homens de empresa viraram revolucionários, in: *Fortune*, set.1964. Ver também Skidmore, 1967, p.236.

A noção de pátria para setores das classes possuidoras no Brasil não ultrapassava os limites da propriedade privada, da mesma forma que para os Estados Unidos suas fronteiras se estendiam até onde se encontrassem explorações da Standard Oil, laboratórios da Johnson & Johnson, usinas da Bond & Share, empreendimentos da ITT, minas da Hanna, lojas da Sears, agências do Citibank, fábricas de Coca-Cola e outros empreendimentos industriais e financeiros. E em um país como o Brasil, onde o capital era predominantemente estrangeiro e o trabalho nacional, as lutas de classes aprofundavam a contradição com os Estados Unidos e com ela se identificavam e se confundiam. Assim, em face do recrudescimento das greves e da agitação social, que a inflação condicionava, as pressões para acelerar a queda do governo trabalhista de Goulart aumentaram, tanto no Brasil como nos Estados Unidos.

No dia 18 de novembro, falando perante a Sociedade Interamericana de Imprensa em Miami, o jornalista Júlio de Mesquita Filho, diretor de *O Estado de S. Paulo,* concitou abertamente os Estados Unidos a intervirem no Brasil, como Lacerda antes o fizera, na entrevista ao *Los Angeles Times.* Segundo ele,

> [...] existe o perigo de o Brasil se converter em outro bastião comunista, como Cuba. [...] Se o Brasil chegar a ter uma ditadura esquerdista, isto significará a guerra atômica. Se chegar a estabelecer-se uma cabeça de ponte russa no Brasil, os Estados Unidos terão de aceitar tal guerra e então será o fim.[24]

As palavras alarmistas de Mesquita Filho, explorando contra o governo do Brasil a histeria antissoviética e anticubana que havia nos Estados Unidos, causaram forte impacto. O governo, cuja queda próxima ele também vaticinara,[25] pretendeu processá-lo, nos termos da Lei da Segurança Nacional. Mas, conquanto não ignorasse totalmente a marcha da conspiração nem o envolvimento de Mesquita Filho, recuou. E o assassínio de Kennedy, quatro dias depois, desviou a atenção

---

24 Apud Stacchini, 1965, p.90.
25 Idem, ibidem, p.90.

do povo brasileiro para o que *O Semanário* qualificou como "golpe de Estado", no estilo norte-americano e segundo um método "mais expedito e barato" do que uma rebelião armada.[26] Com efeito, a orientação de Kennedy descontentara ponderáveis interesses de setores nos Estados Unidos e as organizações de direita, tais como os Americanos da Ação Democrática,[27] proliferaram, nos Estados Unidos, com a mesma marca das que surgiram no Brasil, financiadas pela CIA. O homem apontado como criminoso, Lee Oswald, tivera efetivamente ligações com a CIA,[28] e sua rápida eliminação, com a aparente conivência (filmada e fotografada) da Polícia de Dallas, não permitia outro tipo de interpretação. A esquerda brasileira pressentiu que, de algum modo, a política interna e externa dos Estados Unidos se modificaria no sentido do enrijecimento.

O deputado Sérgio Magalhães, presidente da FPN e ex-candidato ao governo da Guanabara, observou que o crime de Dallas possivelmente ainda não resolvera a contradição entre as correntes de direita nos Estados Unidos, a exaltada e a moderada, e que a luta prosseguiria, talvez, durante algum tempo. Advertiu então o povo brasileiro para que ficasse numa atitude de expectativa e, antevendo a "ameaça de uma ofensiva sem precedentes contra a soberania dos países latino-americanos",[29] previu que a primeira consequência da nova política norte-americana "será o golpe nas nossas instituições para facilitar os acordos antinacionais e calar a voz dos nacionalistas".[30]

Isso não significava que a aversão de Kennedy aos golpes militares o colocasse numa posição da qual não pudesse recuar.[31] Ele reconhecera

---

26 Oswaldo Costa. Golpe do Estado norte-americano in: *O Semanário*, n° 362, 5-11 dez. 1963, p.1.

27 Schlesinger, 1966, v.2, p.755-6.

28 "A revelação feita pelas autoridades soviéticas liquida com a questão, quando demonstra que Oswald pretendera a cidadania russa e que a União Soviética a recusara, por ter provas de que ele não passava de um agente do serviço secreto dos Estados Unidos." Barbosa Lima Sobrinho. A tríplice coroa de Dallas, in: *O Semanário*, n° 362, 5-11 dez. 1963, p.3.

29 Magalhães, Sérgio. O período crítico. in: *O Semanário* n° 361, 28 nov.-4 dez. 1963, p.1.

30 Idem.

31 Schlesinger, 1966, p.786.

a queda de Arturo Frondizi da presidência da Argentina[32] do mesmo modo que a deposição de Manuel Prado, no Peru, depois de condená--la. Aceitou aqueles golpes como fatos consumados. Vacilava, porém, e continha em certa medida as tendências que reclamavam posições mais agressivas do governo de Washington. Sua morte abriu, efetivamente, o caminho para uma definição. Com a ascensão de Lyndon Johnson à presidência, a política externa dos Estados Unidos endureceu e o Brasil logo sofreria seus efeitos.

Johnson ainda escreveu a Goulart, admitindo a possibilidade de reabertura das negociações para o reescalonamento da dívida externa do Brasil, desde que ele preliminarmente se ajustasse com seus credores da Europa. A carta, entretanto, não passou de uma cortina de fumaça. Quando Thomas Mann, em janeiro de 1964, ocupou o cargo de secretário de Estado Assistente para os Assuntos Interamericanos, ele determinou ao embaixador Gordon, reiterando antiga instrução de Kennedy, que ativasse a distribuição das verbas da Aliança para o Progresso entre governadores hostis a Goulart,[33] como Lacerda, na Guanabara, Adhemar de Barros, em São Paulo, e Magalhães Pinto, em Minas Gerais. Essa prática, já proibida por Goulart, tinha como finalidade, conforme o próprio Mann confessaria, impedir que qualquer recurso beneficiasse o governo central, o balanço de pagamentos ou o orçamento da República,[34] o que, sob a alegação de "financiar a

---

32 Arturo Frondizi, quando presidente da Argentina, desejou uma entrevista com Afonso Arinos de Melo Franco, então em Nova York como embaixador do Brasil na ONU, a fim de lhe demonstrar sua apreensão com a ameaça militarista na América Latina. Previu que seria deposto e que, em seguida, Goulart cairia. Entrevista de Arinos ao autor, cit. Fato também contado em Melo Franco, 1968, p.155.

33 "Em janeiro, quando assumi o cargo, até mesmo antes, estávamos conscientes de que o comunismo estava corroendo o governo do presidente João Goulart do Brasil, de uma forma rápida, e antes de chegar ao cargo já tínhamos uma política destinada a ajudar os governadores de certos Estados." Declarações de Thomas Mann, telegrama da Associated Press, in: *Correio da Manhã*, 19 jun. 1964. Grifos do autor. Sobre a questão ver Skidmore, 1967, p.323.

34 "Os Estados Unidos distribuíram entre os governadores eficientes de certos estados a ajuda que seria destinada ao governo de João Goulart, pensando financiar, assim, a democracia e Washington não deu nenhum dinheiro para o balanço de pagamento ou

democracia",[35] atentava, pelo seu caráter corruptor, contra a segurança nacional e a unidade da Federação.

Assim, enquanto o Departamento de Estado encorajava a secessão do Brasil, colaborando para a desestabilização do governo Goulart, a conspiração, estimulada pelo aguçamento das contradições internas, evoluiu da *defensiva,* como alguns dos seus lideres a apresentavam,[36] para a *ofensiva,* i. e., para o desencadeamento não de simples golpe de Estado, um *putsch* clássico, mas de uma guerra civil, que se arrastaria por quatro, cinco, seis meses ou mais. Sua estratégia esteava-se na sublevação de pelo menos três estados (Minas Gerais, São Paulo e Guanabara), envolvendo, também, o Espírito Santo, Goiás e Mato Grosso.[37] Acreditava-se que em nenhum dos estados o levante ocorreria sem reação interna e que, na Guanabara, as tropas do I Exército, comandadas por oficiais nacionalistas, logo esmagariam o governo de Lacerda. O governador Magalhães Pinto calculou que só em Minas Gerais a batalha duraria três meses.[38] Os artífices do movimento esperavam a resistência de Goulart, contavam com a possibilidade de instalação de um governo de esquerda no Nordeste, com a erupção de focos de guerrilhas no centro e no sul do país e se prepararam para enfrentar o que denominavam de V Exército, os trabalhadores, camponeses e estudantes, mobilizados pelo CGT, PUA, Ligas Camponesas e outras organizações de massa.[39] O próprio embaixador Lincoln Gordon confirmou implicitamente esta expectativa de secessão, ao salientar, em suas memórias, que por volta de 1964, a maioria dos governadores poderia ser classificada em pró ou anti-Goulart e eles

---

para o orçamento federal, porque isto poderia financiar o governo central." (Declarações de Thomas Mann, telegrama da Associated Press, in: *Correio da Manhã*, 19 jun. 1964). Sobre o assunto ver Moniz, 1965, p.33-9; Maia Neto, 1965, p.183-6.

35 Declaração de Thomas Mann, telegrama da Associated Press, in: *Correio da Manhã*, 19 jun. 1964.

36 Entrevista do marechal Denys ao autor, cit.

37 Entrevista de José Magalhães Pinto ao autor, Rio de Janeiro, 3 jan. 1977.

38 Idem.

39 Castelo Branco, 1964, p.304; Stacchini, 1965, p.14.

diversas vezes tiveram influência sobre os comandantes e guarnições em seus estados.[40] E aduziu:

> Soube pela história que algo próximo de uma guerra civil aconteceu na "revolução constitucionalista paulista" de 1932 contra Vargas. Mais recentemente, confrontos diretos de unidades do exército pareciam uma possibilidade real após o ultimato militar contra a volta de Goulart em agosto de 1961. Nesse tipo de acontecimento, creio que "expor a bandeira americana" serve a dois propósitos: a) exercer pressão favorável para o lado anti-Goulart e b) dar assistência na evacuação de milhares de civis americanos que vivem no Brasil ou ali estão a passeio.[41]

Lincoln Gordon declarou não lembrar-se de qualquer caso em que os conspiradores civis e militares tivessem solicitado assistência ou participação dos Estados Unidos, *"except for emergency gasoline and jet fuel supplies"*. Mas obviamente a esquadra, que foi mobilizada, não se limitaria a exibir a *American flag* para exercer pressão psicológica em favor das forças anti-Goulart. Os *marines*, decerto, interviriam na luta, ainda que fosse sob o pretexto de evacuar cidadãos norte-americanos, e transformariam o Brasil em outro Vietnã. Além do mais, mesmo o simples fornecimento de combustível implicava, necessariamente, o envolvimento dos Estados Unidos para seu desembarque e garantia de que chegasse às forças anti-Goulart. De qualquer forma, o fato era que os chefes da conspiração criam que, sem receber essa ajuda estrangeira, i. e., o suprimento não apenas de combustível, mas também de armas, a insurreição dificilmente triunfaria. Por isso o governador Magalhães Pinto tratou de acertar o reconhecimento de Minas Gerais como Estado beligerante pelo governo de Washington, tarefa da qual incumbiria a Afonso Arinos de Melo Franco, convidando-o para ser seu chanceler desde novembro de 1963.[42] Entrementes, o jornalista Julio de Mesquita Filho trouxe de Washington, em caráter confiden-

---

40 Lincoln Gordon. *Addendum: the United States and the 1964 coup d'État*. Manuscrito. p.II-39.
41 Idem, ibidem, p.II-39.
42 Pedro Gomes, "Minas: Do diálogo ao front", in: Dines, 1964, p.73.

cial, a notícia de que o presidente Lyndon Johnson se dispunha a reconhecer a beligerância do primeiro Estado que se insurgisse contra o governo de Goulart e os Estados Unidos desembarcariam tropas, no Espírito Santo, e elas evoluiriam para Minas Gerais e São Paulo. O Brasil seria divido.

Esse informe vazou, em São Paulo, onde o governador Adhemar de Barros, que não sabia guardar segredo, já se articulava com o general Amaury Kruel, então comandante do II Exército, na preparação do golpe de Estado. No início de dezembro, o general Euryale de Jesus Zerbini, um oficial legalista, íntegro, que comandava as tropas do II Exército em Caçapava, Quitaúna, e Lorena, no Vale da Paraíba, soube do que se tramava e, por meio de sua esposa, Terezinha Zerbini, transmitiu o informe a Goulart, juntamente com o aviso de que o general Kruel estava traindo o governo, participando da conspiração.[43] Mais ou menos à mesma época, Goulart soube que se formara a *tríplice aliança* entre Lacerda, Magalhães Pinto e Adhemar de Barros.[44] E até mesmo o código, que os três utilizavam para a troca de mensagens, chegou--lhe ao conhecimento, parcialmente decifrado pelo seu serviço secreto:

Alfabeto – código do ar (alguns) usado em mensagens entre Magalhães, Lacerda e Ademar.

---

43 Entrevista do coronel Juarez Mota ao autor, por telefone, em 31 de janeiro e 1º de fevereiro de 2010. O coronel Juarez Mota, que à época era capitão e ajudante de ordens de Goulart, contou que ele, o presidente, o chamou à Granja do Torto e lhe pediu que levasse uma senhora – Terezinha Zerbini – ao aeroporto. Ele a levou, no seu carro particular, e ela, no trajeto, lhe falou sobre a mensagem que trouxera. Provavelmente, seu marido, o general Zerbini, comandante do Vale da Paraíba, não podia ausentar-se do posto e dizer qual a razão para ir a Brasília, sem comunicar ao general Amaury Kruel, seu superior, como comandante do II Exército. Para não levantar suspeita, nem criar um atrito com o general Kruel, sua esposa Terezinha, que sempre teve atividade política, incumbiu-se da missão de ir a Brasília para transmitir o informe a Goulart. Ela foi e voltou a São Paulo no mesmo dia. Terezinha Zerbini, em entrevista concedida ao autor, em 1º de fevereiro de 2010, confirmou sua viagem a Brasília. Sua filha, Eugênia Zerbini, conversando com o autor pelo telefone, em 6 de fevereiro de 2010, admitiu a informação de que sua mãe fora a Brasília, no lugar do marido, dado que ele mesmo não podia fazê-lo sem falar com o general Kruel. Fora uma viagem rápida e sigilosa.
44 Informe do SCIFI a Goulart. DJG.

a – Alfa – b – bravo – c – Charlie – Delta – Eco – Fox – Gaspar – Hotel – Índia – Julieta – Lima – Mickey – November – Oscar – Pera – Quebec – Romeu – Sierra – Tango – Uniforme – Victor – Xuxu – Zulu.

Alfa – manteremos tudo sob controle.

Bravo – aguarde ligação telefônica 2%10.

Charlie – chegaram as informações necessárias.

Delta? Eco – generais em posição, Fox? Gaspar?

Hotel – operação OK.

Índia – mantenhamos contato com Mr. Clark.

Julieta?

Lima – carga preparada para o mês de abril.

Mickey – verba estourada – envie nova.

November – urgente reunir pessoal.

Oscar – discursos aparentemente iguais em curto espaço de tempo.

Pera – chegaram novos membros (plano) economia americana.[45]

Era fácil compreender que a "carga preparada para o mês de abril" significava a execução do golpe de Estado. A guerra psicológica já se intensificara. A embaixada da Grã-Bretanha recebeu um informe de que Goulart estaria preparando uma provocação, relacionada com a greve na companhia de gás do Rio de Janeiro, para desfechar seu próprio golpe de Estado.[46] O general Humberto Castelo Branco, que mantinha íntimos e estreitos contatos com o coronel Vernon Walters, cujo codinome era Arma, disse-lhe que qualquer tentativa de golpe em favor do governo encontraria resistência nas Forças Armadas e que a essa oposição ele se juntaria.[47] Efetivamente, o fracasso da tentativa de prender Lacerda e intervir na Guanabara, com a decretação do estado de sítio, evidenciara que o governo já não podia dispor integralmente do Exército para um ato de força. Sua autoridade já se expungia dentro do estado.

A revolta dos sargentos, em setembro de 1963, contra a decisão de um dos poderes da República, o Supremo Tribunal Federal, reafirmando

---

45 Informe do SFICI a Goulart. DJG.

46 Airgram No. A-871, secret, AmEmbassy Rio de Janeiro, John Kepprel Counselor for Political Affairs, to the Department of State, 20 jan. 1964. JFKL.

47 Ibidem.

a inelegibilidade dos sargentos e suboficiais para os órgãos do Poder Legislativo, havia possibilitado que os militares, que articulavam o golpe de Estado, ganhassem cada vez maior influência dentro da Forças Armadas. Dentro do Exército, apenas cerca de 10% tendiam para o nacionalismo de esquerda, enquanto 15%, mais ou menos, alinhavam-se com a direita, contra o governo de Goulart. A imensa maioria – em torno de 75% – considerava fundamental, sobretudo, questão da hierarquia, o respeito às leis e à moralidade pública. E, de 1945 a 1964, as Forças Armadas, principalmente o Exército, tiveram um comportamento pendular, i. e., ocasiões em que apoiavam a esquerda nacionalista e outras em que balançavam para a direita.[48] E o progressivo deslocamento da oficialidade das Forças Armadas para o campo da oposição, a partir dos últimos meses de 1963, espelhou o comportamento das classes dirigentes – latifundiários, comerciantes, banqueiros e industriais – alinhados para destruir um governo que não correspondia a suas expectativas mais imediatas. Carvalho Pinto, um dos últimos elos que o ligava ao empresariado, especialmente ao seu setor mais poderoso, o de São Paulo, afastou-se do Ministério da Fazenda, considerando que não mais havia as "mínimas condições necessárias à obtenção de qualquer resultado útil"[49] de seus esforços. Esse gesto, em larga medida, resultou de muitas intrigas de Jorge Serpa, diretor da Mannesmann,[50] que fez *special campaign* contra ele, procurando inclusive envolver Lincoln Gordon,[51] não apenas por considerá-lo incompetente como por atribuir-lhe excessivas ambições presidenciais.[52] Várias discrepâncias, porém, separaram Carvalho Pinto de Goulart, algumas por

---

48 Entrevista do coronel Eduardo Chuahy ao autor, 31 jan.2010.
49 Carta de Carvalho Pinto a Goulart, Rio de Janeiro, 19 dez.1963. ACP.
50 Jorge Serpa, homem extremamente inteligente e culto, muito ligado a Juscelino Kubitschek, aproximou-se intimamente de Goulart. Na verdade, tinha trânsito em todas as correntes políticas, não se sabendo, porém, a que interesses servia.
51 Incoming telegram No. 1201, confidential, Gordon to the Secretary of State, 9 dez.1963, midnight, LBJL.
52 Incoming telegram No. 1173, confidential, Gordon to the Secretary of State, 9 dez.1963, midnight. Ibidem.

causa do pagamento do 13º salário aos trabalhadores e da atuação da Carteira de Redesconto do Banco do Brasil, que infringiu os limites fixados no orçamento monetário,[53] outras em relação aos estados, cujos reclamos o Ministério da Fazenda, em sua disciplina anti-inflacionária, não atendia, empurrando os governadores, a exemplo de Magalhães Pinto, para o lado da oposição.[54]

A demissão de Carvalho Pinto, em 19 de dezembro de 1963, abriu espaço para que Brizola disputasse abertamente o Ministério da Fazenda, arrimado na FMP e no PTB do Rio Grande do Sul, com o fito de robustecer ainda mais sua candidatura à presidência da Repúbica, cujo slogan era "Cunhado não é parente! Brizola presidente!", em oposição ao impedimento estabelecido na Constituição Federal de 1946.[55] Nessa ocasião, o jornalista Samuel Wainer assistiu Brizola pressionar Goulart para substituir Carvalho Pinto como ministro da Fazenda. Goulart, espantado, disse que sua nomeação para o cargo açularia a direita, que tramava o golpe de Estado. Brizola retrucou: "É preciso forçar a direita a botar a cabeça para fora, porque a esmagaremos". Samuel Wainer então lhe perguntou: "E se houver o contrário?" Brizola não respondeu.[56] Com efeito, sua ambição, se concretizada, assumiria, na prática, o caráter de provocação. Goulart resistiu à pressão e recusou-se a nomeá-lo para o cargo. Porém, a demissão de Carvalho Pinto, segundo Marco Antônio Coelho, importante dirigente do PCB, "marcou o início da agonia do governo Goulart, seu suicídio político".[57] Esse fato contribuiu realmente para liquidar o resto de confiança que as classes dirigentes ainda podiam depositar na ação do governo. E Goulart não conseguiu recuperar esse resto de confiança, conquanto nomeasse para

---

53 Carta de Carvalho Pinto a Goulart, Rio de Janeiro, 28 nov.1963. DJG.
54 Jurema, 1964, p.88-9.
55 A esposa de Brizola, Neuza, era irmã de Goulart e o art. 140 da Constituição Federal de 1946 estabelecia que "o cônjuge e os parentes, consanguíneos ou afins, até o segundos grau do chefe do Poder Executivo em exercício eram inelegíveis para presidente e vice-presidente da República, governador de Estado, prefeito de município e senador".
56 Wainer, 1987, p.245.
57 Coelho, 2000, p.250.

aquele cargo o banqueiro gaúcho Nei Galvão, homem sem qualquer prestígio no país, fortemente influenciado por Jorge Serpa e Walter Moreira Sales.[58]

O governo João Goulart, naquelas circunstâncias, só podia contar com os trabalhadores urbanos e rurais, segmentos das classes médias e setores frágeis e descontentes do empresariado nacional, que rezingavam contra o capital estrangeiro, enfim, com as forças populares, representadas por sindicatos, Ligas Camponesas, entidades estudantis e partidos de esquerda, como o PTB, PCB e PSB, aos quais se somavam políticos nacionalistas de outras agremiações. Com efeito, dentro das condições que se criaram, Goulart optara por esse caminho, a fim de permanecer fiel a suas origens políticas e coerente com seus objetivos. Desde novembro, empenhado em reconquistar a popularidade, intensificara a campanha pela reforma agrária. "Um país com três milhões de proprietários e quase seis milhões de posseiros tem que realizar sua reforma agrária, antes que a terra seja conquistada contra a vontade dos que a possuem" – disse a dois mil camponeses que cultivavam o cinturão verde de Brasília.[59] Estendeu aos trabalhadores do campo os benefícios da previdência social, assistência médica, auxílio-doença e aposentadoria tanto por invalidez como por idade,[60] assinou decreto obrigando as empresas industriais, comerciais e agrícolas com mais de cem empregados a proporcionar-lhes ensino elementar gratuito,[61] e enviou ao Congresso mensagem que concedia ao funcionalismo público o 13º salário e instituía a escala-móvel para o reajuste de seus rendimentos,[62] direitos já aprovados para os trabalhadores da indústria.[63]

---

58 Despacho de Gordon sobre o secretário do Estado, Rio de Janeiro, 20 dez. 1963, confidencial, controle 14956, cópia. LBJL.
59 *Diário de Notícias*, 8 nov.1963.
60 Idem, 14 nov.1963.
61 *Correio da Manhã*, 15 jan. 1964.
62 Idem, 4 dez. 1963.
63 O direito ao 13º para os operários já entrara em vigência e em 12 dez. 1963 a Câmara aprovou a escala móvel.

Outras medidas que tomou feriram fundamente os interesses do capital estrangeiro e, em particular, dos Estados Unidos. Iniciou processo com o objetivo de promover a nulidade ou a caducidade das autorizações para pesquisa e lavra de minérios em todo o Brasil.[64] Cassou as concessões da Companhia de Mineração Curral del Rey, subsidiária da Hanna Co., para a pesquisa e lavra de minério no município de Nova Lima (Minas Gerais), cumprindo o acórdão do Tribunal Federal de Recursos, que manteve a decisão de seu ex-ministro de Minas e Energia Gabriel Passos.[65] Tabelou os óleos lubrificantes, vendidos pela Esso, Shell, Texaco etc., quebrou o domínio da Gas Ocean sobre o mercado brasileiro[66] e outorgou à Petrobras o monopólio das importações de petróleo, através das quais, até então, as refinarias particulares, mancomunadas com as corporações estrangeiras, transferiam recursos do Brasil para o exterior, fraudulentamente, pagando por um tipo de óleo mais caro, quando, na verdade, recebiam outro de qualidade inferior.[67]

Essa medida prejudicava diretamente os interesses da Gulf Oil, da Sinclair Oil, da Standard Oil e da Shell, que abasteciam as refinarias de Capuava, Manguinhos, Sabá e Ipiranga.[68] E os nacionalistas já exigiam, como complementação, que o governo estabelecesse o monopólio estatal do câmbio e das exportações de café, a fim de cercar todos os meios de espoliação da economia nacional. A mais importante medida de Goulart, que afetava as raízes dos interesses norte-americanos no Brasil, consistiu, porém, na assinatura do decreto, regulamentando a lei sobre as remessas de lucros para o exterior. Gordon tentou evitar, com pertinácia, que ela se concretizasse e o fez tanto pessoalmente quanto por intermédio de amigos com acesso à intimidade da presi-

---

64 *Diário de Notícias*, 11 dez. 1963.
65 *Correio da Manhã*, 19/20 jan. 1964.
66 Entrevista de Carlos Meirelles Vieira, ex-presidente do Conselho Nacional de Petróleo, ao autor, Rio de Janeiro, 29 dez. 1976.
67 *Jornal do Brasil*, 24 dez. 1963. Entrevista de Carlos Meirelles Vieira, cit.
68 A Gulf Oil fornecia 20.000 b/d, de Kuwait à Capuava; a Shell, 4.000 b/d, da Venezuela, e a Sinclair Oil, 1.000 b/d, do Peru à Sabá; a Standard Oil e a Gulf Oil, 9.500 b/d, da Venezuela à Ipiranga; e a Standard Oil, 10.000 b/d, da Venezuela a Manguinhos.

dência da República, como Jorge Serpa, que movera campanha contra Carvalho Pinto e tudo comunicava à embaixada Americana.[69] Em um esforço incessante para impedir a proibição da transferência de lucros com base nos reinvestimentos, capitais acumulados dentro do Brasil e que constituíam mais da metade dos investimentos registrados como estrangeiros,[70] Gordon solicitou várias audiências a Goulart e apresentou objeções, por escrito, a vários pontos do decreto, já pronto e à espera da publicação. Goulart decidiu pedir a Valdir Pires, consultor--geral da República, para examiná-las. Pires, porém, não as considerou válidas e ele, finalmente, assinou a regulamentação, sem mudança, em 23 de janeiro de 1964.[71]

Muitos acreditaram que Goulart estava em desespero, depois da derrota da tentativa de decretação do estado de sítio, ou que tentava provocar uma iniciativa mais afoita da oposição, para abortá-la. Gordon duvidava dessas interpretações.[72] Jorge Serpa informara-o que Goulart, sentindo-se vazio e isolado, procurava, com tais decisões, ocupar seu território político antes que Brizola e os radicais de esquerda o fizessem.[73] Na realidade, as atitudes de Goulart, antes sempre inclinadas ao entendimento, indicavam que ele aceitara o desafio e demonstravam, claramente, que já não mais nutria qualquer ilusão de compromisso, muito menos com os Estados Unidos, cuja hostilidade ao seu governo transparecia em todos os atos.

---

69 Despachos de Gordon para o secretário de Estado, Rio de Janeiro, 9 dez. 1963, 22h19, 005988, e 9 dez. 1963, 23h26, 6011. LBJL.
70 "Os lucros excedentes de 10% cuja remessa a lei não permite, terão que ser considerados capitais nacionais de estrangeiros, permanecendo no país [...] e não poderão constituir base para novas remessas, uma vez que auferidos à custa, em grande parte, da inflação, de créditos nacionais e de benefícios e privilégios resultantes da reavaliação de ativos, que agravou extremamente a sangria antes mencionada." Do despacho de Goulart, determinando, em outubro de 1963, a elaboração do decreto, in: *Novos Rumos*, Rio de Janeiro, n° 246, 8-14 nov.1963.
71 Entrevista de Valdir Pires ao autor em 1976.
72 Despacho de Gordon para o secretário de Estado, Rio de Janeiro, 6 dez. 1963, 11h09, 4674. LBJL.
73 Despacho de Gordon para o secretário de Estado, Rio de Janeiro, 9 dez. 1963, 10h19, 005988. Idem.

No dia 1º de janeiro de 1964, o diplomata Miguel Osório de Almeida, chegando às pressas de Washington onde servia, procurara Goulart, em companhia de San Tiago Dantas e do deputado Renato Archer, para transmitir-lhe, urgentemente, a informação de que os Estados Unidos se dispunham a declarar a bancarrota do Brasil e que a única forma de evitá-lo seria um pronunciamento de Goulart favorável à Aliança para o Progresso.[74] Goulart ouviu todo o relatório e, ao fim, afirmou, dirigindo--se a San Tiago Dantas: "Já não adianta mais, professor. Não acredito que nenhuma frase minha detenha a conspirata que os Estados Unidos patrocinam".[75] Apanhou então uma pasta, com alguns informes do serviço secreto, e contou que o general Ray E. Bell chegara ao Brasil numa fortaleza-voadora, e o brigadeiro Eduardo Gomes, que tramava contra o governo, fora recebê-lo. "Esse general" – Goulart acrescentou – "esteve com o general Castelo Branco e até mesmo o meu ministro da Guerra o visitou".[76] Provavelmente também soube que ele almoçou com o embaixador Lincoln Gordon no dia 4 de dezembro de 1963.[77]

As atividades do coronel Vernon Walters, no Brasil, eram ainda mais sintomáticas e apontavam a extensão do conluio. Ele estava engajado em uma *Track B operation*, embora Lincoln Gordon posteriormente o negasse, dizendo que, se ela houve, foi com sucesso cancelada, sem que ele tivesse qualquer evidência disso.[78] Os relatórios do SFICI falavam de seus encontros com os generais Golbery do Couto e Silva, Ayrton Salgueiro de Freitas, Hugo Bethlem,[79] Cordeiro de Farias, Juraci Magalhães, Nelson de Melo, brigadeiro Eduardo Gomes,[80] e de suas viagens a Belo Horizonte, onde se reunia, na residência do cônsul dos Estados Unidos, com o governador José Magalhães Pinto e o general Carlos Luís Guedes, comandante da 4ª Divisão de Infantaria e elemento de

---

74 Entrevistas de Renato Archer ao autor, Rio de Janeiro, 7 mar. 1977 e 19 jul. 1977.
75 Idem.
76 Idem.
77 Entrevista do ex-embaixador Lincoln Gordon ao autor, Washington, 6 dez. 2000.
78 Gordon, *Addendum: the United States and the 1964 coup d'État*. Manuscrito, p.II-38.
79 Entrevista do coronel Paulo Pinto Guedes ao autor, cit.
80 Entrevistas de Renato Archer ao autor, cit.

confiança do marechal Odylio Denys.[81] As informações de Goulart eram exatas. Como o general Carlos Luiz Guedes depois confessaria, Walters, que lhes oferecera até material bélico,[82] "tentava abrir-lhes os olhos"; em outras palavras, instigava-os para que se insurgissem contra o governo, advertindo-os: "eles estão partindo o presunto em fatias tão finas que se torna imperceptível a sua ação. Quando os senhores se derem conta, o terão comido todo".[83]

---

81 Idem.

82 Stacchini, 1965, p.89. Stacchini conta esse fato, mas omite o nome do general Carlos Luiz Guedes.

83 Entrevista do general Carlos Luís Guedes, in: *Jornal da Tarde*, 19 ago. 1974.

CAPÍTULO 12

A implementação do Acordo Militar Brasil--Estados Unidos à revelia de Goulart – A *guerra revolucionária* de Bilac Pinto – O aguçamento das lutas sociais – Alternativas de Goulart

Quem cortava o presunto em fatias finas, porém, não era o governo. Era o coronel Vernon Walters. Era a CIA. O ministro da Guerra, menosprezando os fatos que o SFICI apurara, nada fez.[1] E, no dia 28 de janeiro de 1964, o general Pery Constant Bevilacqua,[2] na condição de chefe do Estado-Maior das Forças Armadas, enviou ao ministro das Relações Exteriores, João Augusto de Araújo Castro,[3] o Aviso nº 41,[4] informando-o de que o presidente da República aprovara a Exposição de Motivos nº 40-C/47, que o acompanhava, favorável à renovação do Acordo Militar com os Estados Unidos, sob a forma de um ajuste pormenorizado[5] que previa a necessidade de assistência militar ao Brasil

---

1   Entrevista do general Argemiro de Assis Brasil ao autor, cit.
2   O general Pery Bevilacqua já estava na conspiração contra Goulart.
3   João Augusto de Araújo Castro foi talvez o único dos últimos ministros de Goulart que não teve os direitos políticos suspensos depois do golpe de 1964. Posteriormente recebeu a Embaixada do Brasil nos Estados Unidos.
4   Aviso nº 41 – c/34, do general Pery Constant Bevilacqua, chefe do EMFA, ao embaixador João Augusto de Araújo Castro, ministro de Estado das Relações Exteriores. Arquivado em 31 jan. 1964. AHMRE-B. Este documento foi cedido gentilmente ao autor pelo embaixador Gelson Fonseca Jr. AHMRE-B.
5   O item 1º do art. 1º do Acordo Militar assentava que o Brasil e os Estados Unidos negociariam, periodicamente, ajustes pormenorizados (*detailed arrangements*), por meio de troca de notas, para a execução dos seus objetivos, o que entregava ao presidente da República o poder de assinar o verdadeiro tratado, em termos efetivos e concretos, sem

para enfrentar "ameaças ou atos de agressão ou quaisquer outros perigos à paz e à segurança",[6] conforme os compromissos assinalados na carta da OEA e no Tiar, conhecido como Tratado do Rio de Janeiro.[7]

O projeto desse ajuste, para a prestação de assistência militar ao Brasil, fora apresentado informalmente ao Itamaraty pela Embaixada dos Estados Unidos em fins de 1962, e o então chanceler Hermes Lima, que era um jurista, submeteu o texto ao exame do consultor-jurídico, Haroldo Valadão, por considerar que, "dada a matéria que envolve e o fato de alterar, de certa forma, o Acordo Militar de 1952, ratificado pelo Congresso [...], não padecer dúvida de que tal entendimento, a ser formalizado, deverá sê-lo através de um acordo, sujeito à ratificação pelo Legislativo".[8] Haroldo Valadão, em parecer CJ/1796, datado de 2 de janeiro de 1963, opinou que o texto proposto, se formalizado, estaria "dependente da aprovação pelo Congresso Nacional".[9] Conforme afirmou, "o acordo proposto, se constitui um ajuste internacional ou se modifica outro ajuste internacional, depende da aprovação do Poder Legislativo".[10] Goulart usou o mesmo argumento, diante da insistência de Lincoln Gordon, pois estava consciente de que o Congresso dificilmente o aprovaria, naquele clima de exacerbado antiamericanismo. No correr de 1963, a Embaixada dos Estados Unidos buscou contornar o texto do ajuste proposto ao espírito e letra do Acordo Militar de 1952, de modo que se apresentasse como mero ato de execução. E a fórmula

---

o conhecimento do Congresso. Em 1964, nem o presidente da República teve conhecimento.

6 Nota de 30 jan. 1964, João Augusto de Araújo Castro a John Gordon Mein, in: United States Policies and Program – Hearings before the Subcommitee on Western Hemisphere Affairs, cit., p.73-4.

7 Esse fato se tornou conhecido com as investigações do Senado norte-americano, presididas pelo senador Frank Church, em 1971.

8 Parecer CJ/1.796 – Secreto – Acordo de Assistência Militar. Proposta Americana. A) Haroldo Valadão, consultor-jurídico do MRE, Rio de Janeiro, 2 jan. 1963. Cópia. AHMRE-B – Despachos, CTs – Circulares, Circulares, Memorandos, Pareceres, Secreto – 1963.

9 Ibidem.

10 Parecer CJ/1.807 – Secreto – urgente – Acordo de Assistência Militar. Proposta Americana. A) Haroldo Valadão, Rio de Janeiro, 5 dez. 1963. AHMRE-B – Despachos – CTs – Circulares – Pareceres – Secreto – 1963.

encontrada consistiu em fundamentar o texto no art. I, item 1, *in fine* do Acordo Militar, de 15 de março de 1952, declarando que

> [...] cônscios dos deveres que lhes incumbem no que concerne à defesa individual e coletiva interamericana, o governo do Brasil e o governo dos Estados Unidos, no desejo de fortalecerem a sua capacidade de contra-arrestar ameaças ou atos de agressão, ou quaisquer outros perigos para a paz e a segurança, de acordo com os compromissos assumidos em tratados e convênios, como a Carta da OEA e o Tratado Interamericano de Assistência Recíproca, assinado no Rio de Janeiro, em 2 de dezembro de 1947, chegaram a um entendimento com relação às disposições para o suprimento de assistência militar pelo governo dos Estados Unidos ao governo do Brasil, para os fins acima referidos, de conformidade com o estipulado no Acordo de Assistência Militar [...]".[11]

Esse texto, considerado então como ato de execução do Acordo Militar de 1952, recebeu parecer favorável do consultor jurídico do Itamaraty, Haroldo Valadão, que o emitiu com data de 5 de dezembro de 1963. E o ajuste pormenorizado concretizou-se mediante troca de notas entre o chanceler Araújo Castro e o encarregado de negócios dos Estados Unidos no Brasil, John Gordon Mein,[12] em 30 de janeiro de 1964, dois dias após o general Pery Bevilacqua haver encaminhado o Aviso nº 41, com a informação de que a Exposição de Motivos nº 40-C/7 recebera parecer favorável de Goulart. Porém, Goulart, posteriormente, alegou que esse ajuste, mediante troca de notas entre o chanceler Araújo Castro e John Gordon Mein, encarregado de negócios dos Estados Unidos, fora assinado à sua inteira revelia, sem o seu conhecimento.[13] De fato, estranhamente, nem o texto original do despacho[14] nem qualquer assinatura de Goulart constavam da Exposição

---

11 Ibidem.
12 John Gordon Mein foi executado por guerrilheiros quando era embaixador dos Estados Unidos na Guatemala.
13 Entrevista de Goulart ao autor, cit.
14 O Aviso nº 41 dizia: "Informo, outrossim, a Vossa Excelência que a Exposição de Motivos em apreço mereceu o seguinte do Excelentíssimo Senhor Presidente da República, datado de hoje: 'Aprovo considerando pareceres favoráveis do EMFA e dos 3 ministérios militares'. Ao Min. de R. Exteriores para as providências necessárias".

de Motivos nº 40-C/7, da qual apenas a cópia fora anexada ao Aviso nº 41. Além do mais, a tramitação dessa Exposição de Motivos ocorreu em circunstâncias anormais, em caráter de urgência urgentíssima, uma vez que estava datada de 28 de janeiro de 1964, assim como o Aviso nº 41, transcrevendo o despacho dado, também, naquele mesmo dia, pelo presidente da República. Isto significaria que a Exposição de Motivos, datada de 28 de janeiro, fora levada às carreiras, em mãos, a Goulart, que decerto mal assessorado, dada a pressa, e logo devolvida ao EMFA, cujo chefe, general Pery Bevilacqua, no mesmo dia, enviou imediatamente o Aviso nº 41 ao ministro das Relações Exteriores, para as providências necessárias. Mas o fato de que o original do despacho, com a assinatura de Goulart, não fora anexo ao Aviso nº 41, e a estranha velocidade com que a Exposição de Motivos haveria tramitado, impossível de ocorrer em qualquer governo, indicava uma fraude, um embuste.[15]

O original nunca apareceu. De qualquer forma, o embaixador Araújo Castro, que considerava errada em vários pontos a política exterior de Goulart, inclusive com respeito a China,[16] não perdeu tempo. Cerca de 48 horas depois, o ajuste foi assinado, por meio de notas reversais, precisamente quando as relações entre o Brasil e os Estados Unidos já estavam "bastante tensas"[17] e a Missão Militar Americana, reduzida ao mínimo, só não se extinguira para não romper todos os vínculos oficiais com as Forças Armadas brasileiras.[18] Na Exposição de Motivos, o general Pery Constant Bevilacqua alegou que a urgência se devia ao fato de que tivera "conhecimento informal" de que se a troca de notas não se processasse até o dia 31 de janeiro poderia acarretar "o não recebimento de ajuda militar no ano de 1964, da ordem de US$ 4 milhões, o que

---

15 Em setembro de 1977, entrevistado pelo autor, em Washington, Lincoln Gordon deixou claro que fora esse o objetivo.

16 Cunha, 1994, p.266.

17 Declarações do embaixador Roberto Campos, in: *O Estado de S. Paulo*, 9 jan. 1964. Campos, embora demissionário, permaneceu no posto em Washington.

18 Stepan, 1973, p.378-9.

AVISO Nº *41 -c/ 34*   *2 8* de

                                            Janeiro de 1 964.

Senhor Ministro.

        Tenho a honra de encaminhar a Vossa Excelência a
cópia anexa de Exposição de Motivos versando sôbre a troca de
notas entre o Govêrno Brasileiro e o dos Estados Unidos da A-
mérica para ajuste do Acôrdo de Assistência Militar.

        2. Informo, outrossim a Vossa Excelência que a Expo-
sição de Motivos em aprêço, mereceu o seguinte despacho do Ex
celentíssimo Senhor Presidente da República, datado de hoje:

        "Aprovo considerando pareceres favoráveis do EMFA
e dos 3 Ministérios Militares.

        Ao Min. de R. Exteriores para as providências le-
gais necessárias".

        Aproveito a oportunidade para renovar a Vossa Ex-
celência os meus protestos de elevada estima e consideração.

                        General-de-Exercito PERY CONSTANT BEVILAQUA
                        Chefe do Estado-Maior das Fôrças Armadas.

A Sua Excelência o Senhor
Doutor JOÃO AUGUSTO DE ARAÚJO CASTRO
MINISTRO DE ESTADO DOS NEGÓCIOS DAS RELAÇÕES EXTERIORES.

Fac-símile do Aviso nº 41 -c/34, no qual o general Pery Constant Bevilaqua reproduz um parecer, atribuído ao presidente João Goulart, mas sem anexar o original, por ele assinado, conforme o procedimento normal em tais casos, o que indica fraude, devido inclusive à estranha velocidade, tudo no mesmo dia, com que a Exposição de Motivos haveria tramitado. AHMRE-B.

se refletiria "danosamente" sobre a eficiência das Forças Armadas.[19] Esclareceu ainda que a troca de notas se tornava forçosa porque fora incorporada à Lei de Assistência Externa dos Estados Unidos uma diretiva política, que proibia ajuda militar a países da América Latina, a não ser nos casos em que o presidente da República julgasse tal ajuda necessária para a segurança do país, "ou no caso de se ter de evitar que governos legalmente constituídos sejam derrubados".[20]

O interesse dos Estados Unidos não era decerto fornecer assistência militar para impedir que o governo João Goulart, embora legalmente constituído, fosse derrubado. Ao contrário, a insidiosa implementação do Acordo Militar de 1952 visou a fornecer ao governo de Washington um instrumento legal para justificar e legitimar perante o Congresso norte-americano uma eventual intervenção militar no Brasil, solicitada pelo governo emergente do golpe de Estado, caso Goulart e as forças de esquerda resistissem e eclodisse uma guerra civil, conforme Lincoln Gordon posteriormente explicaria.[21] Essa perspectiva estava implícita na própria Exposição de Motivos, ao citar uma declaração do secretário de Defesa norte-americano, segundo a qual os Estados Unidos haviam revisto o conceito de defesa do hemisfério, que antes previa a participação das forças armadas latino-americanas em qualquer conflito de magnitude, por considerá-lo "irrealista", dado que "a principal ameaça

---

19 Exposição de Motivos nº 40-C/7, cópia, Rio de Janeiro, 28 jan. 1964, a) general de exército Pery Constant Bevilacqua, chefe do Estado-Maior das Forças Armadas, anexo ao Aviso nº 41-C/34. AHMRE- B.

20 Ibidem.

21 Em entrevista ao autor, em setembro de 1977, o embaixador Lincoln Gordon explicou que, em caso de ter de prestar assistência militar ao governo que se constituísse com a queda de Goulart, necessário era ter uma base legal para justificar perante o Congresso norte-americano qualquer assistência militar ao Brasil. Na entrevista que concedeu ao autor, em 6 de dezembro de 2000, ele não se lembrou de tal explicação e declarou que a troca de notas reversais, em 30 de janeiro de 1964, foi "a routine action", requerida, sob a égide do Acordo Militar de 1952, para especificar a quantidade e o valor do material e dos armamentos a serem fornecidos.

na América Latina é, hoje, a subversão comunista e o ataque indireto, e não a agressão aberta, de fora do hemisfério".[22]

A troca de notas reversais, em 28 de janeiro, a título de execução do Acordo Militar de 1952, não constituiu, portanto, uma iniciativa isolada. Já àquela época, janeiro de 1964, o deputado Olavo Bilac Pinto, presidente da UDN, deflagrara a guerra psicológica, orientado também pelo general Humberto Castelo Branco, a quem o coronel Vernon Walters diariamente visitava. Da tribuna da Câmara e pela imprensa, ele responsabilizou o governo por suposta distribuição de armas a camponeses e trabalhadores da orla marítima.[23] E anunciou que, segundo estudos de oficiais da Escola Superior de Guerra e das Escolas de Estado-Maior das Forças Armadas, a *guerrra revolucionária* alcançara, no Brasil, a *terceira fase,* a da *subversão da ordem e obtenção de armas,*[24] antevéspera do assalto ao poder pelos comunistas.

O deputado Bilac Pinto procurou, desse modo, sensibilizar a oficialidade legalista das Forças Armadas e empurrar setores das classes médias para o movimento de reação ao governo, que o empresariado e os latifundiários lideravam. Tais denúncias sobre o andamento da *guerra revolucionária,* preparando a opinião pública internacional para a possível intervenção armada dos Estados Unidos no conflito brasileiro, não passaram de pretexto para legitimar as atividades antidemocráticas da UDN civil e militar e impelir a conspiração contra o governo. Na verdade, não estava em curso nenhuma *guerra revolucionária.* Esta não era a estratégia do PCB nem os grupos mais radicais da esquerda, de origem na classe média, dispunham de armas, forças e condições para tentar a conquista do poder. O empresariado, pelo menos o setor que apoiava e financiava diretamente a conspiração, tinha consciência de que aos trabalhadores ainda faltavam meios para impor a sua hegemonia.

---

22 Exposição de Motivos nº 40-C/7, cópia, Rio de Janeiro, 28 jan.1964, a) general de exército Pery Constant Bevilacqua, chefe do Estado-Maior das Forças Armadas, anexo ao Aviso nº 41 – C/34. AHMRE- B.

23 *O Estado de S. Paulo,* 15-17 jan. 1964; Bilac Pinto, 1964, p.53.

24 Bilac Pinto, 1964, p.53.

Mas a inflação, com o meio circulante saltando de Cr$ 313 bilhões, em fim de 1961, para Cr$ 850 bilhões, em fim de 1963,[25] exacerbara os conflitos de classes. O operariado, por meio de greves, lutava para recompor sua capacidade aquisitiva, deteriorada continuamente pela alta do custo de vida. O empresariado não só não aceitava, pacificamente, as elevações dos salários como ainda os pretendia rebaixar, a fim de aumentar a apropriação do excedente econômico e manter a continuidade da acumulação capitalista, afetada pela crise. Para tanto precisava reprimir a crescente organização e mobilização dos trabalhadores, mediante a extinção do CGT, a intervenção nos sindicatos e a proibição das greves. E isso seria impossível, dentro da legalidade, sobretudo estando Goulart no governo. Além do mais, no campo, a questão agrária convertera-se em fator de choques sociais cada vez mais intensos e os proprietários de terras temiam que os trabalhadores agrícolas, a organizarem-se em ligas e sindicatos, viessem a constituir, ao lado dos operários, poderosa força política.

Assim, desde novembro de 1963, o confronto de classes aguçara-se, com as sucessivas paralisações do trabalho e invasões de terra. Nas principais cidades, principalmente São Paulo e Rio de Janeiro, as greves atingiram quase todos os setores da produção e categorias profissionais, envolvendo não só os trabalhadores na indústria de petróleo e petroquímica, mas, também, telegrafistas, radiotelegrafistas, servidores do estado e da Legião Brasileira de Assistência,[26] ferroviários, carregadores e ensacadores de café,[27] funcionários dos institutos de previdência social, do Departamento Nacional de Estradas de Rodagem, Arsenal de Marinha,[28] Light, serviço de gás etc.[29] Ao longo de

---

25 Declaração de Goulart, in: *Diário de Notícias*, 20 nov.1963 e 1/2 jan. 1964.
26 *Correio da Manhã*, 14 nov.1963.
27 Idem, 8 jan. 1964.
28 *Diário de Notícias*, 16 jan. 1964
29 Idem, 14, 16 jan. 1964.

1963, haviam ocorrido 50 greves no Rio de Janeiro.[30] Só em 15 dias de janeiro de 1964, houve 17.[31]

E as greves não se restringiram às cidades. Alcançaram o campo. Em novembro de 1963, quatro dos duzentos mil trabalhadores agrícolas que paralisaram os engenhos de açúcar do município de Jaboatão (Pernambuco), tombaram em tiroteio com a Polícia.[32] Em fevereiro, a greve alastrou-se por todo o estado e abrangeu trezentos mil trabalhadores agrícolas, muitos dos quais, armados com paus, foices, peixeiras, velhas espingardas de caça e outros petrechos, interditaram as estradas de acesso aos engenhos e às usinas, lançando sobre elas tambores de óleo.[33] As invasões de terras sucederam-se em várias regiões do Brasil, particularmente na Paraíba, Pernambuco, Minas Gerais e em Goiás, onde trabalhadores agrícolas se reuniram com 29 líderes sindicais e decidiram ocupar as glebas improdutivas, desde que, em assembleias, julgassem que havia condições.[34]

Goulart percebeu que não podia permanecer com os braços cruzados, enquanto o Congresso, dominado pelos conservadores, recusava-se a modificar o art. 141 da Constituição, para permitir-lhe a execução da reforma agrária. E determinou à Superintendência da Reforma Agrária (SUPRA), sob a direção de João Pinheiro Neto, a elaboração da minuta de um decreto, desapropriando, de acordo com o que a lei lhe autorizava, as terras situadas às margens das rodovias federais e dos açudes,[35] para as repartir entre os lavradores. Ele sabia, como salientou a milhares de lavradores concentrados em Itaguaí (Estado do Rio de Janeiro), que "as grandes reformas não se conquistam através de uma caminhada macia" e que

---

30 *Diário de Notícias*, 29/30 dez. 1963.
31 *Correio da Manhã*, 19/20 jan. 1964.
32 Idem, 19 nov.1963.
33 *Diário de Notícias*, 27 fev.1964. Ver também Silva, 1975, p.315.
34 *Diário de Notícias*, 14 fev.1964.
35 *Jornal do Brasil*, 19 dez. 1963.

[...] a estrada a ser percorrida é árdua e as reformas nos custarão trabalho, lutas e – quem sabe! – o sacrifício daqueles que, nas primeiras trincheiras, se lançaram na grande batalha pela transformação de estruturas que não mais atendem aos reclamos do nosso desenvolvimento.[36]

A perspectiva do sacrifício – morte ou deposição – já se afigurava a Goulart. Ele se colocara nas primeiras trincheiras da batalha pela transformação das estruturas de um Brasil, segundo suas palavras, "dividido em duas pátrias, uma, a dos privilegiados, e outra, a dos oprimidos".[37] Essas duas pátrias é que então se defrontavam. Goulart ficaria com a dos oprimidos, apesar de pertencer à dos privilegiados. Afinal, como ele dizia, não era responsável por um modo de produção que lhe permitia acumular vastas extensões de terra, enquanto milhares de brasileiros nada tinham. Estava consciente da injustiça social. E, sendo latifundiário, deflagrara um processo de reforma que contrariava seus interesses pessoais e de classe. Isto lhe carreou o ódio feroz de todos os que também possuíam vastas extensões de terra. Esse ódio se somou ao dos industriais e comerciantes, principalmente os vinculados ao capital estrangeiro, que o hostilizavam, desde 1953, por causa de suas atitudes em defesa dos direitos dos trabalhadores e da economia nacional. Os privilegiados, geralmente, não renunciam como não renunciariam, sem lutas, à sua condição de privilegiados.

A batalha seria árdua. Os fazendeiros e seus aliados reagiam dia a dia com maior virulência. Em Minas Gerais, que se tornara um dos principais núcleos da reação, jactavam-se de possuir metralhadoras em boa quantidade para obstar qualquer tentativa de reforma agrária na região. João Pinheiro Neto, diretor da SUPRA, não conseguiu falar nas emissoras de rádio de Belo Horizonte. O comércio local, em sinal de protesto contra sua presença, cerrou as portas e os diretores da Associação Rural recusaram-se a sentar à mesa com ele para debater a

---

36 Discurso de Goulart, in: *Diário de Notícias*, 15/16 dez. 1963.
37 Discurso de Goulart, in: *Diário de Notícias*, 1º fev.1964.

questão agrária.[38] Naquela mesma cidade, fazendeiros e seus capangas, armados e instigados pelo almirante Sílvio Heck, tumultuaram um comício de Leonel Brizola, e os grupos da chamada Mobilização Democrática Mineira impediram a realização do I Congresso de Unidade dos Trabalhadores da América Latina (CUTAL), obrigando os líderes sindicais a transferi-lo para Brasília.

A questão agrária, a radicalizar as posições políticas, levou o governo de Goulart e o Congresso a um impasse, que entravou o andamento de todas as demais reformas de base (administrativa, tributária etc.) e a própria administração do país. San Tiago Dantas, embora enfermo e afastado do governo, buscou ainda uma solução de compromisso, com a formação de uma Frente Única ou Frente Popular, que apoiaria as reformas de base, definidas em programa mínimo, aceitável pelo PSD, PTB, PCB e adeptos de Brizola. Após inúmeras reuniões, cujos resultados transmitiu a Goulart, obteve o consenso dos dirigentes partidários em torno de alguns pontos, inclusive da reforma agrária. Mas a Frente, tal como Dantas pretendia, não se concretizou. Quando o programa mínimo se difundiu, saindo das cúpulas, as resistências apareceram em todas as áreas. Brizola admitiu a Frente Única, mas não com o PSD.[39] Arraes igualmente a considerou inviável nos termos que Dantas propunha.[40] Os comunistas retraíram-se, conquanto defendessem a formação da Frente Popular e de um governo nacionalista e democrático. E no PSD nem todos se manifestaram favoráveis à legalização do PCB, proposta no programa mínimo.

A legalização do PCB, defendida por Dantas, significaria importante passo para a ampliação da democracia representativa. Não era o PC legal em todos os países civilizados da Europa e até mesmo nos Estados Unidos? No Brasil, entretanto, as classes dirigentes, associadas a interesses estrangeiros, não desejavam uma democracia tão representativa assim. Talvez já não desejassem sequer a democracia. E, se não se conformavam

---

38 Entrevista de Renato Archer ao autor, Rio de Janeiro, 25 jul. 1977.
39 Castelo Branco, 1975, p.181-2.
40 Declaração de Arraes in: *Diário de Notícias*, 10 mar. 1964.

com o funcionamento do CGT, como embrião de uma central operária, não aceitavam, muito menos, a legalização do PCB. Um dos refrões da campanha contra Goulart era precisamente o de que ele tolerava as atividades dos comunistas, permitindo sua infiltração no organismo sindical e em postos do governo. O próprio presidente John Kennedy, quando da viagem de Goulart a Washington, tivera a impertinência de abordar tal assunto e, ao sentir sua reação, cuidou de explicar que se tratava de um "comentário amistoso", sem o propósito de ingerência nos negócios internos do Brasil.[41] De qualquer forma, todos os que se opunham a Goulart, de Gordon ao general Pery Constant Beviláqua e ao deputado Bilac Pinto, continuaram a bater na mesma tecla.

A CIA, desde a ascensão de Goulart, em setembro de 1961, começara a ressaltar que ele tinha uma longa história de colaboração com os comunistas, a fim de aumentar sua força política, particularmente no movimento operário.[42] Realmente, como democrata, ele não discriminava os comunistas, com os quais o PTB mantinha tradicional aliança, pelo menos desde 1954. Essa aliança constituía uma condição indispensável à unidade do movimento operário e à preservação de uma frente popular em defesa das posições nacionalistas. Nem o PTB nem os comunistas a podiam romper sem prejuízo de suas próprias posições e dos trabalhadores. O PTB, naturalmente, limitava a ação dos comunistas e, em certa medida, atrelava o sindicalismo à política tradicional. Porém, as massas operárias, que antes votaram no PCB, com a cassação do seu registro eleitoral integraram-se no PTB, principalmente no Rio Grande do Sul, modelando ou, de certo modo, condicionando seu comportamento, o que lhe estreitava a margem de conciliação com as classes dirigentes. E Goulart sentiu assim a necessidade de dilatar o horizonte do movimento trabalhista, antes restrito às reivindicações de

---

41 Parker, 1977, p.38.
42 CIA – Office of Current Intelligence, 27.9.1961 – OCI Nº 4064/61 – Subject: Communist inroads in the Brazilian Government. JFKL.

aumentos salariais, e imprimir ao seu partido uma coloração política e ideológica, nacionalista e reformista.[43]

A convivência do PTB COM OS comunistas não indicava, evidentemente, que estes estivessem no governo. Embora admitisse que Goulart, cujo poder político fora construído sobre o movimento operário, tentasse estabelecer um regime como o de Vargas ou de Juan Perón, "ou o mesmo ou mais claramente esquerdista". A CIA, em julho de 1963, salientou que ele próprio se mostrara "notavelmente resoluto em resistir às fortes pressões, particularmente da esquerda".[44] No mesmo relatório, a CIA calculou que o PCB possuía apenas 30.000 membros e cerca de 150-200.000 simpatizantes e, ponderando que isto era pouco em um país de 75 milhões de habitantes e 20 milhões de eleitores, observou que sua direção seguia um "non-revolutionary course". De fato, àquela época, a CIA estava também informada de que os comunistas, divergindo de Brizola, não queriam a implantação de qualquer regime de esquerda no Brasil, razão pela qual apoiavam o governo constitucional de Goulart, pois argumentavam que a União Soviética já despendia com Cuba cerca de US$ 1,5 milhão por dia, para sustentá-la, o que drenava sua economia.[45]

Também o Departamento de Estado, apesar de seu daltonismo ideológico, considerou "escassas as possibilidades de que os comunistas dominassem o Brasil em futuro previsível".[46] Chegou a essa conclusão, em janeiro de 1964, exatamente quando o deputado Bilac Pinto anunciava a evolução no Brasil da suposta *guerra revolucionária*, cuja execução, segundo denunciou, "estava em fase avançada", inclusive com a distribuição de armas aos sindicatos.[47] Por outro lado,

---

43 Entrevista de Hermes Lima ao autor, Rio de Janeiro, 30 mai.1977.

44 Notavelmente resistente a fortes pressões, em particular da esquerda. CIA, 2 jul.1963 – Assunto: NXE 93-2-63: situação e perspectivas no Brasil. JFKL.

45 CIA – Telegram – Information Report TDCS – 3/557.937, 26/27.8.1963, Subject: Soviet position on Brazil's way to become a socialist country, according to Paulo Schilling, advisor to Leon Brizola. NLK-76-164 # 4. JFKL.

46 *Jornal do Brasil*, 31 mar.1964, p.4.

47 Ver Pinto, 1964, p.63-75.

como "subversão" significava derrocar o regime político, de baixo para cima, o embaixador Lincoln Gordon inventou a palavra "superversão" para atribuir a Goulart a intenção de fazê-lo, de cima para baixo, ou seja, a partir do governo. Segundo confessou, estava convencido de que o objetivo pessoal de Goulart era perpetuar-se ele próprio no poder, através da repetição de um golpe, como Vargas dera em 1937, e avançar para um tipo de regime peronista, de "extreme anti-American nationalism".[48]

Na verdade, porém, era a direita que tratava de subverter o regime. O governo de Washington, através de contínuos telegramas da CIA, acompanhou o andamento da conspiração, que se desenvolveu ao longo de todo o ano de 1963 e tomou maior impulso quando o general Mourão Filho foi transferido da II Região Militar, em São Paulo, para a IV Região Militar, em Juiz de Fora (Minas Gerais), perto do Rio de Janeiro e passou a ter mais tropas, sob seu comando.[49] O embaixador Lincoln Gordon, que àquela época pedira uma audiência e fora recebido por Goulart, nada lhe comunicou. Pelo contrário, quando Goulart, a mostrar seu desagrado, se referiu aos seus encontros com os empresários, favorecendo Lacerda, do que ele estava informado, inclusive por seu serviço secreto, Gordon declarou que eram histórias "fabricated", resultantes de uma campanha não apenas contra ele, Gordon, pessoalmente, mas também contra um relacionamento construtivo entre o Brasil e os Estados Unidos.[50] Esse silêncio sobre as articulações militares, das quais tinha pleno conhecimento, resultavam de sua conivência com a conspiração. E a penetração do Brasil pela CIA, com o empreendimento das mais variadas modalidades de *covert action* e

---

48 Gordon, *Addendum: the United States and the 1964 coup d'État*. Manuscrito, p.II-35.

49 CIA – Telegram – Information Report No. TDCS – 3/554,711, 22 jul.1963. Subject: Desire of Admiral Silvio Heck to touch off armed revolt against Presidente Goulart; Information Report No. TDCS – 3/55,725. 4 ago.1963. Subject: Plans for rights coup; Information Report No. TDCS-3/55,784. 7 ago.1963. Subject: Further developments in general Mourão Filho's coup planning. JFKL.

50 Incomig Telegram No. 345 – Secret, Gordon to Secretary of State, 17 ago.1963, 14h. Ibidem.

spoiling action, engravesceu a crise interna e induziu artificialmente o processo político à radicalização, muito além dos próprios impulsos intrínsecos das lutas sociais, a fim de criar as condições para a intervenção das Forças Armadas e a derrocada do governo.

Em tais circunstâncias, combatido pela direita, que se armava para o derrubar e representava, conforme a própria CIA avaliou, a mais imediata ameaça ao governo,[51] Goulart, sem o respaldo do PSD, refratário a qualquer intento real de reforma agrária, em virtude de seus vínculos com os proprietários rurais, não podia apoiar-se senão na esquerda, se quisesse permanecer coerente com os seus princípios e conduzir o processo de reforma das estruturas no Brasil. E, entre as correntes mais à esquerda do PTB, os comunistas, dirigidos por Luiz Carlos Prestes, foram os que melhor o compreendiam, apesar dos equívocos que cometeram na avaliação da crise e do comportamento das Forças Armadas.

Samuel Wainer, em suas memórias, recordou que, em dado momento, percebeu que "os círculos mais ligados ao governo tramavam o golpe".[52] Goulart, em fins de 1963, já não vislumbrava muitos caminhos. Mas, se nunca pensou seriamente em dar o golpe de Estado, apesar de todas as pressões, sobretudo de Brizola, também nunca, em realidade, cogitou renunciar. Acreditava, intimamente, que sua trincheira era a legalidade, em nome da qual assumiu a presidência da República. E não alimentava a aspiração continuísta que seus adversários lhe atribuíam.[53] Sua grande ambição era realizar as reformas, sobretudo a da estrutura da propriedade rural, e aborreciam-no as incompreensões com que se defrontava, no exercício diário do governo, lhe embaraçava os passos. Não tinha apego ao poder. Certa vez, aludindo ao anseio de Kubitschek de reeleger-se presidente da República, em 1965, comentou com Abelardo Jurema, seu último ministro da Justiça: "Não sei, Jurema,

---

51 CIA, 2 jul. 1963 – Subject: NXE 93-2-63: situation and prospects in Brazil. JFKL.
52 Wainer, 1987, p.248.
53 Viana Filho, 1976, p.12.

como o Juscelino ainda quer voltar para isto aqui!".[54] O que verdadeiramente interessava a Goulart era o prestígio com as massas, o apoio popular, a liderança dos assalariados. Por isto lutara, com tenacidade, para preservar seu comando sobre o PTB, cortando o ímpeto de quem ameaçasse contrastá-lo.

Mais que defender o governo, portanto, importava a Goulart, naquele momento, conservar sua liderança. O governo, apesar e por causa de suas realizações e medidas contra os interesses dos Estados Unidos e dos latifundiários, enfrentava graves dificuldades no exterior e no interior do Brasil. Conseguira reduzir o déficit do balanço de pagamentos de US$ 343 milhões, em 1962, para US$ 284 milhões, em 1963, tendo as exportações brasileiras aumentado de US$ 1.250 milhões para US$ 1.370 milhões, no mesmo período.[55] Mas as obrigações externas, assumidas pelos governos de Kubitschek e Quadros, ascendiam a quase US$ 3 bilhões, dos quais US$ 1.732 exigíveis no biênio de 1964-65, comprometendo cerca de 70% das exportações brasileiras em moedas conversíveis.[56] E essa situação se configurava ainda mais dramática devido ao rigoroso cerco econômico e financeiro, que os Estados Unidos promoviam contra o governo Goulart, e à inflação conjugada com violento declínio, de caráter estrutural e conjuntural, das atividades produtivas do Brasil. Em 1963, enquanto o Produto Interno Bruto crescera apenas 1,5%,[57] o índice geral dos preços elevara-se a uma taxa de 81,3%[58] e, com o déficit de caixa do Tesouro a atingir a cifra de Cr$ 500 bilhões,[59] a expansão monetária evoluíra a um ritmo de 64,3%.[60]

A causa fundamental da inflação não estava na expansão monetária, mas, sim, na elevação dos preços, que, associada a outros fatores,

---

54 Jurema, 1964, p.133.
55 Goulart, *Mensagem ao Congresso Nacional,* 1964, p.XII, XIII, 30-1.
56 Idem, ibidem, p.34-5.
57 *Brasil Financeiro,* 1971/72, p.12; 1972/73, p.26.
58 Idem, 1973/74, p.16.
59 Goulart, 1964, p.XII.
60 *Brasil Financeiro,* 1973/74, p.16.

obrigava o governo a emitir não só para financiar o déficit de caixa do Tesouro como para atender às pressões do empresariado sobre a Carteira de Redesconto do Banco do Brasil. Isso se devia basicamente à deterioração dos termos do intercâmbio internacional do Brasil, cujas perdas os grupos monopolistas procuravam compensar com a alta dos preços no mercado interno. A inflação germinava assim na estrutura atrasada e dependente do capitalismo brasileiro, dominado pelos monopólios internacionais, e precipitou-se em consequência tanto da queda da produção e da produtividade quanto da intensa especulação com objetivos econômicos e políticos de desestabilizar o governo.

Goulart ainda tentou combater a especulação, criando a Comissão de Defesa da Economia Popular (CODEP), o que acirrou os ânimos do empresariado e desencadeou as hostilidades abertas entre a Associação Comercial do Rio de Janeiro e o governo.[61] Os empresários logo reagiram e, a entoarem a mesma e velha cantilena anticomunista, apregoaram, em reunião do Conselho das Classes Produtoras (CONCLAP), a luta armada para depor Goulart. Já não mais escondiam o propósito de levar o país à guerra civil e provocar a intervenção direta dos Estados Unidos em seu auxílio. Jorge Behring de Mattos, um dos diretores da Associação Comercial do Rio de Janeiro, exortou, publicamente, os setores da oposição: "Armai-vos uns aos outros, porque nós já estamos armados".[62] Não mentiu. Dias depois, seu amigo e colega de São Paulo, Alberto Byington Jr., que trabalhara com a CIA no contrabando de armas, viajaria para Washington, a fim de acertar pessoalmente o envio de petróleo para os conspiradores.[63] Ele próprio comprou dois carregamentos,[64] provavelmente com dinheiro fornecido pela CIA e/ou pelos empresários de São Paulo.

Em tais circunstâncias, diante de uma direita belicosa, a salvação do governo Goulart tornara-se difícil. A esquerda, paralisada pelas

---

61 *Diário de Notícias*, 11-12 mar.1964.
62 Idem, 12 mar.1964.
63 Entrevista de Gordon a Roberto Garcia, in: *Veja*, 9 mar.1977.
64 Parker, 1977, p.95.

perspectivas nacional-reformistas, não se armara, ao contrário do que Bilac Pinto e outros oráculos da *guerra revolucionária* anunciavam. Acreditava na vocação democrática e no espírito legalista da maioria das Forças Armadas, confiando em que os oficiais nacionalistas e o grosso dos sargentos se oporiam a qualquer intento de derrubada do presidente da República, como ocorrera em 1961. Suas palavras de ordem resumiam-se à convocação da greve geral e à mobilização popular para resistir ao golpe de Estado.[65] Por sua vez, as correntes mais extremadas da esquerda eram minoritárias e não contavam nem com fortes organizações nem com armas para um levante. Também os embrionários *Grupos dos Onze,*[66] cuja formação Brizola incentivava, não tinham qualquer estrutura, eram dispersos, sem unidade, e o deputado José Neiva Moreira (PSP), um dos dirigentes da FMP, nem sabia como nem para que orientá-los.

Goulart, por sua vez, não se dispunha a romper ele próprio a legalidade, pois o que inibia um golpe de Estado era exatamente a relutância das Forças Armadas em promover a queda de um governo constitucional.[67] Apenas admitira chegar aos extremos de suas fronteiras, com a decretação de medidas nacionalistas e populares, e compelir o Congresso, mediante a pressão das massas, a mudar alguns artigos da Constituição, concedendo-lhe poderes legislativos e possibilitando-lhe executar as reformas, sobretudo a da propriedade rural, que seriam referendadas em plebiscitos.[68] Com esse ânimo – e não o de desfechar um *putsch* – determinou a elaboração da mensagem que enviara ao Congresso, por ocasião da abertura da sessão legislativa de 1964, e convocou

---

65 *Da UNE ao Povo Brasileiro*, panfleto, DJG.

66 Os Grupos dos Onze Companheiros também foram denominados Comandos Nacionalistas, conforme consta de documentos oficiais e era preferida por seus componentes. Ver Szatkoski, 2003, n. 25, p.148-9.

67 CIA, 2 jul. 1963 – Subject: NXE 93-2-63: situation and prospects in Brazil. JFKL.

68 Entrevista de Goulart ao autor, cit. Entrevista de Valdir Pires ao autor, 1972. "Gordon acreditava que Goulart se concentraria inicialmente em pressionar o Congresso e aprovar as medidas de reforma, inclusive uma lei de plebiscito, uma delegação de poderes adicionais ao presidente, a legalização do Partido Comunista e a concessão do direito de voto aos analfabetos." Parker, 1977, p.93.

um comício, apoiado pelos sindicatos, para o dia 13 de março, no Rio de Janeiro. Outros realizar-se-iam nas cidades de Porto Alegre, Recife, Belo Horizonte e São Paulo, onde a campanha pelas reformas de base culminariam, com uma concentração de um milhão de trabalhadores, comemorando a data de 1º de maio. Goulart mostraria ao Congresso que o povo brasileiro o apoiava. E, se caísse, cairia de pé, na batalha pelas reformas de base.

CAPÍTULO 13

As reformas de Goulart – A proposta de reforma agrária – As Marchas da Família – O papel de Castelo Branco – A CIA, o papel do cabo Anselmo e o motim dos marinheiros – O levante de Minas Gerais

Perante multidão de 200 mil pessoas, arregimentadas pelos sindicatos e outras organizações para o comício de 13 de março, na praça em frente à estação de trem, Central do Brasil, Goulart proclamou, sem temer que o chamassem de subversivo, a necessidade de mudanças na Constituição, que legalizava uma "estrutura econômica superada, injusta e desumana".[1] E anunciou a adoção de importantes medidas, através de decretos, como a encampação das refinarias particulares, o tabelamento dos aluguéis dos imóveis desocupados e a desapropriação de terras valorizadas pelos investimentos públicos, ou seja, das terras às margens dos eixos rodoviários e dos açudes, ou que pudessem tornar produtivas áreas inexploradas.[2] Arraes e Brizola, este pregando a convocação de uma Constituinte, compareceram ao ato, a fim de consolidar a formação e a unidade da Frente Popular de apoio às reformas de base, condensadas, as principais, nos seguintes itens da mensagem que o presidente da República remeteria ao Congresso Nacional:

---

1   Discurso de Goulart no comício de 13 de março, íntegra in: Castelo Branco, 1975, v.2, p.262-6.
2   "Não se compreende que uma estrada como a Rio-Bahia, com 800 km asfaltados e que custou 60 bilhões ao povo brasileiro, venha a beneficiar os latifundiários, que têm o valor de suas terras duplicado." (Discurso de Goulart, in: Castelo Branco, 1975, p.263.)

1. Reforma agrária, com emenda do artigo da Constituição que previa a indenização prévia e em dinheiro.
2. Reforma política, com extensão do direito de voto aos analfabetos e praças de pré, segundo a doutrina de que "os alistáveis devem ser elegíveis".
3. Reforma universitária, assegurando plena liberdade de ensino e abolindo a vitaliciedade de cátedra.
4. Reforma da Constituição para delegação de poderes legislativos ao presidente da República.
5. Consulta à vontade popular, através de plebiscitos, para o referendo das reformas de bases.[3]

Essas reformas, evidentemente, não visavam ao socialismo. Eram reformas democráticas e tendiam a viabilizar o capitalismo no Brasil, embora sobre outros alicerces, arrancando-o do atraso e dando-lhe maior autonomia e independência, ou seja, maior capacidade de autotransformação e autossustentação. A reforma agrária, que o empresariado industrial, retardatário, raquítico e umbilicalmente vinculado ao latifúndio, não tivera condições de executar, constituía, sobretudo, um instrumento para a ampliação do mercado interno, necessária ao desenvolvimento do próprio parque industrial do Brasil. Em uma população de 70 milhões de brasileiros, somente 3.350 milhões possuíam terras, sendo que 2,2%, i. e., 73.737 proprietários ocupavam 58% da área total dos hectares.[4] Goulart responsabilizava essa má distribuição das terras pelo seu baixíssimo índice de aproveitamento nas lavouras e entendia que o instituto da propriedade estaria mais bem defendido se dez milhões de brasileiros e não apenas 3.350 milhões dele se beneficiassem.[5]

A reforma agrária, proposta por Goulart ao Congresso, orientava-se pelo princípio de que "o uso da propriedade é condicionado ao bem-

---

3   *Mensagem ao Congresso Nacional*. 1964. Brasília, DF: 1964, p.XII, XIII, 30-1.
4   Entrevista de Goulart à revista *Manchete*, íntegra in: Castelo Branco, 1975, p.239.
5   Goulart, *Mensagem*, 1964, p.LIV.Entrevista de Darcy Ribeiro ao autor, cit.

-estar social",[6] não sendo a ninguém "lícito manter a terra improdutiva por força do direito de propriedade".[7] Assim, mediante pagamento em títulos públicos de valor reajustável, o governo poderia desapropriar todas as terras não exploradas ou "parcelas não exploradas de propriedade parcialmente aproveitadas, quando excedessem a metade da área total".[8] A produção de gêneros alimentícios para o mercado interno teria prioridade sobre qualquer outro emprego da terra, tornando-se obrigatória sua existência em todos os estabelecimentos agrícolas ou pastoris.[9] O governo também fixaria a proporção mínima da área de cultivo de produtos alimentícios para cada tipo de exploração agropecuária nas diferentes regiões do país.[10] E em todas as terras destinadas a culturas haveria rodízio, sendo a quarta plantação, forçosamente, de gêneros alimentícios para o mercado interno.[11]

Esse planejamento constituía outro dado explosivo no projeto de reforma agrária. A tentativa de reorientar a produção agrícola para o abastecimento do mercado interno, a combater fatores de inflação, liquidaria o remanescente caráter colonial da lavoura brasileira, voltada predominantemente para a exportação, e afetaria os interesses tanto dos latifundiários como da grande burguesia comercial e das empresas norte-americanas. Não se tratava de demagogia. Goulart ferira realmente o direito de propriedade, direito este inviolável para o empresariado e os latifundiários. Mostrara sua disposição de promover a reforma agrária, de qualquer maneira, ao decretar, juntamente com a encampação das refinarias, a desapropriação das terras situadas às margens das rodovias e dos açudes públicos federais. Para tanto saíra à praça, levara o governo às ruas, ao encontro dos trabalhadores. Não fora outra a significação do comício de 13 de março. E as classes diri-

---

6 Goulart, 1964, p.LIV.
7 Idem, ibidem, p.LII.
8 Idem, ibidem, p.LII.
9 Idem, ibidem, p.LIII.
10 Idem, ibidem, p.LIII.
11 Idem, ibidem, p.LIII.

gentes recearam que a democracia política desbordasse e as massas, em ascensão, aprofundassem socialmente o processo de reformas.

A agitação contra Goulart então recrudesceu. Conflitos irromperam em São Paulo e Belo Horizonte, provocados pelos grupos da direita. E, enquanto a UDN, parte do PSD e outros partidos menores reclamavam o *impeachment* de Goulart, entidades financiadas pela CIA e pelo empresariado, como a Campanha da Mulher Democrática (CAMDE), Fraterna Amizade Urbana e Rural (FAUR), União Cívica Feminina (UCF), Sociedade Rural Brasileira (SRB) e outras, articularam a realização, nas principais cidades do país, das chamadas Marchas da Família, com Deus, pela Liberdade, a fim de atiçar a fúria anticomunista nas classes médias. Como o próprio Goulart salientaria,

> [...] nas grandes passeatas os cartazes não eram dirigidos contra a pessoa do presidente ou contra as reformas de base por ele preconizadas. Todos visavam a atingir o sentimento profundamente religioso do povo e mostrar o perigo iminente da tomada do poder pelos comunistas.[12]

O tom e a cadência da campanha para a derrubada do governo indicavam que um regente invisível dirigia a orquestra, explorando os conflitos internos e as lutas de classes, que se aguçavam e das quais os norte-americanos também participavam como empresários, executivos das companhias estrangeiras. Na opinião de Goulart, "a técnica usada foi perfeita".[13] A CIA manejou discretamente os cordéis, pois Vernon Walters acreditava "que os brasileiros se melindrariam se os Estados Unidos demonstrassem liderança no golpe".[14] E obteve significativos resultados. Sob o impacto do apelo religioso e da propaganda anticomunista, ativada pela imprensa conservadora, considerável parcela das classes médias, que a inflação castigava, derivou para a direita, para

---

12 Manuscrito de Goulart, minuta de entrevista para o *Correio da Manhã*, Montevidéu, s.d., provavelmente 1964 ou 1965.
13 Idem.
14 Parker, 1977, p.94.

engrossar as correntes anti-Goulart. O equilíbrio de forças rompeu-se, o centro, como em todos os momentos de crise, sumiu e o governo balançou.

No dia 19 de março, uma passeata, denominada Marcha da Família com Deus pela Liberdade, ocorreu em São Paulo. Lincoln Gordon estava em Washington, mas a embaixada americana exultou. Comunicou ao Departamento de Estado que a Marcha da Família excedera mesmo as mais otimistas previsões e fora a mais impressionante demonstração pública na história recente de São Paulo.[15] Ressaltou que todas as famílias das classes média e alta estavam representadas, mas a limitação das classes mais baixas fora limitada.[16] Esta constituiu a primeira das grandes manifestações de massas com que se procurou criar o clima político para o golpe de Estado contra Goulart, justificá-lo, como se a população nas ruas o estivesse a reclamar. E elas deveriam espalhar-se por outros estados, com o objetivo de encorajar a oposição no Congresso e nas Forças Armadas.[17]

Goulart não proibiu a realização dessas passeatas. Atacou diretamente os empresários que as financiavam. No mesmo dia 19 de março, chamou Hugo de Faria, diretor da Carteira de Redesconto do Banco do Brasil, e determinou que suspendesse as operações a fim de dar uma demonstração de força aos empresários, pois a Federação das Indústrias do Estado de São Paulo (FIESP) e a Federação das Indústrias do Rio Grande do Sul (FIERG), entre outras entidades patronais, estavam dando dinheiro para a conspiração. Hugo de Faria ponderou que essa medida nada adiantaria, se o Banco do Brasil continuasse a conceder empréstimos. Goulart então mandou que o presidente daquele estabelecimento de crédito, Medina Celi, cortasse também esse tipo de operação. Medina Celi cumpriu a ordem, mas, recusando-se a declarar publicamente as razões políticas da atitude, pediu demissão do cargo.

---

15 Telegrama recebido P 242200Z, confidencial, da Embaixada Americana de São Paulo para o secretário de Estado, 24 mar. 1964, PM 6,33. LBJL.
16 Ibidem.
17 Ibidem.

O ministro da Fazenda, Nei Galvão, tentou ainda interceder junto a Goulart para que revogasse a ordem.[18] A medida, de fato, já era ineficaz. Viera tarde. Mas revelava o ponto que o antagonismo entre Goulart e os empresários atingira.

Em meio a tal radicalização, o ministro Jair Dantas Ribeiro resolveu hospitalizar-se, a fim de se submeter a uma intervenção cirúrgica, não obstante o pedido de Goulart para que a adiasse.[19] Ao que tudo indica, ele não ignorava o andamento da conspiração e, seguramente, já sabia da intenção do general Humberto Castelo Branco.[20] Afastar-se do Ministério da Guerra, a pretexto de tratar da saúde, seria, portanto, uma atitude confortável, e uma saída honrosa. Não precisaria trair abertamente o presidente da República nem combater seus camaradas de farda. E abriria o caminho para o golpe de Estado. De fato, no momento em que ele baixava ao hospital, o general Castelo Branco lançou a circular reservada de 20 de março de 1964, açulando os militares contra o governo e os sindicatos, particularmente o CGT, com o mesmo apelo ao anticomunismo:

> Entraram as Forças Armadas numa revolução para entregar o Brasil a um grupo que quer dominá-lo para mandar e desmandar e mesmo para gozar o poder? Para garantir a plenitude do grupamento pseudossindical, cuja cúpula vive na agitação subversiva cada vez mais onerosa aos cofres públicos? Para submeter a nação ao comunismo de Moscou? Isto, sim, é que seria antipátria, antinação e antipovo.[21]

---

18 Entrevista de Hugo de Faria, ex-diretor da Carteira de Redesconto do Banco do Brasil, ao autor, Rio de Janeiro, 13 out. 1976. Entrevista de Nei Galvão, ex-ministro da Fazenda de Goulart, ao autor, Rio de Janeiro, 13 out. 1976.

19 Entrevista do general Argemiro de Assis Brasil ao autor, cit.

20 Idem. "Antes de tudo, desejo lembrar que, na última audiência que você me concedeu, eu lhe disse que iria esclarecer os meus subordinados sobre a atual situação" (Carta do general Castelo Branco ao general Dantas Ribeiro, Rio de Janeiro, 23 mar. 1964, apud Viana Filho, 1976, p.21).

21 Circular reservada de 20 mar. 1964 aos generais e demais militares do Estado-Maior do Exército e das organizações subordinadas, apud Viana Filho, 1976, p.19.

Com o Exército sem comando, o Ministério da Guerra acéfalo, a conspiração acelerou-se. Goulart, embora conhecendo o teor do documento, não mandou, imediatamente, demitir e prender Castelo Branco, que seria o chefe do golpe de Estado, como o próprio embaixador Lincoln Gordon, de volta ao Brasil, informara ao Departamento de Estado, no dia 27 de março, ao prever para breve o desfecho da crise, com a provável derrubada de Goulart. E quando Goulart, dias depois, determinou sua prisão, o general Armando de Moraes Âncora, comandante do I Exército, esquivou-se de cumprir a ordem, sob a alegação de que Castelo Branco já ameaçara suicidar-se se fosse preso,[22] e ele não desejava carregar o peso do seu cadáver na consciência.[23] De qualquer forma, Goulart agira, tardiamente, confiando, quiçá, no sentimento legalista da maioria da oficialidade. Acontecia, porém, que o sentimento anticomunista se tornara mais forte que o sentimento legalista, mercê de intensa doutrinação, orientada pelo Pentágono, com base nas concepções do *inimigo interno*, da guerra contrarrevolucionária e das fronteiras ideológicas. E, em face da emergência política dos trabalhadores, Castelo Branco acreditava, assim como tantos outros militares, que "a observância da legalidade conduzia ao comunismo".[24] Depois do comício de 13 de março, ele certamente pensara, como Odilon Barrot, primeiro-ministro de Luís Bonaparte (1848-1849): "La légalité nous tue", i. e., "a legalidade nos mata".[25]

Castelo Branco, porém, receava tomar a iniciativa de violar a legalidade, sem cobertura política, e ficar isolado. Queria fazê-lo apenas diante de um fato que comovesse as Forças Armadas, como a intervenção federal no Rio de Janeiro, Minas Gerais ou São Paulo, a convocação de greve geral pelo CGT ou outra rebelião de sargentos.[26] Esperava,

---

22 Entrevista do general Argemiro de Assis Brasil ao autor, cit.
23 Idem.
24 Viana Filho, 1976, p.19.
25 Engels, 1977, p.525.
26 Memorando pessoal do embaixador Gordon, Rio de Janeiro, 27 mar. 1964, documento do LBJL, íntegra in: Corrêa, 1977, p.20-4. Ver também Parker, 1977, p.93.

enfim, o pretexto. E a CIA encarregou-se de prepará-lo. Durante a Semana Santa, a crise, que fermentava na Marinha, sobreveio. Centenas de marinheiros, sob a liderança de José Anselmo dos Santos, decidiram comemorar o aniversário de sua Associação dos Marinheiros e Fuzileiros Navais e, desacatando a proibição do almirante Sílvio Mota, ministro da Marinha, que ordenara a prisão dos organizadores, correram para a sede do Sindicato dos Metalúrgicos, no Rio de Janeiro, a fim de buscar a solidariedade dos trabalhadores. O contingente de fuzileiros navais, enviado para os atacar, aderiu à rebelião, que se avultou, levando o Exército a intervir, por influência de Goulart, para abafá-la.

Os marinheiros levantavam diversas reivindicações, tais como: reconhecimento de sua Associação, direito de se casarem, permissão para vestirem roupas civis fora do serviço e melhoria dos soldos. Eram reivindicações antigas, mas, enquanto o Ministério da Marinha relutava em atendê-las, muitos oficiais, exigindo dos seus subordinados severa disciplina, não se comportavam à altura dos padrões militares.

O drama estava preparado. Naturalmente, com a exaltação da marujada e a intransigência do almirantado, a radicalização política propiciava a eclosão de atos de rebeldia daquele tipo, insuflados, em grande parte, por agentes provocadores, com o objetivo de polarizar a oficialidade das Forças Armadas contra o governo. O comandante Ivo Acioly Corseuil, subchefe da Casa Militar da presidência da República avisou a Goulart e ao almirante Sílvio Mota que o líder do movimento José Anselmo dos Santos, marinheiro de 1ª classe e não cabo como se celebrizou,[27] era agente do serviço secreto, provocador, trabalhando para a CIA.[28] Não se tratava de conjetura e sim de informação, oriunda da própria Marinha. Goulart, ao receber essa denúncia, preveniu as lideranças sindicais contra a infiltração de elementos da direita e provocadores existente na Associação dos Marinheiros.[29]

---

27 Entrevista do comandante Paulo Werneck ao autor, cit.
28 Entrevista do comandante Ivo Acioly Corseuil ao autor, cit. Entrevista do coronel Paulo Pinto Guedes ao autor, cit.
29 Talarico, s.d., p.85.

As informações sobre o pretenso cabo Anselmo, que chegaram ao comandante Corseuil, provinham de várias fontes, segundo as quais havia gente infiltrada entre os marinheiros. Até pessoas vestidas de marinheiros que, na verdade, não eram marinheiros. Uma delas era "um rapaz da turma de Carlos Lacerda", e ele a julgou confiável porque o rapaz, que conhecia há algum tempo, era ex-funcionário do ministério da Marinha, mas trabalhava com os marinheiros para o governador da Guanabara. Segundo o comandante Corseuil, a informação de que Anselmo era agente da CIA não viera somente desse agente (identificado como "Tanahy"), mas também de um correspondente de jornal norte-americano – "pessoa com muitos contatos, que falava com muita gente". Ele sempre telefonava para dar informações.[30]

O comandante Corseuil sabia que Anselmo não era o único agente infiltrado entre os marinheiros e sargentos. Podia ter sido escolhido pela CIA onde era visto como capaz de liderar. Mas nenhuma medida foi tomada porque não cabiam ao Conselho de Segurança Nacional e sim à Marinha, que deveria aprofundar a investigação, por estar na sua área. A tarefa teria de ser especificamente do CENIMAR, que era sempre avisado. Porém, conforme Corseuil ressaltou, na entrevista ao jornalista Argemiro Ferreira, em 1969, "aquela gente do CENIMAR era toda do Lacerda. E o Lacerda fomentava a rebelião". E acrescentou que, apesar de tantos avisos e informes, desde 1962, não se tomou

---

30 Posteriormente, o comandante Ivo Acioly Corseuil, em entrevista ao jornalista Argemiro Ferreira, aprofundou as informações que já me dera, quando eu pesquisava para escrever este livro *O Governo João Goulart*, cuja 1ª edição foi lançada pela Editora Civilização Brasileira, em dezembro de 1977. "Eu estava particularmente interessado em falar com o comandante Ivo Acioly Corseuil, o que foi possível na época graças ao aval de Raul Ryff e Eduardo Chuahy, que o conheciam bem. De fato, Corseuil contou muita coisa, aprofundando relatos já conhecidos. Mas o núcleo central do depoimento dele a mim foi a ratificação do que já dissera a Moniz Bandeira e estava no livro (publicado em 1977), sobre o qual escrevi minuciosa resenha para a revista *IstoÉ*, infelizmente publicada na época com alguns cortes". Argemiro Ferreira – "O dia em que Jango prendeu o cabo Anselmo", in: *Blog de Argemiro Ferreira*, reproduzido no *website*, Carta Maior", no *blog* de Luis Nassif e em vários outros sites da internet. Disponível em: http://argemiroferreira. wordpress.com/2009/09/04/o-dia-em-que-jango-prendeu-o-cabo-anselmo/

uma atitude firme, em parte por causa do próprio temperamento de Goulart, que "tinha um coração grande demais".[31]

O comandante Paulo de Mello Bastos, dirigente do Sindicato dos Aeroviários e então um dos líderes do CGT, contou, em suas memórias, que, em plena rebelião dos marinheiros, o chamado cabo Anselmo, com quem não tinha qualquer relação, apareceu em sua casa "com um bigodinho pintado a lápis", pedindo informações sobre o que fazer com os navios. "Senti naquele instante que estava diante de um agente provocador".[32] Os acontecimentos posteriores iriam confirmá-la.[33] Em 2001, dois anos antes de morrer, o policial Cecil Borer (1913-2003), diretor do Departamento de Ordem Política e Social (DOPS), da polícia do Estado da Guanabara, entrevistado pelo jornalista Mário Maga-lhães, da *Folha de S.Paulo*, afirmou que Anselmo "já era informante do DOPS da Guanabara, do CENIMAR (Centro de Informações da Marinha) e da CIA antes do golpe militar de 1964". "Ele trabalhava para a Marinha, ele trabalhava para mim, trabalhava para americano" – disse categoricamente Cecil Borer.[34] Não era de estranhar, aliás, que Anselmo estivesse a promover uma provocação contra o governo. A CIA, já àquele tempo, dava assistência ao CENIMAR e à polícia de

---

31 Ibidem.

32 Mello Bastos, 2003, p.103.

33 Entrevista de Goulart ao autor, cit. Entrevista do comandante Paulo Werneck ao autor, cit. Em 1973, a organização Vanguarda Popular Revolucionária (VPR) acusou Anselmo de ser um agente infiltrado na esquerda, debitando-lhe, após levantamento, a prisão e a morte dos militantes Yoshitame Fugimore e Plácido (São Paulo, 1970), Aloísio Palha-no (São Paulo, 1971), Eleni Guariba (Maria) e Paulo de Tarso Celestino (Gordo), da Aliança Nacional Libertadora (ANL) (1971), José Raimundo da Costa (Moisés) e de outros militantes da ANL, responsável pelo setor de documentação (São Paulo, 1971) e de mais 6 – Eudaldo Gomes da Silva, Evaldo Luís Ferreira de Souza, Soledad Barreto Viedna, Pauline Reichstull, José Manuel da Silva e Jarbas Pereira Marques – em Recife. (*O Combatente*, nº 5, jan. 1973 – mimeografado). Denúncia repetida na edição de feve-reiro de 1975 e endossada por outras organizações de esquerda, inclusive pela ANL. Em entrevista à revista *IstoÉ*, Anselmo, posteriormente, confessou que jamais foi preso: entregou-se voluntariamente à polícia e sua colaboração com o delegado Sérgio Fleury, diretor do DOPS da polícia de São Paulo resultou, segundo sua própria avaliação, na morte de "cem, duzentos militantes" de organizações de extrema esquerda, e entre eles de sua companheira, a paraguaia Soledad Viedma. (*IstoÉ*, 28 mar. 1984, p.27-38.)

34 Magalhães, in: *Folha de S.Paulo*, 31 ago. 2009.

Carlos Lacerda, governador do Estado da Guanabara, cujos elementos também se infiltraram entre os marinheiros, usando uniformes, para fazer badernas, conforme o SFICI comprovara.[35] Por outro lado, muitos almirantes, em franca agitação contra o governo, desejavam alimentar um motivo para o golpe de Estado. O almirante Sílvio Mota, deliberadamente ou não, contribuiu para que isso ocorresse, ao criar o caso com a Associação dos Marinheiros e Fuzileiros Navais, e exonerou-se do cargo em meio à crise.

Seu substituto no Ministério da Marinha, almirante Paulo Mário da Cunha Rodrigues, determinou imediatamente a libertação dos revoltosos, que desfilaram pela Avenida Presidente Vargas, açulados por Anselmo,[36] e, perto da igreja da Candelária, carregaram em triunfo os almirantes Cândido Aragão, comandante do Corpo de Fuzileiros Navais, e Pedro Paulo de Araújo Suzano, ex-ministro da Marinha, favoráveis a suas reivindicações. O almirante Paulo Mário da Cunha Rodrigues considerava que a rebelião não era apenas dos marinheiros, mas também dos oficiais que frequentemente se reuniam no Clube Naval e insultavam o governo.[37] E, quando Goulart o advertiu de que o perdão aos amotinados, embora pudesse parecer um gesto bonito, causara grande celeuma na oficialidade, o ministro, com espírito de justiça, propôs a abertura de três inquéritos: um contra os marinheiros para apurar os motivos da revolta; outro contra os almirantes Cândido Aragão e Pedro Paulo de Araújo Suzano, porque se deixaram carregar em triunfo; e o terceiro contra os oficiais, que assinaram um memorial,

---

35 Entrevista do comandante Corseuil ao autor, cit. A CIA ofereceu colaboração ao CSN, quando ocupava a sua secretaria o coronel João Sarmento. Fornecer-lhe-ia material, dinheiro e gente, mas queria que a direção do serviço secreto ficasse sob seu controle. Reiterou a oferta ao comandante Corseuil, que também a recusou.

36 No momento em que os marinheiros e fuzileiros foram libertados, Anselmo determinou a dispensa das viaturas, que os iam transportar para as suas casas, e açulou-os para que marchassem pela Avenida Presidente Vargas, na direção do Ministério da Marinha. "Com que finalidade? Um confronto?" (Talarico, s.d., p.87.)

37 Entrevista do comandante Paulo Werneck ao autor, cit.

com ataques aos almirantes Aragão e Suzano, cometendo igualmente uma altíssima indisciplina.[38]

Aí, porém, a provocação já se confirmara, incompatibilizando inclusive o movimento sindical com a maioria da oficialidade, que passara a identificá-lo com a indisciplina e a rebelião. Justificavam-se as diatribes do general Castelo Branco e outros contra o CGT e o governo, acusados de prepararem o advento do comunismo no Brasil. Era a revolta do encouraçado Potemkin, famoso episódio da Revolução Russa, que se reproduzia. Exibira-se até mesmo um filme para recordá-lo. Nenhum ingrediente mais faltava à guerra psicológica, que evoluía para a luta armada, com a erupção de conflitos a bordo dos navios e oficiais metralhando marinheiros no pátio do Ministério.[39] Conquanto uma sublevação só triunfe quando se mantém na ofensiva, é sob a forma aparentemente defensiva que ela melhor se desenvolve e alarga sua faixa de simpatia e de sustentação. E, naquele momento, não existia pretexto mais convincente para encobrir a quebra da hierarquia e o atentado à Constituição do que a defesa da hierarquia e o respeito à Constituição.

Assim, na Sexta-Feira da Paixão, enquanto mais de mil marinheiros e ingênuos militantes de esquerda rejubilavam-se pelas ruas centrais do Rio de Janeiro, antecipando a aleluia e antevendo a hora da ressurreição social, brasileiros e norte-americanos acertavam os últimos detalhes para a execução do golpe de Estado. Lincoln Gordon estava convencido e informou às autoridades de Washington que Goulart estava definitivamente engajado para obter o poder ditatorial, aceitando a colaboração do PCB e outros revolucionários da esquerda radical, que terminariam por assumir o controle do governo, embora ele preferisse o modelo peronista.[40] Nesse telegrama, datado de 27 de

---

38 Entrevista do almirante Paulo Mário da Cunha Rodrigues ao autor, cit.
39 Aguiar, 1976, p.123, 196.
40 Telegrama 2718342 ZEA, secreto, Gordon para o secretário de Estado Rusk, secretário-assistente Mann, Ralph Burton, secretário de Defesa Robert McNamara, secretário-assistente de Defesa, McNaught, general Maxwell Taylor, diretor da CIA John McCone, Col. J. C. King, Desmond Fitzgerald, Casa Branca para Bundy e Duncan, Zona do Canal general Andrew P.O'Meara. 27 mar. 1964.

março de 1964, Gordon, em tom de alarme, observou que a tradição legalista das Forças Armadas era tão forte que elas desejariam, se de todo possível, a cobertura do Congresso para qualquer ação contra Goulart.[41] "The action of Congress is therefore one major key to the situation"[42] – Gordon ressaltou, acrescentando que a resistência militar cristalizava-se sob a liderança do general Humberto Castelo Branco, chefe do Estado-Maior das Forças Armadas, "highly competent, discret, honest, and deeply respected officer who was strongly loyal to legal and constitutional principles".[43]

Conforme o próprio Gordon ressaltou, Castelo Branco preferia atuar somente em caso de *"obvious unconstitutional provocation"*, i. e. "óbvia provocação inconstitucional",[44] tais como tentar o fechamento do Congresso ou intervir nos estados da oposição (Guanabara ou São Paulo), mas considerava que dificilmente Goulart tomaria tais iniciativas.[45] Por isso, ele se preparava para deflagrar o movimento caso houvesse convocação de greve geral liderada pelos comunistas, outro levante de sargentos, a convocação de um plebiscito oposta pelo Congresso ou mesmo qualquer ação contra a "democratic military or civilian leadership".[46] Nestes casos, Lincoln Gordon ponderou, a cobertura política poderia vir, em primeira instância, do grupo de governadores de oposição, que se declarariam eles próprios o governo legímo do Brasil, com o endosso do Congresso, "if Congress were still able to act".[47]

A trama toda foi urdida de modo a dar um aspecto legal ao golpe de Estado e receber a assistência dos Estados Unidos, e dela sem dúvida alguma Lincoln Gordon participou, tanto que estava informado de

---

41 Ibidem.
42 A ação do Congresso é, por conseguinte, um ponto-chave maior para a situação. Ibidem.
43 Oficial muito competente, discreto, honesto e profundamente respeitado que foi extremamente leal aos princípios legais e constitucionais. Ibidem.
44 Ibidem.
45 Ibidem.
46 Liderança democrática civil ou militar. Ibidem.
47 Se o Congresso ainda estiver apto a agir. Ibidem.

todos os cenários em que os militares agiriam. E, no mesmo dia 27 de março, transmitiu para o Departamento de Estado a notícia, dada pelo coronel Vernon Walters, de Castelo Branco "finally accepted leadership of forces determined to resist Goulart coup or Communist takeover".[48] Castelo Branco, "algumas vezes demasiadamente a favor dos Estados Unidos", como o próprio Gordon reconheceria,[49] era o homem da confiança do coronel Vernon Walters, com quem mantinha velhas e íntimas relações de amizade, desde a Segunda Guerra Mundial.[50] Juntos elaboraram muitos lances para a deposição de Goulart. Com seu prestígio nas Forças Armadas, ele deveria, portanto, assumir o comando ostensivo da sublevação.[51] O general Castelo Branco mandou emissários a diversos estados, a fim de coordenar as ações militares contra o governo, que deveriam principiar na noite de 2 para 3 de abril,[52] de acordo com seu plano, após a realização, no Rio de Janeiro, da Marcha da Família. Concomitantemente, o embaixador Lincoln Gordon comunicou às autoridades de Washington a iminência do levante, de modo que fossem tomadas as primeiras medidas para dar-lhe apoio logístico e, se necessário, militar, com o fornecimento de combustível, armas e até mesmo soldados, por meio de complexa operação aérea e naval, denominada Brother Sam,[53] por ele sugerida, conforme se vangloriou.[54]

No mesmo telegrama, datado de 27 de março, dois dias depois que irrompeu o levante dos marinheiros, e transmitido ao Departamento de

---

48 Finalmente aceitou liderar forças determinadas a resistir a um golpe de Goulart ou dos comunistas. Telegrama recebido 262200Z ZEA, de OUSARMA – Rio de Janeiro – Brasil – para RUEPDA/. 27 mar. 1964 – 021330. LBJL.
49 Entrevista de Gordon a Eugência Fernandes, in: *Manchete*, 22 jan. 1977.
50 Viana Filho, 1976, p.34-5.
51 Memorando de Gordon, Rio de Janeiro, 27 mar. 1964, in: Correa, 1977, p.23; Parker, p.95-6.
52 Viana Filho, 1976, p.36; Castelo Branco, in: Dines, 1964, p.299.
53 Toda a documentação relativa à Operação Brother Sam (Irmão Sam), liberada até 1976, foi publicada pelo *Jornal do Brasil*, 18-20 dez. 1976. Reproduzida in: Corrêa, 1977, p.28--53. Original in LBJL. Consultar também Parker, 1975, p.103-8.
54 Entrevista de Lincoln Gordon a Eugênia Fernandes, in: *Manchete*, 22 jan. 1977. Entrevista de Lincoln Gordon ao autor, Washington, 6 dez. 2000.

Estado e às mais altas autoridades de segurança nacional dos Estados Unidos, entre as quais o diretor da CIA, John McCone, e o secretário de Defesa, Robert McNamara, o embaixador Lincoln Gordon demandou o envio de petróleo e lubrificantes para facilitar as operações logísticas dos conspiradores e o deslocamento de uma força naval com o objetivo de intimidar as forças que apoiavam Goulart.[55] Mas, devido à "absoluta incerteza" de quando aconteceria um incidente, que deflagrasse o golpe de Estado, ele recomendou que as medidas fossem tomadas o mais cedo possível. A "melhor forma de entrega" – advertiu – "é por submarino não marcado, a ser descarregado à noite em locais de costa isolada no Estado de São Paulo ao sul de Santos, provavelmente perto de Iguape ou Cananeia".[56] E essas armas deveriam ser "acompanhadas pelos suprimentos (em grosso, encaixotados, ou das duas formas), também evitando a identificação do nosso pessoal, com as coisas trazidas a esperar o início das atividades hostis".[57] Gordon esperava ser informado, durante a próxima semana, das estimativas feitas por eles das armas necessárias "pelo contato entre Arma e o general Cintra, o braço direito de Castelo Branco".[58] Arma era o codinome do coronel

---

55 Telegrama do embaixador no Brasil (Gordon) para o Departamento de Estado do Rio de Janeiro, 28 mar.1964. [o número do telegrama não foi desclassificado].
    Fonte: National Archives and Records Administration, RG 59, Arquivo Central 1964–66, POL 23–9 BRAZ. Altamente secreto; urgente; Exdis. Recebido no Departamento às 20h01, 27 mar. (Johnson Library, Gravações e transcrições, Gravação do telefonema entre o presidente Johnson e Bundy, 28 mar. 1964, 9h30. CST, Fita F64.21, Lado A, PNO 1) O presidente estava em seu rancho no Texas, 26-31 mar.

56 Telegrama 2718342 ZEA, secreto, Gordon para o secretário de Estado Rusk, secretário-assistente Mann, Ralph Burton, secretário de Defesa Robert McNamara, secretário-assistente de Defesa, McNaught, general Maxwell Taylor, diretor da CIA John McCone, Col. J. C. King, Desmond Fitzgerald, Casa Branca para Bundy e Duncan, Zona do Canal general Andrew P.O'Meara. 27 mar. 1964.

57 Idem.

58 "O general de brigada José Pinheiro de Ulhoa Cintra, 'um dos grandes revolucionários do Exército', segundo Castelo Branco, de quem era homem de confiança por ter sido seu cadete na Escola Militar do Realengo e subordinado nos campos da Itália. Enteado do ex-presidente Eurico Dutra, Ulhoa Cintra era tido como um homem 'violento, querendo fazer bobagem', segundo o general Costa e Silva. Ele tinha sido excluído da lista de promoções de 25 de novembro de 1963 e odiava Goulart por isto e pelo perfil político do presidente. Foi coautor do manifesto 'Lealdad Exército' e estava muito envolvido na

Vernon Walters, coordenador das ações encobertas como agente da CIA, com o qual o general de divisão José Pinheiro de Ulhoa Cintra mantinha o contato e ao qual deveria informar a estimativa das necessidades de abastecimento, inclusive de conbustível para a Marinha, solicitada pelo empresário Alberto Byington, bem como combustível de motores e gasolina de aviação.

No parágrafo seguinte do telegrama, dividido em cinco partes, Lincoln Gordon, embora imaginasse que as ações por ele sugeridas seriam "suficientes para assegurar a vitória das forças amigas sem nenhuma participação logística ou militar aberta dos Estados Unidos, especialmente se cobertos politicamente pelo nosso pronto reconhecimento como pertencentes ao lado legítimo", urgiu o governo de Washington a preparar-se,

> sem demora, para as contigências de necessidade de intervenção aberta, no segundo momento, e também contra a possibilidade de ação pelos soviéticos para apoiar o lado pendente ao comunismo.[59]

Lincoln Gordon considerava que uma "demonstração de força com grande velocidade seria crucial" para "minimizar as possibilidades de uma guerra civil demorada e assegurar a aderência do grande número dos que vão pular do trem", razão pela qual sugeriu o deslocamento de uma força-tarefa naval com a missão de realizar manobras no Atlântico Sul, distante de Santos cerca de alguns dias a vapor.[60] No seu entendimento, a presença de um porta-aviões "seria muito importante para efeito psicológico" e que "um contingente de *mariner*

---

conspiração militar, inclusive no que se referia a definições propriamente táticas." (Fico, 2008, p.94.)

59 Telegrama 2718342 ZEA, secreto, Gordon para o secretário de Estado Rusk, secretário--assistente Mann, Ralph Burton, secretário de Defesa Robert McNamara, secretário--assistente de Defesa, McNaught, general Maxwell Taylor, diretor da CIA John McCone, Col. J. C. King, Desmond Fitzgerald, Casa Branca para Bundy e Duncan, Zona do Canal general Andrew P. O'Meara. 27 mar.1964.

60 Ibidem.

poderia executar missões de segurança logística".[61] Conforme então informou, estavam sendo tomadas (evidentemente pela CIA e órgãos vinculados à Embaixada) medidas complementares, com os recursos disponíveis, para ajudar o fortalecimento da resistência, como "covert suport" (apoio encoberto) às manifestações nas ruas em favor da democracia (as Marchas da Família), e a próxima realizar-se-ia no Rio de Janeiro, em 2 de abril.[62] A data prevista para a execução do golpe pelo general Castelo Branco, como se fosse uma iniciativa reclamada pelo povo brasileiro, era exatamente 2 de abril.

Entretanto, em Minas Gerais, onde até mesmo se havia planejado o assassínio de Goulart, Brizola e outros líderes trabalhistas, quando fossem a Belo Horizonte para o comício programado para o próximo 19 de abril,[63] o movimento afoitou-se. No dia 28 de março de 1964, o governador José Magalhães Pinto, acompanhado pelo coronel José Geraldo de Oliveira, comandante da Polícia Militar de Minas Gerais, dirigiu-se a Juiz de Fora e lá se encontrou com o marechal Odylio Denys e os generais Olympio Mourão Filho e Carlos Luiz Guedes, decidindo marcar a data da sedição, à revelia de Castelo Branco, para o dia 30. Minas Gerais levantar-se-ia, com os vinte mil soldados de sua Polícia Militar mais as tropas do Exército comandadas pelos generais Guedes e Mourão Filho, à espera da adesão, pelo menos, dos governadores Carlos Lacerda (Guanabara), Adhemar de Barros (São Paulo), Nei Braga (Paraná) e Ildo Menegheti (Rio Grande do Sul).

José Magalhães Pinto determinou imediatamente a requisição de todo o estoque de gasolina existente no Estado e organizou uma es-

---

61 Ibidem.
62 Ibidem.
63 Entrevista do ex-governador José Magalhães Pinto ao autor, Rio de Janeiro, 3 jan. 1977. Segundo ele, o atentado fora planejado por um grupo radical, chamado Águia, e composto por membros do Clube Mineiro de Caçadores. O general José Lopes Bragança, em entrevista à imprensa, revelou que o designado para abater Goulart fora o coronel José Oswaldo Campos do Amaral, campeão de tiro. Ver *Folha de S.Paulo*, 9 jan. 1977. Tancredo Neves estranhou a insistência de José Magalhães Pinto para que Brizola comparecesse ao comício. Entrevista de Tancredo Neves ao autor, cit.

pécie de ministério interpartidário, com a inclusão do PSD, um governo representativo, a fim de que pudesse reivindicar legitimidade, como Gordon lhe sugerira.[64] Afonso Arinos de Melo Franco, nomeado chanceler, encarregar-se-ia de negociar o reconhecimento do estado de beligerância de Minas Gerais,[65] contando com o fornecimento de petróleo e material bélico pelos Estados Unidos, através do Porto de Vitória e da Estrada de Ferro do Vale do Rio Doce, conforme o general Carlos Luiz Guedes acertara com o coronel Vernon Walters e um agente da CIA chamado Lawrence.[66] No dia da eclosão do movimento, 31 de março, o cônsul norte-americano em Belo Horizonte, Herbert S. Okun, procurou José Magalhães Pinto para reiterar-lhe o apoio dos Estados Unidos, oferecendo-lhe dinheiro, armas, munições e alimentos.[67]

---

64 "Anteriormente, Gordon enviara uma comunicação a alguns governadores brasileiros, em que acentuava a necessidade, segundo o ponto de vista norte-americano, de se criar um governo que pudesse reivindicar legitimidade" (Parker, 1975, p.102).

65 Entrevista de Afonso Arinos de Melo Franco ao autor em 1972. Gomes, in: Dines et al., 1964, p.73-4, 110-1; Castelo Branco, in: Dines, 1964, p.305.

66 Silva, 1975, p.372, Stacchini, 1965, p.89.

67 Entrevista de José Magalhães Pinto ao autor, cit. Nota de José Magalhães Pinto in: *Jornal do Brasil*, 23 dez.1976.

CAPÍTULO 14

A Operação Brother Sam – Plano de contingência dos Estados Unidos para invadir o Brasil – Pressões contra o CGT – Tentativas de resistência – O colapso militar, fracasso da greve geral e queda do governo

No mesmo dia, 31 de março, o governo de Washington, a pedido do embaixador Lincoln Gordon, acionou a Operação Brother Sam, que consistia na expedição para o Brasil de uma força-tarefa, composta pelo porta-aviões Forrestal, destroieres de apoio, entre os quais um com mísseis teleguiados, navios carregados de armas e mantimentos, bem como quatro petroleiros (Santa Inez, Chepachet, Hampton Roads e Nash Bulk), com um total de 136 mil barris de gasolina comum, 272 mil de combustível para jatos, 87 mil de gasolina de avião, 35 mil de óleo diesel e 20 mil de querosene.[1] A fim de atender às necessidades mais prementes dos insurrectos, sete aviões de transporte C135, levando 110 toneladas de armas, oito aviões de caça, oito aviões-tanques, um avião de comunicações e um posto-aéreo de comando estabeleceriam uma ponte aérea, ligando as bases norte-americanas e o Brasil.[2] O general George S. Brown chefiava a operação, que contaria ainda com a

---

1   Ordem dos chefes do Estado-Maior Conjunto (JCS) ao comandante em chefe da Esquadra do Atlântico (CINCLANFLT) 26.24 – 312046Z; ao chefe do Estado-Maior da Aeronáutica (CSAF) e ao chefe do Estado-Maior do Exército (CSA), Plano de Emergência 2-61, 31 mar. 1964, a) contra-almirante L. A. Bryan, in: Corrêa, 1977, p.30-41. Originais in: JBJL. Parker, 1975, p.103-6.

2   Idem, ibidem, p.104.

participação de uma força-tarefa ultrassecreta do Exército, da Marinha, da Aeronáutica e da CIA, posta em ação na base do Panamá, sob o comando do major-general Robert A. Breitweiser.[3]

Essa mobilização, certamente, não visava apenas a fornecer apoio logístico aos sublevados, mas, também, a intervir militarmente no Brasil, se necessário. Os chefes do Estado-Maior Conjunto do Pentágono tinham diversos planos, prevendo todas as alternativas e ações, desde a ocupação do Nordeste, onde já se encontravam cerca de cinco mil oficiais, suboficiais e sargentos norte-americanos, os Boinas Verdes, até o desembarque em Santos.[4] O próprio Lincoln Gordon, mais tarde, diria a Lacerda estar "muito feliz" com a vitória da sublevação de Minas Gerais, "porque evitou uma coisa muito desagradável, que seria a necessidade da intervenção militar americana no Brasil".[5] E esse propósito ele não esconderia ao explicar, numa entrevista, que o porta-aviões de ataque pesado *Forrestal* "foi acrescentado ao panorama por pensarmos que, se tivéssemos de reconhecer a legitimidade das forças anti-Goulart, elas pediriam a nossa ajuda e nós a proporcionaríamos".[6] Em outras palavras, se Goulart resistisse, as tropas norte-americanas invadiriam o Brasil, "a pedido" dos Estados rebelados, que formariam seu próprio governo, com ou sem cobertura do Congresso. Os Estados Unidos preferiam, porém, que o golpe de Estado, bem como sua intervenção armada, se revestisse de aparência legal, com base no ajuste, para a prestação de assistência militar ao Brasil, celebrado por meio de troca de notas reversais, em 31 de janeiro de 1964, como se tratasse de simples execução do acordo militar de 1952.

Uma operação de tamanha magnitude, como a Brother Sam, não se realizaria, certamente, sem a conivência e o conhecimento, pelo menos em suas linhas gerais, de alguns militares brasileiros, com os

---

3 Idem, ibidem, p.105.
4 Ordem dos chefes do Estado-Maior Conjunto ao Comando da Zona do Panamá (CINCSO) e ao Comando das Forças de Ataque (CINCSTRIKE), 311907Z – Março, contra-almirante John. L. Chew, vice-diretor de Operações. LBJL.
5 "As confissões de Lacerda" in: *Jornal da Tarde*, 6 jun.1977, p.20.
6 Entrevista de Gordon a Roberto Garcia, *Veja*, 9 mar.1977.

quais Vernon Walters e oficiais da CIA se articulavam. Havia a necessidade de coordená-la com a sublevação interna, que, sem o apoio imediato dos Estados Unidos Goulart poderia reprimir. Por isso, e não por dedução, como alegaria, Vernon Walters soube que a sedição de Minas Gerais ocorreria em 31 de março. A CIA colaborara com as diversas correntes de oposição a Goulart – eram distintos grupos que conspiravam para derrubá-lo – e seus agentes reuniram-se, algumas vezes, com o marechal Odylio Denys, em casa do advogado Antônio Neder. Na véspera da eclosão do movimento, a CIA também transmitiu as declarações de um comandante das tropas de Minas Gerais,[7] que afirmou: "O presidente Goulart deve ser removido, e removido às pressas. Não há possibilidade de solução legal. Se as Forças Armadas não agirem agora, cedo elas ficarão sem líderes".[8]

O informe adiantou então que o estopim do levante tanto poderia ser a substituição do general Jair Dantas Ribeiro, ainda hospitalizado, pelo general Ladário Teles ou pelo general Argemiro de Assis Brasil, no Ministério da Guerra, quanto a concentração de trabalhadores rurais, programada para o dia 31 de março, em governador Valadares, município de Minas Gerais, onde a disputa de terras se aguçava,[9] com choques sangrentos. Esse informe, além de comprometer bastante a posição do general Jair Dantas Ribeiro, indicava claramente a data para a deflagração do golpe de Estado. O fato é que Walters, por esse ou por outro meio, inteirou-se de sua precipitação para o dia 31.[10] Castelo Branco, não. Provavelmente sem contato, naquele momento, com Walters, surpreendeu-se quando o general Olympio Mourão Filho deslocou-se com suas tropas na direção do Rio de Janeiro. Tentou pará-lo, temendo que a sublevação abortasse. Telefonou para José Magalhães Pinto, a

---

7 O nome do comandante até 1976 não fora liberado.
8 Telegrama da CIA. Assunto: "Plano dos conspiradores revolucionários em Minas Gerais". IDCS-3/577,183. 30 mar. 1964. LBJL. Reproduzido também in: Corrêa, 1977, p.72-3.
9 Idem.
10 Parker, 1977, p.100.

fim de convencê-lo a recuar.[11] E, diante da negativa, avisou a Lacerda para que fugisse, pois, a seu ver, a sedição fracassaria.[12]

O general Humberto Castelo Branco superestimou a força do governo. Goulart já não tinha condições militares para sufocar a intentona sem desencadear a guerra civil. Compreendia a gravidade da hora, mas comparecera à homenagem que os sargentos lhe prestaram no Automóvel Clube do Brasil, na véspera do levante de Minas Gerais, conquanto advertido, inclusive pelo deputado Tenório Cavalcanti, para que lá não fosse. Acreditava que, comparecendo ou não, sua atitude não mudaria o curso dos acontecimentos.[13] Naquela noite, porém, ele reagiu com firmeza à tentativa de agravar o sentido da provocação que o evento configurava. Informado pelo coronel Carlos Vilela, da Casa Militar, que o suposto cabo Anselmo entrara no Automóvel Clube, o capitão Juarez Mota, ajudante de ordens de Goulart,[14] avisou-o da situação e perguntou-lhe o que devia fazer. Goulart, prontamente, respondeu: "Prenda-o". O capitão Juarez Mota então agarrou Anselmo pelo pescoço, quando ele veio por detrás do palco e tentou aproximar- -se da mesa onde estava Goulart, e o coronel Carlos Vilela segurou-o pelo braço. Os dois militares levaram-no preso para uma sala ao lado e, em seguida, o coronel Vilela chamou o coronel Domingos Ventura, comandante da Polícia do Exército, que levou Anselmo do Automóvel Clube. É possível que o tenha soltado depois.[15] Mas a fisionomia de

---

11 Silva, op.cit., p.376-7; Viana Filho, op. cit., p.26.

12 Declaração de Lacerda ao brigadeiro Francisco Teixeira em 1968.

13 Entrevista de Goulart ao autor, cit.

14 Juarez Mota continuou no Exército após o golpe militar de 1964 (aposentou-se como tenente-coronel) e nunca deixou de ser amigo de Goulart, que conhecia desde criança. Natural de São Borja, também era parente do presidente Getúlio Vargas, que era primo- -irmão de seu avô.

15 Entrevista do então capitão Juarez Mota, anistiado no posto de coronel, ao autor, em 31 de janeiro de 2010. O mesmo fato o coronel Juarez Mota já havia relatado ao jornalista Argemiro Ferreira, que o reproduziu no artigo "O dia em que Jango prendeu o cabo An- selmo", in *Blog* de Argemiro Ferreira, reproduzido no *website* "Carta Maior", no blog de Luis Nassif e em vários outros sites da internet. Disponível em: http://argemiroferreira. wordpress.com/2009/09/04/o-dia-em-que-jango-prendeu-o-cabo-anselmo/

Goulart, durante o discurso que pronunciou na cerimônia, entremostrou que ele já se considerava um presidente deposto.

De fato, poucas horas antes de Goulart comparecer ao Automóvel Clube, a Embaixada Americana comunicara ao secretário de Estado que o golpe de Estado contra Goulart ocorreria em 48 horas, daflagrado por uma sublevação militar e civil, em Minas Gerais, e que as duas fontes da informação perguntaram se a esquadra norte-americana poderia alcançar rapidamente o sul do Brasil.[16] No mesmo dia, 30 de março, o presidente Lyndon Johnson, então em seu rancho, no Texas, foi informado pela CIA de que o golpe de Estado que ela apoiava no Brasil era iminente e telefonou para George Reedy, seu secretário de imprensa, hospedado em um hotel em San Antonio, para dizer-lhe que eles teriam de antecipar o regresso a Washington, se a queda de Goulart ocorresse naquela noite.[17] Segundo Lincoln Gordon, porém, não foi a CIA que avisou ao presidente Johnson do golpe militar no Brasil. Foi o secretário de Estado, Dean Rusk, após receber telegrama seu, informando-o que o "showdown" resultaria da sequência dos correntes acontecimentos e que ele pensava que o "ponto crítico imaginado chegaria em breve, talvez nos dois próximos dias".[18]

Ao falar com Johnson, Dean Rusk referiu-se então a essa conversa com Gordon e às mensagens que recebera da embaixada americana no Rio de Janeiro, bem como do escritório de Brasília e do consulado-geral em São Paulo, informando-o:

> A crise chegará a seu ponto máximo em um ou dois dias, talvez nessa noite. Há uma fraca resistência de Goulart, então talvez a coisa aconteça a qualquer momento. As Forças Armadas, os governadores – especialmente

---

16 Telegram 0302145Z – 022363 – American Embassy São Paulo to the Secretary of State, confidential, 30.3.1964 – 7.36 pm. LBJL.

17 Beschloss, 1997, p.303-4.

18 Embassy Telegram 2116, declassified in 1988. Texto fornecido pelo embaixador Lincoln Gordon ao autor.

dos estados mais populosos da costa leste – parecem estar construindo uma real resistência ali. [19]

Iminente, sem dúvida, era o golpe de Estado. O malogro da comemoração no Automóvel Clube evidenciara que os oficiais não apenas controlavam suas tropas como se colocavam contra o governo. Mesmo diversos dos que eram legalistas já se haviam inclinado para o golpe de Estado por causa da quebra da disciplina nas Forças Armadas.[20] Poucos foram os sargentos que a ela compareceram. A maioria não obteve licença de suas unidades e teve de permanecer de serviço nos quartéis, sobretudo na Vila Militar do Rio de Janeiro.

Naquele mesmo dia, um comandante do Exército, provavelmente o general Olympio Mourão Filho ou o general Carlos Luís Guedes,[21] declarou em Minas Gerais que "President Goulart must be removed and removed in a hurry", pois não mais havia possibilidade para uma solução legal, e que o governador Magalhães Pinto, "now realizes that Goulart must go".[22] Essas declarações a CIA transmitiu para Washington, e, de acordo com a informação do mesmo militar, uma vez a sublevação iniciada, as tropas de Minas Gerais e São Paulo deveriam marchar sobre o Rio de Janeiro, sendo a expectativa de que a luta não se resolvesse rapidamente e que fosse sangrenta.[23]

Na tarde de 31 de março, enquanto as tropas do general Olympio Mourão Filho evoluíam na direção do Rio de Janeiro e as do general Carlos Luiz Guedes avançavam contra Brasília, Kubitschek, que rechaçara o convite do deputado José Maria Alkimin para aderir ao

---

19 Tape No. Wh6403.19 – LBJL. Entrevista de Lincoln Gordon ao autor, Washington, 6.12.2000.
20 Eu mesmo escutei o coronel-aviador Lino Teixeira, oficial legalista e cujo irmão, o major-brigadeiro Francisco Teixeira, era comandante da Base Aérea no Rio de Janeiro, declarar, indignado, depois da rebelião dos marinheiros: "Essa eu não aceito. Agora apoio o golpe".
21 O nome não foi liberado pela CIA.
22 CIA – Intelligence Information Cable – TDCS – 3/577,183. Subject: Plans of Revolutionary plotters in Minas Gerais. 31 mar. 1964. LBJL.
23 CIA – Intelligence Information Cable – TDCS – 3/577,186 – Subject : Plans of revolutionary plotters in Minas Gerais. 31 mar. 1964. Ibidem.

movimento de Minas Gerais, procurou Goulart e propôs uma solução política para a crise, mediante a substituição do ministério por outro marcadamente conservador, o lançamento de um manifesto de repúdio ao comunismo, a punição dos marinheiros e outras iniciativas de igual teor.[24] O interesse de Kubitschek, que foi simpático ao golpe de Estado, era preservar a legalidade constitucional, a fim de assegurar as eleições de 1965 e, consequentemente, sua provável reeleição para a presidência da República. Mas Goulart não aceitou a sugestão, argumentando que aquela atitude daria a impressão de que ele estava com medo.[25] "E um chefe que revela medo não pode comandar coisa nenhuma" – acrescentou.[26] Logo depois, quando Kubitschek se retirou, o general Pery Constant Beviláqua, chefe do Estado-Maior das Forças Armadas (EMFA) e inimigo declarado do CGT, entrou no gabinete de Goulart e defendeu mais ou menos a mesma ideia. Ofereceu-se inclusive para servir de mediador com Mourão Filho, desde que Goulart se comprometesse a proibir a greve geral anunciada pelos trabalhadores, intervir nos sindicatos, governar com os partidos políticos e não com o CGT, apoiando-se nas Forças Armadas.[27] Goulart manteve-se firme e repeliu a proposta.[28]

À noite, em presença de alguns ministros, Goulart recebeu um telefonema do general Amaury Kruel, comandante do II Exército, que também se ofereceu para servir de mediador e impôs, como condições, o fechamento do CGT, da UNE e outras organizações populares, intervenção nos sindicatos e afastamento dos auxiliares do presidente da República apontados como comunistas.[29] Goulart ponderou que, se aceitasse aquelas exigências, ficaria "numa posição pior que a do

---

24 Depoimento de Kubitschek a Hélio Silva, in: *O Globo*, 24 ago. 1976. Depoimento do general Peri Bevilacqua in: Silva, 1975, p.402.
25 Depoimento de Kubitschek a Hélio Silva, in: *O Globo*, 24 ago. 1976.
26 Idem.
27 Depoimento do general Pery Bevilacqua, in: Silva, 1975, p.403.
28 Idem.
29 Entrevista de Goulart ao autor, cit.

parlamentarismo" e que "não seria um presidente decorativo".[30] Em seguida, ao perceber o tom de ultimato, passou a tratar Kruel cerimoniosamente, dizendo-lhe com rispidez: "General, eu não abandono os meus amigos. Se essas são as suas condições, eu não as examino. Prefiro ficar com as minhas origens. O senhor que fique com as suas convicções. Ponha as tropas na rua e traia abertamente".[31] E desligou o telefone.

San Tiago Dantas, em seguida, entrou no gabinete. Telefonara a Afonso Arinos de Melo Franco, seu velho amigo, para informar-se sobre a situação e alvitrar, por sua iniciativa, uma solução política para a crise, talvez um entendimento entre o governador Magalhães Pinto e Goulart. Consultado, Magalhães Pinto respondeu que, se Goulart renunciasse, ele também o faria e que essa seria a única base sobre a qual aceitaria o diálogo.[32] Arinos dissera então a Dantas que o governo de Washington apoiava a sublevação e que não só reconheceria a beligerância de Minas Gerais como interviria militarmente no Brasil, em caso de guerra civil.[33] Dantas, horrorizado com tamanho impatriotismo, advertiu-o para a gravidade e as consequências daquele passo, que acarretaria a intervenção norte-americana e a secessão do Brasil, com a internacionalização do conflito.[34] Esses detalhes de sua conversa com Afonso Arinos de Melo Franco ele transmitiu a Goulart e o aconselhou a refletir, lembrando-o de que os Estados Unidos ocupariam o Nordeste, especialmente Pernambuco, onde já se encontravam cerca de cinco mil oficiais, suboficiais e sargentos norte-americanos.[35]

Essa informação, sem qualquer dúvida, influiu sobre a decisão de Goulart, ao verificar que não tinha condições de resistir.[36] Ele não

---

30 Entrevista de Amaury Silva ao autor, cit. Entrevista do general Amaury Kruel ao autor, cit. Entrevista de Goulart ao autor, cit.

31 Entrevista de José Magalhães Pinto ao autor, cit.

32 Entrevistas de Valdir Pires e Abelardo Jurema ao autor, em 1972.

33 Entrevista de Renato Archer ao autor, Rio de Janeiro, 29 jul. 1977.

34 Entrevista de Goulart ao autor, cit. Entrevista de Amaury Silva ao autor, cit. Entrevista de Samuel Wainer ao autor, cit.

35 Telegrama in: *Diário de Notícias*, 2 abr. 1964, p.8.

36 "O professor San Thiago Dantas sempre foi um homem bem informado a respeito de questões internas e externas do país. [...] E jamais poderia ser considerado pelo presidente

desejava o "drama de proporções continentais" que o *Washington Post* previra.[37] "Seria uma sangueira" – pensou.[38] Seus adversários conspiraram com uma potência estrangeira para derrubar o governo legalmente constituído no Brasil. Ele resistiria, é claro, se tivesse meios de sufocar o levante, sem mergulhar o país na guerra civil e provocar a intervenção armada dos Estados Unidos. Mas todas as iniciativas que tomara para conter o movimento fracassaram. Nomeara o general Armando de Moraes Âncora ministro da Guerra e o general Benjamin Galhardo chefe do Estado-Maior do Exército (EME), e nenhum deles pôde impedir que o dispositivo militar de sustentação do governo se desmoronasse. Os oficiais do Regimento Sampaio congraçaram-se com os revoltosos. Os aviões da Base Aérea de Santa Cruz, sob o comando do coronel Rui Moreira Lima, não decolaram para bombardear a coluna de Mourão Filho ou as tropas do general Kruel. Não receberam ordem e, se a recebessem, não poderiam voar, porque fazia mau tempo na direção tanto de Minas Gerais quanto de São Paulo.[39] Os oficiais nacionalistas e legalistas do Exército, da Marinha e da Aeronáutica, aferrados à disciplina, não tomaram qualquer iniciativa, à espera de ordens, que nunca chegaram. E Goulart também percebeu que muitos

---

um alarmista ou um leviano. O professor continuava falando e o presidente, escutando. Raul Ryff e Eugênio Caillard, também presentes, acompanhavam todas as palavras e todos os movimentos do professor: 'Como o senhor deve saber, presidente, o Departamento de Estado norte-americano hoje não sofre mais a influência da política de Kennedy. Sofre outras influências bem diversas. Não é impossível que esse movimento de Minas Gerais venha a ser apoiado pelo Departamento de Estado. Não é impossível que ele não tenha sido deflagrado com o conhecimento e a concordância do Departamento de Estado. Não é impossível que o Departamento de Estado venha a reconhecer a existência de outro governo em território livre do Brasil'. O presidente quis saber se o professor estava só especulando. 'Não' – respondeu o professor San Thiago Dantas. Às 12h45 do dia 1º de abril, o presidente João Goulart embarcou e decolou num Avro, que estava à sua espera no Aeroporto Santos Dumont. Ia tentar reunir o ministério em Brasília, para resistir. Confirmava a sua disposição de não recorrer ao suicídio ou à renúncia. Resistiria como presidente onde, como e enquanto pudesse". Araújo Neto, in: Dines et al., 1964, p.62-3.

37 Entrevista do brigadeiro Anísio Botelho, ex-ministro da Aeronáutica de Goulart, ao autor, São Paulo, 19 nov.1976. Entrevista do coronel Rui Moreira Lima, ex-comandante da Base Aérea de Santa Cruz, ao autor, Rio de Janeiro, 8 dez. 1976.

38 Entrevista de Goulart ao autor, cit.

39 Manuscrito de Goulart, minuta de entrevista, cit. DJG.

generais não queriam combater e tratavam de jogar sobre seus ombros a responsabilidade pelo derramamento de sangue, quando lhe apareceram no Palácio das Laranjeiras, fardados, com toda a parafernália militar, e pediram ordens para tomar medidas que tinham de executar por conta própria, no cumprimento do seu dever.[40]

Por sua vez, como Goulart salientou,

> [...] os sindicatos, que contavam com a ação militar defensiva, viram frustradas suas esperanças, e seus líderes, desorientados, não tiveram condições para uma rápida organização.[41]

A greve geral convocada pelo CGT restringira-se assim a algumas áreas dos estados do Rio de Janeiro e Guanabara, terminando por voltar-se contra o governo, pois a paralisação dos transportes dificultou a mobilização popular. As ruas do Rio de Janeiro ficaram vazias. Era a consequência da política de conciliação, da perspectiva nacional-reformista, das ilusões democráticas, não somente de Goulart como de vasto segmento da esquerda, que não avaliara devidamente o caráter do Estado e o papel das Forças Armadas no seu conjunto, e não se armara, material e ideologicamente, para enfrentar o golpe militar. Os trabalhadores, sem um programa de reivindicações políticas próprias, não se bateram e se deixaram violentar, sem a menor resistência.

Na manhã de 1º de abril, a situação já se definia contra o governo. Goulart reuniu-se com o general Armando de Moraes Âncora e todo o Alto Comando do I Exército e, ao perceber que nada mais podia fazer no Rio de Janeiro, abandonou o Palácio das Laranjeiras, por volta de 11h da manhã, e viajou para Brasília. E logo após sua saída, circulou entre os ministros que lá estavam o rumor de que os oficiais lhe haviam dito que haveria intervenção dos Estados Unidos e suas forças desembarcariam no Espírito Santo, para apoiar Minas Gerais, e em São Paulo, o Brasil seria dividido em três pedaços e o general

---

40 Entrevista de Goulart ao autor, cit.
41 Entrevista de Tancredo Neves a Zuenir Ventura, para a revista *Visão*, 1964, São Paulo. Original.

Âncora lhe dissera que não havia possibilidade de resistência.[42] Com efeito, o I Exército caiu, quase inteiro, sem luta. O general Milton Barbosa Guimarães, chefe do gabinete do general Âncora, estava na conspiração e neutralizou todas as possíveis reações do governo e dos oficiais nacionalistas. O general Luis da Cunha Mello, designado para assumir o comando das tropas do I Exército, não conseguiu sequer que lhe dessem carros de combate, nem mesmo com a ordem de Goulart,[43] e quando marchou para deter a coluna do general Olympio Mourão Filho, na divisa dos estados do Rio de Janeiro e de Minas Gerais, os oficiais que o acompanhavam, a começar pelo coronel Raimundo Ferreira de Souza, aderiram à sublevação, com todo o Regimento Sampaio. O argumento utilizado para seduzi-los fora o mesmo: a ameaça de comunização do país,[44] não obstante os abalos, não se rompeu. Os aparelhos ideológicos de dominação mostraram sua eficácia. Tanto que, como Goulart acentuaria,

> [...] os generais comandantes das grandes divisões, embora leais ao governo e à Constituição, não contaram, para uma ação imediata, com a colaboração dos escalões intermediários, instrumentos básicos para qualquer operação e que estavam contaminados pela propaganda do perigo comunista, no qual honestamente acreditavam.[45]

Nos dois dias em que o golpe de Estado se desenvolveu, Goulart ouviu de muitos oficiais superiores frases como esta: "Os oficiais não estão contra o seu presidente, mas, sim, contra o comunismo".[46] O comunismo: eis a chave da questão. Que era, porém, o comunismo? Sovietes havia no Rio de Janeiro ou em São Paulo? Não. Propunha-se Goulart a abolir a propriedade privada dos meios de produção? Não. O comunismo era o CGT, esse esforço de organização e unificação do

---

42 Entrevista de Wilson Fadul ao autor, por telefone, em 11 jan. 2010.
43 Entrevista do tenente-coronel Donato Ferreira Machado ao autor, cit.
44 Aguiar, 1976, p.136.
45 Manuscrito de Goulart, minuta para o *Correio da Manhã*, Montevidéu, s.d., provavelmente 1964 ou 1965. DJG.
46 Manuscrito de Goulart, minuta de entrevista para o *Correio da Manhã*, cit. DJG.

movimento sindical, que as classes empresariais, pretendendo comprimir os salários, queriam interceptar. Era a sindicalização rural. Era a reforma agrária. Era a lei que limitava as remessas de lucros. Era tudo o que contrariava os interesses dos Estados Unidos, dos latifundiários e do empresariado. O comunismo era, enfim, a própria democracia que, com a presença de Goulart na presidência da República, possibilitava a emergência política dos trabalhadores.

Efetivamente, pela primeira vez no Brasil, a pressão dos trabalhadores alcançara o nível da presidência da República, influenciando o comportamento e as decisões políticas do governo. Este fato aguçou a crise de dominação de classe, à medida que grande parte do empresariado nacional, na trilha dos Estados Unidos, bandeou-se para a oposição e a Goulart só restou como seu principal respaldo, em meio à turbulência social, a massa de assalariados. Isto não significava que ele não contasse com a opinião favorável da maioria da população. Mas a contradição entre o Estado burguês, intacto, e o governo trabalhista liquidaria Goulart, a menos que ele se dispusesse ou a liderar uma revolução social, arrostando as consequências de uma guerra civil e da intervenção norte-americana, ou a capitular diante das classes possuidoras e permitir a repressão dos organismos de representação popular.

Goulart não desejava desencadear a revolução social. Era empiricamente um reformista, que acreditava na transformação gradual e, talvez, chegar ao socialismo democrático.[47] Não era um revolucionário. Quando os dirigentes sindicais lhe pediram armas, diante da clara defecção de grande parte da oficialidade das Forças Armadas, ele se negou a fornecê-las.[48] Não quis assumir "a responsabilidade por um massacre popular, especialmente no Rio de Janeiro, pois nos conduziria a uma situação mais caótica e de consequências imprevisíveis".[49] E, embora reconhecesse que a tomada do Palácio da Guanabara, com a detenção de Lacerda e de todos os outros ocupantes, "seria uma

---

47 Essa tendência se acentuou ainda mais após o golpe de 1964, no seu exílio.
48 Manuscrito de Goulart, minuta da entrevista, cit. DJG.
49 Idem.

tarefa simples",[50] Goulart não aquiesceu ao pedido dos comandantes das guarnições leais ao governo para que a ordenasse e consentisse a distribuição de armas à população.[51] Mas também não recuou ante a insistência dos que advogavam o fechamento do CGT, a demissão de comunistas do governo e outras medidas antipopulares, como condição para que conservasse a presidência da República.

Ao chegar a Brasília, informou ao deputado Tancredo Neves que a CIA inspirara a sublevação e reiterou seu propósito de não se render.[52] Se concordasse em renunciar às reformas e restringir os direitos dos trabalhadores, acrescentou, continuaria no governo.[53] Mas não o faria. O governo pelo governo não lhe interessava. Se em janeiro dissera a Wilson Fadul, ministro da Saúde, que preferia ser deposto a enrolar a bandeira das reformas,[54] não capitularia, agora, quando baionetas, tanques e canhões o ameaçavam, com a cobertura dos Estados Unidos. Ele não era covarde. E demonstrara que, se por vezes vacilava quanto à adoção pronta e imediata de certas medidas, era firme em suas convicções e objetivos. Não negociaria princípios. Em Brasília, porém, não havia condições de resistência, apesar de todos os esforços de Darcy Ribeiro, chefe da Casa Civil da presidência da República. O único estado que a Goulart parecia mais seguro era o Rio Grande do Sul,[55] onde Brizola depusera o governador Ildo Meneghetti e, mais uma vez, tentava levantar o povo para resistir ao golpe militar. Para lá partiu em um jato Avro da Força Aérea Brasileira, após 23h30,[56] com o propósito de instalar o governo em Porto Alegre. Foi acompanhado pelos ministros Wilson Fadul, da Saúde, Oswaldo Lima Filho,

---

50 Idem.
51 Idem.
52 Entrevista de Tancredo Neves a Zuernir Ventura da revista *Visão*. Original no arquivo do autor.
53 Entrevista de Wilson Fadul ao autor, cit.
54 Entrevista de Tancredo Neves a Zuenir Ventura, cit.
55 Entrevista de Almino Affonso ao autor, cit.
56 Incoming telegram Z 020335Z ZEA, confidential, 001103, 1 apr. 1964, 11h32 p.m., Dean. LBJL.

da Agricultura, e Amaury Silva, do Trabalho. Levou cinco ou seis malas de lona, com munição para metralhadora, e não com dinheiro, conforme se divulgou.[57] E, durante a viagem, conversou com Wilson Fadul sobre a possibilidade de resistência. Fadul então ponderou que lhe parecia muito difícil enfrentar Minas Gerais, São Paulo e Rio de Janeiro, porém, se ele contasse com o total apoio do III Exército, comandado pelo general Ladário Teles, e da população do Rio Grande do Sul, talvez pudesse defender seu governo.

Naquela noite de 1º de abril, Darcy Ribeiro enviou ofício ao Congresso Nacional, comunicando que Goulart viajara para Porto Alegre, onde estabeleceria a sede do governo.[58] Não obstante, o senador Auro Moura Andrade, vice-presidente do Congresso,[59] convocou uma sessão extraordinária e, ao abri-la, declarou em breves minutos a vacância do cargo,[60] ilegalmente, violentando as normas constitucionais e o próprio Regimento Interno do Congresso, pois sabia que Goulart se encontrava em território nacional, no Rio Grande do Sul, ou seja, não abandonara

---

57 Entrevista do ministro Flávio Mendes de Oliveira Castro, ex-chefe do Cerimonial do Palácio do Planalto no governo Goulart, ao autor, Brasília, 1995. Conforme o depoimento de Oliveira Castro, Goulart tinha pouco dinheiro no bolso e foi difícil trocar um cheque pessoal seu, de valor pequeno, por se tratar de um sábado.

58 Íntegra do ofício encaminhado por Darcy Ribeiro ao senador Auro Moura Andrade:
"Brasília, 2 de abril de 1964
Senhor Presidente,
O Senhor Presidente da República incumbiu-me de comunicar a Vossa Excelência que, em virtude dos acontecimentos nacionais das últimas horas, para preservar de esbulho criminoso o mandato que o povo lhe conferiu, investindo-o na Chefia do Poder Executivo, decidiu viajar para o Rio Grande do Sul, onde já se encontra à frente das tropas militares legalistas e no pleno exercício dos poderes constitucionais, com seu Ministério.
Atenciosamente, Darcy Ribeiro – Chefe do Gabinete Civil." (Apud Silva, 1975, p.425.)

59 Àquele tempo, o presidente do Congresso era o vice-presidente da República, mas uma vez que Goulart assumira a presidência da República, em 1961, o cargo ficou vago, sendo exercido pelo vice-presidente do Senado.

60 Segundo Tancredo Neves, Auro Moura Andrade, ao tomar conhecimento do ofício de Darcy Ribeiro, julgou melhor suspender a sessão por 20 minutos, a fim de ter nova conferência com os dirigentes do PSD e da UDN, e nessa conferência o senador Pedro Aleixo liderou a solução do golpe sumário: simplesmente se declararia a vacância do cargo, encerrando-se a sessão do Congresso. Argumentou que os militares esperavam esse gesto do Congresso e o Congresso não poderia faltar às Forças Armadas. Entrevista de Tancredo Neves ao jornalista Zuenir Ventura. AA.

o país sem permissão do Congresso e não renunciara à presidência da República.[61] Logo depois encerrou a sessão, mandando desligar o serviço de alto-falante e a própria iluminação do plenário, e correu para refugiar-se no gabinete de Pascoal Ranieri Mazzilli, presidente da Câmara dos Deputados. O deputado trabalhista Rogê Ferreira ainda conseguiu agarrá-lo e esbofeteá-lo. Mas em vão. O golpe de Estado estava consumado. Pascoal Ranieri Mazzilli, o primeiro na linha de sucessão como presidente da Câmara dos Deputados, chegou dessa maneira ao Palácio do Planalto e assumiu o governo na calada da noite.[62] Não se observou qualquer formalidade legal, nem mesmo se procedeu à votação do *impeachment*. Esse aspecto preocupou o secretário de Estado, Dean Rusk, pois a posse de Mazzilli na presidência da República não tinha de fato qualquer suporte legal e a bancada do PTB não a reconhecera.[63] De acordo com tal orientação, Lincoln Gordon aconselhou o diplomata Robert Dean, chefe da missão norte-americana em Brasília e casado com uma sobrinha do deputado Herbert Levy, da UDN, a procurar os líderes dos partidos, a fim de convencê-los da importância da opinião internacional de uma clara legitimação da posse de Pascoal Ranieri Mazzilli na presidência da República pelo Congresso Nacional. E recomendou ao Departamento de Estado o reconhecimento do novo governo, mesmo sabendo-o ilegítimo e inconstitucional. O presidente Johnson então telegrafou imediatamente a Mazzilli, felicitando-o por sua investidura na presidência da República.[64] O objetivo da pressa fora justificar, perante a opinião pública norte-americana e internacional, o atendimento a qualquer pedido de auxílio militar por parte do novo governo, segundo os termos do ajuste pormenorizado de 30 de janeiro de 1964, caso Goulart e Brizola resistissem no Rio Grande do Sul.

---

61 O art. 85 da Constituição de 1946 estabelecia que o presidente e o vice-presidente da República não podiam ausentar-se do país, sem permissão do Congresso, sob pena de perda de cargo.
62 Íntegra da mensagem de Johnson e da correspondência com o Departamento de Estado sobre o assunto in: Corrêa, 1977, p.138-9.
63 Telegramm 1322, Rusk to Gordon, 2 apr. 1964. LBJL
64 Entrevista de Goulart ao autor, cit.

Mas, ao desembarcar em Porto Alegre por volta de duas da madrugada de 2 de abril, Goulart percebeu que lá igualmente não disporia de forças para reagir ao golpe de Estado. Tropas não havia no aeroporto. Só um capitão e três tanques formavam a guarda.[65] Goulart reuniu-se então com Brizola e o general Ladário Teles, que fora assumir o comando do III Exército já em plena crise, e com eles discutiu a situação do Rio Grande do Sul e as perspectivas da luta. Brizola sustentou a possibilidade da resistência. Sugeriu a Goulart que o nomeasse ministro da Justiça e ao general Ladário Teles ministro da Guerra, incumbindo-os de organizar a resistência.[66] Ladário Teles, embora reconhecesse que militarmente a situação era precária, apoiou a ideia e disse: "Se o presidente quiser que resista, resistirei. Sou um general legalista. Para resistir só dependo de ordens de Vossa Excelência".[67] E, com lágrimas nos olhos, arrematou: "Um general pode ter desgastes, mas, quando entra na batalha, deve esperar até milagres".[68]

Condições de luta, efetivamente, não mais existiam.[69] Goulart compreendeu que qualquer resistência poderia representar um gesto heroico, mas não passaria de uma aventura, resultando inútil o derramamento de sangue.[70] "Seria uma sangueira" – Goulart posteriormente diria.[71] Não derramaria o sangue de brasileiros apenas para manter-se no governo, cujo poder virtualmente já se esvaía.[72] Por isso, não obstante os veementes apelos de Brizola, que não se conformava em desistir da luta, Goulart se manteve inabalável. Sentira no Rio de Janeiro, em Brasília e em Porto Alegre, lugares onde tentara organizar a resistência, que não contava com forças leais à Constituição "em virtude do desmorona-

---

65 Entrevista de Brizola ao autor, Montevidéu, cit.
66 Entrevistas de Brizola, Montevidéu, e Amaury Silva ao autor, cit.
67 Entrevista de Brizola ao autor, Montevidéu, cit.
68 Figueiredo, 1970, p.67-9.
69 Entrevista de Goulart ao autor, cit. Vide também Figueiredo, 1993, p.69.
70 Bilhete manuscrito de Goulart a Doutel de Andrade, 4 abr. 1964. ADA.
71 Entrevista de Goulart ao autor, Maldonaldo, nov.1976.
72 Entrevista de Wilson Fadul ao autor, por telefone, em 11 jan.2010.

mento dos escalões médios" da oficialidade.[73] Considerava, portanto, essa fase superada.[74] Liberou seus auxiliares e companheiros, entre os quais Amaury Silva, ministro do Trabalho, a fim de que retornassem a Brasília, e, já sabendo que o senador Auro Moura Andrade declarara a vacância da presidência da República, resolveu partir para uma de suas estâncias, a de Santa Cecília, em São Borja.

No dia seguinte, 2 de abril, enquanto a polícia e as Forças Armadas efetuavam a repressão, invadindo lares e atentando contra os direitos humanos, 200 mil pessoas (ponderável setor das classes médias e quase toda a classe alta) desfilaram pelas ruas do Rio de Janeiro, na Marcha da Família, com Deus, pela Liberdade, "A única nota triste", Gordon comentou, "era a participação obviamente limitada das classes baixas". Com efeito, como em São Paulo, no dia 19 de março, os trabalhadores também não participaram da Marcha da Família no Rio de Janeiro. Eram os derrotados. Mas os banqueiros, industriais, comerciantes, latifundiários, ricos e privilegiados, todos festejaram a vitória. E até Thomas Mann, secretário de Estado Assistente para os Assuntos Interamericanos, ao dizer ao presidente Johnson, no dia 3 de abril, que esperava que ele também estivesse tão feliz a respeito do que ocorrera no Brasil, comentou: "Penso que foi a coisa mais importante que aconteceu no hemisfério em três anos".[75]

Naquele dia, 3 de abril, Goulart ainda estava no Rio Grande do Sul e não queria abandonar o território nacional. Relutou o quanto pôde. Durante dois dias, acompanhado pelo general Argemiro de Assis Brasil, voara de estância em estância, para evitar que as patrulhas do Exército o agarrassem.[76] Pensara em ir para uma fazenda no Xingu. Mas os militares seguiam no seu encalço. Só após livrar-se de um cerco, convenceu-se, na estância de Cinamomo, de que devia atravessar a fronteira e asilar-se no Uruguai. Era 4 de abril. E Goulart, antes de

---

73 Entrevista de Amaury Silva ao autor, cit.
74 Entrevista do general Argemiro de Assis Brasil ao autor, cit.
75 Beschloss, 1997, p.307.
76 Bilhete de Goulart a Doutel de Andrade, 4 abr. 1964. ADA.

tomar o avião para Montevidéu escreveu um bilhete para o deputado Doutel de Andrade, explicando que tentou permanecer por mais tempo no país, mas chegara à conclusão de que sua presença em nada alteraria a situação de fato, criada com a sua deposição e a posse ilegal e inconstitucional do presidente da Câmara.[77] Referiu-se a sua tentativa de resistir no Rio de Janeiro, em Brasília e em Porto Alegre, onde, "também, ao fim de algumas horas tudo se foi tornando cada vez mais difícil pela inconsistência do esquema militar e pela rapidez com que o povo foi surpreendido".[78] E concluiu, declarando que "se houvesse um ponto onde resistir objetivamente, eu permaneceria na estacada, para no mínimo, com o sacrifício, marcar o meu protesto. Isto nem como hipótese é mais possível".[79]

Sem dúvida, não era mais possível. Com a queda de Goulart, os cárceres encheram-se de prisioneiros. No Nordeste, onde os fazendeiros e seus capangas chacinavam camponeses, o IV Exército, comandado pelo general Justino Alves Bastos, derrubou simultaneamente Miguel Arraes e João Seixas Dória, governadores de Pernambuco e Sergipe, logo presos, obrigando as Assembleias Legislativas a votarem o *impeachment* dos dois, a fim de legalizar a violência.

Assim, pelo seu caráter contrarrevolucionário, o golpe de Estado antinacional e antipopular que derrubou Goulart não se conteria nos limites formais de uma legalidade já estuprada. Para assegurar sua continuidade não bastava o amordaçamento dos trabalhadores e de suas organizações. Necessário era erradicar todos os focos de contestação, existentes no país, sobretudo no Congresso e das Forças Armadas. No dia 9 de abril, os três ministros militares, general Artur da Costa e Silva (Guerra), Augusto Rademaker Grünwald (Marinha) e Francisco Correia de Melo (Aeronáutica), promulgaram um Ato Institucional, elaborado pelos juristas Carlos Medeiros da Silva e Francisco Campos (este, notório fascista), e iniciaram as cassações de mandatos e

---

77 Idem.
78 Idem.
79 Gordon a Rusk, 2 abr.64, NSF, CFB, v.3, In LBJL, cf. Parker, 1977, p.109.

suspensões de direitos políticos de senadores, deputados, vereadores, justamente os mais votados do Brasil, tudo em nome da democracia representativa, ocidental e cristã. O expurgo também atingiu as Forças Armadas. E o general Humberto Castelo Branco, o amigo de Vernon Walters, emergiu da sombra como o candidato do *governo invisível*, a CIA, à presidência da República, levando ao poder a UDN e os oficiais da Cruzada Democrática, cujos desígnios ditatoriais o suicídio de Vargas, ao acender a fúria popular em 1954, retardou por dez anos. A crise das instituições transformou-se, desde então, na instituição das crises, com o estabelecimento de um estado de exceção, escorado pelos interesses internacionais, que, mediante um processo de contrarrevolução permanente, impuseram sua hegemonia econômica e política à sociedade brasileira.

CAPÍTULO 15

A popularidade do governo Goulart às vésperas do golpe – O exílio – Ameaça de invasão do Uruguai pelo Brasil – A ruptura entre Brizola e Goulart – A conspiração de Adhemar de Barros – A Frente Ampla

O governo João Goulart, quando caiu, contava com 76% da opinião pública a seu favor,[1] elevado índice de popularidade, não obstante a formidável campanha que a oposição interna e externa promovera com o objetivo de desestabilizar seu governo. Pesquisa realizada pelo Instituto Brasileiro de Opinião Pública e Estatística (IBOPE), entre junho e julho de 1963, e revelada no XIII Encontro Anual da Associação Nacional de Pós-Graduação em Ciências Sociais pelo professor Antônio Lavareda, da Universidade de Pernambuco, mostrou o alto índice de aprovação do governo João Goulart, que oito meses antes de cair era considerado "ótimo" e "bom" por 35% da opinião pública, "regular" por 41%, enquanto apenas 19% julgavam "mau" e "péssimo".[2] Em outra sondagem de opinião, realizada pelo IBOPE, entre os dias 9 e 26 de

---

1   Pesquisa do IBOPE (Instituto Brasileiro de Opinião e Estatística), revelada pelo professor Antônio Lavareda, da Universidade Federal de Pernambuco, in: *IstoÉ Senhor*, 12 dez. 1990, nº 1108, p.44-6. Ver também *Correio Braziliense*, 11 set. 1989.

2   Ibidem, p.45. Segundo Lavareda, "na maioria dos casos – sete em dez capitais – no seio das classes A e B (rica e média) as opiniões favoráveis a Goulart sobrepujavam as desfavoráveis". Nos itens "ótimo" e "bom", por exemplo, ele atingia 61% de apoio em Porto Alegre (seu lugar de origem), 43% em Curitiba e 30% em São Paulo. Neste patamar de aprovação, os menores índices estavam na Guanabara (22%) e na sua vizinha Niterói (27%), em função, certamente, da feroz oposição que era movida contra Jango pelo então governador carioca Carlos Lacerda. Como ocorria no conjunto da sociedade, vinha em

março de 1964, ou seja, concluída cinco dias antes do golpe de Estado, 47%, contra 37% em julho de 1963 dos entrevistados, responderam que votariam em Goulart se ele pudesse candidatar-se à reeleição para a presidência da República, enquanto o percentual dos que não votariam caíra de 50% para 46%, no mesmo período.[3] Em outras palavras, a popularidade de Goulart, em vez de cair, estava crescendo.

A versão de que os militares intervieram e derrubaram o governo João Goulart para atender ao reclamo da opinião pública, que a imprensa e as Marchas da Família com Deus pela Liberdade, manipuladas pela CIA, expressariam, não passou, portanto, de uma falácia, que os números apontados pela pesquisa do IBOPE (Quadro 1) eloquentemente desmontam.

Quadro 1. Pesquisa do IBOPE

O que vem achando da atuação do presidente João Goulart? (junho/julho de 1963 – em percentagem)[4]

Cidade	Ótima – Boa	Regular	Má + Péssima	Não sabem
São Paulo	31	46	18	5
Guanabara	32	42	22	4
Belo Horizonte	31	38	28	3
Porto Alegre	62	23	10	5
Recife	42	36	16	6
Salvador	41	44	11	4
Fortaleza	39	37	14	10
Curitiba	47	34	14	5
Belém	27	43	17	12
Niterói	31	35	31	3
Total	35	41	19	5

Com efeito, o golpe de Estado no Brasil, instigado e sustentado pela comunidade dos homens de negócios e pelos proprietários de terras, não contou com o respaldo da maioria da opinião pública, conforme a versão oficial propalou. Ele constituiu nitidamente um episódio da

---

primeiro lugar nesses estratos o julgamento "regular", não se configurando, portanto, a hostilidade presumida.

3   Ibidem.

4   Dias, in: *IstoÉ Senhor*, São Paulo, 12 dez. 1990.

luta de classes, a refletir o aguçamento, tanto ao nível nacional quanto internacional, dos antagonismos sociais e políticos, que atingiram, a partir da Revolução Cubana, uma gravidade inaudita na América Latina. Os militares, vinculados política e ideologicamente à antiga Cruzada Democrática, foram os que então se apossaram do poder e, sagrando o *putsch* como "Revolução Democrática" ou "Revolução Redentora", recorreram aos métodos de guerra civil, para destruir a oposição e esmagar toda e qualquer forma de resistência. Entretanto, como homenagem que o vício presta à virtude, eles tiveram de conservar, formalmente, os traços constitucionais e alguns aspectos da mecânica democrático-representativa, por modo a não constranger a administração do presidente Lyndon Johnson, perante a própria opinião pública nos Estados Unidos, e não dificultar, em consequência, sua cooperação militar e financeira com o regime militar instalado no Brasil.[5] Assim, conquanto expurgadas as representações de esquerda, trabalhistas, socialistas ou simplesmente nacionalistas (o PCB era ilegal desde 1947), pelos atos de arbítrio, o Congresso continuou a funcionar, com a UDN e os demais partidos conservadores a homologarem as decisões da facção dominante nas Forças Armadas.

Esse regime em contrarrevolução permanente, com as Forças Armadas a avocarem para si, enquanto instituição, a responsabilidade direta pelo governo do Brasil, fundamentou-se na doutrina de que o conflito político e ideológico entre os dois polos do poder internacional – Estados Unidos e a União Soviética – deslocara-se para o interior de cada país, assumindo a forma de subversão e luta revolucionária, uma vez que o desenvolvimento das armas nucleares e de sua capacidade de destruição não só superara a guerra convencional como praticamente inviabilizara a confrontação militar entre aquelas duas grandes potências. Em consequência, o governo Castelo Branco pautou sua política exterior pelo alinhamento com as diretrizes dos Estados Unidos. O

---

5   Entrevista de Lincoln Gordon ao autor, Washington, set.1977. Ver também Parker, 1977, p.105, 111-5. Cueno, 1964, p.124-6.

Brasil rompeu as relações diplomáticas com Cuba e passou a defender a reformulação do conceito de soberania, que não mais se fundaria em limites e fronteiras geográficas dos estados e sim no caráter político e ideológico dos regimes, de modo que as Repúblicas americanas pudessem intervir, coletivamente, em qualquer outra, quando algum governo aceito como democrático estivesse ameaçado por movimento supostamente comunista ou de natureza semelhante. A fim de defender tais fronteiras ideológicas seria necessário criar, portanto, uma Força Interamericana de Paz (FIP), uma espécie de *stand-by force*, integrada por contingentes militares de diversas nacionalidades do continente, à disposição da OEA e pronta para intervir, imediatamente, onde quer que a ameaça de subversão se manifestasse. Essa era uma antiga proposta dos Estados Unidos.

De acordo com tal princípio, a intervenção do Brasil no Uruguai a partir de 1964, (depois de um século de abstenção, pois a última fora exatamente em 1864), tornou-se bastante provável, em virtude da presença de Goulart, Brizola e centenas de outros exilados políticos que viviam em Montevidéu, onde conspiravam para derrocar o governo militar exercido pelo general Castelo Branco.[6] O Itamaraty passou a encarar "com profunda preocupação as atividades desses exilados", cujos movimentos a Embaixada e o Consulado-Geral do Brasil em Montevidéu, da mesma forma que a CIA, monitoravam, tanto quanto podiam.[7] O embaixador brasileiro Manoel Pio Corrêa Jr. também manteve o Conselho Nacional de governo sob fortes pressões para que os confinasse ou os expulsasse do país.[8] E, em várias ocasiões, o I Exército,

---

6 AGEE, 1975, p.328, 350, 356-7, 360.
7 Aviso nº DAJ/AAA/DJ/SSN/65/922.31 (44) (42), 13 jul. 1964, secreto, Mozart Gurgel Valente Jr. chefe do gabinete do ministro das Relações Exteriores ao general Syseno Sarmento, chefe do gabinete do ministro dos Negócios da Guerra. AHMRE-B – Circulares – Despachos – Pareceres.
8 AGEE, 1975, p.335 e segs. "A minha missão como embaixador do Brasil em Montevidéu […] estava perfeitamente definida: seria meu dever conseguir que o governo do Uruguai impusesse aos asilados políticos brasileiros naquele país a estrita observância das regras do asilo político, ditadas pelo Direito Internacional; essencialmente, a abstenção de toda

CÓPIA.

Havana, em 13 de maio de 1964.

N. 33/920.1(42)(24h)

Senhor Ministro,

O Govêrno dos Estados Unidos do Brasil considera não haver condição para grande prosperidade das relações diplomáricas e consulares com o Govêrno cubano.

2.   Decidiu o Govêrno brasileiro, por conseguinte, instruir-me no sentido de comunicar a Vossa Excelência que cessam, nesta data, as suas relações diplomáticas e ' consulares com o Govêrno cubano.

3.   Solicito a Vossa Excelência os meios necessários para a minha pronta e segura saída dêste país, em companhia de todo o pessoal brasileiro desta Embaixada.

Aproveito a oportunidade para renovar a Vossa Excelência os protestos da minha mais alta consideração.

(Enaldo Camaz de Magalhães)
Encarregado de Negócios, a.i.

A Sua Excelência o Senhor Doutor Raul Roa García,
Ministro das Relações Exteriores

Nota de rompimento das relações diplomáticas com Cuba. Arquivo do embaixador Frederico Duque Estrada Meyer.

sediado no Rio Grande do Sul, entrou em regime de prontidão, com o objetivo de invadir o Uruguai e, em 24 horas, ocupar Montevidéu,[9] onde grande parte do povo tinha enorme simpatia por Goulart.[10] Uma das vezes ocorreu entre fins de outubro e começo de novembro de

---

e qualquer atividade política, bem como de atitudes públicas de hostilidade dirigidas contra o governo do seu próprio país". Pio Corrêa, 1994, p.847.

9   Idem, ibidem, p.157.

10   Aviso nº G/SSN/, 9.1964, da Secretaria de Estado das Relações Exteriores ao Ministério da Guerra, Índice: Atuação da Embaixada do Brasil em Montevidéu. AHMRE-B – Circulares – Despachos – Pareceres.

1964. Um membro do governo uruguaio, àquela época, revelou ao embaixador Manoel Pio Corrêa Jr. a preocupação existente no seio de ambos os partidos tradicionais, o Nacional e o Colorado, com a possibilidade de que os comunistas intentassem erigir os sindicatos em força predominante dentro do próprio estado e, compelindo a Assembleia Nacional, mediante pressões demagógicas, a aprovar um orçamento insensato, promover o caos financeiro e político, que lhes possibilitasse a captura do poder.[11] Segundo o informante, na medida em que o mal-estar diariamente crescia, a ideia da reforma constitucional, a fim de restabelecer a unidade e a autoridade do Executivo, amadurecia, mas as Forças Armadas, nas quais a convicção da necessidade de agir antes que fosse tarde cada vez mais aumentava, não dispunham de prestígio político para o fazer. Assim, diante de tal quadro, o embaixador Manuel Pio Corrêa previu a possibilidade de que, ao precipitar-se a crise, setores civis e militares – as chamadas "forças democráticas" dentro do próprio governo – viessem a solicitar o auxílio do Brasil, razão pela qual ele recomendou que, caso o presidente Castelo Branco se dispusesse a dar uma resposta positiva, o I Exército estivesse antecipadamente preparado, com todos os elementos para a intervenção, pois, em qualquer caso, a situação estaria fluida e em poucas horas poderia decidir-se, dada a pequena extensão do Uruguai.[12] O problema consistia em conhecer a atitude da Argentina. Porém, pouco tempo depois, seu embaixador em Montevidéu procurou o embaixador Pio Corrêa, a fim de dizer-lhe que o Brasil e a Argentina deviam estar "prontos para agir de concerto" *vis-à-vis* da situação no Uruguai, onde ele receava repercussões dos acontecimentos na Bolívia.[13] A intervenção seria conjunta.

---

11 Telegrama 433, secreto, DAM/SSN/600(44), da Embaixada do Brasil em Montevidéu, 29/30 out. 1964, a) Manoel Pio Corrêa Jr. AHMRE-B – 900.1 (00) Política Internacional – de (10) a (98) – 1951/66.
12 Ibidem.
13 Carta-telegrama 191 – secreto, DAM /600(44), da Embaixada em Montevidéu, a) Manoel Pio Corrêa, 6/13 nov.1964. Ibidem.

As relações entre Goulart e Brizola – que cerca de um mês após o golpe de Estado também se asilara no Uruguai[14] – estavam então bastante estremecidas, devido às profundas divergências que entre eles se manifestavam desde o Brasil. Como o embaixador Pio Corrêa em suas memórias observou, "Jango não era nenhum Lenin, tramando e insuflando desde o exílio a derrubada do regime tzarista".[15] Embora desejasse a derrocada do regime militar, ele queria promovê-la pela via política e não através de um levante no Rio Grande do Sul, em cujo êxito não confiava. Entretanto, desde que se asilou no Uruguai, em maio de 1964, Brizola, esperando que o governo do general Humberto Castelo Branco caísse dentro de dois ou três meses, concentrou todo o seu esforço na articulação da luta armada, não por meio de guerrilhas, mas de uma insurreição militar-popular, pois até comandantes de grandes unidades do Exército já se mostravam descontentes com os rumos do golpe de Estado, ao rasgar, com o Ato Institucional de 9 de abril de 1964, a Constituição que eles antes imaginavam defender contra supostos desígnios ditatoriais de Goulart. A insurreição começaria no Rio Grande do Sul, com a sublevação da Brigada Militar e do 18º e o 19º Regimentos de Infantaria do Exército que tomariam vários quartéis, bem como da Base Aérea de Canoas de onde sairiam os aviões da FAB para bombardear o Palácio Piratini e outros alvos. O comando militar da insurreição, denominada Operação Pintassilgo, caberia ao general Ladário Teles, e Brizola assumiria a liderança civil, ocupando uma estação de rádio em Porto Alegre, a fim de conclamar o povo à revolta e reproduzir as jornadas de 1961, quando levantou o Rio Grande do Sul em favor da legalidade e da posse de Goulart na presidência do Brasil. Em vários momentos, ela esteve prestes a irromper, com boas possibilidades de êxito, segundo Neiva Moreira, mas a última tentativa fracassou, porque um militar, envolvido no complô,

---

14 Brizola foi resgatado pelo piloto de Goulart, Manuel Leães, em um bimotor Cessna 310, prefixo PT-BSB, que pousou na praia do Pinhal, no Rio Grande do Sul, no início de maio de 1964. Estava disfarçado com uma farda de soldado da Brigada Militar.

15 Pio Corrêa, 1994, p.856.

sentiu-se no dever de comunicar ao seu superior e foi logo preso.[16] Tudo indica que foi o sargento Altivo Aguiar que denunciou a conspiração. E o coronel Alfredo Ribeiro Daudt, que estava articulando o movimento no Rio Grande do Sul, foi preso em 26 de novembro de 1964. O plano caiu em poder do general Osvino Ferreira Alves, comandante do III Exército, e acarretou a prisão de grande número de militares da FAB, Exército e Brigada Militar, bem como de civis, que participavam do movimento. De acordo com o depoimento do ex-deputado federal José Neiva Moreira, no período de dois ou três anos, "desenvolveram-se cinco ou seis conspirações no Rio Grande do Sul, todas inspiradas na doutrina que Brizola defendia: insurreição armada, apoiada por poderosos contingentes civis, com o uso dos meios de comunicação".[17]

Goulart, mais realista, sereno e menos emocional, não confiara, decerto, na viabilidade desse plano de insurreição, no qual não se empenhou, segundo Brizola, que por isso com ele rompeu suas relações, apesar de cunhado, com estreitos vínculos de família.[18] Goulart tinha suas razões. Aberto ao diálogo, conforme o próprio Brizola reconheceria,[19] ele, aparentemente, mantinha comunicação secreta, por meio de terceiros, com o general Justino Alves Bastos, comandante do III Exército que conspirava contra o general Castelo Branco, articulado com o general Amaury Kruel, comandante do II Exército, e o governador Adhemar de Barros, unidos na oposição à política econômica e financeira do governo, que prejudicava o processo de industrialização do Brasil e afetava, sobretudo, o Estado de São Paulo, com uma profunda recessão. Entretanto, outro fator, talvez o principal, que levou os generais Justino Alves Bastos e Kruel a conspirar contra Castelo Branco foi exigência de domicílio eleitoral para os candidatos, prevista pela Lei das Inelegibilidades, de julho de 1965. Essa exigêngia impedia o general Alves Bastos de candidatar-se ao governo do Rio Grande do

---

16 Neiva Moreira, 1989, p.231.
17 Idem, ibidem, p.230.
18 Entrevista de Brizola ao autor, Nova York, 1978.
19 Idem.

Sul e o general Kruel de candidatar-se ao governo de São Paulo, como ambos pretendiam, e atingia a aspiração do general Antônio Carlos Murici de vir a ser o governador de Pernambuco. E eles reclamavam sua revogação.

O complô contra o governo do general Castelo Branco, da qual o brigadeiro (expurgado) Francisco Teixeira, ex-ministro da Aeronáutica, Wilson Fadul, ex-ministro de Goulart, Edmundo Moniz, editor-chefe do *Correio da Manhã,* e o ex-capitão Eduardo Chuahy, entre vários outros civis e militares, participaram, articulados com Adhemar de Barros, atendia aos interesses da Federação das Indústrias do Estado de São Paulo (FIESP) e das associações rurais, descontentes com as restrições do crédito e a reforma tributária. E ele se desenvolveu em meio à enorme impopularidade do regime militar, no contexto de intensa luta pelo poder, dentro das Forças Armadas. A oficialidade dividia--se em várias correntes, muito indefinidas e fluidas, uma vez que se entremesclavam conforme a questão e/ou circunstância política. E os generais Olympio Mourão Filho, Augusto Cezar de Castro Moniz de Aragão e Justino Alves Bastos, entre outros, julgavam que Castelo Branco não enfrentava com a necessária energia os problemas políticos e, como grande parte da oficilidade, também se opunham ao rigoroso programa econômico e financeiro, de caráter liberal, implementado pelo embaixador Roberto Campos, ministro do Planejamento, e por Octávio Gouveia de Bulhões, ministro da Fazenda, de conformidade com as diretrizes e os interesses de Washington e do FMI.

As contradições dentro das Forças Armadas, principalmente dentro do Exército, implicavam a escolha do sucessor de Castelo Branco na presidência da República. Castelo Branco era amigo do general Artur da Costa e Silva, ministro da Guerra, mas o considerava "despreparado". "Não pode ser presidente da República. Eleito, ele será uma desgraça para o Brasil, será o fim de revolução" – disse a Edmundo Monteiro, diretor dos Diários Associados, pedindo-lhe que retransmitisse sua opinião ao jornalista proprietário dessa rede de jornais, rádio e tele-visão, Francisco de Assis Chateaubriand, que passara a intrometer-

-se na questão sucessória, em favor da candidatura de Costa e Silva, através de artigos, nos quais atacava violentamente Castelo Branco.[20] Porém, como Elio Gaspari observou, Costa e Silva "roera com astúcia e audácia" a autoridade de Castelo Branco. Em 22 de outubro de 1965, durante um churrasco em Itapeva, interior de São Paulo, ele atacou o ministro Álvaro Ribeiro da Costa, presidente do Supremo Tribunal Federal (STF), por criticar a insubordinação da linha dura, afirmando:

> O Exército tem chefe. Não precisa de lições do Supremo (...) Dizem que o presidente da República é politicamente fraco, mas isso não interessa pois ele é militarmente forte.[21]

Castelo Branco não demitiu o general Costa e Silva, apesar da recomendação do general Enersto Geisel, chefe de sua Casa Militar. Carente de substancial respaldo político, sua posição, como chefe do governo, passara a depender, virtualmente, da força militar que Costa e Silva comandava. E, no dia 27 de outubro de 1965, sob forte pressão de setores das Forças Armadas, Castelo Branco teve de editar o Ato Institucional nº 2, que, entre outras medidas, extinguiu os treze partidos existentes, permitindo a formação de dois blocos parlamentares provisórios,[22] estabeleceu a eleição indireta do presidente da República, por um colégio eleitoral, e restaurou o poder de cassação de mandatos e suspensão de direitos políticos de cidadãos brasileiros pelo presidente da República.[23] O Alto Comando das Forças Armadas radicalizou o

---

20 Morais, 1994, p.682.
21 Gaspari, 2002, p.271-2.
22 Esses blocos tornar-se-iam depois a Aliança Renovadora Nacional (ARENA), que apoiava o governo, e o Movimento Democrático Brasileiro (MDB), que representaria a oposição consentida.
23 O Ato Institucional nº 2 também deu ao presidente da República o poder de baixar decretos-leis, *ad referendum* do Congresso Nacional; ampliou os casos de intervenção federal nos Estados, para amedrontar os governadores da oposição eleitos no dia 3; facilitou a decretação do estado de sítio pelo presidente da República; acabou com os subsídios dos vereadores, que teriam de trabalhar de graça; criou a figura do juiz federal; e permitiu a demissão sumária de servidores civis e militares da União pelo presidente da República, a fim de intimidar o funcionalismo. Sobre o tema ver Pinheiro, 1993, p.216-22.

golpe de Estado, a fim de salvar o regime militar, contestado nas urnas com a vitória dos candidatos de oposição – Israel Pinheiro e Francisco Negrão de Lima, ambos intimamente ligados ao ex-presidente Kubitschek – para o governo de dois dos principais Estados – Minas Gerais e Rio de Janeiro, segundo e terceiro maiores colégios eleitorais do Brasil – e de outros candidatos em mais três Estados do Brasil.[24] Como Roberto Campos, ex-ministro do Planejamento do governo Castelo Branco, muito bem observou, "o Ato Institucional nº 2 nasceu da verificação da impossibilidade de se conciliar o fervor revolucionário com a legalidade formal".[25]

O movimento que derrubara Goulart não podia sustentar o poder senão pela violência, radicalizando a ditadura. O governo Castelo Branco não tinha a menor condição de enfrentar eleições realmente livres, em virtude do seu elevadíssimo grau de impopularidade, gerada tanto pelas medidas de estabilização monetária quanto pela repressão política, atingindo os líderes de maior prestígio no Brasil, como Kubitschek, que teve também seu mandato cassado e os direitos políticos suspensos. Essa medida constituiu ao mesmo tempo uma demonstração de força e uma admissão de fraqueza, conforme a embaixada da Grã-Bretanha com argúcia percebeu, pois, se de um lado o governo militar se sentia suficientemente forte para impedir manifestações em favor de Kubitschek, admitia, do outro, que não teria apoio popular para impedi-lo de vencer a eleição em 1965 e ser outra vez presidente do Brasil.[26]

A edição do Ato Institucional nº 2 não superou, entretanto, as contradições políticas dentro regime instituto pelo golpe militar de 1964. O jornalista Carlos Castelo Branco registrou que eram "inumerosas as indicações" de que o governador de São Paulo trabalhava "na sua

---

24 Em Minas Gerais, Israel Pinheiro, candidato da coligação PSD-PTB, venceu a eleição contra o candidato do governador Magalhães Pinto, Roberto Resende, da UDN. No Rio de Janeiro, Francisco Negrão de Lima, também candidato da coligação PSD-PTB-PST, ganhou a eleição, ao derrotar o candidato do governador Carlos Lacerda, Carlos Flexa Ribeiro.

25 Campos, 1994, p.777.

26 Moraes Neto, 1997, p.48.

hipótese subversiva", com três fatores importantes: a angústia das classes empresariais, massacradas pela política econômico-financeira; o desajustamento entre o presidente e o ministro da Guerra, em torno da sucessão presidencial; e o descontentamento no II, III e IV Exércitos, por causa da exigência de domicílio eleitoral para os candidatos a governador.[27] Com efeito, o governador Adhemar de Barros, articulado com o general Amaury Kruel, preparava-se para contestar o programa de estabilização executado pelos ministros Otavio Gouveia de Bulhes e Roberto Campos, inclusive por meio de iniciativas na área econômica e financeira, com ampla concessão de empréstimos, pelo Banco do Estado, e a emissão de debêntures, títulos da dívida pública,[28] o que lhe possibilitaria acumular recursos para enfrentar qualquer conflito. E o jornalista Francisco de Assis Chateaubriand aderiu ao complô e, sem temer as ameaças que Castelo Branco lhe fez por meio do senador João Calmon, continuou a campanha em favor de Costa e Silva, com artigos na imprensa. Ele não se conformava com o fato de que o governo de Castelo Branco havia permitido ou mesmo patrocinado a venda de ações das Organizações Globo, *holding* de propriedade do jornalista Roberto Marinho, à corporação americana Time-Life/ Time Inc., por US$ 6 milhões, que seriam destinados à compra de equipamentos para a TV Globo. Esse acordo com a Time-Life, considerado ilegal, uma vez que a Constituição vedava a qualquer estrangeiro, pessoa ou empresa, a participação em empresa brasileira de comunicação, liquidaria a TV Tupi e os Diários Associados.

Articulado com Adhemar de Barros, Assis Chateaubriand, apesar do derrame que o deixara paralítico, em cadeira de roda, mesmo assim promoveu um churrasco na sua fazenda Chambá (Rio Grande do Sul), para o qual convidou os generais Justino Alves Bastos e Amaury Kruel. O pretexto foi "batizar" um terneiro da raça Hereford, nascido de uma das matrizes importadas da Inglaterra e chamado Kruelino, em home-

---

27 Castelo Branco, 1976, p.446.
28 Viana Filho, 1975, p.413.

nagem ao general Kruel, o "padrinho".[29] Ao fim do churrasco, Chateaubriand sugeriu que o general Justino Alves Bastos pronunciasse algumas palavras. Provavelmente sabia o que ele iria falar, criando uma difícil situação para Castelo Branco. E o discurso foi realmente muito duro. O general Justino Alves Bastos não apenas condenou a manutenção da exigência do domicílio eleitoral, chamando-a de "monstruosidade", como se manifestou em "defesa da democracia, pela qual a revolução foi feita".[30] E, de forma contundente, terminou o discurso, dizendo:

> "O pobre nunca foi tão pobre depois que inventaram esse plano de recuperação econômica, feito pelo talentoso mato-grossense Roberto Campos, mas que só tem feito todo o mundo reclamar de dificuldades. Concluo com esse apelo especial à imprensa no sentido de que lute para que a trajetória do Brasil não seja interrompida e não seja principalmente no sentido contrário, que, depois de nos afastar do perigo da esquerda, incline-se para o perigo da direita, para a ditadura, para o domínio de uma só pessoa sobre as demais, para o domínio das piores ideias sobre as melhores. Entendam-me como quiserem, mas esta é a linguagem franca que nunca saberei deixar de usar. Antes perderei a fala, antes me transformarei em um surdo-mudo, mas não sei falar o que não seja a verdade."[31]

Pela primeira vez, depois do golpe de 1964, um general da ativa admitiu, publicamente, que o regime militar evoluía para a ditadura e o poder pessoal, numa clara ao presidente Castelo Branco. Esse discurso seria o início para o levante e o general Alves Bastos, em seguida, deslocou tropas do III Exército para a divisa do Paraná com o Estado de São Paulo, jurisdição do II Exército. Porém, Adhemar de Barros havia desaparecido do Palácio dos Campos Elíseos, sede do governo, quando lá chegaram o ex-brigadeiro Francisco Teixeira, Edmundo Moniz e Wilson Fadul.[32] E Kruel, logo depois, comunicou a Wilson

---

29 Morais, 1994, p.882-3.
30 Dicionário Histórico-Biográfico Brasileiro Pós-30, 2001. 5 v.II.
31 Apud Morais, 1994, p.683.
32 Entrevista de Wilson Fadul ao autor, por telefone, em 12 jan. 2010. Entrevista de Eduardo Chuahy ao autor, por telefone, em 12 jan. 2010. Reminiscências das conversas do autor com seu tio, Edmundo Moniz, um dos participantes, falecido em 1997.

Fadul, com quem se articulava, não ter condições de efetivar a nomeação do general Euryale de Jesus Zerbini comandante dos batalhões em Caçapava, Quitaúna, e da divisionária de Lorena, para controlar todo o Vale da Paraíba, conforme planejado, porquanto não tinha todo o controle do II Exército. Uma parte obedecia ao general Costa e Silva. Segundo Wilson Fadul, Kruel ainda informou que o próprio Costa e Silva lhe dissera estar tudo resolvido. Apenas demitiria o general Alves Bastos do comando do III Exército, mas não haveria cassação de seus direitos políticos.[33] Ao que tudo indicou, o discurso de Alves Bastos fora muito além do que se esperava. Ele se excedeu e extrapolou as normas da disciplina, ao atacar, violentamente, o governo. Daí que, no dia 19 de maio, o general Costa e Silva, que por trás havia estimulado o movimento para enfraquecer Castelo Branco, não teve alternativa senão exonerá-lo, a fim de evitar que a fissura se ampliasse, ameaçasse a unidade do Exército, fundamental para a manutenção do regime militar.

Castelo Branco, apesar da dissonância com Costa e Silva, cuja candidatura à presidência da República ainda pretendia evitar, contou com seu respaldo para administrar a crise e debelar a conjuração. A nenhum dos dois interessava a debacle do regime militar. E, em 6 de junho de 1966, acusado de corrupção, Adhemar de Barros teve seu mandato cassado e os direitos políticos suspensos por dez anos.[34] Não se insurgiu, apesar de dispor de 40.000 da Força Pública profissionais, muito bem armados. Decerto estava consciente de que não poderia contar com o suporte do II Exército. Foi derrubado do governo de São Paulo, sem qualquer resistência. O general Kruel, praticamente isolado desde a destituição de Alves Bastos do comando do III Exército, teve de cumprir as ordens de Castelo Branco. Assim, a conspiração, que tinha seu epicentro em São Paulo, abortou. Frustou a esperança do

---

33 Entrevista de Wilson Fadul ao autor, por telefone, em 12 jan. 2010. Entrevista de Eduardo Chuahy por telefone em 12 jan. 2010.

34 Adhemar de Barros fora interventor federal em São Paulo (1938-1945) e posteriormente foi eleito duas vezes governador do Estado (1947-1951 e 1963-1966). Ao ser afastado do governo de São Paulo, ele saiu do Brasil e foi residir em Paris, onde faleceu em 12 de março de 1969.

general Euryale de Jesus Zerbini e dos demais conjurados.[35] O padre Januário Baleeiro, seu secretário de Educação e um dos articuladores do complô contra o governo militar, disse-lhe, indignado: "Você tem fama de ladrão; agora passa a ter fama de poltrão".[36] E o ex-prefeito de São Paulo (1956-1957), Vladimir de Toledo Piza disse para o general Zerbini: "General, estamos perdendo tempo. Vamos embora. Ladrão não briga. Ladrão divide".[37] Cerca de dois meses depois, em 10 de agosto de 1966, o general Kruel foi também foi exonerado do comando do II Exército. A conspiração havia abortado.

A radicalização e o avigoramento do autoritarismo militar, com a decretação do Ato Institucional nº 2, terminaram por desintegrar a frente política que apoiara o golpe de Estado em 1964. Carlos Lacerda, cuja ambição consistia em suceder Castelo Branco na presidência da República, frustrou-se, ao ver que o caminho para realizá-la se lhe fechara, primeiro com a prorrogação do mandato de Castelo até 15 de

---

35 "E em 1966, ano em que Adhemar foi cassado, eu estava novamente no Palácio do Governo por toda a madrugada e eis que chegou, fardado, o general Zerbini. Ele era, mais uma vez, o único ponto de resistência em São Paulo. Informei-o, acompanhado pelo Vladimir de Toledo Piza, ex-prefeito de São Paulo 1905-1999; prefeito de 1956 a 1957:
"General, não haverá resistência."
"Como não haverá resistência? O Adhemar vai resistir!"
"Não, o Adhemar não vai resistir", repeti. "E já decidiu passar o governo ao vice-governador Laudo Natel."
"Adhemar, que estava fortemente gripado, tinha criado um certo suspense. Ao chegar no palácio, convocou uma reunião do secretariado. Praticamente todos os presentes estavam tremendo de medo com a perspectiva de ele resistir. Esse pavor era tangível na reunião do secretariado no salão nobre do Palácio dos Campos Elísios, da qual, intruso, participei. Quando Adhemar anunciou que não resistiria, o alívio foi geral. A exceção foi o Dagoberto Salles, secretário dos Transportes, que se mostrou indignado com a decisão do governador." Reali Jr. e Carta, 2007, p.81-5.

36 Entrevista de Terezinha Zerbini ao autor, pelo telefone, em 31 jan. 2010. Seu marido, o general Euryale Zerbini, oficial legalista, reformado após o golpe militar, participava da conspiração e, mesmo com os direitos políticos cassados, fardou-se e compareceu à reunião em que o padre Baleeiro chamou Adhemar de Barros de poltrão. Ela o acompanhou. Lá todos esperavam que Adhemar de Barros resistisse, sublevando o Estado de São Paulo contra o governo de Castelo Branco. Decepcionaram-se. Segundo Tereza Zerbini, o ex-prefeito de São Paulo, Vladimir de Toledo Piza e o jornalista Reali Jr. estiveram também presentes na reunião.

37 Idem.

março de 1967 e, em seguida, com a virtual escolha do marechal Artur da Costa e Silva, ministro da Guerra, para sucedê-lo no governo, a partir de 15 de março de 1967. Como o jornalista Carlos Heitor Cony observou, Lacerda

> [...] ficara no vácuo, na posse de direitos políticos que não lhe davam direito nem à política (que deixara de haver em seu escalão civil) nem mais a nada, a não ser ruminar a frustração de não ser aquilo que podia ter sido.[38]

E, em tais circunstâncias, ele rompeu com Castelo Branco, de quem disse ser "mais feio por dentro do que por fora",[39] debandou para a oposição, com o propósito de conquistar-lhe a liderança, e passou a atacar violentamente o regime militar, ao mesmo tempo que tratava de compor uma Frente Ampla[40] com seus antigos adversários, Kubitschek e Goulart, bem como com Brizola e Miguel Arraes, o ex-governador de Pernambuco, e até os comunistas, visando à redemocratização do Brasil.[41]

O encontro com Kubitschek, articulado pelo ex-deputado Renato Archer, ocorreu em Lisboa, em 16 de novembro de 1966. E, uma vez firmada a aliança entre os dois, com a Declaração de Lisboa, Lacerda retornou ao Brasil, a fim de buscar um entendimento com Goulart, que por intermediação do ex-deputado José Gomes Talarico[42] aceitou

---

38 Cony, 1982, p.118.
39 Lacerda, 1977, p.344.
40 "De certo modo, a Frente Ampla foi quase que uma sugestão do próprio Juscelino. Ele já tinha inclusive mandado um recado que gostaria de falar comigo." (Idem, ibidem, p.380.)
41 Lacerda "cortejava, concomitantemente, liberais, esquerdistas, comunistas e antiamericanos", levando a revista *Visão* a comentar: "Carlos Lacerda tenta conquistar a liderança da oposição nacional, sem pagar o preço da anistia, i. e., quer pegar a liderança com a mão de gato, deixando no exílio aqueles que a revolução expurgou. Ao mesmo tempo, toma uma posição contrarrevolucionária, tanto no plano político como no plano ideológico, namorando as áreas nacionalistas e de extrema esquerda". Cf. Viana Filho, 1975, p.463-4.
42 "O encontro com Jango foi preparado pelo José Gomes Talarico, chamado 'o pelego' e que toda vez que ia visitar o Jango voltava para a cadeia, mas é uma pessoa a quem aprendi a respeitar uma coisa (as pessoas sempre têm alguma coisa de bom): a fidelidade dele ao Jango. Acho que o Jango nunca teve alguém tão fiel. Esse camarada ia visitar o Jango, ia confabular com o Jango e toda vez que voltava, era preso e ia para a Vila Militar, ia para o quartel, ia para a polícia, e toma interrogatório: 'O que você conversou com Jango?'

recebê-lo em Montevidéu.[43] Tudo indica, entretanto, que Goulart só recebeu Lacerda graças a uma prévia e discretíssima visita de Wilson Fadul, seu ex-ministro da Saúde, e à gestão de Edmundo Moniz, mais discretamente ainda, dias depois. E, no dia da chegada de Lacerda, Goulart encarregou Cláudio Braga de buscá-lo no Aeroporto de Carrasco. Juntamente com Renato Archer, ele jantou no restaurante Águila, um dos mais luxuosos de Montevidéu, e os dois em seguida foram à residência de Goulart. José Gomes Talarico chegou no dia seguinte, mas Lacerda, alegando que ele falava muito, vetou expressamente sua presença na sua reunião, da qual participaram Renato Archer, Amauri Silva, Cláudio Braga e, depois do almoço em Pocitos (bairro de Montevidéu), Darcy Ribeiro.

Brizola, surpreso com a notícia de que Lacerda estava no Uruguai para encontrar-se com Goulart, localizou José Gomes Talarico e exigiu também ser ouvido, ou seja, encontrar-se com Lacerda, que se dispôs a ir até Atlântida, balneário cerca de 50 quilômetros distante de Montevidéu, onde ele estava internado,[44] para conversarem. Porém, Renato Archer, que representava Kubitschek, ponderou que tal encontro poderia criar ainda mais embaraços para Lacerda em relação aos militares que o apoiavam.[45] Brizola, ao sentir-se descriminado, reagiu com violenta declaração, distribuída à imprensa por Neiva Moreira,[46]

Tornaram a vida dele um inferno. Ele saia da prisão e dias depois estava em Montevidéu para ver o Jango. É um negócio comovente! E um pelego pobre. Nunca fez negociata, nem nada. Era um sujeito pobre. E não era nem por gratidão, por se ter enchido de dinheiro..." Lacerda, 1977, p.382-3.

43 "Numa das idas e vindas do ex-deputado José Gomes Talarico a Montevidéu (era preso todas as semanas pelo crime de ter ou não ter ido a Montevidéu), veio o sinal verde para a viagem de Lacerda." (Cony, 1982, p.121.)

44 O governo brasileiro teve de assumir as despesas, de acordo com a Convenção sobre Asilo Territorial de Caracas, de 1954, e pagava ao Ministério de Relações Exteriores do Uruguai cerca de US$ 22,00 (vinte e dois dólares) para manter Brizola internado.

45 Entrevista de José Gomes Talarico ao autor, abr.2000.

46 A versão de Lacerda é um pouco diferente, possivelmente distorcida. Segundo seu depoimento, Brizola propusera um encontro com ele, na véspera do seu encontro com Goulart. "O próprio Talarico chegou e disse: 'Olha, o Brizola aceita encontrar-se com você, mas ele quer um encontro clandestino numa cidade do interior do Uruguai. Ele não quer encontrar-se com você aqui'. Eu lhe disse: 'Não tenho nenhuma conversa secreta com o

acusando Goulart, no dia do encontro com Lacerda, de trair a memória de Vargas e aliar-se ao seu assassino.[47] Esse encontro ocorreu em 25 de setembro de 1967, após o qual os dois emitiram uma nota conjunta, na qual, ao reconhecerem "a necessidade inadiável de promover o processo de redemocratização do Brasil", Lacerda endossou as reivindicações trabalhistas e nacionalistas, as reformas de base, e Goulart admitiu usar todos os recursos ao alcance "em busca de soluções pacíficas para a crise brasileira, sem cultivar ressentimentos pessoais e sem propósitos revanchistas". A seguir, nota do encontro de Carlos Lacerda com Goulart para a formação da Frente Ampla:

> Tivemos, nós dois, dr. João Goulart e eu, convencidos da necessidade inadiável de promover o processo de redemocratização do Brasil, a iniciativa de reunirmo-nos em Montevidéu. Sabemos o que significam as privações e as frustrações do povo, especialmente os trabalhadores, os que mais sofrem as consequências da supressão da liberdade democrática. Sabemos o que quer dizer o silêncio de reprovação dos trabalhadores, submetidos à permanente ameaça de serem presos e privados do direito de reivindicar seus direitos. É preciso que se transforme, corajosa e democraticamente, a estrutura de instituições arcaicas, que não mais atendem aos anseios de desenvolvimento do País. É preciso assegurar aos brasileiros o aproveitamento das riquezas nacionais em favor do seu povo e não de grupos externos e internos que sangram e exploram o seu trabalho. Ninguém tem o direito de suprimir pela mistificação, pela usurpação total do poder civil, ou pelo ódio, as esperanças do País. Pretendemos revolucionar, pacificamente, os grandes problemas dos nossos tempos. Pensamos que é um dever usar todos os recursos ao nosso alcance em busca de soluções pacíficas para a crise brasileira, sem cultivar ressentimentos pessoais e sem propósitos revanchistas. Não nos entendemos para promover a desordem, mas sim para assegurar o estabelecimento da verdadeira ordem democrática, que não é a do silêncio e da submissão. Um salário mais justo,

---

dr. Brizola, nem o menor interesse em apertar a mão dele. [...] Se ele quiser encontrar-se comigo que venha a Montevidéu e converse como estou conversando com o cunhado dele, com pleno conhecimento da imprensa, de todo o mundo [...]' Então vimos a nota do Brizola, mas uma nota de uma violência, quanto a mim natural, mas sobretudo contra Jango, uma coisa terrível." (Lacerda, 1977, p.386-7.)

47 Idem, ibidem, p.386. Lacerda era acusado de ter matado Vargas, porque promoveu a campanha que o levou ao suicídio. Seu apelido era o "Corvo".

mais do que nunca é uma exigência do trabalhador, esmagado pela pobreza, e de todo o país para expansão do mercado interno brasileiro. A retomada do processo democrático pela eleição direta é essencial para combinar, ao mesmo tempo, o direito de decisão que pertence ao povo e a pacificação nacional, instrumento de mobilização do Brasil para o esforço do desenvolvimento com justiça social e autonomia nacional. Queremos a paz com liberdade; a lei com legitimidade e a democracia não como uma palavra apenas, mas como um processo de ascensão do povo ao poder. A Frente Ampla é um instrumento capaz de atender, com esse sentido, responsavelmente, ao anseio popular pela restauração das liberdades públicas e individuais; pela participação de todos os brasileiros na formação dos órgãos do poder e na definição dos princípios constitucionais que regerão a vida nacional; pela retomada dos esforços para formular e pôr em execução as reformas fundamentais e a reconquista da direção dos órgãos que decidem o destino do Brasil. A formação desse movimento, uma verdadeira Frente Ampla do povo, integrada por patriotas de todas as camadas sociais, organizações e correntes políticas, é a grande tarefa que nos cabe realizar, com lealdade e coragem cívica, mobilizando novas energias e concentrando-as sem desfalecimentos para reconduzir o Brasil ao caminho democrático. Movidos exclusivamente pela preocupação com o futuro do nosso país, não fizemos pactos, não cogitamos de novos partidos nem de futuras candidaturas à presidência da República. Conversamos, sim, longamente, com objetividade e respeito sobre a atual conjuntura política, econômica e social do país. Não temos ambições pessoais nem nosso espírito abriga ódio. Anima-nos tão somente o ideal, que jamais desfalecerá de lutar pela libertação e grandeza do Brasil, com uma vida melhor para todos os seus filhos. Assim, só assim, é que evitaremos a terrível necessidade de escolher entre a submissão e a rebelião, entre a paz da escravidão e a guerra civil.

Montevidéu, 25 de setembro de 1967.

João Goulart

Carlos Lacerda. (Apud Lacerda, 1977, p.459-60.)

CAPÍTULO 16

O modelo insurrecional de Brizola – O fracasso da Operação Pintassilgo – As divergências e a ruptura com Goulart – Brizola e os seis focos de guerrilha planejados – O AI 5 – Radicalização e esgotamento da ditadura

Nem Brizola nem Miguel Arraes, entretanto, aceitaram qualquer participação na Frente Ampla, que não só desgastou tanto Lacerda quanto Kubitschek e Goulart, como não se desenvolveu e frutificou, pois foi extinta em 5 de abril de 1968, por portaria o ministro da Justiça, Luís Antônio da Gama e Silva. Na verdade, Miguel Arraes, isolado na Argélia, pouco podia fazer pela Frente Ampla, se a ela houvesse aderido. Por sua vez, Brizola, mesmo confinado em Atlântida, desde 1965, estava muito perto do Brasil e não desistira da luta armada contra o regime militar, em novembro de 1964. Não apoiou, é certo, a tentativa de desencadeá-la, empreendida em março de 1965 pelo coronel Jefferson Cardim de Alencar Osório. Este militar, na noite de 25 de março, comandando um grupo de 17 guerrilheiros, entrou no Brasil, apossou-se de um caminhão Mercedes e seguiu o segundo o eixo rodoviario Três Passos-Tenente Portela-Frederico Westephalen (no Rio Grande do Sul), avançou por Santa Catarina, e na direção de Barracão, no Paraná, chegou até Capanema-Cascavel, onde, 50 quilômetros ao sul, no dia 27, foi cercado pelo Exército. Nas operações, o 3º sargento Carlos Argemiro Camargo, da 1ª Companhia do 13º Regimento de Infantaria, foi morto. E cinco dos participantes do grupo foram presos, entre os quais ex-coronel Jeferson Cardim de Alencar Osorio, que foi barbaramente torturado, em três quartéis do Exército, até sofrer uma crise de demência e ser submetido a tratamento médico.[1]

Ao contrário do que disse o general Ernesto Geisel em seu depoimento ao CPDOC,[2] Brizola não só não apoiou como se opôs à iniciativa do coronel Jefferson Cardim.[3] O coronel Jefferson Cardim não lhe inspirava confiança[4] e fora deixado à margem de toda conspiração por não saber guardar segredos.[5] Quando Brizola soube que ele entrara sigilosa e repentinamente no Rio Grande do Sul para promover o levante, acompanhado pelo ex-sargento da Brigada Militar, Albery Vieira dos Santos, telefonou para seus correligionários, advertindo-os no sentido de que não se envolvessem naquela aventura.[6] O modelo de sublevação que inspirava Brizola não era o da luta de guerrilha, o da revolução de 1930, deflagrada a partir da tomada de alguns quartéis, no Rio Grande do Sul, sob a chefia de Getúlio Vargas. Também sonhava com o episódio da luta pela posse de Goulart na presidência

---

1   Gaspari, 2002, p.194.
2   D'Araújo e Castro, 1998, p.183.
3   No dia 26, cedo pela manhã, Paulo Schilling, secretário de Brizola, foi ao Hotel Cervantes, na parte velha de Montevidéu, e avisou o autor, lá também exilado, que o coronel Jefferson Cardim de Alencar Osório entrara intempestivamente no Brasil para fazer a luta armada e disse-lhe que Brizola estava chamando por telefone seus companheiros no Rio Grande do Sul, advertindo-os para que não se envolvessem e não apoiassem essa aventura.
4   O coronel Jefferson Cardim era casado com Rosa Lopetegui, irmã de um coronel da ativa do Exército uruguaio e suspeitava-se que as informações pudessem vazar por meio dela, como parecia haver ocorrido logo após o golpe militar no Brasil.
5   "Entre os que estavam desligados de esquemas imediatos encontrava-se o coronel Jefferson Cardim de Alencar Osório, homem de coragem, disposto e inquieto. Queria porque queria fazer algo, mas tinha um defeito: não sabia guardar segredo. Era ligado ao PC. Em todos os estudos contava-se com o coronel, mas não se podia dizer a ele." Silva, 1987, p.188. "Brizola e o grupo não confiavam nele (Jefferson Cardim de Alencar Osório), era um homem que falava demais." (Costa, 2007, p.122.)
6   Na época, o autor, em Montevidéu, soube que Darcy Ribeiro dera algum dinheiro ao coronel Jefferson Cardim de Alencar Osório, para aquela tentativa de luta armada. O tenente José Wilson da Silva, que colaborou intimamente com Brizola na área militar, confirmou-o em suas memórias. "Jefferson procurou conseguir dinheiro com Darcy Ribeiro, que, segundo fui informado, deu-lhe US$ 150,00. Foi ao Jango que o mandou pedir ao engenheiro Ivo Magalhães, que lhe teria dado cerca de Cr$ 150.000,00. Foi também ao Brizola, mas não conseguiu nada, porque também não expôs realmente qual o trabalho que pretendia executar." (Silva, 1987, p.189-90.)

do Brasil, em 1961, quando ele mobilizou a Brigada Militar, ocupou a Rádio Guaíba e formou com mais de uma dezena de rádios a "Rede da legalidade", empolgou o povo e terminou por contar com a adesão do III Exército, dividindo as Forças Armadas. Desde então nunca deixou de pensar que seu verbo produziria milagres, quaisquer que fossem as circunstâncias. "O melhor caminho para ele seria uma espécie de insurreição popular-militar, na qual o assalto armado ao poder seria apenas o desdobramento da ação política" – segundo Neiva Morreira comentou em suas memórias, descrevendo o que Brizola idealizava:

> Algumas guarnições do Exército e a maior parte da Brigada Militar gaúcha, com o apoio de alguns civis organizados, se sublevariam ao mesmo tempo em várias cidades do Rio Grande do Sul. Brizola estaria à frente do movimento, lançado o levante em alguns quartéis. Mensagens radiofônicas conclamariam o Estado (Rio Grande do Sul) a apoiar a insurreição. Algo parecido com a batalha pela Legalidade.[7]

Herbert de Souza também observou que Brizola estava decido a repetir 1961, implantando a resistência no Brasil, e comentou que

> seu sonho foi repetir a articulação do Exército com a Brigada Militar para voltar a Porto Alegre e refazer a Rede da Legalidade. Com um microfone na mão, ele pensava em mobilizar o país e derrotar a ditadura. Uma estratégia que manteve até o fim.[8]

A estratégia de Brizola para a insurreição no Brasil baseava-se no entendimento de que, "no princípio era o Verbo, e o Verbo estava com Deus, e o Verbo era Deus".[9] E Deus... com sua oratória, através de uma rede de rádio, derrubaria a ditadura. E emergeria como líder nacional. Esta era a sua ambição. Orpheu dos Santos Salles contou que certa vez, em 1967, quando fora a Montevidéu, hospedado no Hotel

---

7   Neiva Moreira, 1989, p.228.
8   Gontijo, 1988, p.91.
9   Evangelium nach Johannes, 1 – Prolog, in Die Heilige Schrift – Das Neue Testament. Munique: Paul Pattloch Verlag – Aschaffenburg, 1965, p.118.

Vitória, recebeu inopinadamente um telefonema de Brizola, que o convidou a ir encontrá-lo, em Atlântida, onde estava internado, e lá lhe pediu colaboração e apoio para convencer Goulart[10] a passar-lhe a liderança trabalhista. E argumentou que Goulart "havia perdido a confiança dos companheiros, face a sua covardia em não ter resistido à sua humilhante queda e derrubada do governo, quando havia reais possibilidades de resistência e vitória contra os militares golpistas, que se apoderaram tranquilamente do Poder".[11] Orpheu dos Santos Salles retrucou, dizendo-lhe que sua visão estava fora de foco, com respeito à decisão de Goulart de não usar as forças leais do Exército e resistir. Caso o fizesse, haveria uma guerra civil, e o resultado seria total e terrivelmente desfavorável dado que a maioria da oficialidade das Forças Armadas estava contra o envenenada pela maciça propaganda anticomunista e acusações contundentes que faziam contra o governo, "por causa da participação de comunistas, apoio ostensivo às greves, omissão e incitação de invasões de terras".[12]

Brizola, realmente, não tinha o menor apreço por Goulart. Jamais o teve. Desprezava-o. Muito combativo e ambicioso, queria suplantá-lo, como sempre tentou, desde antes do golpe militar, e assumir a liderança da resistência à ditadura no Brasil. Um informe da Divisão de Segurança e Informações do Ministério de Relações Exteriores do Brasil, datado de 15 de março de 1971, referiu-se às divergências entre Brizola e Goulart, relatando que ambos, em determinado momento, haviam "chegado a constituir, com as respectivas *entourages*, grupos políticos antagônicos, cuja liderança era disputada pelo chamado 'grupo militar' de asilados".[13] Porém, conquanto Brizola nunca houvesse seriamente acreditado em guerrilha, como seu secretário particular,

---

10 Orpheu dos Santos Salles era amigo de sócio de Goulart, em alguns empreendimentos no Uruguai e em uma fazenda em Mato Grosso.
11 Carta de Orpheu dos Santos Salles ao autor, 29 jan. 2010.
12 Ibidem.
13 Informação nº 03/71/DSI-MRE – Secreto – 15 mar. 1971 – Embaixada do Brasil em Montevidéu – Difusão SNI. ACE 38443/71 – NA-COREG Brasília.

Paulo Shilling, salientou, estava muito influenciado pela Revolução Cubana e já havia estabelecido contato com cubanos.[14]

Esse contato, provavelmente, começou no segundo semestre de 1964, quando esteve em Montevidéu o ex-ministro-conselheiro da Embaixada de Cuba no Rio de Janeiro, Miguel Brugueras,[15] pertencente ao G2, o serviço de inteligência cubano, dirigido pelo comandante Manuel Piñero.[16] Sem dúvida, ele conversou com Brizola e aí principiaram os entendimentos com o governo de Havana. Não era possível que Brugueras fosse ao Uruguai e, na ocasião, não se encontrasse com ele, Darcy Ribeiro e ou até mesmo com Goulart e não aventasse a possibilidade de que Cuba poderia apoiar a resistência no Brasil. Porém, aparentemente, só em dezembro de 1964, Brizola, após os sucessivos fracassos de sublevar o Rio Grande do Sul, entre os quais o da Operação Pintassilgo,[17] começou a aceitar e apoiar o planejamento de focos de guerrilha por outras organizações de esquerda – POLOP, o POR (trotskista) e MRT (movimento do qual participavam alguns elementos vinculados às Ligas Camponesas) – para as quais passou a remeter alguns escassos recursos, provenientes, segundo explicou, de amigos e correligionários no Rio Grande do Sul.[18]

---

14 Costa, 2007, p.125.

15 Em Montevidéu, Miguel Brugueras esteve com o autor e o jornalista Haroldo Hall, que fora correspondente da *Prensa Latina* no Brasil e também estava asilado em Montevidéu. Nada lhes disse sobre a conversa que antes ou depois certamente manteve com Brizola, que também nunca falou sobre o assunto com o autor.

16 O comandante Manuel Piñero, conhecido pelo apelido de Barba Roja, era o homem mais importante do serviço de inteligência Cuba, que dirigiu de 1960 até 1975, como vice-ministério, encarregado de planejar todas as operações secretas do Ministério do Interior. Em 1975, passou a dirigir o Departamento América do Comitê Central do Partido Comunista de Cuba e continuou prestando assistência a todos os movimentos revolucionários na América. Era casado com a comunista chilena Marta Harnecker. Morreu em um acidente automobilístico, em 1998, com 64 anos.

17 A Operação Pintassilgo, planejada pelo coronel da Aeronáutica Pedro Daudt, cassado, consistia no ataque a diversos quartéis, a tomada da Base Aérea de Canoas, no Rio Grande do Sul, e o bombardeamento do Palácio Piratini por aviões da FAB, pilotados por oficiais sublevados.

18 Em dezembro de 1964, recebeu um dirigente da POLOP, Eric Sachs, que fora, clandestinamente, a Montevidéu e lhe falou sobre a intenção de retomar o plano para a implantação de um foco de guerrilha no Nordeste de Minas, cercanias do Vale do Rio Doce. Esse plano já havia sido abortado, no início de junho de 1964, quando o CENIMAR,

E, no início de 1965, o professor Regis Debray,[19] militante da União da Juventude Comunista da França, chegou a Montevidéu, procedente de Havana, lá almoçou com Brizola, no seu apartamento na Plaza de La Independencia, e conversou, à tarde, com Darcy Ribeiro.[20] O assunto foi a deflagração da luta armada no Brasil e quais as perspectivas que havia para derrubar a ditadura. Não era mera curiosidade de um acadêmico europeu sobre o que estava ocorrendo na América do Sul. Debray, na realidade, viajou para o Uruguai como um emissário não oficial de Fidel Castro e ofereceu a possibilidade de que brasileiros pudessem fazer treinamento de guerrilha em Cuba ou na Venezuela, onde as Fuerzas Armadas de Libertación Nacional (FALN), sob o comando de Douglas

---

o serviço de inteligência da Marinha, prendeu em três apartamentos, em Copacabana, no Rio de Janeiro, dois dirigentes da POLOP, Rui Mauro Marini e Arnaldo Mourthé, e vários sargentos e marinheiros lá estavam escondidos. O grupo de marinheiros estava infiltrado por um agente do CENIMAR, que armou uma provocação, levando para um dos apartamentos mapa de quartel e outros petrechos, a fim de justificar a prisão. O plano da guerrilha ainda não passara das cogitações. Reminiscências do autor.

19 Regis Debray escreveu o livro *Revolution dans la Revolution? Lutte armée et lutte politique en Amérique Latine* com a colaboração de Fidel Castro e publicado em janeiro de 1967, defendendo a teoria segundo a qual a partir de um foco de guerrilha, tal como em Cuba ocorrera, e que o grupo deveria tornar-se uma coluna móvel, reproduzindo-se a si mesma em células, continuamente, até tornar-se uma vasta insurreição. Esse livro difundiu a teoria do foquismo, cujo modelo era a revolução em Cuba, onde o foco de guerrilha se expandira desde Sierra Maestra, sob o comando de Fidel Castro, desdobrando-se em vários outros, a produzir o colapso do regime. Regis Debray acompanhou Che Guevara para a implantação do foco de guerrilha e foi capturado em 20 de abril, torturado e, depois, condenado a 30 anos de prisão, mas após quatro anos foi libertado, em face do clamor mundial. Sua prisão foi que confirmou a presença de Che na Bolívia.

20 Um dirigente do Partido Socialista Uruguaio, Felix Vitale, estabeleceu o contato de Regis Debray com o autor, que então o levou ao apartamento de Brizola, na Plaza de La Independencia, e, depois do almoço, ao apartamento de Darcy Ribeiro. "Como te dije por teléfono, mi memoria de aquellos años se ha puesto borrosa. Lo que puedo recordar es que me encomendaron hacer de acompañante de Regis Debray, indagar sobre su presencia en Montevideo y presentarlo a los compañeros que en aquel momento participábamos de la experiencia de *Época*, como diario de izquierda independiente. En ese tiempo el diario era expresión, entre otras cosas, de las luchas de los distintos movimientos de liberación nacional y social que se daban en América Latina. Entre ellos, contábamos con el importante grupo de exiliados brasileños de los que vos formabas parte. Prácticamente te transformaste en el nexo entre ellos y el diario, por tu presencia asidua en la Redacción. Fue entonces cuando te presenté a Regis." Mensagem eletrônica de Felix Vitale ao autor, em 4 fev.2010.

Bravo, mantinham a luta armada contra o governo do presidente Raúl Leoni Otero (1964).

Algum tempo depois, Brizola, no curso de 1965, criou em Montevidéu o Movimento Nacionalista Revolucionário (MNR),[21] que nunca constituiu propriamente uma organização, e formou um estado-maior (nominal, pois de fato era ele quem tudo decidia),[22] integrado por Paulo Schilling, o coronel Dagoberto Rodrigues, ex-diretor dos Correios e Telégrafos, e o ex-deputado José Neiva Moreira. A estes coube fazer as articulações para a implantação dos focos de guerrilha no Brasil. E Herbert José de Souza (Betinho), dirigente da Ação Popular (AP), também refugiado no Uruguai, viajou para Havana, no início de 1965,[23] levando uma carta de Brizola a Fidel Castro, sobre a situação do Brasil e as possibilidades da luta contra o regime militar,[24] com a missão de articular o recebimento de recursos financeiros. Lá esteve com o comandante Manuel Piñero, o terceiro na hierarquia do governo, e constou que foi ele, Herbert José de Souza, quem transportou para o Uruguai (conquanto o negasse) a primeira remessa de dinheiro,[25] no

---

21 Também foi chamado Movimento Revolucionário Nacionalista (MORENA).

22 Essa observação do autor, que conheceu bem Brizola e colaborou com ele, durante muitos anos, é confirmada pelo jornalista Flávio Tavares: "Os responsáveis no Uruguai apenas tratavam das questões menores, pois quem lá decidia tudo mesmo era o próprio Brizola". Flávio Tavares, correspondência eletrônica com o autor, em 4 jan. 2010.

23 "Nesse período de divisão entre insurreição e guerrilha, o antigo líder da Rede da Legalidade adotou a posição de permitir as duas estratégias, liberando os adeptos de cada uma a fazerem o que bem entendessem. Houve então um apoio de Cuba ao movimento encabeçado por Brizola, tendesse ou não para a guerrilha. Foi por aí que veio algum recurso, destinado a passagens, treinamento de pessoal e despesas que surgissem no processo. A primeira ida a Cuba, para fazer este tipo de articulação, fui eu quem foi, no princípio de 65. Minha missão era estabelecer a relação Cuba-Brizola." Gontijo, 1988, p.92-3.

24 "Betinho – Viajei do Uruguai para Cuba com uma carta de Brizola para Fidel Castro. Era uma carta simples: dizia que eu estava indo como emissário; pedia apoio. A carta era de uma página. Dizia: 'Prezado...'. A palavra seguinte era recortada. Adiante, dizia: 'Nós estamos enviando o emissário....'." (Idem, ibidem, p.93.) "Depoimento completo: Herbert de Souza, o Betinho, faz viagem clandestina a Cuba para devolver dólares que Fidel Castro tinha mandado ao Brasil para financiar a guerrilha!" Disponível em: http://www.geneton.com.br/archives/000304.html

25 Na entrevista que concedeu ao jornalista Geneton de Moares Neto, Betinho negou que fosse ele quem transportou o dinheiro: "Eu não trouxe o dinheiro. Só fiz o contato. Outros foram a Cuba e trouxeram. Não me lembro quem. Ou então Cuba entregava o dinheiro".

montante de cerca de US$ 50.000.[26] Porém, os contatos com Havana, posteriormente, continuaram através de Neiva Moreira e Dagoberto Rodrigues, enquanto Paulo Schilling e Vinícius Caldeira Brant seguiram para a China, igualmente com a missão de buscar apoio e financiamento para a luta armada no Brasil.

Os entendimentos alcançados com Fidel Castro pelos emissários de Brizola possibilitaram que Cuba fornecesse alguns recursos destinados a passagens, treinamento de pessoal e outras despesas. "Não tratamos de 'milhões de dólares' e das armas que povoam a imaginação de uns e a malícia de outros e, sim, de passagens e estadias no percurso e em Havana, que os cubanos deveriam custear como apoio solidário à nossa luta" – Neiva Moreira escreveu.[27] Brizola, segundo o ex-tenente José Wilson da Silva, um de seus principais assessores militares, ficou com um terço dos US$ 500 mil, que Fidel Castro enviou inicialmente para Montevidéu, a título de ajuda, ficando outro terço com Goulart (esta informação não é absolutamente verídica), porque a ele estavam ligados vários exilados necessitados, e outro terço com Darcy Ribeiro, por questão de segurança e porque tinha também parte de responsabilidade.[28] "Parte desta importância foi gasta com elementos no exílio, parte com assistência a companheiros no Brasil em situações críticas, como presos com a família sem recursos etc., e parte com os nossos

---

Em outro momento da entrevista ele reiterou: "Betinho: 'A remessa do dinheiro já não foi feita comigo. Outros é que entraram no circuito. Se eu falar em valor, é um chute. Não tenho elementos'." "Depoimento completo: Herbert de Souza, o Betinho, faz viagem clandestina a Cuba para devolver dólares que Fidel Castro tinha mandado ao Brasil para financiar a guerrilha!". Disponível em: http://www.geneton.com.br/archives/000304. html. Entretanto, na entrevista a Ricardo Gontijo, publicada no livro *Sem vergonha da utopia*, Betinho admitiu implicitamente que transportara algum dinheiro, ao contar que os cubanos lhe deram um motivo para rir, pois a mala com dinheiro tinha fundo falso, mas era igual a todas que eles mandavam de ajuda aos movimentos revolucionários na América Latina. "Quem fosse visto nos aeroportos estava automaticamente identificado" – comentou. Em outro trecho da entrevista, revelou que foi ele encarregado de levar de volta a Cuba dinheiro fornecido a AP e que não fora gasto. Gontijo, 1988, p.93 e 98.

26 Informação prestada ao autor pelo jornalista Flávio Tavares, que participou das articulações com Brizola para a instalação de um foco de guerrilha no Brasil.

27 Neiva Moreira, 1989, p.249.

28 Silva, 1987, p.202.

homens-correios para implantação já de esquemas de trabalho, aliás, tudo em função de um plano de ação armada" – José Wilson da Silva esclareceu, acrescentando que, mais tarde, Lélio Carvalho completou outro contato com Fidel Castro, que forneceu mais US$ 500 mil, canalizados por intermédio de Darcy Ribeiro e na maior parte investidos na preparação da luta armada, inclusive a implantação de um foco de guerrilha na Serra de Caparaó.[29] O jornalista Flávio Tavares, que participou da guerrilha, informou que a maioria da ajuda financeira de Fidel Castro foi aplicada no envio de brasileiros a Cuba, dado que cada viagem custava mais de US$ 2.500 dolares, na época, porque o trajeto era longo para despistar os serviços de inteligência. Ele calculou que mais de cem pessoas do MNR foram para Cuba receber treinamento de diferentes tipos. E, de acordo com o jornalista Luís Mir, o auxílio de Cuba ao projeto de Brizola ascendeu a US$ 1,2 milhão, "montante irrisório" para as necessidades militares, pois US$ 300 mil foram para a coluna operacional e militar, a cargo do coronel Dagoberto Rodrigues, outros US$ 300 mil para Darcy Ribeiro organizar uma estrutura política dentro e fora do Brasil, ficando o restante para a compra de armamentos e fundos de provisão.[30]

Se essas cifras são exatas e verdadeiras, nunca se pôde comprovar. Nem Brizola nem qualquer outro dos seus companheiros que participaram dos entendimentos com Fidel Castro revelaram o montante recebido de Cuba. Esse montante, no entanto, é menor do que o fornecido a Francisco Julião para as Ligas Camponesas, entre 1960 e 1962, calculado em cerca de US$ 2 milhões, contra a opinião de Che Guevara, que não era então favorável à deflagração de guerrilhas no Brasil, onde o regime democrático bem ou mal ainda funcionava,[31]

---

29 Idem, ibidem, p.203.
30 MIR, 1994, p.167. Luís Mir não cita a fonte de onde tirou essa informação, mas parece que tem alguma base, pois ele fez várias entrevistas e o seu relato em muitos pontos coincide com o que Neiva Moreira fez em O pilão da madrugada e com o que o autor já sabia, desde aquela época.
31 Informação de Regina de Castro, segunda esposa de Francisco Julião, ao jornalista Flávio Tavares. Entrevista com Flávio Tavares, por telefone, em 4 jan.2010.

mas provavelmente não se opôs à concessão dos recursos. De qualquer forma, conforme Denise Rollemberg acentuou, o fato foi que "Cuba apoiou a formação de guerrilheiros, desde o momento em que assumiu a função de exportar a revolução, quando o Brasil vivia sob o regime democrático do governo João Goulart, ou seja, antes da instauração da ditadura".[32] E, sem dúvida, o esforço para desencadear a luta armada no Brasil, entre 1966 e 1967, passou a integrar a estratégia elaborada por Guevara, ao tentar estabelecer, naquele tempo, um foco de guerrilha na Bolívia, como "parte de um movimento revolucionário de libertação, que logo se estenderia a outros países da América do Sul".[33] Regis Debray confirmou que, consciente ou inconscientemente, Che Guevara, com quem esteve na Bolívia, pretendia que "os Andes se transformassem na Sierra Maestra da América",[34] tomando atuação do Exército Rebelde, em Cuba, por modelo, adotando a centralização estratégica e uma descentralização tática, com instalação de outros focos de guerrilhas nos demais países da América do Sul.[35]

O primeiro foco da guerrilha, sob o comando do ex-sargento Amadeu Felipe da Luz Ferreira e pelo qual Paulo Schiling era o responsável junto a Brizola, em Montevidéu, seria entre o Rio Grande do Sul e Santa Catarina, na região de Aparados da Serra, onde se encontram os rochedos que formam o maior cânion do Brasil, Itambezinho, com

---

32 Rollemberg, 2001, p.19.

33 Prefácio ao *Diario en Bolivia*, 1968, in: Castro, 1994, p.97-8. De 31 de julho a 10 de agosto de 1967, Havana recebeu 27 delegações de países da América Latina, das quais só três dominadas pelos partidos comunistas, com dezenas de representantes das mais diversas correntes de esquerda do continente, para a conferência, que criaria a Organização Latino-Americana de Solidariedade (OLAS), uma espécie de nova Internacional, com característica regional, menos homogênea e menos disciplinada do que as outras e cujo objetivo seria coordenar politicamente a criação de "dos, tres... muchos Vietnam" na América Latina, conforme a palavra de ordem de Che Guevara na Mensaje a los Pueblos del mundo a través de la Tricontinental, a Organização de Solidariedade dos Povos da África, Ásia e América Latina (OSPAAL), que deveria cumprir a mesma função em todo o Terceiro Mundo. Sobre o tema ver Moniz Bandeira, 1998, p.562-76.

34 Sierra Maestra foi onde Fidel Castro e seus companheiros implantaram o foco de guerrilha, que depois se espalhou por todo o país e terminou derrubando a ditadura do sargento Fulgência Batista (1933-1959).

35 Debray, 1996, p.89,

5 km de comprimento e uma profundidade média de 600 metros. A prisão do ex-sargento Manoel Raimundo Soares,[36] um dos participantes do foco de guerrilha em Aparados da Serra, levou Brizola a transferi-lo para a Serra de Caparaó, no nordeste de Minas Gerais, divisa com Espírito Santo.[37] O outro localizar-se-ia em Mato Grosso, na direção da Bolívia, sob a orientação do coronel Dagoberto Rodrigues. E um terceiro, cujo coordenador era o jornalista Flávio Tavares, que morava em Brasília, tinha sua base operacional em Imperatriz, no Maranhão – depois removida para Marabá[38] – e abarcava o sul do Pará e o oeste do Maranhão.[39] Lá o foco foi instalado, no final de 1965, com ex-marinheiros e ex-fuzileiros navais, inicialmente sob o comando do ex-marinheiro José Duarte dos Santos,que fora treinado em Cuba e enviado por Brizola a Flávio Tavares.[40]

Realmente, conforme o capitão Dariel Alarcón Ramírez, veterano de Sierra Maestra, confirmou, Che Guevara, a quem ele acompanhara tanto no Congo como na Bolívia, esperava que até dezembro de 1967 as guerrilhas irrompessem, simultaneamente, não só na Bolívia, Argentina, Peru e Uruguai, mas também no Brasil,[41] onde, ao passar por São Paulo, por volta dos primeiros dias de novembro de 1966, teria conversado com dois dirigentes comunistas, Carlos Marighella e Joaquim Câmara

---

36 O ex-sargento Manoel Raimundo Soares foi preso no dia 11 de março de 1966, em Porto Alegre, por ordem do capitão Darci Gomes Prange, da 6ª Companhia da Polícia do Exército. Foi duramente torturado, colocado no pau-de-arara e submetido a choques elétricos, espancado e queimado com cigarros acesos. Oito dias depois, em 19 de março, foi levado para a ilha do Presídio, no rio Guaíba, de onde o DOPS, em agosto, transferiu-o para Porto Alegre, a fim de submetê-lo a outro interrogatório. Manoel Raimundo Soares foi encontrado morto, o corpo boiando no rio Jacuí, com mãos e pés amarrados. Morreu por afogamento, enquanto era torturado.

37 A serra de Caparaó, na divisa de Minas Gerais com o Espírito Santo, estende-se por uma área de 31.000 hectares, entre as bacias do rio Doce, ao norte, Itapemirim, a leste, e Itabapoana, ao sul. Aí estão os Picos do Cristal e o Pico da Bandeira, este com 2.892 metros de altura. É o maior pico situado totalmente dentro do território do Brasil.

38 Neiva Moreira, 1989, p.228-9.

39 Essa região corresponde atualmente ao que é o Estado de Tocantins.

40 Correspondência eletrônica de Flávio Tavares, em 4 jan. 2010.

41 Alarcón Ramírez, 1997, p.88.

Ferreira, favoráveis à luta armada.[42] Segundo Jorge Risquét, assessor de Raúl Castro e um dos responsáveis pelas operações de Cuba no Congo, Guevara também esteve em Montevidéu, antes de chegar à Bolívia.[43] Régis Debray, no entanto, apontou esse acontecimento como parte dos "mytthes increvables" ("mitos indestrutíveis") destinados aos "innombrables journalistes du folklore révolutionnaire".[44] De qualquer modo, o próprio Régis Debray confirmou que os contatos, no Brasil, foram estabelecidos com forças "nationalistes révolutionnaire", compostas notadamente por antigos soldados, sargentos e marinheiros, reagrupados em torno de um "leader populaire du Sud brésilien", i.e., em torno de Brizola, e esse movimento tratava de construir as bases de um foco de guerrilha rural nas montanhas de Caparaó.[45]

Àquela época foi que as operações de guerrilha urbana – assaltos a bancos, atentados etc. – começaram no Brasil, desencadeadas por várias organizações de esquerda, entre as quais a Aliança Libertadora Nacional (ALN), que Carlos Marighela dirigia, e se intensificaram nos anos seguintes. Entretanto, em 1º de abril de 1967, o Exército brasileiro cercou o acampamento de Caparaó[46] e prendeu os ex-sargentos e alguns

---

42 Esta informação chegou ao conhecimento do autor em 1967. O encontro teria ocorrido na residência do arquiteto brasileiro Farid Helou. Segundo também constou, Guevara foi a Montevidéu e encontrou-se com o ex-governador do Rio Grande do Sul, Leonel Brizola, lá exilado. Brizola nunca revelou esse fato, se é que ocorreu.

43 Jorge Risquét, assessor de Raúl Castro e um dos responsáveis pelas operações de Cuba no Congo, confirmou ao autor, em entrevista que lhe concedeu em Havana, em 15 de dezembro de 1965, que Che Guevara foi a Montevidéu, porém, ele não sabia se houve o encontro com Brizola.

44 Debray, 1996, p.94.

45 Idem, ibidem, p.93-4.

46 A Serra do Caparaó, nas imediações do Vale do Rio Doce, fora estudada por Clodomir Moraes, dirigente das Ligas Camponesas, com a assistência de cubanos, para a implantação de um possível foco de guerrilha, desde 1963, por ser uma região de importância econômica e de conflitos sociais. A organização Política Operária (POLOP), da qual alguns militantes participavam e influíam na direção das Ligas Camponesas daquela região, não permitiu que o plano evoluísse por ser ser contra a deflagração da armada, enquanto o regime democrático funcionava no Brasil. Após a queda de Goulart, em 1964, a POLOP tentou ali desencadear a luta armada, com a participação de sargentos e marinheiros rebeldes e expulsos das Forças Armadas pelo governo militar, mas o plano foi abortado pelo CENIMAR, o serviço secreto da Marinha, em junho de 1964. Ex-sargentos

civis que lá se encontravam. As demais tentativas dos grupos ligados a Brizola de desencadear a luta de guerrilha, ao norte do Mato Grosso, na fronteira com a Bolívia, bem como ao sul do Maranhão, na zona do Araguaia, também malograram.

"Caparaó, no segundo semestre de 1966, foi uma esperança para todos" – Neiva Moreira recordou.[47] E o fracasso desse projeto de guerrilha, cuja notícia chegou a Montevidéu com a da prisão do ex-sargento Gelci Rodrigues, provocou não apenas frustração como sérios desentendimentos entre Brizola e alguns dos seus companheiros, sobretudo com Dagoberto Rodrigues e Paulo Schilling, que não queriam paralisar o trabalho para a implantação dos focos de guerrilhas. Essa tendência, decerto, não prevaleceu. A CIA, em telegrama datado de 28 de agosto de 1967, informou que, diante do fracasso de seis tentativas de estabelecer guerrilhas com ponto de apoio no Rio Grande do Sul, inclusive a da Serra Caparaó, o mais "ambitious effort", o grupo de Brizola julgava que antes de um ano condições não havia de realizar outro sério esforço para desencadear a luta armada no Brasil.[48] Não obstante, Brizola, segundo a CIA, chegou a um acordo com Fidel Castro, a fim de planejar outras ações, mas, a longo prazo, em Mato Grosso e Goiás, bem como enviar para treinamento em Cuba brasileiros que deveriam empreender a luta armada, porquanto não admitia que nenhum guerrilheiro cubano fosse

---

e marinheiros, expurgados já das Forças Armadas, e alguns civis, como o professor Rui Mauro Marini e o engenheiro Arnaldo Mourthé, dirigentes da POLOP, foram presos, ainda no Rio de Janeiro, e torturados. Rui Mauro Marini, no seu depoimento, apontou o nordeste de Minas como lugar onde o foco de guerrilha seria implantada. (IPM nº 8,216-65 – 1ª Auditoria de Marinha – GB – Fls. 120/123 – Rui Mauro de Araújo Marini – Depoimento prestado em 3 set. 1964. AA.) A região de Caparaó desde aquele época ficou certamente sob a observação dos órgãos de repressão, pois, durante o interrogatório no CENIMAR, alguns dos ex-sargentos do Exército – Amadeu Felipe, Araken Galdão e Gelci Rodrigues, bem como o marinheiro Avelino Capitani – que foram ligados à POLOP, juntaram-se posteriormente a Brizola, no Uruguai, e assumiram a coordenação desse projeto de guerrilha, que mais uma vez foi abortado, em abril de 1967.

47 Neiva Moreira, 1989, p.229.
48 Mais de 300 brasileiros foram treinados em Cuba. CIA – Rede de Informações da Inteligência – Cite TDCS – 314/12799-67, 28 ago. 1967 – Assunto: Recente acordo de Brizola-Castro sobre os planos para atividades guerrilheiras no Brasil. LBJL.

enviado ao Brasil,[49] onde, segundo constou, Che Guevara inicialmente pretendera prestar sua colaboração.[50] Ainda de acordo com o informe da CIA, dirigentes do grupo de Brizola reclamaram que Fidel Castro oferecera mais fundos do que eles poderiam eficientemente usar, razão pela qual decidiram aceitar somente o mínimo necessário para as atividades correntes.[51] Esses recursos passaram a chegar em dólares americanos, sem recibo, porém Brizola contabilizava criteriosamente todas as despesas e mantinha todas as contas preparadas para mostrar se necessário fosse.[52]

O fracasso do esforço de Guevara para implantar um foco de guerrilha na Bolívia,[53] em outubro de 1967, concorreu, porém, para dissipar completamente as esperanças de Brizola em qualquer projeto de guerrilha no Brasil, esperanças estas que nunca foram muito firmes e já estavam bastante abaladas pelo fiasco de Caparaó. Assim, diante de tantos desenganos, frustrações, erros e sacrifícios inúteis, ele decidiu parar, o que provocou o rompimento de relações com vários companheiros, principalmente com Dagoberto Rodrigues e Paulo Schilling. De qualquer modo, aliás, nem Brizola nem Goulart, no exílio, nem mesmo Kubitschek e Lacerda, dentro do Brasil, tinham meios para se contrapor ao regime autoritário, que terminou por se consolidar.

Assustado com as grandes passeatas de oposição, nas ruas do Rio de Janeiro, como a "passeata dos cem mil" (26 jun. 1968), e de São Paulo,

---

49 Ibidem.

50 MIR, 1994, p.167-8.

51 Ibidem.

52 "Brizola now receives money periodically from Cuba via travelers 'from the outside' who bring U.S. dollars. No receipts or accountings are requested, but Brizola budgets all expenditures carefully and maintains an accounting should one be demanded." [Brizola agora recebe dinheiro periodicamente de Cuba, por intermédio de viajantes "do estrangeiro" que trazem dólares americanos. Nenhum recibo é solicitado, mas Brizola registra todas as despesas cuidadosamente e mantém uma contabilidade caso alguém solicite.] Ibidem. Esta informação sobre a rigorosa contabilidade dos recursos provenientes de Cuba coincide com a declaração de Herbert José de Sousa (Betinho), segundo a qual "Brizola controlava esse dinheiro com minúcias de centavos". (Moraes Neto, 1997, p.214).

53 Em 8 de outubro de 1967, os *rangers* da Companhia B, treinados e assessorados por militares norte-americanos, capturaram Guevara, que, ferido, foi covardemente executado, no dia 9, por ordem do Governo de La Paz.

das manifestações de protesto por parte de estudantes e trabalhadores, bem como das classes médias, o marechal Artur da Costa e Silva, em 13 de dezembro de 1968, editou o Ato Institucional nº 5, extinguindo as poucas liberdades públicas e individuais ainda restantes e despindo a ditadura de sua máscara liberal,[54] em meio a centenas de prisões, inclusive de Kubitschek e Lacerda. Essa radicalização do autoritarismo visou a conter toda e qualquer tentativa de contestação, inclusive por parte de setores das Forças Armadas, transformadas no único partido *de facto* existente e a refletir, por conseguinte, as contradições políticas da sociedade.[55] As taxas ascendentes de crescimento econômico, acima de 10% a.a., no início da década de 1970, concorreram então para estabilizar relativamente o regime, juntamente com o recrudescimento da repressão política, que o governo do general Emílio Garrastazu Médici (1969-1974) não só continuou como engravesceu, para liquidar as organizações de esquerda, empenhadas em assaltos a bancos, com o objetivo de angariar recursos, sequestros de diplomatas, a fim de trocá-los por presos políticos, e em outras operações de guerrilha urbana e rural. Entrementes, ao passar para a reserva em 1972, o general Augusto César de Castro Moniz de Aragão, ex-chefe do Estado-Maior do Exército e um dos articuladores do golpe de 1964, advertiu que o Brasil, a fim de "fugir à subversão comunista", corria o perigo de evoluir para o regime de extrema direita, "igualmente policialesco e violento", em que as Forças Armadas, aos poucos, esqueceriam "suas nobres tradições e deformariam a prática de sua função constitucional, para tornar-se milícia, guarda pretoriana ou tropas de assalto SS, com seus oficiais convertidos em 'beleguins' ou inquisidores e, mesmo, sequazes ou esbirros de camarilhas sem fé e sem patriotismo".[56]

---

54 O Ato Institucional nº 5, entre outras medidas de repressão, restaurou a cassação de mandatos e suspensão de direitos políticos; decretou recesso do Congresso Nacional, que só voltou a funcionar em outubro de 1969; suspendeu o *habeas corpus* para os crimes políticos; e estabeleceu sobre a imprensa a mais violenta e dura censura de todos os tempos no Brasil.

55 Sobre o tema ver detalhes in: Moniz Bandeira, 1999, p.97-111.

56 Discurso do general de exército Augusto César de Castro Moniz de Aragão, ao passar para a reserva, in: *O Estado de S. Paulo*, 10 ago. 1972, p.6.

Contudo, em 1974, ao expirar o mandato do general Emílio Garrastazu Médici, o regime autoritário começava a apresentar visíveis sinais de esgotamento. Apesar do sucesso econômico, ele não conseguira popularidade, como o grande percentual de votos nulos e em branco, nas eleições para o Congresso, revelara, desde que, em 1965, Castelo Branco dissolvera os antigos partidos políticos. Tanto em 1966 quanto em 1970 e em 1974 (Quadro 2), eles constituíram também uma forma de protesto, a demonstrarem o grau de contestação ao regime autoritário, pois representavam importante parcela do eleitorado, descrente naquelas eleições, que serviam tão somente para manter a aparência de legalidade do poder militar. Esses votos nulos e em branco, somados aos votos em favor do MDB, sem considerar o aumento das abstenções, parte das quais igualmente decorria do inconformismo, permitem avaliar como a oposição ao regime autoritário cresceu, exatamente naquele período de maior desenvolvimento econômico. O número de votos nulos e em branco saltou de 21,0%, em 1966, para 30,2% em 1970, e caiu para 21,2%, em 1974, quando parte do eleitorado se deslocou para o MDB, cujo percentual se elevou de 21,2%, em 1970, para 37,7%, em 1974,[57] ao entender, com o fracasso da luta armada, que o exercício do voto era o caminho mais eficaz para manifestar repulsa ao regime autoritário.

Quadro 2. Eleições para o Congresso

	1966	1970	1970
Eleitores	22.387.251	28.966.114	35.810.715
Abstenções	22,7%	22,5%	19,0%
Votantes	17.285.556	22.435.521	28.981.015
	1966	1970	1970
Votos nulos e brancos	21,0%	30,2%	21,2%
ARENA	50,5%	48,4%	40,9%
MDB	28,4%	21,2%	37,7%

Fonte: IBGE – Estatísticas Históricas do Brasil

---

57 IBGE – Estatísticas Históricas do Brasil. Ver também Nohlen, s.d., p.590-4.

Naquele ano, 1974, o Brasil também já sofria fortes pressões externas, inclusive de certos setores nos Estados Unidos, em favor da redemocratização do seu regime político. E o general Ernesto Geisel assumiu a presidência da República, como sucessor do general Médici, com o propósito de promover, gradativamente, a abertura, de modo a restaurar certas liberdades e direitos, que o Ato Institucional n⁰ 5 suprimira. Goulart, em Montevidéu, estava muito bem informado do que ocorria no Brasil, principalmente das contradições dentro das Forças Armadas, dado o contato que continuou a manter com vários militares. Não podia, entretanto, retornar ao país, como tanto ansiava, pois a chamada "linha dura" e os grupos paramilitares não o admitiam. Também não queria fazê-lo, isoladamente, sem que os outros exilados brasileiros tivessem o mesmo direito. De qualquer forma, ao perceber, pouco tempo depois, a possibilidade de uma abertura política, Goulart não encorajou a tentativa de reorganizar o PTB, sob o nome de União Trabalhista Brasileira (UTB) ou Partido Trabalhista (PT), que um dos seus fundadores, José Barbosa,[58] excogitara e cujo manifesto Orfeu Santos Sales, de São Paulo, a ele submeteu em Montevidéu. Tal iniciativa assim não evoluiu, apesar de as condições internacionais favorecerem a reestruturação do PTB no exílio.

O sangrento golpe de Estado no Chile, ao derrubar o governo legal e constitucional do socialista Salvador Allende (1973), não só despertara a consciência democrática do povo norte-americano para o problema dos direitos humanos, como atraíra para a América Latina a atenção da Internacional Socialista, que congregava os partidos social-democratas, socialistas e trabalhistas, no poder em vários países da Europa. E o presidente da Venezuela, Carlos André Perez, dirigente do partido Acción

---

58 José Barbosa submeteu seu projeto a várias áreas, inclusive o expôs nas câmaras municipais de Ribeirão Preto e São Paulo, bem como do Rio de Janeiro, porém defrontou-se com barreiras no Tribunal Superior Eleitoral, que cerceava a organização de outros partidos, fora do esquema bipartidário, que a ARENA e o MDB configuravam. Entrevista de José Gomes Talarico ao autor, 2001.

Democrática, convidou Goulart[59] para participar de uma reunião da Internacional Socialista com os partidos latino-americanos afins, que se realizou em Caracas em maio de 1976, sob a presidência de Willy Brandt, ex-chefe do governo da República Federal Alemã, e com a presença de Mário Soares, primeiro-ministro de Portugal e um dos principais líderes políticos da luta contra a ditadura naquele país, derrubada em abril de 1974.[60] Goulart não quis participar de uma reunião internacional, representando o PTB, que fora extinto pelo Ato Institucional nº 2, a fim de evitar explorações. Explicou que se a ela comparecesse, teria necessariamente de fazer um longo discurso, atacando o governo brasileiro por seus atos, mas julgava que, como presidente deposto, só poderia fazê-lo se estivesse no Brasil e houvesse condições de liberdade.[61] Seu propósito fora não dar pretexto para não dificultar ainda mais seu retorno ao país.

---

59 Carlos André Perez, ao assumir o governo da Venezuela, também convidara Goulart para elaborar um plano de fomento à pecuária naquele país. (Talarico s.d., p.18.)

60 Ao que tudo indica, foi Carlos André Pérez que sugeriu a Willy Brandt a ideia de fazer uma reunião dos partidos social-democratas e afins da América Latina com os partidos social-democratas europeus. Ponderou, porém, que não poderia ser convocada na América Latina uma reunião exclusivamente com partidos que se chamassem ou que fossem realmente social-democratas, mas também com os partidos que em cada país latino-americano representassem, de acordo com seu estado de evolução política e com sua realidade social, o que é a social-democracia. "Esta expansión de la IS se inició con la gran conferencia de Caracas y después con la creación del Comité de la IS para América Latina y el Caribe. Para esos días sólo cinco países de la región contaban con gobiernos democraticamente eligidos, las dictaduras militares predominaban en Centroamérica y en América del Sur, y la IS carecia de credibilidad y de influencia en la región, porque era tildada de comunista por los conservadores, y de reaccionaria y pro-imperialista por izquierdistas y revolucionarios". (Peña Gómez, 1989, p.104-6.)

61 "Ao saber que Goulart, como asilado político, não tinha passaporte brasileiro, e acreditando que este fosse o motivo real de que não pudesse viajar, o presidente da Venezuela mandou avisá-lo de que poderia chegar a Caracas sem nenhum documento e que inclusive seria recebido com maiores honras pelo partido governista, Acción Democrática. E acrescentou que, uma vez em Caracas, seu governo dar-lhe-ia um passaporte. Mas Goulart não foi. Limitou-se a telefonar pessoalmente a Carlos André Perez, desculpando-se." (Tavares, in: O Estado de S. Paulo, 8 dez. 1976, p.5.)

CAPÍTULO 17

Convite de Perón a Goulart – Os negócios na
Argentina – A Operação Condor e o assassinato
de líderes políticos – O clima de terror em
Buenos Aires – Reconciliação de Brizola e
Goulart – Exame cardiológico em Lyon

As condições nos países do Cone Sul, nos meados dos anos 1970,
não ofereciam a menor segurança. No Chile, sangrento golpe de estado
derrubara o governo constitucional e democrático do socialista Salvador
Allende. Juan Domingo Perón, entretanto, voltara à presidência da
Argentina (outubro de 1973) e convidou Goulart, com quem sempre
manteve excelente relacionamento, a mudar-se para a Argentina, e
solicitou-lhe que elaborasse um plano trienal para exportação de carnes.
Lá ele teria garantias, em virtude das circunstâncias no Uruguai e de
informações, segundo as quais ele estaria correndo perigo de sequestro
e até de morte, como resultado de um complô urdido pelos militares
brasileiros, acumpliciado com a CIA.[1] Esse fato o próprio Goulart
contou aos seus amigos Opheu dos Santos Salles, Roberto Alves, Ivo
Magalhães e José Talarico, logo após o churrasco realizado em 1º de
março de 1974, data do seu aniversário. Ele se mostrou "incrédulo
quanto à possibilidade de sofrer qualquer atentado", mas considerou
a opinião unânime dos companheiros em favor de sua ida para Buenos
Aires.[2] Lá chegou a comprar um apartamento em construção, na Aveni-

---

1   Carta de Orpheu Santos Salles ao autor, datada de 26 jan. 2010.
2   Ibidem.

da del Libertador, em frente do Hipódromo de Palermo, e Orpheu dos Santos Salles, seu amigo e sócio, montou na Avenida Corrientes 327 o escritório da Companhia de Comércio Exterior – CIBRACEX,[3] onde destinou uma sala bem mobiliada, adornada inclusive com bandeira brasileira, para que Goulart pudesse receber seus amigos e outros brasileiros que queriam visitá-lo.[4] A fim de chefiá-lo, Orpheu dos Santos Salles convidou Claudio Braga, secretário de Goulart.[5] E, em novembro ou dezembro de 1974, cerca de dois meses depois de instalação do escritório, Marcela Aranovich foi contratada como secretária, que passou a responder pelo seu funcionamento, na ausência de Cláudio Braga.

Goulart, porém, não conseguiu elaborar o plano para exportação de carnes da Argentina. José López Rega, homem ligado à Triple A (Aliança Anticomunista Argentina), da extrema-direita, opôs-se à sua designação e impediu que Perón, de quem era secretário particular, lhe concedesse outra audiência. E Perón, que já estava então bastante enfermo, faleceu pouco tempo depois, em 1º de julho de 1974. Sua viúva, Isabel Perón (seu nome verdadeiro era Maria Estela Martinez), como vice-presidente, ocupou o governo da Argentina, cujas condições internas, tanto econômicas quanto políticas, voltaram a deteriorar-se, ao tempo em que atos de terror e violência se intensificavam, com as organizações paramilitares – Triple A (Alianza Anticomunista Argentina) e Comando de la Organización – a assassinarem militantes e líderes de esquerda, enquanto o Ejército Revolucionario del Pueblo (ERP), de origem trotskista, e as Formaciones Especiales da Juventude Peronista (Montoneros) realizavam sequestros, atacavam quartéis

---

3 A Companhia de Comércio Exterior – CIBRACEX – tornou-se a primeira empresa brasileira a desenvolver os negócios de importação e exportação, firmando contratos com a China, graças à intermediação de Goulart. A CIBRACEX, cuja matriz foi instalada em São Paulo, abriu filiais em Montevidéu, Rio de Janeiro e em mais 12 outras cidades.
4 Carta de Orpheu Santos Salles ao autor, datada de 26 jan. 2010.
5 Cláudio Braga fora líder ferroviário, dirigente do Sindicato dos Ferroviário de Pernambuco, e deputado estadual pelo Partido Socialista Brasileiro (PSB). Estava no Rio de Janeiro quando ocorreu o golpe militar de 1964 e asilou-se na Embaixada do México. Do México, posteriormente, mudou-se para o Uruguai, onde viveu até o golpe de Estado, em 1973, e aí se trasladou para Buenos Aires.

e executavam ousadas operações de guerrilhas em Tucumán. Isabel Perón também fôra derrocada do governo da Argentina por um golpe de estado, em março de 1976. E diversos líderes latino-americanos, que se opunham aos regimes militares, morreram em Buenos Aires assassinados, e entre eles dois importantes políticos uruguaios, o ex--ministro de Estado e ex-senador Zelmar Michelini e o ex-presidente da Câmara de Deputados, Héctor Gutiérrez Ruiz, cujos cadáveres foram encontrados juntos, dentro de um automóvel, em 22 de maio de 1976,[6] bem como, em 2 de junho, o general Juan José Torres, que fora deposto do governo da Bolívia (1971) com o apoio do Brasil.[7] Àquela época, os órgãos de repressão da Argentina, Brasil, Uruguai, Chile, Bolívia e Paraguai haviam concertado um entendimento e desencadeado, conjuntamente e com a assistência da CIA, a Operação Condor, com o objetivo de eliminar toda e qualquer resistência aos regimes ditatoriais instalados naqueles seis países do Cone Sul.[8]

A situação, na Argentina, configurava-se cada vez mais difícil. Daí que Cláudio Braga foi encarregado de intermediar as audiências de

---

6   Estavam asilados na Argentina, desde 1973, e foram sequestrados no dia 18 de maio de 1976. Foram barbaramente torturados e assassinados, sendo seus corpos dilacerados. Sobre esses assassinatos ver Fialho, 1979, p.136-49.

7   A Casa Militar do presidente Emílio Garrastazu Médici, sob a chefia do general João Batista Figueiredo, ofereceu aos adversários do governo do general Juan José Torres, através do ex-coronel Juan Ayoroa, dinheiro, armas, aviões e até mercenários, bem como permissão para instalar áreas de treinamento perto de Campo Grande (Mato Grosso) e em outros locais próximos da fronteira. E o golpe de Estado, deflagrado pelo general Hugo Banzer, contou com aberto apoio logístico do Brasil, cujos aviões militares, sem ocultar as insígnias nacionais, descarregaram fuzis, metralhadoras e munições em Santa Cruz de la Sierra, enquanto tropas do II Exército, comandado pelo general Humberto Melo, estacionavam em Mato Grosso, prontas para intervir na Bolívia, onde alguns destacamentos chegaram a penetrar. Ver Moniz Bandeira, 2008, p.207-30.

8   "Segundo o brigadeiro Márcio Calafange, que foi adido militar em Santiago durante a ditadura do general Augusto Pinochet, a cooperação através da Operação Condor envolvia até informações sobre economistas brasileiros da Comissão Econômica para a América Latina (CEPAL) que eram investigados pela DINA (polícia secreta chilena). Na lista de brasileiros que a DINA deveria acompanhar estavam Fernando Henrique Cardoso, classificado como 'agitador com elevado poder de persuasão', Florestan Fernandes, Caio Prado Jr. e outros intelectuais e políticos". Mas àquela altura, Fernando Henrique Cardoso, que viveu no Chile nos anos 60, já se exilara em Paris. (Hollanda e Contreiras, in: IstoÉ On-line, 1996.)

Goulart, filtrando os visitantes, mas, segundo Orpheu Santos Salles, essa medida pouco adiantou, "em razão de Jango ser completamente displicente quanto a possibilidade de ele vir a sofrer qualquer atentado".[9] João Vicente Goulart contou que o escritório de Buenos Aires "foi invadido em setembro de 1976, mas o pai não estava lá, estava em Tacuarembó, no Uruguai".[10] Segundo ele, os homens "(o comando) entraram no edifício Montes Cooper Business Center, na Av.Corrientes, com um carro forte, disfarçados de uma empresa de segurança (Brinks)" e "subiram armados até (...) o quinto andar, era na época o andar inteiro, permitindo assim fechar o acesso, e ficaram lá por uns vinte minutos olhando documentos e perguntando pelo pai".[11]

João Vicente, que na época estudava em Londres, deve ter ouvido algum informe sobre a suposta invasão do escritório no edifício, citado por ele como Montes Cooper Business Center, na Avenida Corriente 327, posteriormente à morte de Goulart, em meio a muitas especulações e boatos que então correram. Quem chamou, porém, o edifício de Montes Cooper Business Center foi o delinquente Mário Barreiro Neira, preso na Penitenciária de Alta Segurança de Charqueadas (Rio Grande do Sul) e que se dizia ex-agente do serviço secreto uruguaio, na entrevista concedida à TV Senado, em dezembro de 2006. E, que se saiba, não há edifício com esse nome em Buenos Aires. Esse erro mostra que Mário Barreiros Neira simplesmente mentiu, inventou a estória de uma invasão, que não aconteceu.[12] O nome do edifício na

---

9   Carta de Orpheu dos Santos Salles ao autor, datada de 26 jan. 2010.
10 Mensagem de João Vicente Goulart, por e-mail, em 24 dez. 2009.
11 Ibidem.
12 "[...] A invasão do Montes Cooper Business foi monitorada por um agente do serviço secreto que não pôde fazer nada. Um agente do serviço secreto, o agente Vidas, estava de prontidão em frente ao Montes Cooper Bussiness esperando a chegada ou a saída de Goulart. Ele estava monitorando aquele edifício que tinha aqueles escritórios comerciais. Ele viu quando os carros-forte pararam com aqueles guardas disfarçados de guardinha, que desceram e ninguém se flagrou que aquilo era um sequestro ou um roubo simulado. Eles simularam um roubo. Eles chegaram de carro-forte, ninguém soube o que aconteceu no Montes Coopper Business até que eles foram embora. Até depois do acontecimento, ninguém sabia. Havia um carro e um automóvel vigiando aquele ponto." Transcrição

Avenida Corrientes 327, onde estava o escritório de Goulart, era Consorcio, mas conhecido como edifício do Clube Alemão, e lá também a empresa alemã BASF e a Câmara de Indústria e Comércio Argentina--Alemanha tinham as suas sedes. O próprio João Vicente disse que, a respeito de eventuais ameaças de morte, o pai, "se sabia, muito reservado, nada falava possivelmente para não preocupar a família".[13] Essa sua observação indica que não houve tal ocorrência. Uma invasão do escritório, por homens armados, se houvesse acontecido, significava clara ameaça de sequestro e morte, que Goulart não poderia deixar de saber e tomar providências para defender-se. E, quisesse ele ou não, o fato, na época, chegaria ao conhecimento da família. Aliás, Orpheu dos Santos Salles, presidente da CIBRACEX, em cuja sede, no edifício da Avenida Corrientes 327 Goulart tinha o escritório, contou que "sobre ameaças positivas ou fatos que demonstrassem perigo iminente, realmente não ocorreram, ao menos que eu saiba".[14] "O que denotou haver qualquer perigo ou ameaça contra Goulart" – ressaltou Orpheu dos Santos Salles – "foi o fato de que pessoas insistiam em falar com ele ou pediam informações sobre como encontrá-lo" e "houve casos que deixaram preocupações por causa do aspecto físico abrutalhado de certas pessoas". O professor Aurélio Wander Bastos, por exemplo, apresentou-se como amigo do Talarico, querendo falar com Goulart, mas não conseguiu atravessar a barreira, pelo fato de Cláudio Braga não se encontrar presente no escritório para identificá-lo.[15] Cláudio Braga confirmou a versão de Orpheu dos Salles, i. e., de que nunca houve invasão do escritório, fato que o jornalista Flávio Tavares e outras pessoas do círculo de amizade de Goulart também negaram haver ocorrido.[16] E Marcela Aranovich recordou que, certa vez, de manhã,

---

do Depoimento de Mario Ronald Barreiro Neira à TV Senado em dezembro de 2006. AMJDH.

13 Ibidem.

14 Carta de Orpheu dos Santos Salles ao autor, datada de 26 jan. 2010.

15 Ibidem.

16 No Capítulo 15, que acrescentei à 7ª edição deste livro, publicada em 2001, escrevi que Goulart "recebeu também ameaça de morte e teve seu escritório, naquela cidade, na Ave-

pouco antes de sua saída para o almoço, bateram na porta dois homens, desconhecidos, que perguntaram por Goulart. Ela respondeu que ele não se encontrava e perguntou-lhes seus nomes para poder informá-lo da visita. Os dois estranhos negaram-se a dizê-los e foram embora.[17] "Não aconteceu absolutamente mais nada do que isso" – escreveu Marcela Aranovich, acrescentando que, naquele tempo de terror na Argentina, "esse fato deixava a qualquer um apreensivo e preocupado", razão pela qual telefonou imediatamente a Cláudio Braga, dando-lhe ciência do fato, e ele transmitiu a informação a Orpheu dos Santos Salles e Goulart.[18]

Não há dúvida, contudo, de que as circunstâncias mostravam que, realmente, Goulart corria risco de ser assassinado, em Buenos Aires. E ele, conquanto antes parecesse incrédulo, estava consciente do perigo que pairava sobre sua vida. Dois dias após o sequestro dos parlamentares uruguaios, o senador Zelmar Michelini e o deputado Héctor Gutiérrez Ruiz, ocorrido em 18 de maio de 1976,[19] Goulart escreveu a João Vicente, em Londres, descrevendo, melancolicamente, a situação em Punta del Leste, onde residia:

---

nida Corrientes, invadido, cofre e armários arrombados, por um comando cujo objetivo aparentemente fora sequestrá-lo e matá-lo". Foi o que constou, na época. Mas o escritor uruguaio Jorge Otero, que conviveu com Goulart, enviou-me um e-mail, dizendo que esse fato não ocorrera, não era verdadeiro. Aliás, no seu livro *João Goulart – lembranças do exílio*, ele comentou o clima de ameaças que havia na Argentina, mas não se referiu a qualquer invasão do escritório em Buenos Aires.

17 Informação de Marcela Aranovich ao autor, por mensagem eletrônica, em 26 de janeiro de 2010.

18 Ibidem.

19 O senador Zelmar Michelini e o deputado Héctor Gutiérrez Ruiz, ambos de Goulart, estavam asilados em Buenos Aires, desde 1974. Mas, após o golpe de Estado, que derrubou o governo de María Estela Martínez de Perón e a tomada do poder pelos militares, sob o comando do general Jorge Rafael Videla, em 24 de março de 1976, Michelini e Gutiérrez foram assassinados, após o sequestro, como parte de Operação Condor, promovida conjuntamente pelos serviços de inteligência dos países do Cone Sul para eliminar, fisicamente, os adversários políticos das ditaduras militares. Seus corpos foram encontrados no dia 21 de maio. O senador uruguaio Wilson Ferreira Aldunate, também perseguido pelos militares uruguaios e asilado em Buenos Aires, passou a residir em Londres.

Um pouco de notícias que sei não vão te agradar aí do outro lado do mundo! Aqui... Maldonado... tudo o mesmo: P(unta) de Leste, deserto... ontem "solamente los perros en las calles"... nada... nada fui ao Oasis[20] com Peruano[21] e com Júlio... o Júlio[22] "pelos canos" sem dinheiro e sem clientela... No inverno isto aqui é um inferno. A fábrica[23] vai reativar suas atividades na próxima semana. Tenho a impressão que vai caminhar – em Buenos Aires, um clima cada vez mais tenso.[24]

Em seguida, Goulart manifestou enorme preocupação, consciente de que sua segurança na Argentina estava comprometida:

Há dois dias sequestraram do Hotel e de sua residência os nossos amigos, senador Michelini e deputado Gutierrez Ruiz. Uma monstruosidade que me leva a pensar no meu futuro na Argentina. Estava com um negócio grande em Entre Rios e, em virtude destes lamentáveis acontecimentos, suspendi tudo, e estou quase decidido a não mais ampliar, naquele país minhas atividades comerciais. Vou começar a pensar de novo. Aqui no Hemisfério Sul o espaço vai se tornando cada vez menor para os idealistas que não aceitam a violência e a opressão como forma de governo.[25]

Virtual ameaça de sequestro e assassinato, sem dúvida, havia, razão pela qual Goulart, provavelmente, passou a ficar mais tempo em Mercedes (Argentina), onde possuía uma estância (La Villa) ou em sua fazenda em Maldonaldo, perto de Punta del Este, no Uruguai. Mas, no Uruguai, onde fora recebido, em 1964, não como refugiado político e sim como presidente constitucional do Brasil, e obtivera até mesmo passaporte, a situação igualmente se modificara. Em 1972, o piloto Rubem Rivero foi detido e preso na Base Aérea de Boizo Lanza,

---

20 Oasis era um restaurante na Av. Gorlero, em Punta del Este.
21 "Peruano" era o apelido de Roberto Ulrich, um jovem que servia Goulart como motorista.
22 Julio era um pintor retratista, que morava na fazenda El Milagro. Estava "pelos canos", i. e., sem dinheiro porque Punta del Este estava vazia, um deserto, somente os cães na rua.
23 A fábrica era um frigorífico de embutidos de gado e porco que existia na sua fazenda El Milagro, em Maldonado.
24 Carta de João Goulart ao filho, João Vicente, Maldonado, 21 maio 1976. AIJP.
25 Ibidem.

sob a acusação de militância subversiva, trasladando dirigentes do Movimento de Libertação Nacional – Tupamaros (MLN-T) para fora do país.[26] Seu avião pessoal também foi apreendido no Aeroclube de Tacuarembó. A notícia chocou Goulart, que estava alheio a tais atividades de Rivero.[27] Porém, após o golpe de Estado de 27 de junho de 1973, o governo autoritário de Juan Maria Bordaberry sujeitou-se ainda mais à influência do governo brasileiro, do qual dependia econômica e politicamente, e começou a criar as maiores dificuldades para todos os exilados, inclusive para Goulart. Seu filho, João Vicente Goulart, com 16 anos, foi preso, teve a cabeça raspada e ficou três dias em um quartel. Sua mãe, Maria Tereza Goulart, sob a alegação de transporte

---

26 O MLN-T (Tupamaros) queria organizar suas novas células de forma harmônica com outros movimentos de guerrilha que se formavam na Argentina e Chile. O MLT-T adquiriu para o Rivero, em nome de uma S.A. (no Uruguai essas sociedades se compram prontas em qualquer "escribano") chamada SARGO S.A., um avião Cessna mod. 310 matrícula CX-ARA, (Charlie X-ray, Alfa Romeo Alfa). Na época, ele disse a Goulart que esse avião havia sido comprado por uns amigos paraguaios para fazer "chivos" (contrabando de uísque e cigarros), de modo que ele pudesse ganhar mais algum dinheiro. Daí é que ele começou a realizar voos que só ele podia saber para onde iria, levando e trazendo pessoas entre Argentina, Uruguai e Chile, militantes do MLN-T (Uruguai), MIR (Chile) e ERP (Argentina). Em 1973, houve em Viña del Mar, no Chile, um encontro dessas organizações, e Rivero teve de levar Adolfo Wassen Alaniz, um líder tupamaro, que posteriormente morreu na prisão, e, como estava com o braço quebrado, pediu ao seu amigo Hugo Wilkins, que não sabia até então quem estava transportando, para ir com ele e assinar o plano de voo. Meses depois, após a prisão de alguns tupamaros as Fuerzas Conjuntas uruguaias – Armada, Aeronáutica e Exército – souberam da viagem ao Chile e detiveram o avião que estava no hangar do aeroclube de Tacuarembó. Foi pedida a captura de Rivero e Hugo Wilkins, que, chamado a depor, revelou todo o serviço. Rivero, segundo soube depois, pediu ajuda a Goulart, que ficou estarrecido e furioso com a história que fora contada e duramente repreendeu Rivero, pois o que acontecera podia prejudicá-lo, politicamente, como exilado. Goulart, porém, não abandonava os amigos, com os quais sempre era humanitariamente solidário. Pediu a Enrique Foch, amigo do brigadeiro José Pérez Caldas, comandante da Força Aérea, que levasse Rivero à Base Aérea de Boisolanza para que ele prestasse depoimento. Foch Díaz era um aventureiro. Servira como piloto durante a II Guerra Mundial (embora o Uruguai não houvesse mandado ninguém para o front de batalha), fora mercenário da França na guerra contra a independência da Argélia e conhecia o brigadeiro Perez Caldas por ter sido colega da academia e devido às suas ligações de informante da Força Aérea do Uruguai. Mas de nada serviu sua amizade com o comandante da Base Aérea. Rivero foi preso, processado e condenado por "traición a la Pátria y asociación para delinquir".

27 Foch Díaz, 2000, p.100.

irregular de carne.[28] E Goulart mandou seus filhos – João Vicente e Denize – para a Inglaterra, com receio de que fossem sequestrados.[29]

Goulart, deprimido, ansiava voltar ao Brasil, mas não tomava os devidos cuidados com a saúde. Embora fosse sabidamente cardíaco, continuava a comer sempre a gordura da carne, não dispensava algumas doses de uísque e fumava. O jornalista Jorge Otero, que muito o conhecia, comentou que Goulart, "na realidade, só era obstinado quanto aos excessos: as quase intermináveis noites em claro que Jango passava, a bebiba, as comidas pesadas – essas panelas com tanta gordura em seu caldo que as colheres ficavam paradas dentro do caldeirão onde eram colocadas".[30] Contou ele ainda que, certa vez, Goulart disse ao professor Edmundo Moniz, ex-diretor do *Correio da Manhã*, também asilado em Montevidéu: "Professor, beba um pouco de caldo. Não pode fazer mal. É muito sadio". Edmundo Moniz, homem franzino, que comia muito pouco, ponderou: "Não, obrigado, doutor. À noite prefiro algo mais leve". E Goulart insistiu: "Mais leve que o caldo, professor...".[31]

Goulart estava muito gordo, com mais de 90 quilos, quando, no segundo semestre de 1976, decidiu realizar uma viagem à Europa, com o fito de verificar as condições de mudar-se para a França[32] ou Espanha, onde ficaria perto dos filhos, então estudando em Londres. Brizola, naquela ocasião, soube através do serviço de inteligência de Cuba, com

---

28 Para exportar mais, o governo do Uruguai proibira a comercialização de carne durante certas semanas e ela levava alguns quilos, do frigorífico de Goulart, para sua residência.

29 Pouco antes do golpe que derrubou Isabel Perón, o Exército argentino desbaratou na cidade de La Plata um grupo vinculado à extrema direita peronista – e integrado por marginais – que, entre outros planos, confessou o de sequestrar o filho de Goulart para exigir alto resgate em dinheiro. (Tavares, in: *O Estado de S. Paulo*, 7 dez.1977, p.7.)

30 Otero, 2001, p.247.

31 Idem, ibidem, p.247-8.

32 "Eu sei viver é por lá, na minha região, no Sul. Se me fecham todas as portas, só me resta comprar um apartamento por aqui. Pelo menos ficarei perto de meus filhos, que estão estudando em Londres" – Goulart declarou ao jornalista Carlos Castelo Branco, que o visitou, em Paris, no Hotel Claridge (Champs Elysées), onde habitualmente se hospedava. "Seu ar era de indefinível tristeza, embora aparentasse a paciência e a serenidade que mantinha mesmo nos momentos de maior tensão" – o jornalista comentou. (Castelo Branco, in: *Jornal do Brasil*, 7 dez.1976, p.2.)

o qual nunca perdera contacto desde 1965, da existência de um complô para assassinar Goulart quando ele passasse por Buenos Aires. Como não lhe queria falar, diretamente, porque suas relações continuavam rompidas, procurou Edmundo Moniz, amigo de ambos, e pediu-lhe que avisasse a Goulart do risco que corria.[33] Brizola, perguntado por que, pessoalmente, ele próprio não o fazia, inventou a desculpa de que Goulart o vira em um posto de gasolina e não o cumprimentara. Diante dessa evasiva, Edmundo Moniz aceitou a incumbência e transmitiu a informação a Goulart, que tomou a iniciativa de ir ao apartamento de Brizola, a pretexto de visitar sua irmã Neuza, então adoentada, e despedir-se, antes de viajar para a Europa. Brizola, ao saber da presença de Goulart no prédio, recolheu-se a um dos quartos do apartamento, porém o escritor e jornalista Josué Guimarães, que lá se encontrava, bem como outros amigos pressionaram-no para que aparecesse na sala, com o que ele a muito custo aquiesceu, reconciliando-se assim com o cunhado, após 12 anos de rompimento.[34] E só conversaram de assuntos pessoais, de família. Nada de política.

Pouco tempo depois, em setembro de 1976, Goulart realizou a programada viagem à Europa[35] e aproveitou para fazer exames no instituto cardiológico de Lyon, quando passou pela França. Após submeter-se a vários exames, recebeu uma advertência a respeito de seu estado de saúde e escreveu uma carta ao ex-deputado Cláudio Braga, encarregado de seus negócios em Buenos Aires e a quem também confiava assuntos

---

33 Informação de Edmundo Moniz, em conversa com o autor, de quem era tio, por volta de 1979/1980.

34 Este relato, entre outras fontes, baseia-se em depoimentos de Edmundo Moniz e Josué Guimarães, ouvidos pelo autor em distintas ocasiões.

35 Consta que Goulart fora incógnito a Portugal, cujo primeiro-ministro, o socialista Mário Soares, já antes o convidara a residir em Lisboa. Mário Soares, porém, não se recorda de haver feito qualquer convite a Goulart, com quem, pessoalmente, nunca esteve, nem tem notícia de sua passagem por Portugal. Entrevista de Mário Soares ao autor, por telefone, Strasbourg, abr.2001. O jornalista Hermano Alves, que era àquela época correspondente de *O Estado de S. Paulo*, em Lisboa, e amigo pessoal de Mário Soares, também não se recorda de haver transmitido qualquer convite, nem sabe da passagem de Goulart por Portugal. Entrevista de Hermano Alves ao autor, por telefone, Lisboa, abr.2001.

políticos e pessoais, na qual lhe informou que os resultados foram "bem razoáveis", considerando que não se sujeitara "nunca às prescrições médicas e regimes".[36] Também comentou a situação no Brasil, onde "as cousas se esquentaram", com a notícia de seu possível regresso, e se estavam "somando muitas detonantes; eleições, situação econômica e social muito difícil, morte de Juscelino Kubitschek, com repercussões de toda ordem e da maior magnitude (inesperada completamente para o governo), graves denúncias no campo moral etc."[37]

Quando, em outubro, passou por Paris, procedente de Lyon, Goulart convidou o jornalista uruguaio Jorge Otero para desajunar com ele, no Hotel Claridge, onde havia 20 anos habitualmente se hospedava, e relatou-lhe que os médicos da clínica consideravam "relativamente

---

36 Carta de Goulart a Cláudio Braga, Lyon, 13 set. 1976. Arquivo particular de Cláudio Braga.

37 Ibidem. Íntegra da carta: "Lyon, 13/9/76. M/ caro Cláudio: C/ m abraço amigo desejo a você e a seus familiares, Marcela e nossos amigos, paz e felicidade.
Por aqui tudo 'andando' mais ou menos bem. Estou concluindo m/exames médicos c/ resultados bem razoáveis, considerando que não me sujeitei nunca a prescrições e regimes. Alguns 'reparos' 2º os Mestres de Lyon e tudo evoluirá satisfatoriamente. Soube aqui que no Brasil as coisas se esquentaram com a notícia de meu possível regresso. Creio que se estão somando muitos detonantes: eleições, situação econômica-social muito difícil, morte de JK c/repercussões de toda a ordem e da maior magnitude (inesperada completamente para o governo) (Graves denúncias no campo moral... etc.).
Sem ter tomado nenhuma iniciativa estranha à reação inesperada também para mim e para outros que lá estão e se sentiam bem informados (militarmente). Bem, de qualquer forma vamos aguardar... /hora no silêncio e expectativa.
As coisas por aí, como correm? Caso Mário não tenha dado nenhuma solução, o que seria bastante surpreendente, convém veres c/ Bijuja a possibilidade de conseguir algo ao menos pra desapertar até, eu aí, vender lãs e novilhos. A solução é tentar algum empréstimo a curto prazo... mas não parar! Eu participo também do pensamento de que se trata de um bom negócio.
E Marcos Paz? E de Mercedes que notícias? Ainda no inverno ou o tempo e pastagens já estão melhorando? Como fostes de Brasil? Tudo bem? E o nosso Orpheu? E por Montevidéu tudo em ordem? Vicente e Denise optimos (sic). Aguardo o neto, pra a quinzena de outubro. Minha dúvida até o momento: ir e votar ou aguardar. Em breve tomarei uma decisão te avisando.
Até breve
e outro abraço,
Jango, Lyon, 13/9/76
E a nossa Argentina, como está?"

bom" o seu estado de saúde e "que devia emagrecer e evitar, tanto quanto possível, o fumo e o álcool".[38] Mas logo depois encomendou "para o desjejum três ou quatro ovos". E quando Jorge Otero comentou, lembrando naturalmente o que os médicos aconselharam, Goulart respondeu: "Mas Jorge. É o regime dos astronautas (referindo-se à dieta proteica). Faz muito bem".[39] Goulart também recebeu a visita do jornalista Carlos Castelo Branco, e disse-lhe: "Eu sei viver é por lá, na minha região, no sul. Se me fecham todas as portas só me resta comprar um apartamento por aqui. Pelo menos estarei perto dos meus filhos, que estão estudando em Londres".[40] "Seu ar era de indefinível tristeza, embora aparentasse a paciência e a serenidade que mantinha mesmo nos período de maior tensão" – observou Carlos Castelo Branco.[41] E Goulart disse-lhe que voltaria ao Uruguai para acertar seus negócios e depois iria decidir, mas considerou "drástica" a reação que houve ao anúncio que pretendia voltar ao Brasil, porquanto não corria contra ele nenhum processo.[42]

Segundo Carlos Castelo Branco, o estado de saúde aparentemente não o preocupava. Visitara seu médico em Lyon, que o considerara "em condições razoáveis". "Estava, contudo, gordo e bastante envelhecido".[43] E, conquanto não falasse, a situação de ameaças latentes e de incerteza quanto às perspectivas pessoais com que se defrontava, deixava-o em estado de extrema e permanente tensão. Goulart não mais podia ficar na sua região, o Sul, onde sabia viver. Estava decidido a não permanecer no Uruguai nem na Argentina, devido à insegurança que se instalara nos dois países, com o recrudescimento dos assassinatos dos líderes políticos, que se opunham aos regimes militares. Em 1976, os militares na Argentina empreenderam a maior campanha contra as organizações de esquerda. Por volta de outubro, já havia detido, ile-

---

38 Otero, 2001, p.57.
39 Idem, ibidem, p.57.
40 Castelo Branco, in: *Jornal do Brasil*, 19 jul. 1977.
41 Ibidem.
42 Ibidem.
43 Ibidem.

galmente, torturado, assassinado e desaparecido milhares de pessoas, entre os cidadãos americanos. Foram submetidos a choques elétricos, submergidos na água etc. Os detalhes chocaram o Departamento de Estados.[44] Entre julho e setembro de 1976, cerca de 50 uruguaios, refugiados na Argentina, desapareceram.[45]

Algum complô poderia ter existido, no âmbito da Operação Condor, para assassinar Goulart bem como Brizola, cuja possibilidade de voltar para o Brasil até o fim de 1976 ele aparentemente excogitava, conforme notícia dada à sua irmã Francisca Brizola Rota por seu procurador no Rio Grande do Sul, João Carlos Guaragna, que regressara a Porto Alegre, no dia 14 de outubro, após receber suas instruções no Uruguai.[46] Também não há dúvida de que a CIA e os serviços de inteligência do Brasil e do Uruguai, como faziam, aliás, desde que Goulart e outros exilados chegaram a Montevidéu, em 1964, continuavam a monitorar todos os seus passos, infiltrando inclusive agentes entre os que costumavam frequentar sua residência. E era fácil fazê-lo. Ao churrasco oferecido por Goulart, quando completou 56 anos, em 1º de março de 1975, compareceu, além de amigos, o ministro de Defesa do Uruguai, Walter Ravena (1973-81), acompanhado por vários agentes de segurança, um dos quais, certamente, trabalhava para o Serviço Nacional de Informações (SNI), do Brasil, e tirou várias fotos.[47] Entretanto, não obstante as boas relações mantidas por Goulart com o ministro

---

44 Documento 1: Assunto: [Depoimento de um cidadão norte-americano sobre ser submetido à tortura cruel], 4 out. 1976 – Arquivos da Segurança Nacional.

45 Documento 2: Assunto: Silêncio do governo argentino sobre a revelação do Uruguai de conspiração terrorista, 2 nov.1976. Ibidem.

46 Embaixo do informe do SNI está escrito: "Solicita-se não difundir o presente informe para preservar a fonte". SNI – Agência Central – Informe nº 403/16/AC/76 – 29 out. 1976 – Difusão CIE, CISA, CENIMAR. ACE 38443/71 – AN-COREG – Brasília. Informe nº 7121 – 31/AC/76 – 2018/15 – 15 out. 1976. Ibidem.

47 "A facilidade de acesso ao círculo restrito de João Goulart permitia que os espiões tivessem trânsito livre nas propriedades e até em festas particulares do ex-presidente. Infiltrado em um churrasco que comemorava o aniversário de 56 anos de Jango, em 1º de março de 1975, o agente B., do Serviço Nacional de Informações (SNI), não só faz um relato minucioso do festejo como tira uma série de fotografias dos convivas." "Na Mira dos Arapongas – Crônica social do agente B", in: *Zero Hora*, 2 ago. 2009.

de Defesa e outras personalidades do país, o Ministério do Interior do Uruguai, aparentemente, sob pressão do governo brasileiro, impulsionou um processo, iniciado em 5 de dezembro de 1975, a fim de retirar-lhe a condição de asilado, alegando que ele viajava ao exterior e regressava ao país, o que lhe era vedado por seu *status* de refugiado político. Era uma situação embaraçosa para o governo uruguaio, que não podia expulsá-lo, porquanto Goulart possuía grandes investimentos no país.[48] E um assessor do governo, Gonzalo Lapeyre, opinou que se devia informá-lo do problema, de modo que ele decidisse renunciar à sua condição de asilado político para que se lhe fosse outorgada a residência definitiva.[49]

Goulart regressou a Buenos Aires, procedente da Europa, chegou em 12 de outubro de 1976 e, depois de uma rápida passagem pelo seu apartamento na Avenida Libertador San Martin, partiu, no mesmo dia, para Montevidéu. E lá, diante das dificuldades que o governo ameaçava criar por causa de suas viagens ao exterior, ele, no dia 9 de novembro,

---

48 Goulart possuía em São Borja (Rio Grande do Sul) a estância Rancho Grande, de 8.000 hectares, com um rebanho de cerca de 7.000 cabeças de gado vacum; era a maior e a melhor de todas as estâncias, tinha uma pista de aviação, mas a casa era simples, porque Goulart não gostava de luxo. Também, em São Borja, possuía a estância Santa Luiza, com 6.000 hectares e cerca de 6.000 cabeças; a estância Cinamomo, com 4.000 hectares e outros campos menores. Também tinha, em Mato Grosso, a estância Três Marias, com uma extensão da ordem de 48.000 hectares, arrendada a Orpheu dos Santos Salles. E, no Rio de Janeiro, ele possuía a granja Capim Melado, em Jacarepaguá (Rio de Janeiro), muito valiosa por ser semiurbana. No Uruguai, em Taquarembo, era sua estância El Rincón, antes denominada Cuchilla del Ombú, com 6.000 hectares, destinada à engorda de gado vacum, com cerca de 6.000 cabeças e 3.000 ovelhas, além da represa e plantio de arroz. Em Maldonado, a estância El Milagro, com 1.200 hectares, era de sua propriedade. Lá havia um moinho para o beneficiamento de arroz e um pequeno frigorífico de abate e distribuição de gado. Goulart tornou-se um dos grandes fornecedores de arroz e carne para o mercado consumidor de Maldonaldo, Punta del Este e San Carlos. Na Argentina, ele possuía duas fazendas em Mercedes (Corrientes): La Villa e La Sussy, ambas totalizando 3.000 hectares, com cerca de 2.500 cabeças de gado vacum e 2.000 ovelhas. Tinha também um pequeno campo em Marcos Paz, de 100 hectares com cerca de 60 bois. No Paraguai, Goulart havia comprado, em nome da Sun Corporation S.A. (sociedade uruguaia cujo titular absoluto era Ivo Magalhães), com 25.000 hectares. As estâncias tinham pistas porque ele sempre possuiu avião particular.

49 Roger Rodriguez. "Un mes antes de morir, Goulart debió renunciar al asilo político en Uruguay". *La Republica*, Montevidéu, 28 set.2008.

enviou carta ao ministro de Relações Exteriores do Uruguai, Juan Carlos Blanco, renunciando ao asilo político que se lhe havia dado quando chegou, em 1964, após o golpe militar no Brasil. Conforme declarou, sua intenção era "proceder de acuerdo al ordenamiento jurídico vigente, que reclama dicha actitud, como requisito previo y fundamental para solicitar la residencia en esta República". Nesse mesmo dia, 9 de novembro, no informe nº 339/976, o assessor Juan Carlos Laurido propôs a anulação do asilo político e pedido de residência definitiva, o que foi aprovado em 16 de novembro pelo presidente Aparicio Méndez e pelo chanceler interino Guido Michelín Salomón.[50]

---

50 Ibidem.

CAPÍTULO 18

As alternativas de Goulart – Residir na França ou retornar ao Brasil – A missão de Cláudio Braga junto a Almino Affonso – A viagem a Mercedes – O falecimento de Goulart – A mesquinhez da ditadura – O enterro em São Borja

Goulart tivera de renunciar ao asilo no Uruguai, de modo a obter a condição de residente no país e poder desfrutar de maior liberdade de movimento, sem obrigação de comunicar ao governo cada vez que pretendia viajar para o exterior. Deixara de ser exilado e perdera, portanto, a segurança jurídica. Podia ser preso e extraditado para o Brasil. E, em Buenos Aires, também, não havia mais segurança. Goulart poderia ser sequestrado e morto ou sofrer algum outro atentado contra sua vida. Entretanto, ele tinha dúvida sobre o que fazer. De um lado, excogitava morar em Paris. Do outro, desejava regressar ao Brasil, mesmo sem anistia política. Diante de tal perspectiva tencionava terceirizar o plantio de arroz (o que seria muito melhor para ele, pois assegurava um rendimento fixo e sem risco dos fatores climáticos), na fazenda de Taquarembó, onde havia mandado até construir uma represa (a maior da região), irrigando a plantação por meio da gravidade. Seu propósito era reduzir muito os negócios que desenvolvia no Uruguai e na Argentina.

De Montevidéu, no mesmo dia 9 de novembro, quando lá fora legalizar sua situação, renunciando ao asilo político, escreveu a João Vicente, em Londres, recomendando-lhe que, viajasse ele ou não, tirasse o passaporte de Christopher, o filho recém-nascido, no Consulado do Brasil, onde já devia tê-lo registrado, ou até no Consulado do Uruguai, uma vez que a mãe era uruguaia. "É sempre bom o teres em ordem e legalizado, para qualquer eventualidade" – acrescentou Goulart.[1] João Vicente parecia então excogitar uma viagem ao Uruguai, porém, ainda nada havia decidido, e a "eventualidade" referida por Goulart só podia ser o regresso ao Brasil. Goulart, naquele dia, estava em Montevidéu, "tratando de normalizar" sua situação na imigração, de modo a "conseguir com a renúncia do asilo" a sua residência no Uruguai e, no dia seguinte, completaria a "via crucis" dos papéis e colocaria as cousas "ajustadas nos seus eixos".[2] Na mesma carta, disse a João Vicente que esperava conhecer sua "decisão final" sobre a ida ao Uruguai, de modo que pudesse "examinar a possibilidade de mais uma viagem", para passar com ele o fim do ano, apesar de o verão ser época em que tinha mais trabalho.[3]

Na mesma carta, Goulart informou a João Vicente que tudo em Punta del Este estava mais caro do que em Londres – "cigarros, 5 pesos, um almoço, 30-40, um uísque, 12" – porém, por mês, desde sua chegada da Europa, não tinha essa despesa, pois estava "em rigoroso tratamento por mim mesmo prescrito" e emagrecera cerca de onze quilos: seu peso, nesse período, baixara de 96 quilos para 85. "Nada de massa, de açúcar e de álcool" – escreveu, acrescentando que "por enquanto vou-me aguentando, com fome, porém espiritualmente melhor e muito mais leviano para tudo". Dado seu temperamento, não era provável que houvesse aguentado sem transgressões o regime, por ele mesmo prescrito e não, aparentemente, pelo médico com o qual fizera os exames em Lyon, na França. Ele emagrecera, de fato, mas ainda estava com sobrepeso (sua altura era de cerca de 1,72 m), e "seu colesterol teria disparado de maneira impressionante".[4] Tinha dificuldade até mesmo em subir pequenas rampas.[5]

---

1   Carta de João Goulart a João Vicente Goulart, Montevidéu, 9 nov.1976. AIGP.
2   Ibidem.
3   Ibidem.
4   Entrevista de Eva de Leon a Klécio Santos, publicada pelo diário *Zero Hora*, 3 dez. 2001.
5   Ibidem.

Goulart estava indeciso sobre o que fazer. Pensava na possibilidade de de outra viagem à Europa. Contudo, parecia hesitar por causa do trabalho. E, ao mesmo tempo, embora não o entremostrasse na carta, alimentava a ideia de retornar ao Brasil. Estas eram as variáveis que se lhe apresentavam. Goulart sabia que Almino Affonso viajara para São Paulo, não fora preso, apenas interrogado, e ia regressar a Buenos Aires, onde até então estava exilado. Queria saber sua experiência, sua opinião sobre o que poderia acontecer se ele, Goulart, também regressasse ao Brasil. E, no começo de dezembro de 1976, telefonou para Cláudio Braga, seu assessor, homem de sua confiança e encarregado dos seus negócios em Buenos Aires, pedindo-lhe que fosse a Montevidéu e estivesse às 15 horas no bar do Hotel Columbia. Após falar sobre seus interesses na Argentina, principalmente sobre um grande remate de gado que pretendia fazer em Mercedes-Corrientes, e orientá-lo sobre todas as providências a tomar, Goulart disse a Cláudio Braga: "Agora vamos ao mais importante. Viajes primeiro a Buenos Aires, marques um jantar com Almino Affonso e transmita-lhe minha decisão de regressar ao Brasil; ele pode ir pensando na operação regresso". Quando ambos caminhavam para o Hotel Alhambra, na parte velha de Montevidéu, Cláudio Braga ainda várias vezes lhe perguntou se esta era uma decisão definitiva. E ele respondeu: "Se não fosse, eu não estaria mandando que fales com Almino. As conversas com Almino são conversas sérias... Ele é um homem sério. Irei antes conversar com Edward Kennedy, enquanto isso Almino irá ouvindo a quem considerar necessário a essa operação".[6]

Almino Affonso viajara para o Brasil, em 31 de agosto de 1976, "por desespero, segundo suas próprias palavras, diante da grave situação na Argentina, sob a ditadura implantada pelo general Jorge Rafael Videla, com o golpe militar de 24 de março de 1976. Percebeu, depois do assassinato dos parlamentares uruguaios – o senador Zelmar Michelini e deputado Héctor Gutierrez Ruiz – que sua vida também

---

6   Entrevista de Cláudio Braga ao autor.

estava em perigo. Enquanto, no Brasil, "a anistia já vinha sendo objeto de campanha" – contou Almino Affonso – "a mortandade na Argentina, onde estava morando, era inacreditável, todo dia tinha notícias terríveis".[7] E certo dia, ao sair do seu apartamento, viu "um cidadão sendo arrastado por um sujeito, que o colocou numa espécie de furgão enquanto a família gritava". Este fato o chocou e daí sua decisão de voltar para o Brasil. "Volto porque, se tenho que ser preso e de repente morto, vai ser falando em português" – assim pensou.[8] Com efeito, no Brasil, após ser interrogado durante cinco horas, protegido pelo notável cardiologista Adib Jatene, seu amigo, e legalizar sua situação,[9] Almino Affonso regressou a Buenos Aires, a fim de terminar sua relação contratual com a Faculdade Latino-Americana de Ciências Sociais, na qual era diretor da Escola de Ciência Política, desde 1974 e lá chegou no dia 4 de dezembro de 1976.

À noite do mesmo dia, sábado, 4 de dezembro, na Confeitaria Richmond, na Calle Florida, encontrou-se com Cláudio Braga, que lhe falou sobre a pretensão de Goulart, as possibilidades reais para o seu retorno e as consequências que poderia produzir.[10] Almino Affonso

---

7 Federação Nacional dos Engenheiros (FNE), Jornal, edição 91 – dez.09, Almino Affonso, autor da lei do piso do engenheiro. Disponível em: http://www.fne.org.br/fne/index. php/fne/jornal/edicao_91_dez_09/almino_affonso_autor_da_lei_do_piso_do_engenheiro.

8 Ibidem.

9 "Ao chegar ao Brasil, fui recebido por uma corte formada por toda essa escória da ditadura. No meio de todos aqueles policiais, estava uma figura admirável, Adib Jatene, meu amigo de juventude, que tomou a iniciativa de pedir ao comandante do Segundo Exército de São Paulo, a quem ele tinha operado, uma garantia de que não me torturariam se acaso me prendessem. O militar lhe concedeu a garantia. Fiquei quatro a cinco horas sendo interrogado e entreabriram a porta, puseram o Adib sentado numa saleta ao lado de tal forma que ele me visse permanentemente... Nessa hora senti a grandeza humana. A partir daí, dá-se minha reinserção social e na política, a luta pela redemocratização do País." Ibidem.

10 Entrevista de Almino Affonso ao autor, por telefone, em 18 jan. 2010. Esse fato foi também relatado por Almino Affonso, quando deputado federal pelo PSDB, na Sessão Solene do Congresso Nacional, em 5 de dezembro de 1996, em homenagem ao presidente João Goulart: "Quando chegamos a São Borja – os sinos dobrando numa tristeza imensa, as primeiras sombras da tarde que caía, a alma do povo chorando o grande morto – custava-me a crer na evidência dos fatos. Pois dois dias antes, em Buenos Aires, eu recebera a

foi favorável à ideia, mas entendia que Goulart não deveria entrar pela fronteira, nem estar como exilado dentro da pátria. Apoiou a ideia de que ele fizesse outra viagem à Europa, a fim de visitar o papa Paulo VI, e também aos Estados Unidos, para encontrar-se com o senador democrata Edward Kennedy, irmão do ex-presidente John Kennedy e então o principal opositor das ditaduras militares instituídas na América Latina. Após tais encontros, ele tomaria um avião em Nova York, com ampla divulgação, e viajaria diretamente para o Rio de Janeiro, em franco desafio ao regime militar e correndo o risco de ser preso.[11] "Esta opinião foi transmitida por Cláudio Braga a Goulart que sempre ordenava manter 'absoluta reserva', até sua definitiva autorização para deslanchar a operação retorno".[12]

Segundo Manuel Soares Leães, o piloto de Goulart, um agente do SNI, no final de novembro de 1976, esteve em seu apartamento, em Porto Alegre, e apresentou-se, como intermediário de um coronel do Exército, para transmitir-lhe como deveria ocorrer o retorno de Goulart ao Brasil. Ele poderia desembarcar em Brasília e apenas seria ouvido, rapidamente, pela Polícia Federal. Goulart, preocupado, desconfiou da informação e perguntou-lhe: "Será que não é um golpe para me prenderem?" Pediu então a Manuel Leães que fosse ao Rio de Janeiro consultar os companheiros de partido sobre o plano, viagem que não chegou a realizar-se porquanto, quando estava para embarcar, no aero-

---

visita do assessor político, Cláudio Braga, que me relatara, a pedido do presidente, a decisão que havia tomado". Ver Affonso, 1997, p.19. Inaldo Sampaio: "Quando decidi voltar ao Brasil, na raça, no final de agosto de 1976, o presidente enviou o secretário Carlos Braga para jantar comigo. O Jango me perguntou o que eu achava do plano de voltar ao Brasil. O plano era: ir à França, para uma consulta com o médico cardiologista, e depois ele visitaria o Papa Paulo VI e o senador Ted Kennedy. Eu respondi que era brilhante. A inteligência do plano era a extrema visibilidade da viagem". Entrevista de Almino Affonso a Sergio Kapustan. "Almino Affonso: fundamental recuperar o contraditório", in: *Diário do Comércio*, 24 ago. 2009.

"Ex-deputado contesta Arraes na polêmica sobre a morte de Jango", in: *Jornal do Commercio*, Recife, 2 set. 2001, p.12.

11 Idem, ibidem. Entrevista de Cláudio Braga ao autor.

12 Idem. Entrevista de Cláudio Braga ao autor, por telefone, em 18 jan. 2010.

porto, soube que Goulart havia falecido.[13] Tudo indica que realmente se tratava de uma cilada. Orpheu dos Santos Salles já havia feito sondagem com o ministro da Guerra, general Sylvio Frota, sobre a possibilidade do retorno de Goulart ao Brasil, sem sofrer represálias. A resposta fora negativa. O general Sylvio Frota argumentou que, mesmo confinando em São Borja, Goulart conseguiria aglutinar políticos e líderes sindicais, o que criaria problema para o governo. "É impossível" – disse, acrescentando: "Se ele vier *sponte propria* será preso e processado".[14] O próprio general Frota contou, em suas memórias, que soube da possível ida de Goulart para o Brasil, no próximos dias, através do general de divisão, João Batista Figueiredo, então ministro-chefe do SNI, e que a decisão tomada foi no sentido de que, caso confirmada a notícia, ele, Goulart, deveria "ser cassado ou banido e, em consequência, devolvido ao exterior".[15] Essas informações contradizem a mensagem que o agente do SNI transmitiu a Manuel Leães.

Goulart, mesmo tendo recebido o visto de residência permanente no Uruguai,[16] estava sob forte tensão, com a perspectiva de retornar ao Brasil. Dado sofrer de cardiopatia grave e haver sua afecção coronariana piorado, advertido pelo seu médico em Lyon, ele deixara de beber e começara a fazer regime a fim de emagrecer. Porém, mal controlado, porquanto continuou a fumar "quatro maços por dia",[17] não obstante a proibição do médico, e a transgredir a dieta, comendo ovos e carnes gordurosas, no café da manhã, segundo o próprio depoimento de sua

---

13 Entrevista de Manuel Leães a Geneton Moraes Neto. Moraes Neto, op. cit., p.121-2. "O piloto do presidente João Goulart" – Informações sobre a vida de Manoel Soares Leães, piloto do presidente João Goulart, entre 1950 e 1976. Disponível em: http://piloto-do--presidente.blogspot.com/

14 Carta de Orpheu dos Santos Salles ao autor, em 29 jan. 2010.

15 Frota, 2006, p.312.

16 Da Embaixada do Brasil em Montevidéu para a Secretaria de Estados, 31 dez. 1976. Secreto-exclusivo. G/SG/ – Política Brasil e Uruguai. Asilo do ex-presidente João Goulart. a) Antônio Correa do Lago. AHMRE-B.

17 Declaração de Maria Tereza Goulart a Marina Wodtke e Antônio Corazza. "Os parentes de Jango não acreditam em crime", in: revista *Manchete* nº 1.585, 4 set. 1982.

esposa, Maria Tereza Goulart.[18] Assim, fumante pesado, hipertenso, com excesso de peso, sedentário e submetido a estresse intenso, grande, por conseguinte, era o perigo de que tivesse outro infarto,[19] como já sofrera no Uruguai dois ataques cardíacos,um dos quais em 1969.[20]

De qualquer modo, embora consciente do problema coronariano,[21] Goulart continuou normalmente suas atividades. Foi encontrar-se com Maria Tereza, em Maldonado, e os dois viajaram para Tacuarembó, no dia 4 de dezembro, numa avioneta pilotada por Pablo Perossio, com a intenção de irem para La Villa, a estância que possuía em Mercedes, na Argentina. Na manhã seguinte, dia 5, refletindo sobre a possibilidade de retornar em breve ao Brasil, Goulart e Maria Tereza prosseguiram a viagem pelo interior, a fim de não transitar por Buenos Aires, em virtude do clima de ameaças lá existente. Após uma escala em Salto, para ver um remate de gado, eles chegaram a Bella Unión, cidade localizada no noroeste do departamento de Artigas, fronteria da Argentina e do Brasil, e atravessaram, em uma lancha, o rio Uruguai, até Monte Caseros (Corrientes), na Argentina. Roberto Ulrich, um jovem apelidado Peruano, que trabalhava como motorista, já os esperava e levou-os de automóvel para Paso de los Libres, onde almoçaram com um negociante de gado no Hotel Alejandro I, após o que partiram a caminho

---

18 Apud Moraes Neto, 1997, p.125. Ver declaração de Maria Tereza Goulart a Lourenço Flores e Rudolfo Lago, in: "Jango – sem vontade de viver, não se consegue viver", *Zero Hora*, 2 dez. 1996.

19 O autor esteve com Goulart, na sua residência em Punta del Este, no começo de novembro de 1976, i. e., um mês antes de seu falecimento. Ele continuava realmente a fumar e ainda estava gordo, apesar de que, segundo vários depoimentos, houvesse perdido muitos quilos em dois meses, desde que regressara da Europa.

20 O problema cardíaco de Goulart, agravado pela altitude, foi diagnosticado, em abril de 1962, durante sua visita ao México, como presidente do Brasil, quando ele sofreu um desmaio em meio a uma homenagem que lhe era prestada. Os compromissos programados tiveram de ser cancelados e o chanceler San Tiago Dantas substituiu-o na visita ao túmulo do soldado desconhecido.

21 Em novembro de 1970, Goulart, após haver consultado o notável cardiologista brasileiro, Euryclides de Jesus Zerbini, que esteve em Montevidéu, pretendeu ir aos Estados Unidos e à França para submeter-se a exames cardiológicos. Informação nº 03/71/DSI-MRE – Secreto – 15 mar. 1971 – Embaixada do Brasil em Montevidéu – Difusão SNI. ACE 38443/71 – AN-COREG – Brasília.

de La Villa, distante cerca de 120 km de Uruguaiana, no Brasil. Lá chegaram à tarde de domingo, 5 de dezembro, e foram recebidos pelo administrador da fazenda, Júlio Vieira Passos. Goulart – Maria Tereza contou – "estava bem disposto, embora tenso, como era habitual, e cansado".[22] Evidentemente, uma viagem tão longa, de avião, lancha e automóvel, durante um dia inteiro, fora muito exaustiva.

Esperava também saber o teor da conversa que Cláudio Braga teve com Almino Afonso em Buenos Aires sobre a possibilidade de seu retorno ao Brasil. À noite, Goulart, conforme depoimento de Julio Vieira Passos, disse-lhe que aguardava a chegada de Cláudio Braga, no dia seguinte, 6 de dezembro,[23] com seu amigo, Enrique Piegas, residente em Uruguaiana, para o remate de gado que pretendia fazer em La Villa. E após tratar com Julio Vieira Passos dos detalhes sobre o recolhimento do gado para vacinação, pediu-lhe que fosse a Mercedes comprar cigarros para ele. Somente mais tarde, às 22h, Goulart comeu um churrasco de ovelha (talvez com alguma dose de uísque) e, depois de beber uma xícara de chá, recolheu-se ao seu quarto para dormir por volta de 24h45. Segundo se soube, depois de algum tempo deitado, começou a roncar "em forma aguda e profunda", "com a respiração ofegante", e Maria Tereza, ao tentar despertá-lo, pensando tratar-se de um pesadelo, notou que algo grave havia ocorrido. Tentou reanimá-lo. "Foi inútil" – disse Maria Tereza, acrescentando: "o infarto que ele sofreu foi fulminante".[24] Desesperada, aos gritos, chamou Julio Vieira Passos, que vivia em uma casa contígua. Eram 2h40. E Júlio Vieira Passos, quando ouviu os gritos – a angústia dos gritos de Maria Tereza era tamanha que ele imaginou que alguém invadira a casa –, correu até o quarto, onde viu Goulart, deitado, com a mão no coração, e ela tentando abrir-lhe os braços para fazê-lo respirar. Cinco

---

22 "Viúva de Jango não vai permitir em 'hipótese alguma' a exumação" in: *O Globo*, 24 ago. 1982, 2º clichê.

23 "Declaração de Julio Viera, capataz da estância La Villa" (Mercedes, Província de Corrientes. Transcrição fiel das fitas gravadas no dia 6 mar. 1982), apud Foch Díaz, 2000, p.173.

24 Ibidem.

minutos depois, às 2h45, Goulart estava morto. Entrementes, Roberto Ulrich, um jovem apelidado "Peruano", que trabalhava para Goulart como motorista, correu juntamente com Abel Semhan para buscar o médico, um pediatra, Ricardo Rafael Ferrari,[25] o único que havia nas vizinhanças, e ele, ao chegar, nada mais pôde fazer. Após examinar o corpo, concluiu que Goulart estava morto e diagnosticou como *causa mortis*: "Enfermedad". Maria Tereza testemunhou: "Vi meu marido sofrendo o infarto. Depois de falecer ele ficou com o lado esquerdo do peito inteiramente roxo, devido aos hematomas, o que comprova essa afirmação".[26]

O general Ernesto Geisel, como presidente da República, autorizou o sepultamento de Goulart em São Borja, mas não permitiu que seu corpo fosse transportado por via terrestre. Queria evitar manifestações populares contra a ditadura e a ideia sugerida foi levar o féretro para o Brasil por via aérea. Contudo, em meio às contradições dentro do governo, o general Adalberto Pereira dos Santos, vice-presidente, conseguiu do general Geisel a anuência para que o esquife partisse de Mercedes, em uma ambulância, e transpusesse a Ponte Internacional, que liga Paso de los Libres, na Argentina, à Uruguaiana, no Brasil. O ministro da Guerra, general Sylvio Frota tentou impedi-lo. Não teve êxito. E, a partir de Uruguaiana, um cortejo com mais de 300 automóveis acompanhou o féretro, até São Borja, e a multidão, que se aglomerou diante da igreja onde se realizou o velório, passou a clamar contra a ditadura: "Jango", "Jango", "Liberdade", "Liberdade". O sepultamento de João Goulart, presidente constitucional do Brasil, ocorreu às 16h de 7 de dezembro, no Cemitério de São Borja.

Mas o governo autoritário, instituído pelo golpe militar de 1964, mostrou ainda mais sua face cruel, desumana e mesquinha. O general Ernesto Geisel, embora se propusesse a promover, gradativamente, a

---

25 O médico que assinou o óbito, Ricardo Ferrari, morreu em 2002, atropelado por uma motocicleta na cidade de Mercedes.

26 "Viúva de Jango não vai permitir em 'hipótese alguma' a exumação", in: *O Globo*, 24 ago. 1982, 2º clichê.

abertura política, não decretou luto oficial, o que obrigou o senador José de Magalhães Pinto, presidente do Senado, a mandar baixar a bandeira a meio pau hasteada, em sinal de luto, no prédio do Congresso, e o Departamento de Censura proibiu a transmissão de comentários sobre a carreira política de Goulart, pelas emissoras de rádio e de televisão, permitindo apenas "a simples nota do falecimento", desde que não fosse "repetida sucessivamente".[27] Mesmo a autorização para que o seu corpo fosse sepultado no Brasil, gerou sérias controvérsias, porque o general Sylvio Frota tentou anular a autorização dada pelo vice-presidente da República, general Adalberto Pereira dos Santos, para que o féretro atravessasse a ponte Presidente Justo que ligava a cidade de Paso de los Libres, na Argentina, a Uruguaiana, no Brasil.[28] Não conseguiu. Só assim, doze anos, oito meses e quatro dias após asilar-se no Uruguai, o presidente constitucional da República, já sem vida, teve permissão de regressar ao Brasil para ser enterrado em São Borja, onde nascera. Goulart, que "passara incólume por uma dezena de inquéritos", conforme Elio Gaspari salientou,[29] purgara doze anos de exílio.

---

27 *Jornal do Brasil*, 7 dez. 1976, p.18.
28 Idem, 6 dez. 1986, p.4.
29 Gaspari, 2006, p.315-8.

Conclusões

Se o golpe de Estado no Brasil não foi absolutamente inevitável, também não foi absolutamente casual. Fatores vários confluíram e determinaram a queda do governo de João Goulart, em 1º de abril de 1964, em meio a contradições sociais e políticas, tanto internas quanto externas, que o forte impulso da industrialização do país, durante os anos 1950, aguçou. O golpe de Estado em 1964 constituiu um episódio da luta de classes, com o qual o empresariado, sobretudo seu setor estrangeiro, tratou de conter e reprimir a ascensão dos trabalhadores, cujos interesses, pela primeira vez na história do Brasil, condicionavam diretamente as decisões da presidência da República, devido às vinculações de João Goulart com os sindicatos. As multinacionais, que investiam nos países em desenvolvimento, como o Brasil, em busca de fatores mais baratos de produção, para compensar a queda da taxa de lucro nos Estados Unidos e na Europa, não podiam tolerar, naquela conjuntura, um governo sensível às reivindicações sindicais, o estabelecimento de um regime do tipo social-democrata, de garantia do trabalho, semelhante ao existente nos estados de bem-estar social, de onde os capitais então emigravam. E a CIA, por meio das mais variadas modalidades de ações encobertas e operações para solapar o governo do presidente João engravesceu a crise interna, induzindo artificialmente o processo político à radicalização, muito além dos próprios impulsos intrínsecos das lutas sociais, com o objetivo de provocar a intervenção das Forças Armadas e a execução do golpe de Estado.

A derrubada do presidente João Goulart refletiu, outrossim, a mutação da estratégia de segurança do hemisfério, promovida pelos Estados Unidos depois da Revolução Cubana, redefinindo as ameaças, com prioridade para o inimigo interno, i. e., a subversão, e difundindo, através, sobretudo, da Junta Interamericana de Defesa, as doutrinas de contrainsurreição e da ação cívica, que atribuíam às Forças Armadas maior protagonismo político nos países da América Latina. Em tais condições, a intervenção das Forças Armadas no processo político do Brasil e de outros países da América Latina, em especial a partir de Revolução Cubana, constituiu um fenômeno de política internacional, um reflexo da Guerra Fria, visando a ditar decisões diplomáticas e modificar diretrizes de política exterior. Assim aconteceu no Brasil, onde o general Humberto Castelo Branco, logo após a implantação da ditadura, rompeu as relações diplomáticas com Cuba e, incondicionalmente, se alinhou com os Estados Unidos.

Mesmo que provas concretas não existissem – e muitas existem – sobre a ingerência direta do Pentágono, estimulando e apoiando golpes militares na América Latina, não restava a menor dúvida de que suas pressões levaram os Estados Unidos a reconhecer e a cultivar "relações amistosas com as piores ditaduras de direita", pois, conforme a Embaixada do Brasil em Washington, em 1963, salientou, "do ponto de vista dos setores militares de Washington tais governos são muito mais úteis aos interesses da segurança continental do que os regimes constitucionais".[1] A ameaça aos interesses de segurança dos Estados Unidos na América Latina não era exatamente a luta armada pró-comunista, como as guerrilhas na Venezuela e na Colômbia, mas,

---

1 "Política externa norte-americana – Análise de alguns aspectos", Anexo 1 e único ao Ofício n° 516/900.1 (22), secreto, Embaixada em Washington ao Ministério das Relações Exteriores, Washington, 13 jun. 1963, AMRE-B, 900.1(00), Política Internacional, de (10) a (98), 1951/66.

sim, o aprofundamento da própria democracia, particularmente no Brasil, onde o recrudescimento das tensões econômicas e dos conflitos sociais aguçava a consciência nacionalista e os sentimentos antinorte--americanos, na maioria do povo, passaram a condicionar as decisões políticas do governo. E o que levou o Brasil à beira de um estado quase revolucionário, se é que assim se pode considerar o transbordamento da democracia, foi principalmente o fato de que o presidente John Kennedy, apesar das promessas de reformas da Aliança para o Progresso, reagiu diante da nacionalização das empresas de energia elétrica, bem como da política externa independente que o Brasil executava, do mesmo modo que o presidente Dwight Eisenhower, em face das primeiras mudanças empreendidas por Fidel Castro, após conquistar o poder em Cuba. Assim, as lutas sociais, das quais, no Brasil, a comunidade empresarial americana participava como significativo segmento de suas classes dominantes, condicionaram, em larga medida, o comportamento de Kennedy e a forte hostilidade dos Estados Unidos a Goulart, porquanto as corporações multinacionais não podiam tolerar nos *new industrializing countries* nenhum governo de corte social-democrático, que, sob influência dos sindicatos, favorecesse a valorização da força de trabalho e aumentasse os custos de produção.

O Council of the Americas, sob a liderança de David Rockfeller, empenhou-se na desestabilização do governo João Goulart, com o conhecimento e a participação da CIA, conforme o depoimento do ex-Embaixador do Chile, Edward Korry, perante o Senado dos Estados Unidos.[2] No segundo semestre de 1962, somando-se à IT & T, a Hanna Co. passou a pressionar o governo Kennedy para não dar qualquer assistência financeira ao Brasil até que Goulart resolvesse o caso do cancelamento de suas concessões no quadrilátero ferrífero de Minas Gerais. E o banqueiro William H. Drapper, que visitou o Brasil em missão oficial, manteve, durante as primeiras semanas de

---

2   Depoimento de Edward Korry, ex-embaixador dos Estados Unidos no Chile durante o Governo de Salvador Allende, perante o Senado norte-americano, in: *Jornal do Brasil*, 14 fev.1977.

outubro daquele ano, diversos contatos com elementos da comunidade empresarial norte-americana e, refletindo suas opiniões, sugeriu a Dean Rusk que os Estados Unidos adotassem a linha dura, recusando qualquer ajuda ao balanço de pagamentos do Brasil, até que Goulart aplicasse um plano de estabilização monetária satisfatório para o FMI ou caísse do governo, tragado pela voragem da crise de suas contas externas. Sua perspectiva era a de que Goulart provavelmente não executaria o plano de estabilização monetária e, inflectindo mais para a esquerda, possibilitaria a "polarização das forças políticas domésticas" e, em uma segunda etapa, o golpe de Estado, com a instauração de forte regime militar de direita, "mais bem orientado para os Estados Unidos".[3] John Richard, executivo da RCA e presidente da Câmara Americana de Comércio, sugeriu-lhes que os Estados Unidos forçassem o colapso econômico do Brasil, com o corte de toda ajuda ao governo João Goulart, de modo a produzir sua queda e abrir o caminho para os militares.[4] O embaixador Lincoln Gordon, por sua vez, temeu que Goulart se fortalecesse, na onda do antiamericanismo e realizasse expropriações maciças de empresas dos Estados Unidos, razão pela qual propôs o adiamento de tão drásticas decisões, por poucos meses mais, até a realização do plebiscito, em 6 de janeiro de 1963, quando o povo decidiria pela restauração do presidencialismo.[5]

Entretanto, embora o governo Goulart aprovasse a inspeção dos navios com destino a Cuba, durante a crise dos mísseis, demonstrando que a defesa de sua autodeterminação não significava favorecimento da expansão militar da União Soviética ou abdicação dos compromissos fundamentais com o Ocidente, Kennedy, em dezembro de 1962, já se mostrou desmesuradamente inquieto e nervoso com a situação no Brasil. No dia 11 daquele mês, reuniu o Comitê Executivo do Conselho de Segurança Nacional para examinar a "ameaça comunista" no Brasil e a crise do seu balanço de pagamentos. Ao que tudo indica, naquela opor-

---

3   Leacock, 1979, p.656.
4   Idem, ibidem, p.656.
5   Idem, ibidem, p.657.

tunidade, decidiu-se que os Estados Unidos suspenderiam totalmente qualquer financiamento ao governo João Goulart, nada fazendo, como prorrogação de vencimentos, para aliviar as dificuldades de suas contas externas, e só destinando recursos aos Estados, depois denominados "ilhas de sanidade administrativa",[6] cujo governadores eram militantes anticomunistas.[7] No dia seguinte, ao falar à imprensa, referiu-se duramente à situação do Brasil, declarando que uma inflação de 5% ao mês anulava a ajuda norte-americana e aumentava a instabilidade política. Segundo ele, uma inflação no ritmo de 50% ao ano não tinha precedentes e os Estados Unidos nada podiam fazer para beneficiar o povo do Brasil, enquanto a situação monetária e fiscal dentro do país fosse tão instável.[8] Sua atitude, a afirmar, praticamente, que outra nação estava em bancarrota, chocou o governo Goulart, que a considerou irresponsável, pois seus efeitos econômicos e políticos seriam desastrosos para o Brasil e, em particular, para seus créditos externos. E, enquanto sua entrevista repercutia, Kennedy, ao receber em audiência, no dia 13, o senador Juscelino Kubitschek, ex-presidente do Brasil, e Alberto Lleras Camargo, ex-presidente da Colômbia, prognosticou que, não importando o que os Estados Unidos fizessem, a situação do Brasil devia deteriorar-se.[9] Em face de tal perspectiva, desde pelo menos julho de 1963, os Estados Unidos já haviam começado a estudar vários planos de contingência, denominados Brother Sam, que consistiam no envio da força-tarefa norte-americana, incluindo o porta-aviões Forrestal, para o litoral do Brasil, visando a dar apoio logístico aos insurgentes e até desembarcar *marines*, se o golpe de Estado provocasse uma guerra civil, caso em que a Argentina solicitaria a intervenção da OEA, conforme o general Leopoldo Suarez, ministro da Defesa, comunicou a Washington, após conferência com o presidente Arturo Illia e o mi-

---

6   Entrevista de Lincoln Gordon a Roberto Garcia, in: *Veja*, São Paulo, 9 mar. 1977.

7   Um dos beneficiados foi Carlos Lacerda, então governador do Estado da Guanabara, em que a cidade do Rio de Janeiro se transformara com a transferência do Distrito Federal para Brasília em 21 de abril de 1960.

8   Kennedy, 1962, p.871. *O Estado de S. Paulo*, 13 fev.1962; *Diário de Notícias*, 14 fev.1962.

9   Idem, ibidem.

nistro das Relações Exteriores, Miguel Angel Zavalla Ortiz.[10] Goulart estava informado de que a esquadra dos Estados Unidos, no Caribe, já se movimentava na direção de Natal. E não resistiu porque tinha plena consciência de que, se tentasse fazê-lo, "haveria uma sangueira, uma sangueira inútil". Não tinha condições nem meios para resistir ao golpe de Estado. Se aceitasse a opinião de Leonel Brizola e tentasse a resistência, a partir do Rio Grande do Sul, a guerra civil eclodiria, haveria a intervenção armada dos Estados Unidos, cujas tropas desembarcariam no Espírito Santo e em São Paulo. O Brasil seria dividido. Tornar-se-ia outro Vietnã, em situação muito pior, porque não tinha fronteiras nem com a China nem com a União Soviética para receber armamentos. Não havia a menor chance de êxito. Seria uma tragédia de proporções internacionais, que só prejudicaria o povo brasileiro. E, ao evitá-la, João Goulart demonstrou mais uma vez a sua grandeza, o caráter de um grande estadista, que colocou os interesses nacionais acima de sua posição pessoal. Nunca desejou deflagrar uma guerra civil nem tinha a ambição de tornar-se ditador, razão pela qual, *inter alia*, aceitou a implantação do parlamentarismo. Jamais, no entanto, abdicou de suas convicções.

João Goulart não era um homem fraco nem inepto, como certos segmentos da esquerda, inclusive Leonel Brizola, pretenderam caracterizá--lo. Pelo contrário. O golpe evidentemente poderia ser evitado se ele fosse fraco, se cedesse às pressões das forças conservadoras, se obedecesse às imposições econômicas, financeiras e políticas dos Estados Unidos, rompendo relações com Cuba, reprimindo o movimento sindical e demitindo os elementos considerados de esquerda.

O presidente João Goulart tornou-se um dos grandes vultos da histórica política do Brasil. É, no entanto, um dos mais incompreendidos e injustiçados, tanto pelas forças que triunfaram com o golpe militar de 1964 quanto por alguns segmentos da esquerda, que assimilaram

---

10 Telegrama da Embaixada Americana para o Departamento de Estado, Buenos Aires, 1º abr. 1964, LBJL.

um contrabando ideológico da direta e aplicaram, indiscriminadamente, a teoria do populismo. O governo de João Goulart, quando caiu, contava com 76% da opinião pública a seu favor, elevado índice de popularidade, não obstante a formidável campanha, que a oposição interna e externa promovera, com o objetivo de o desestabilizar. E o embaixador dos Estados Unidos, Lincoln Gordon, ao comentar a Marcha da Família, com Deus, pela Liberdade, realizada no Rio de Janeiro como manifestação de apoio ao levante militar, observou que "a única nota triste foi a participação obviamente limitada das classes baixas",[11] ou seja, a ausência de trabalhadores. Com efeito, o golpe de Estado no Brasil, instigado e sustentado pela comunidade dos homens de negócios e pelos proprietários de terras, constituiu nitidamente um episódio da luta de classes, a refletir o aguçamento, tanto no nível nacional quanto internacional, dos antagonismos sociais e políticos, que atingiram uma gravidade inaudita na América Latina, a partir do triunfo da Revolução Cubana em 1959.

Os militares, vinculados política e ideologicamente à antiga Cruzada Democrática, foram os que então se apossaram do poder e, a sagrarem o *putsh* como Revolução Democrática ou Revolução Redentora, recorreram aos métodos de guerra civil, para destruir a oposição e esmagar toda e qualquer forma de resistência. Entretanto, como homenagem do vício à virtude, eles tiveram de conservar, formalmente, os traços constitucionais e alguns aspectos da mecânica democrático-representativa, de modo a não constranger a administração do presidente Lyndon Johnson, sucessor de Kennedy, perante a própria opinião pública nos Estados Unidos, e não dificultar, em consequência, sua cooperação militar e financeira com o regime autoritário.

---

11 Telegrama, Lincoln Gordon a Dean Rusk, Rio de Janeiro, 2 abr. 1964, NSA, CEP, v.3, LBJL.

APÊNDICE

Da morte de João Goulart

A causa da morte de João Goulart voltou à discussão depois que o diário *La República*, de 13 de janeiro de 2008, publicou uma reportagem de Roger Rodríguez, na qual informava que sua família havia apresentado uma denúncia ante a Procuradoria Geral do Brasil, solicitando abertura de inquérito, a fim de apurar as circunstâncias em que ele morreu, em 6 de dezembro de 1976.[1] Na mesma reportagem, Roger Rodríguez aludiu a uma entrevista que Mario Barreiro Neira, preso na Penitenciária de Alta Segurança de Charqueadas (Rio Grande do Sul, 50 quilômetros distante de Porto Alegre) e que se dizia ex-agente do serviço de inteligência do Uruguai, concedera em dezembro de 2006 à TV Senado e a João Vicente Goulart, declarando que participou de uma chamada Operação Escorpião, que resultou no assassinato de João Goulart, com um veneno preparado por um médico uruguaio, Carlos Milles, e injetado num dos comprimidos que ele tomava para o cora-

---

1 Requerimento ao procurador-geral da República para abertura de inquérito civil judicial, Brasília, 19 de setembro de 2007. Instituto Presidente João Goulart, aa) João Vicente Fontella Goulart e Denize Fontella Goulart. AIPG.

ção.[2] Logo depois, a jornalista Simone Iglesias obteve uma entrevista exclusiva, publicada pela *Folha de S.Paulo*, em 21 de janeiro de 2008, na qual Mario Barreiro Neira afirmou que o presidente Ernesto Geisel (1908-1996) autorizou o delegado Sérgio Fleury, da Divisão de Ordem Política e Social (DOPS) da polícia de São Paulo, a coordenar com o serviço de inteligência do Uruguai os detalhes da operação (segundo ele, financiada pela CIA), que consistia em colocar os comprimidos envenenados nos frascos dos medicamentos que Goulart tomava e cujo efeito seria semelhante a um ataque cardíaco. Os comprimidos envenenados – contou – eram misturados aos remédios que Goulart depositava no Hotel Liberty.[3]

A publicação de tais entrevistas levou o deputado Miro Teixeira (PDT-RJ) a requerer ao Ministério Público Federal diligências no sentido de obter o depoimento de Mario Barreiro Neira, a fim de instruir eventual procedimento de investigação criminal, inquérito, ação penal ou outra medida cabível e necessária.[4] O deputado Miro Teixeira fora o relator da Comissão Externa, criada na Câmara dos Deputados em 23 de maio de 2000, para esclarecer em que circunstância ocorreu a morte do ex-presidente João Goulart, que estava coerente com a conclusão de que não havia "como afirmar, peremptoriamente, que Jango foi assassinado", porém seria "profundamente irresponsável" e impossível "colocar um ponto final na investigação".[5] Como consequência, o Ministério Público Federal abriu inquérito e a Procuradoria dos Direitos do Cidadão no Rio Grande do Sul, à frente das

---

2   Roger Rodríguez. "La familia de Goulart demanda por asesinato acción penal. Está basada en testimonio aportado por ex agente uruguayo". *La República* – 13 jan. 2008.

3   Simone Iglesias – Da Agência Folha, em Porto Alegre. "Goulart foi morto a pedido do Brasil, diz ex-agente uruguaio". *Folha de S.Paulo*, 27 jan. 2008.

4   Petição ao procurador-geral da República. Miro Teixeira, deputado federal, Brasília, 29 de janeiro de 2008. Arquivo do deputado Miro Teixeira.

5   Congresso. Câmara dos Deputados. Comissão Externa destinada a esclarecer em que circunstância ocorreu a morte do ex-presidente João Goulart, em 6 de dezembro de 1976, na estância de sua propriedade, na Província de Corrientes, na Argentina. Relatório final – Sala da Comissão, em 13 de outubro de 2001. Brasília: Câmara dos Deputados. Coordenação de Publicações, 2004.

investigações, solicitou à Polícia Federal, entre outras iniciativas, que tomasse o depoimento de Mario Barreiro Neira, na Penitenciária de Alta Segurança de Charqueadas.

Mário Barreiro Neira não era agente do serviço de inteligência do Uruguai, mas apenas um radiotécnico da polícia de Montevidéu. Participou de um grupo paramilitar de ultradireita denominado Garra 33, com o qual realizou diversos atentados, até que passou a trabalhar para uma "agência de Estado" chamada Grupo Gamma, que atuou entre 1971 e 1973, no período imediatamente anterior ao golpe de Estado, e cuja sede era a Base Arenal, onde existia um forno em que foi cremada Elena Quinteros, detida em 1976 e levada ao centro de torturas 300 Carlos, subordinado à I Divisão do Exército.[6] Em suma, Mário Barreiro Neira, com o codinome de "teniente Tamús", era, na realidade, um criminoso comum, recrutado no lumpesinato para executar as mais sujas tarefas; na repressão política, era um repressor tipo periférico, que tinha o botim como remuneração. E, nos anos 1990 ou, talvez desde antes, integrou a Superbanda (quadrilha de policiais criminosos), que atuou no Uruguai, esteve envolvido com o tráfico de armas pesadas e diversos outros crimes.

Os antecedentes criminais de Mario Barreiro Neira são muitos e os mais diversos. Ele fora preso, em 1996, em Bagé (Rio Grande do Sul), onde cumpriu uma pena preventiva de 24 meses.[7] Libertado, voltou ao Uruguai e assaltou, em 1998, o Zoológico de Montevidéu, a sede do Hospital da Casa de Galícia, os escritórios de Oca y Plata Card em Paso Molino. Foi detido em Rocha (Uruguai), em frente à Alfândega de La Coronilla, com objetos roubados e equipamentos de telecomunicações. Fugiu pelo Chuy, entrou no Rio Grande do Sul e foi capturado, pela segunda vez, em 1998. Evadiu-se. Mas, em 1999,

---

6   Elena Quinteros pertencia ao Instituto Cooperativo de Educación Rural e lecionava em escolas de Pando e Canelones, no Uruguai. Era militante da Federación Anarquista Uruguaya (FAU) e atuava na Resistencia Obrero-Estudiantil (ROE).

7   Roger Rodríguez. "La confesión del teniente Tamús – Ex agente uruguayo dijo a La República en Brasil que existió una 'Base Arenal' donde fue cremada Elena Quinteros." Montevidéu, *La Republica* – 22 dez. 2002.

voltou a ser preso, em flagrante, pela Polícia Federal, em Gravataí (Rio Grande do Sul), por porte de arma e roubo de automóvel, juntamente com outro uruguaio, Ricardo Anacleto Ruiz Mendieta.[8] No domicílio onde se encontravam, havia um arsenal de armas, munições, equipamentos de comunicação e anotações das frequências de rádio da polícia estadual. Ambos estavam vinculados a assaltos a caminhões blindados da empresa Proforte S.A. Transporte de Valores em Canoas e Sapucaia de Sul, a um frustrado roubo de um avião no aeroporto de Rivera-Livramento e ao tráfico de automóveis dentro do Mercosul. Em maio de 2003, Barreiro Neira escapou do Instituto Penal de Mariante, onde cumpria pena em regime semiaberto, depois foi preso por detetives particulares (seguranças de uma boate) e entregue à Polícia Militar, transferido para o Palácio da Polícia, que inexplicavelmente o libertou.[9] Porém, ainda em 2003, a Polícia Federal capturou-o outra vez e ele foi encarcerado na Penitenciária de Alta Segurança de Charqueadas para cumprir uma pena de mais de 19 anos de prisão, sob o nome de Antonio Meirelles Lopes, constante de um documento falsificado que lhe valeu uma de suas condenações.[10]

---

8 Seu comparsa, Ricardo Anacleto Ruiz Mendieta, que havia conseguido escapar da penitenciária de Charqueadas, apareceu morto, misteriosamente, em 27 de agosto de 2003.

9 "Sindicância vai apurar libertação de uruguaio detido em Porto Alegre.
A Polícia Civil abriu, nesta segunda-feira (1º/9), uma sindicância para apurar as circunstâncias em que ocorreu a libertação do uruguaio Mario Ronald Barreiro Neira, preso por detetives particulares na madrugada de domingo em Porto Alegre. O suspeito foi liberado, mas há indícios de que ele estava sendo procurado pela Justiça brasileira desde maio, quando teria fugido do Instituto Penal de Mariante. Ele cumpria pena por roubo. O diretor do Departamento de Polícia Metropolitana (DPM), delegado Paulo Cesar Caldas Jardim, vai presidir a sindicância. Ele acredita que a apuração se estenderá por uma semana. O delegado plantonista na Área Judiciária no momento em que Neira foi apresentado afirma que o nome do suspeito não constava como procurado no banco de dados consultado. A utilização por Neira de diversas identidades – como uruguaio e como brasileiro – pode ter gerado confusão." Secretaria de Segurança Pública – RS – 1º set.2003

10 Eis o prontuário de Mário Barreiro Neira na polícia do Brasil:
14/02/1996 – Prisão em flagrante – contrabando/descaminho – Presídio Regional de Bagé/RS – Justiça Federal.
13/02/1998 – Libertado – Término de pena.
06/08/1998 – Prisão em flagrante – contrabando/descaminho – Porto Alegre – Presídio Central.

No depoimento prestado à Polícia Federal, em presença do delegado Mauro Vinicius Soares, Mário Neira Berreiros, além de falar sobre o trabalho de monitoramento eletrônico de Goulart, bem como de Brizola, declarou que assistiu ao delegado Sérgio Paranhos Fleury dizer expressamente ao general Luís Vicente Queirolo, na base do serviço secreto em Arenal, que "o presidente (Ernesto Geisel) não quer mais saber do retorno do Jango, a ordem era para pôr fim nele".[11] Depois, questionado pelo general Queirolo se o presidente Geisel dissera, realmente, "para matar o Jango", Fleury respondeu: "Bem, ele não me disse com todas as palavras, ele me disse que eu sabia o que tinha que ser feito, que ele não queria saber do retorno do Jango".[12] Barreiro Neira declarou que então se decidiu que "a morte de Jango seria feita pelo serviço secreto uruguaio por meio da troca de medicamentos de efeito antagônico", dado seu histórico de problemas cardíacos. Contou, em seguida, que o médico legista Carlos Milles Golugoss, cujo codinome era capitão Adonis, foi nomeado para "confeccionar o medicamento de efeito contrário e executar a troca pelo verdadeiro". Afirmou que ele próprio chegou a ver a "confecção do veneno", que foi composto de três princípios ativos diferentes: um aumentava a força do músculo cardíaco, outro diminuia o tamanho

---

25/09/1998 – Transferido para Presídio de Charqueadas.

25/11/1998 – Libertado p/ Habeas Corpus.

16/11/1999 – Prisão em flagrante – porte ilegal de arma + roubo carro – Gravataí/RS – Presídio Central.

07/08/2000 – Condenado – Pena 3 anos + 6 meses.

22/08/2000 – Presídio Central – a disposição da Polícia Federal – para pedido de extradição.

03/05/2003 – Fuga – Instituto Penal de Mariante/RS (semiaberto).

31/10/2003 – Capturado – Presídio Central.

13/02/2008 – Condenado pena 18 anos + 1 mês.

18/09/2008 – Transferido para Casa do Albergado Pe. Pio Buck (semiaberto).

29/08/2009 – Transferido para o Instituto Penal Irmão Miguel Dario (semiaberto) – onde atualmente se encontra.

11 Ministério da Justiça – Departamento de Polícia Federal – Superintendência Regional no Rio Grande do Sul. Termos de declaração de Mário Barreiro Neira. AMJDH.

12 Ibidem.

dos vasos sanguíneos e o terceiro aumentava a densidade do sangue.[13] Disse que esse composto, com três elementos básicos, era desidratado, mas não se lembrava "se o colocamos no Isordil ou no Adelfan ou no Nifeldin". A troca do medicamento, – explicou ele – foi efetuada por um argentino chamado Hector Rodríguez, em Buenos Aires, no Hotel Liberty,[14] para onde vinham os frascos do remédio, importados da França, e que "se passaram meses", até ser produzido o "resultado final", em virtude de Goulart ser "desorganizado [...], abria vários frascos ao mesmo tempo e tomava sempre poucos comprimidos de cada frasco".[15] Acrescentou que, após a morte de Goulart, foi realizada "uma limpeza na fazenda", com a retirada de "todos os pontos de monitoramento, vigilância e os frascos", "permanecendo a vigilância ainda em torno de 90 dias para ver se tinha ficado alguma suspeita", e outros integrantes da equipe foram até o cemitério, para "evitar qualquer tentativa de remoção do corpo", e lá se mantiveram por 48 horas, "prazo que o veneno poderia ser detectado no organismo".[16] A informação sobre a "limpeza da fazenda", com a retirada de "todos os pontos de monitoramento, vigilância e os frascos", é outra patranha. O próprio capataz de La Villa, Júlio Vieira, declarou à Comissão Externa da Câmara dos Deputados que reteve, durante seis meses, o frasco que continha o medicamento usado por Goulart na noite em que faleceu e, como ninguém o requereu, e não havia mais interesse, jogou-o fora e não sabia que fim tomou, além do lixo em que ele foi atirado.[17] Não houve, por conseguinte, limpeza, logo após o falecimento de Goulart. Mas as mentiras continuaram a proliferar.

---

13 Ibidem.
14 Barreiro Neira, mais adiante, disse que "as trocas de medicamentos foram em número de três, uma no Hotel Liberty, outra no carro e outra na fazenda". Ibidem.
15 Ibidem.
16 Ibidem.
17 Câmara dos Deputados – Comissão Externa destinada a esclarecer em que circunstâncias ocorreu a morte do ex-presidente João Goulart, em 6 de dezembro de 1976, na província de Corrientes, na Argentina. Relatório final. 4. Investigações realizadas em países vizinhos. p.213-6. AMJDH.

Em 13 de novembro de 2009, Mario Barreiro Neira, diante de testemunhas, concordou em dar uma entrevista ao Canal Brasil de Televisão, monitorada e analisada pelo módulo de Tempo Real do Programa de Análise de Voz Multicamadas – AVM 6.50, um polígrafo (detector de mentiras), da empresa Truster Brasil, representante, no Brasil, da firma Nemesysco Ltd., com sede em Israel. Alguns dias depois, 21 de novembro, a jornalista Joana Colussi publicou no *Correio de Povo*, de Porto Alegre, que Mario Barreiro, entrevistado pelo Canal Brasil de Televisão, "por cerca de duas horas, detalhou episódios envolvendo a morte do líder político" e "durante boa parte do depoimento, o detector de mentiras apontou serem verdadeiras as informações relatadas por ele".[18] E, em Montevidéu, o jornalista Roger Rodríguez noticiou no diário *La República*, de Montevidéu, que

> el ex agente uruguayo Mario Barreiro Neira, preso en Brasil, superó un detector de mentiras durante una entrevista con el Canal Brasil en la que reiteró que el ex presidente João Goulart fue asesinado en una operación del Plan Cóndor [...], cuando se le colocó veneno en su medicación cardiaca.[19]

Esta mesma informação foi reproduzida em vários blogs, na internet, e divulgada pelo correio eletrônico. Tratava-se, porém, de uma informação falsa, que só prejudica qualquer investigação, afeta a credibilidade de qualquer denúncia séria e o resgate da própria história.

O que ocorreu foi exatamente o contrário do que o *Correio do Povo* e *La República* noticiaram. Com base no arquivo de voz obtido, o perito Mauro Nadvorny, da Truster Brasil, analisou a entrevista e o módulo de análise de gravações do mesmo programa, e o sumário da detecção apontou 60 amostras de verdade, contra 229 amostras de que estava provavelmente mentindo, 266 amostras de fraude e 720 imprecisões,

---

18 Joana Colussi. "Relato da morte de Jango tem novo capítulo", in: *Correio do Povo*, Porto Alegre, 21 nov.2009.

19 Roger Rodríguez. "Aniversario. Se cumplen hoy 33 años del asesinato del ex presidente brasileño Joao Goulart". *La República*, Montevidéu, 6 dez.2009.

das quais uma grande parte com indicação de fraude pelo perito.[20] Mario Barreiro Neira incorreu em diversas contradições e, em diversas partes da entrevista, mostrou estresse cognitivo extremo, medo extremo e estresse, controle de voz/embaraço, tensão alta e pouco pensamento, alta rejeição e medo, alta rejeição e excitação, alta rejeição e estresse cognitivo, alta rejeição cognitiva e emocional anormal. E, de acordo com a análise do programa, ele "não está sendo verdadeiro quando relata que pertenceu ao serviço secreto uruguaio", trata-se de afirmação falsa, uma fraude, bem como "quando relata em que consistia a Operação Escorpião e que teria centralizado principalmente em João Goulart". Em suma, a conclusão da análise foi a de que Mario Barreiro Neira "não foi verdadeiro na maior parte da entrevista e de sua participação nos fatos narrados".[21]

Mario Barreiro Neira, evidentemente, estava muito bem informado sobre as atividades e costumes de Goulart, em virtude de seus vínculos com os órgãos de repressão, não como agente do serviço secreto, que nunca foi, mas como colaborador na repressão. Como radiotécnico da polícia de Montevidéu teve bastante acesso às informações que percorriam os transistores de suas viaturas e delegacias. E nunca houve a menor sombra de dúvida que os exilados brasileiros, sobretudo Goulart e Brizola, sempre foram monitorados, desde que lá chegaram, após o golpe militar de 1964. É um fato amplamente sabido, desde aquela época, e só surpreende os ingênuos, sem qualquer experiência política e conhecimento da história. O ex-agente da CIA, Philip Agee, que operou em Montevidéu na primeira metade dos anos 1960, contou em seu livro *Dentro da "Companhia" – Diário da CIA*, publicado no Brasil em 1975, que, já em maio de 1964, o governo brasileiro havia

---

20 Truster Brasil, Porto Alegre, 23 nov.2009. Laudo técnico. Perito: Mauro Nadvorny – "Sumário de detecção: 'Verdade' amostras: 60; 'Estressado' amostras: 177; 'Excitado' amostras: 40; 'Não tem certeza' amostras: 9; 'Altamente estressado' amostras: 331; 'Altamente excitado' amostras: 5; 'Tensão alta' amostras: 77; 'Tensão extrema' amostras: 16; 'Estresse extremo' amostras: 469; 'Emoção extrema' amostras: 1; 'Imprecisão' amostras: 720; 'Provavelmente mentindo' amostras: 229: 'Fraude' amostras: 266".

21 Ibidem.

pedido que Goulart e Brizola fossem confinados, ao mesmo tempo que pressionava a estação da CIA, em Montevidéu, no sentido de agir contra a possibilidade de que eles e outros exilados recomeçassem suas atividades políticas.[22] Estranho, portanto, seria se as atividades de Goulart e Brizola não fossem acompanhadas pelos serviços de inteligência, tanto dos Estados Unidos quanto do Brasil e do Uruguai. E, como Philip Agee previu, o Uruguai não pôde resistir à pressão e adotou uma linha dura, com um internamento de Brizola, no balneário de Atlântida, efetuado no início de 1965, por influência, sobretudo, do coronel Milton Câmara Senna, colaborador da CIA[23] e adido militar na Embaixada do Brasil em Montevidéu.

Embora o confinamento de Brizola houvesse cessado em 1970, o monitoramento das atividades tanto suas como de Goulart e demais exilados certamente aumentou com a implantação plena da ditadura no Uruguai, em 1973. Entretanto, não é provável que a participação de Mario Barreiro Neira fosse tão importante como ele declarou nos seus depoimentos e entrevistas. De acordo com o laudo de Mauro Nadvorny, perito da Truster Brasil, que analisou a entrevista, monitorada pelo polígrafo, Mario Barreiro Neira "não está sendo verdadeiro" nem mesmo "quando relata suas incursões para colocação dos equipamentos de escuta". A análise com relação à colocação de outros microfones na fazenda, assim como da retirada deles e da Rua Caan (a referência deve ser à rua Canning, onde Goulart tinha uma casa, mas o Barreiro Neira nem sabia o nome certo), não é conclusiva. Porém, de acordo com os especialistas consultados pelo perito Mauro Nadvorny, os equipamentos de transmissão e escuta, que Barreiro Neira diz haver colocado na fazenda e na residência de Goulart ainda não existiam, na década de 1970, na forma compacta à qual Barreiro Neira se referiu. Tais equipamentos de transmissão, àquele tempo, seriam pouco maiores que um rádio de automóvel, demandariam alimentação

---

22 Idem, ibidem, p.335.
23 Idem, ibidem, p.335.

elétrica e teriam uma grande dissipação de calor. Cada transmissor de microfone devia transmitir em frequências diferentes e os microfones eram do tamanho de um cone de sorvete, o que tornaria a tarefa de disfarce muito complicada.[24]

A estória contada por Mario Barreiro Neira à Polícia Federal e ao Canal Brasil compõe-se de suspeitas que começaram a circular logo após o falecimento de Goulart, em 1976, mesclada com muitas informações sobre sua vida, adquiridas, no seu trabalho de colaborador do serviço secreto uruguaio. A fraude, na maior parte do que relatou, é evidente. Dos nomes citados como participantes da chamada Operação Escorpião, que teria resultado no suposto assassinato de Goulart, somente dois, o médico legista Carlos Milles Golugoss e o general Luís Vicente Queirolo, existiram, realmente, mas já haviam falecido. Os demais, aos quais se referiu no depoimento à Polícia Federal, nunca foram localizados. Parecem personagens de ficção policial, como o argentino Hector Rodríguez, que supostamente haveria trocado os medicamentos de Goulart no Hotel Liberty, e que o perito, no laudo, registrou como "afirmação falsa" e indicou como fraude. Em suma, a conclusão do perito Mauro Nadvorny, que analisou a entrevista, foi a de que, embora Mario Barreiro Neira dominasse bem os fatos relacionados com a passagem de João Goulart pelo Uruguai e também conhecimento sobre aspectos de transmissão e recepção de sinais de rádio e outros, "não foi verdadeiro na maior parte de suas afirmações relevantes a sua participação nos fatos narrados". Diante disso, escreveu Mauro Nadvorny, seu parecer profissional era de que "esta pessoa (Mario Barreiro Neira) não esteve diretamente envolvida na maioria dos fatos aqui descritos por ele, e que sua participação onde ocorreu, foi uma posição menor do que aquela que ele atribui a si".[25]

Não seria, entretanto, necessário um polígrafo para perceber que Barreiro Neira construiu uma novela, mestiçando conhecimento de

---

24 Truster Brasil, Porto Alegre, 23 nov. 2009. Laudo técnico. Perito: Mauro Nadvorny.
25 Ibidem.

fatos reais com outros produzidos por sua imaginação. A fraude nas entrevistas de Barreiro Neira e no seu depoimento à Polícia Federal é evidente. Uma análise comparativa das declarações que fez ao diário *La República*, à TV Senado[26] e à Polícia Federal mostra que elas são falsas, confusas, imprecisas e contraditórias, a começar pelo relato de que o delegado Sérgio Fleury contara haver recebido ordem do presidente Ernesto Geisel "para matar o Jango", pois não queria saber do seu retorno ao Brasil".[27] Na primeira entrevista de Barreiro Neira, concedida ao diário *La República* e publicada em 22 de dezembro de 2002, não há nenhuma referência ao nome do delegado Sérgio Fleury. Ele apenas disse que a Operação Escorpião, na qual morreu Goulart, lhe pareceu "una extensión natural de la Operación Yacarta[28] con la que los brasileños planearon eliminar a sus disidentes".[29] Segundo ele, a operação não era contra Goulart, "sino contra varios disidentes brasileños, entre los que él era importante". Entre os dissidentes brasileiros – acrescentou – "Leonel Brizola era el más importante en su apartamento de Atlántida". Barreiro Neira cometeu aí uma falha, porque o internamento de Brizola em Atlântida já havia terminado em 1970, e nas entrevistas subsequentes, publicadas em *La República*, não citou qualquer nome, nem do delegado Sérgio Fleury nem do presidente Ernesto Geisel.[30] Se a eles aludiu, isso o jornalista Roger Rodríguez não

---

26 Transcrição do Depoimento de Mario Ronald Barreiro Neira à TV Senado em dezembro de 2006. AMJDH.

27 Ibidem.

28 A denominação de Jacarta é uma referência ao terrível massacre ocorrido na Indonésia, após o golpe militar de 1964, executado por Hadji Mohamed Suharto, com apoio da CIA e do serviço de inteligência da Grã-Bretanha. Após assumir o poder, Suharto tratou de liquidar toda a oposição e, entre 1965 e 1966, cerca de 500 mil a um milhão de pessoas, sobretudo comunistas e militantes de esquerda, foram mortas, retiradas de suas casas e executadas pelos militares. Somente no Timor Leste morreram mais de 200 mil pessoas, após a saída de Portugal.

29 Roger Rodríguez. "La confesión del teniente Tamús – Ex agente uruguayo dijo a *La República* en Brasil que existió una 'Base Arenal' donde fue cremada Elena Quinteros." *La República*, 22 dez. 2002.

30 Roger Rodríguez. "Diputado Bellomo: Lo primero y urgente es el conocimiento de la verdad ¿Dónde operó la base Arenal?" *La República*, 23 dez. 2002. Roger Rodríguez. "Su cómplice Ricardo Ruiz Mendieta, también prófugo, apareció días atrás misteriosamente

registrou na entrevista. E o fato é que a primeira vez que Barreiro Neira mencionou, publicamente, o nome do delegado Fleury e do presidente Geisel, este como mandante do crime, foi na entrevista concedida à TV Senado, em dezembro de 2006,[31] à qual Roger Rodríguez se referiu, em 13 de janeiro de 2008, noticiando que a família de Goulart entrara com ação na Justiça, baseada no testemunho do delinquente. E tampouco nem nessa reportagem nem em uma outra, publicada por *La República*, em 21 de janeiro, houve qualquer referência ao delegado Fleury e ao presidente Geisel.[32] Barreiro Neira só o fez, outra vez, na entrevista exclusiva concedida à jornalista Simone Iglesias, publicada pela *Folha de S.Paulo*, em 21 de janeiro de 2008.

Até agora ninguém apresentou qualquer documento comprovando que existiu a chamada Operação Escorpião ou a Operação Jacarta. E tudo indica que Barreiro Neira envolveu os nomes de Sérgio Fleury e Ernesto Geisel a fim de dar aparência de veracidade ao que contou na entrevista à TV Senado e obter repercussão na mídia, ganhar notoriedade como criminoso político e ofuscar sua condição de criminoso comum, condenado no Brasil e no Uruguai. Nunca foi segredo para ninguém que o delegado Sérgio Fleury, entre 1970 e 1973, esteve várias vezes em Montevidéu, onde ajudou a organizar os Esquadrões da Morte, para liquidar os tupamaros (militantes do Movimiento de Liberación Nacional Tupac Amaru), que lá empreendiam espetaculares operações de guerrilha urbana. No entanto, é pouco provável que ele tenha voltado ao Uruguai, em 1976, e, mais ainda, é inconcebível que

---

muerto". "Teniente Tamús: fugó de prisión, lo atraparon pero por 'error' quedó libre*La República*, 3 set. 2003. Roger Rodríguez. "Se constató el robo del documento de Mario Ronald Barreiro en la sede policial. Jerarcas brasileños, indagados por fuga del 'teniente Tamus'." Autor de *La Republica*. 11 set. 2003.

31 Transcrição do depoimento de Mario Ronald Barreiro Neira à TV Senado em dezembro de 2006. AMJDH.

32 Roger Rodríguez. "La familia de Goulart demanda por asesinato acción penal. Está basada en testimonio aportado por ex agente uruguayo". *La República*, 13 jan. 2008. Roger Rodríguez. "Revelación. El forense uruguayo Carlos Milles habría envenenado a João Goulart y a Cecilia Fontana de Heber. Las muertes del Capitán Adonis." *La República*, 21 jan. 2008.

tenha recebido do presidente Ernesto Geisel incumbência de matar João Goulart, para evitar seu retorno ao Brasil. Ernesto Geisel, general de Exército, com formação alemã e acentuado sentido de hierarquia, jamais receberia, como chefe do governo, um mero delegado do DOPS, de São Paulo, nem dar-lhe-ia diretamente semelhante ordem. Ademais, o próprio general Geisel, com base no parecer do consultor jurídico do Ministério da Justiça, Ronaldo de Rebello de Brito Polletti, e aprovado pelo ministro da Justiça, Armando Falcão, segundo o qual o direito ao passaporte "decorria da nacionalidade, não da cidadania",[33] havia autorizado, em setembro de 1975, a prorrogação passaporte nº 764.239, de Goulart, denegada em 1972 pelo governo do general Emílio Garrastazu Médici.[34] Não é absolutamente crível, portanto, que, alguns meses depois, ele desse qualquer instrução para assassiná-lo.

33 "(...) Do ponto de vista, malgrado silente a lei brasileira, considerando sequer estar o ex-presidente com seus direitos políticos suspensos ou, salvo erro, estar respondendo a processo penal, e considerando ainda os interesses da segurança nacional em registrar sua movimentação, não vejo como negar-lhe, definitivamente, o passaporte requerido". Parecer. a) Ronaldo Rebello de Brito Polletti. s.d. Despacho: "Pelos seus fundamentos, manifesto-me de acordo com o presente parecer do Consultor Jurídico, sem prejuízo, é claro, das medidas que o governo brasileiro possa adotar, a fim de acompanhar, na França, as possíveis atividades políticas de João Belchior Marques Goulart, punido pela revolução". A. Falcão, em 27/8/1975. Anexos ao memo nº 181/si.Gob. Presidência da República. Confidencial. Do ch. Gab./SNI ao Sr. AC/SNI. Cópia de Informação para o presidente da República, de 21 de agosto de 1975/MRE (236). Resumo: Pedido de passaporte para o ex-presidente João Belchior Marques Goulart. a.p/ delegação, tenente-coronel Ary R. Carrasco Horne. "O consultor jurídico do Ministério da Justiça, no seu parecer ratificado pelo ministro da Justiça e aceito pelo presidente da República, observou que o passaporte é um documento de identidade, assim como a carteira de identidade no território brasileiro, e como tal incumbe ao fornecê-lo (...), acrescentando que a situação política de uma pessoa, em virtude de estar com seus direitos políticos suspensos ou residir, forçada, no exterior, não obsta a aquisição do seu passaporte". Serviço Nacional de Informações – Agência Central – Informação nº 231/16/AC/75. Assunto; Concessão ou prorrogação de passaporte. Referência: memo 1405/SI-GA, de jul.1975 e Informação 128/16/A/75. Difusão: CH/SNI. Fundo Serviço Nacional de Informações. AN. COREG-DF.

34 Em 1967 e 1971, Goulart recebeu os passaportes nº 511.363 e 764.239, emitidos pelo Consulado-Geral do Brasil em Montevidéu com autorização do presidente da República. Em 1972, ele solicitou a prorrogação do passaporte nº 764.239, mas o presidente Médici denegou, por sugestão do chanceler Mário Gibson Barbosa, com base na informação de 17 de junho de 1972, segundo a qual na Europa ele se encontrara com Luiz Carlos Prestes, Miguel Arraes e Juan Domingos Perón, embora, na realidade, ele então não estivesse

Na entrevista à TV Senado, Barreiro Neira narrou que a operação para matar Goulart consistiu "em colocar um comprimido (com veneno) naqueles remédios que eram importados, que vinham da França, estavam na posse do gerente do Hotel Liberty", cujo nome não indicou. Certamente ele não sabe que o Hotel Liberty pertencia a dois irmãos, Luis e Benjamin Taub,[35] cujos filhos se alternavam na gerência do hotel. Eram também proprietários da casa de câmbio Brasília, em frente ao Hotel Liberty, na Avenida Corrientes, e não necessitavam que Goulart lhes emprestasse dinheiro, ao contrário do que Barreiro Neira declarou. Por outro lado, tanto em Buenos Aires quanto em Montevidéu, diversas pessoas que conviveram com Goulart, inclusive seu sócio Orpheu dos Santos Salles, disseram que nunca se soube que

---

usando do passaporte brasileiro. A partir daí Goulart passou a usar passaporte diplomático do Paraguai, com data de 16 de outubro de 1973, que o general Alfredo Stroessner lhe concedeu. "O incrível acontecia: um presidente derrubado por militares no Brasil ganha de uma ditadura militar um passaporte de presente. A vocação latino-americana para o surrealismo se confirmava numa noite de lua em Assunção. Em que outro lugar do planeta uma ditadura militar de direita iria dar de mão beijada um passaporte de presente a um político de esquerda escorraçado pelo militares?"(Moraes Neto, 1997, p.116.). Em 1975, o advogado de Goulart, Wilson Mirza, recorreu ao chanceler Antônio Azeredo da Silveira, que encaminhou o assunto ao presidente Geisel, com o argumento de que a legislação brasileira (Decreto nº 3.345/1938 – Regulamento de passaportes) carecia de normas que disciplinassem o problema da denegação de passaportes, e sugeriu o exame da matéria pelo Ministério da Justiça. Ministério das Relações Exteriores. Secreto. 000008 – Informação para o sr. presidente da República. 21 ago.1975. Índice: pedido de passaporte para o ex-presidente João Belchior Marques Goulart. a) Antônio Azeredo da Silveira, ministro das Relações Exteriores. Serviço Nacional de Informações – Agência Central – Informação nº 231/16/AC/75. Assunto; Concessão ou prorrogação de passaporte. Referência: memo 1.405/SI-GA, de julho 75 e Informação 128/16/A/75. Difusão: CH/SNI. Fundo Serviço Nacional de Informações. AN.COREG-DF.

35 Benjamin Taub foi preso pelo Exército, em setembro de 1977, acusado de financiar o Ejército Revolucionario del Pueblo (ERP) e sofreu brutais torturas em Pozo de Quilmes e em lugar denominado COTI Martínez, torturas que lhe provocaram um ataque cardíaco, coma diabético e paralisação das pernas. Sua esposa, Flora Gurevich, e o filho, Guillermo Luís Taub, também foram presos, na mesma época, e igualmente torturados. Ministerio Público de la Nación – Sergio A. Franco, Fiscal Federal – Unidade Fiscal Federal – Resol. P.G.N. 46/02 – Formula requerimento de elevação a juízo – Senhor Juiz Federal: Sergio A. Franco, Fiscal Federal designado pela Resolução 160/04 da Procuradoria Geral da Nação, para atuar nos processos por violação dos direitos humanos ocorridos na jurisdição durante a etapa do terrorismo de Estado, na causa nº 40/SE, caracterizada: "Von Wernich, Cristian Federico s/ privação ilegal da liberdade e torturas".

Goulart recebesse remédios da França, no Hotel Liberty, cuja confeitaria usara com muita frequência para receber pessoas, mas antes da instalação do seu escritório na Avenida Corrientes 327 (5º andar), em 1974. Talvez, em alguma ocasião, algum amigo, que ali se hospedou, houvesse trazido para ele medicamento de Paris. Porém, depois do sequestro e assassinato dos dois parlamentares uruguaios, o senador Zelmar Michelini e o deputado Héctor Gutiérrez Ruiz, em maio de 1976, Goulart deixou de frequentar o Hotel Liberty, ao contrário do que disse Barreiro Neira, contando que certa vez o seguiu "e ele foi, se sentou naquele hall do hotel e permaneceu quase que uma hora sem falar com ninguém".[36] O que Goulart às vezes fazia era apenas alugar um apartamento para sua amiga Eva de León, quando ela estava em Buenos Aires.

João Vicente declarou à Comissão Externa da Câmara dos Deputados, em 2001, que Goulart, ele mesmo, trazia da França os próprios medicamentos, receitados pelo prof. Fremont, de Lyon, e dos quais ainda não existiam similares na Argentina e no Uruguai. Somente "quando ele passava algum tempo sem ir à Europa, esses medicamentos vinham por [...] *packing* a Buenos Aires" – observou João Vicente. Nesse caso, os remédios seriam certamente destinados ao escritório na Avenida Corrientes 327. Entretanto, como havia chegado da Europa, em 13 de outubro, Goulart, presumivelmente, trouxera ele próprio os medicamentos, quiçá um vasodilatador de longa duração, do qual não existia similar na Argentina. Talvez fosse o Corangor o medicamento que Goulart trazia ou mandava buscar na França. Trata-se também de vasodilatador coronariano, profilático das crises de angina *pectoris*, comercializado na Europa, dado que o Isordil, um nitrato sublingual, vasodilatador de ação direta sobre a musculatura vascular lisa,[37] era

---

36 Transcrição do depoimento de Mario Ronald Barreiro Neira à TV Senado em dezembro de 2006. AMJDH.

37 O Isordil é usado no caso de *angina pectoris* (dores toráxicas sufocantes), para dilatar os vasos sanguíneos e relaxar os músculos, quando as artérias e veias se comprimem, não permitindo que suficiente oxigênio alcance o coração.

encontrado nas farmácias de Buenos Aires. Quanto às compras dos remédios, João Vicente informou que "eram feitas ao acaso, por quem fosse mais cômodo no momento, sem nenhuma preocupação de controlar a origem", que "ele tomava dois ou três remédios diferentes, principalmente para o coração" e que "era indiferente" quem comprava, "ele parava, ele comprava", além "desses outros de uso permanente, que vinham diretamente da França, porque não existia semelhante". "Eu não acredito que houvesse uma pessoa encarregada disso. Geralmente era quem estivesse: 'Vai lá e compra'" – aduziu. João Vicente.[38] Esta informação de João Vicente mostra que Goulart, habitualmente, não recebia no Hotel Liberty medicamentos, que seriam guardados em uma espécie de caixa-forte pelo gerente.

Na declaração prestada à Polícia Federal, Barreiro Neira disse que "colocou um comprimido adulterado (com veneno) em cada frasco dos remédios que eram importados da França e estavam na posse do gerente do Hotel Liberty, "fazendo o caminho inverso para que se colocasse no mesmo lugar onde se encontrava". Observou que "da troca do medicamento até o resultado final se passaram vários meses", que ele acreditava haver sido cerca de seis meses. A estória de Barreiro Neira aí se torna ainda mais confusa, imprecisa e contraditória. No depoimento à Polícia Federal, no entanto, contou que "as trocas de medicamentos foram em número de três, uma no Hotel Liberty, outra no carro e outra na fazenda" e que, após a morte de Goulart, foi efetuada a limpeza na fazenda.[39] Na mesma entrevista, comentou que Goulart, quando tomasse o comprimido, teria de morrer, "mas a morte não acontecia, porque ele não tomava o comprimido", "tomava uns comprimidos de um frasco e guardava o invólucro", e na estância El Rincón (Taquarembó) "pegava outro frasco, guardava, tomava

---

38 Depoimento de João Vicente Goulart à Comissão Externa da Câmara dos Deputados destinada a esclarecer em que circunstâncias ocorreu a morte do ex-presidente João Goulart, em 6 de dezembro de 1976, na província de Corrientes, na Argentina. Relatório final – Relator: deputado Miro Teixeira PDT-RJ.
39 Transcrição do depoimento de Mario Ronald Barreiro Neira à TV Senado em dezembro de 2006. AMJDH.

três comprimidos" e, "depois, na casa da Eva de León", "tinha outro frasco".[40] Ainda conforme o relato de Barreiro Neira, Goulart, "quando em determinado momento se achava incomodado com aqueles frascos dizia, puxa, parece que eu tenho uma farmácia em cima" e aí "pegava os frascos, colocava tudo junto e jogava fora os frascos". Teria decerto jogado fora os frascos com o comprimido envenenado.

O relato que fez à TV Senado, contando os remédios adulterados pelo médico legista Carlos Milles, com o codinome de capitão Adonis, eram devolvidos ao mesmo local, no Hotel Liberty, de onde um tal de Hector Rodríguez havia retirado, contradiz sua declaração à Polícia Federal, ao dizer que "as trocas de medicamentos foram em número de três, uma no Hotel Liberty, outra no carro e outra na fazenda". Quem haveria realizado tais operações de retirar os remédios da fazenda e do carro, sem que fosse percebido? Quantos dias levava para o capitão Adonis adulterar os comprimidos e repor um em cada frasco? A estória de Barreiro Neira é realmente fantástica, mirabolante. Ao tentar explicar, na entrevista à TV Senado, o tal veneno que, segundo ele, foi preparado pelo médico legista Carlos Milles, falou que não podia "dizer do aspecto que tinha, não era um gás, era um corpo sólido, que era um líquido desidratado em um tipo de micro-ondas, um autoclave" e que um composto de "três elementos básicos, desidratado e colocado [...] não me lembro se o colocamos no Isordil ou no Adelfan ou no Nifeldin". Segundo sua explicação, era "um forno micro-ondas que evaporava água, quebravam umas ampolas de um componente líquido e colocavam dentro daquele forno", de onde, "depois com uma 'G2' tiravam aqueles cristais que ficavam e prensavam-nos dentro das cápsulas e o colocavam dentro das cápsulas".

Quanto à composição química, Barreiros Neira disse que não se lembrava "se tinha um cloreto, tinha um hipertensor, cloreto de potássio [...]". E a fantasia, i. e., a mentira, configura-se ainda com maior niti-

---

40 Ministério da Justiça – Departamento de Polícia Federal – Superintendência Regional no Rio Grande do Sul. Termos de declaração de Mário Barreiro Neira. AMJDH.

dez, quando afirma que o capitão Adonis colocava o tal composto em Isordil, Adelfan (uma associação de reserpina – bloqueador adrenégico – com hidralazina – vaso dilatador direto), ou Nifeldin. Trata-se de uma proeza que só pode ocorrer na imaginação de quem não conhece esses remédios, porquanto injetar ou misturar outro pó (tal substância líquida desidratada), sem quebrar furar ou molhar o comprimido, de maneira imperceptível, é algo impossível de ocorrer, devido à sua diminuta dimensão. Ademais, conforme a opinião do cirurgião cardiovascular, João Batista Moniz Barreto de Aragão, do Hospital dos Servidores Públicos, no Rio de Janeiro, é "impossível ressecar uma solução pelo calor até virar pó em uma autoclave, uma vez que tal aparelho trabalha com vapor, como uma panela de pressão".[41]

Nada do que Barreiro Neira disse a esse respeito é consistente nem com a lógica nem com os fatos. O médico Ricardo Rafael Ferrari, que Roberto Ulrich foi buscar em Mercedes e assinou atestado de óbito de Goulart, contou à Comissão Externa da Câmara dos Deputados que Maria Tereza lhe informou que seu marido era cardíaco e "estava sendo tratado por alguns médicos de Londres". Perguntada, então, se Goulart tomava algum medicamento, ela lhe trouxe "um frasquinho, que estava em inglês, mas a fórmula era similar, igual à dos comprimidos que receitamos para dilatar as coronárias".[42] O médico Ricardo Rafael Ferrari comentou que a posição em que encontrou o corpo de Goulart "correspondia a uma morte tranquila por parada cardíaca" e "não havia nada que lhe fizesse suspeitar que ele tivesse tomado uma substância tóxica, algum veneno", pois "não havia contraturas, não havia secreções

---

41 Quanto ao Nifeldin não há referências na literatura médica sobre sua composição e dimensão, e não foi encontrada qualquer referência a essa droga em nenhuma relação de medicamentos. Não consta nem da lista da Agência Nacional de Vigilância Sanitária (ANVISA) nem das listas do Centers for Disease Control and Prevention (CDC) e da European Medicines Agency (EMEA), a agência europeia para avaliação de medicamentos.

42 Câmara dos Deputados – Comissão Externa destinada a esclarecer em que circunstâncias ocorreu a morte do ex-presidente João Goulart, em 6 de dezembro de 1976, na província de Corrientes, na Argentina. 4. Investigações realizadas em países vizinhos. Depoimento do médico Ricardo Rafael Ferrari, p.557-62. AMJDH

na boca, não havia nada". Conforme ressaltou, há muitos venenos que podem causar a morte, mas, "geralmente, alteram o cérebro, provocam convulsões, contraturas, secreções pela boca", e Goulart não tinha nenhuma. Também se referiu a "outros venenos mais lentos, que poderiam ter sido ingeridos um tempo antes, que poderiam provocar problemas no sangue, mas haveria hemorragias". Acrescentou, com respeito ao cadáver de Goulart, que "não se via nada", só se fosse algum veneno que ele não conhecia e que pudesse provocar outro tipo de morte. E, indagado pelo deputado Reginaldo Germano (PFL-Bahia),[43] se havia um frasco de remédio, um copo d'água, respondeu:

> Não, não havia. Eu procurei, perguntei e não havia. O frasco de medicamento me foi trazido pela senhora quando lhe perguntei. Ele não estava sobre a mesa de cabeceira. Se ele (Goulart) tomou seus comprimidos, certamente, o fez muito antes, não no momento em que se deitou. Pedi o frasco para saber que remédio tomava, mas não havia copo d'água nem xícara de café sobre a mesa de cabeceira. O frasco com o remédio que tomava me foi trazido por ela de outro lugar.[44]

O depoimento do médico Ricardo Rafael Ferrari demonstra que a estória de medicamentos enviados da França para o Hotel Liberty é uma impostura. O que a viúva Maria Tereza Goulart lhe mostrou, quando ele chegou a La Villa, foi "um frasquinho", que estava em inglês, não em francês, "mas a fórmula era similar, igual à dos comprimidos que receitamos para dilatar as coronárias". Isto indica claramente que se tratava de um nitrato trazido, não da França, mas da Inglaterra, onde Goulart estivera para visitar os filhos. Contudo, a estória de que ele morreu envenenado não é nova nem original. O jornalista Carlos Olavo da Cunha Pereira, ex-diretor do diário *O Combate*, em Minas Gerais, na primeira

---

43 Em 2008, o deputado Reginaldo Germano, que era pastor da Igreja Universal do Reino de Deus, foi preso em Ilhéus, autuado em flagrante por receptação de dois carros roubados.

44 Câmara dos Deputados – Comissão Externa destinada a esclarecer em que circunstâncias ocorreu a morte do ex-presidente João Goulart, em 6 de dezembro de 1976, na província de Corrientes, na Argentina. 4. Investigações realizadas em países vizinhos. Depoimento do médico Ricardo Rafael Ferrari, p.557-62. AMJDH.

metade dos anos 1960, contou que, logo após o enterro de Goulart, em São Borja, Juan Alonso Mintegui regressou a Montevidéu e lhe disse que Goulart fora assassinado, mediante a troca de dois medicamentos – vasoconstritor e um vasodilatador, receitados pelo prof. Fremont, em Lyon, para serem tomados em situações diversas.[45] Conforme sua versão alguém sub-repticiamente trocou os medicamentos de embalagem, levando Goulart a tomar exatamente o remédio oposto para o mal que sentiu. Atribuiu a troca a uma operação da CIA, juntamente com os serviços de inteligência argentino e brasileiro, alegando que por essa razão "as autoridades argentinas quanto brasileiras lacraram e impediram terminantemente que o caixão do ex-presidente fosse aberto no enterro do corpo". Juan Alonso Mintegui era amigo de Goulart e morava em Montevidéu, onde fora funcionário do Consulado do Brasil. Como ele soube que isso ocorrera, não explicou nem deu qualquer fundamento para sua versão, mas, juntamente com Percy Penalvo, capataz da estância de Taquarembó, insinuou, em conversa com o uruguaio Enrique Díaz Foch, ex-cadete da Aeronáutica, que o motivo fora o interesse de seus procuradores se apropriarem dos bens que Goulart possuía. "Escriba el libro hasta Ia muerte de Jango, pero no vaya más allá y olvídese de todas Ias irregularidades"– aconselhou, acrescentando: "Estoy seguro que a Jango lo mataron".[46] Ambos, Juan Alonso Mintegui e Percy Penalvo,[47] não gostavam de Maria Tereza Goulart.

---

45 Carta de Carlos Olavo da Cunha Pereira ao autor, enviada por e-mail, em 9 fev.2010.
46 Foch Díaz, 2000, p.119.
47 Percy Penalvo fora plantador de arroz em Itaqui (RS) antes de asilar-se no Uruguai. Goulart contratou-o, na época da construção da represa em Tacuarembó, para fiscalizar a obra e depois ficar encarregado do plantio. Durante a construção da represa, feita por uma firma particular, Percy Penalvo teve uma altercação com um operário, matou-o em troca de tiros, e também saiu ferido. Alegou legítima defesa. Com o início da plantação de arroz, Percy Penalvo passou a receber uma percentagem de acordo com a colheita, cuja metragem e negociação eram feitas com Ivo Magalhães, que tinha uma procuração de Goulart, em nome de Explotaciones Rurales S.A., que era a detentora da área toda, e era o encarregado de negociar preços com os exportadores etc. Após o falecimento de Goulart, em 1977, Ivo Magalhães, em nome de Explotaciones Rurales S.A., João Vicente Goulart e Percy Penalvo fizeram um contrato de parceria, para exploração de um plantio de soja, sem incluir Denize e Maria Tereza, também herdeiras, razão pela qual elas decidiram

É estranho que, estando "seguro" de que mataram Goulart, Juan Alonso Mintegui não tenha feito ele mesmo a denúncia. Entretanto, Leonel Brizola, José Gomes Talarico e outros endossaram a versão do assassinato de Goulart e, em 1982, Enrique Foch Díaz apresentou a denúncia por "morte duvidosa" ante o juiz de Curuzú Cuatía, na província de Corrientes, levantando suspeita contra a viúva, Maria Tereza Goulart, com a qual se inimizara, quando ela revogou, 45 dias depois de outorgada, a procuração que lhe dera para ter acesso à contabilidade dos bens da família na Argentina.[48] O juiz Juan Spinoza pretendeu requerer a exumação do corpo, porém a família se opôs. Maria Tereza Goulart, em entrevista ao jornal *O Globo*, declarou não permitir, em hipótese alguma, a exumação do corpo e acusou nominalmente Leonel Brizola e José Gomes Talarico de pretenderem tirar vantagens políticas, explorando a versão do assassinato. "Isto é sensacionalismo e maldade. São pessoas que querem se promover e não olham os meios para conseguir isto" – afirmou.[49] E, sobre a razão pela qual não se realizou a autópsia do cadáver, um dos argumentos arguidos para sustentar a tese do assassinato, ela ponderou que esse fato era "absolutamente normal", pois "a autópsia só é efetuada quando existem dúvidas sobre a causa da morte. Não foi este o caso".[50] "Vi meu marido sofrendo o infarto" – testemunhou, salientando que "pouco depois de falecer, ele ficou com o lado esquerdo do peito inteiramente roxo, devido aos hematomas, o que confirma esta afirmação". Maria Tereza Goulart acrescentou que quis "logo deixar a Argentina", onde não tinha segurança, e voltar logo a São Borja, onde Goulart foi enterrado.[51] Ela contou que somente ela, Julio Vieira, o capataz da fazenda em Mercedes, e Roberto

---

constituir Carlos Lecueder e Cláudio Braga como procuradores para representá-las em tudo o que se referisse aos seus interesses.

48 Em 31 de janeiro de 1982, Maria Tereza Goulart havia outorgado a Enrique Foch Díaz uma procuração, mas logo a revogou, sem dar-lhe explicações, em 19 de março de 1982.

49 "Viúva de Jango não vai permitir em 'hipótese alguma' a exumação", in: *O Globo*, 24 ago. 1982, 2º clichê.

50 Ibidem.

51 Ibidem.

Ulrich conviveram com Goulart, "nos últimos 15 dias de sua vida" e considerou "sem qualquer fundamento" a hipótese de ter ele tomado remédio adulterado. "Ele tomava um remedinho para o coração, um desses comuns que todos os cardíacos tomam" – afirmou, acentuando que não se lembrava do nome, mas sabia "que era comum, desses de colocar debaixo da língua".[52] Era, certamente, o Isordil ou outro nitrato usado para aliviar ou prevenir a *angina pectoris*.

Assim como sua irmã Denize, João Vicente, em declaração publicada pela revista *Manchete*, do Rio de Janeiro, apoiou a posição da mãe, contra a exumação do corpo, por considerar "absurda" a denúncia de Foch Díaz, que qualificou como "inconsequente", acusando-o de estar em "busca de sensacionalismo".[53] E Maria Tereza Goulart acentuou que "a ideia de que Jango possa ter sido vítima de envenenamento só pode ter partido de um débil mental".[54] Entretanto, à mesma época, Danilo Groff, militante do Partido Democrático Trabalhista (PDT) e estreitamente vinculado a Brizola, apoiou a denúncia de Foch Díaz, durante a campanha eleitoral, no Rio Grande do Sul, e acusou Cláudio Braga, secretário de Goulart, de ser um dos principais responsáveis por sua morte. O que Danilo Groff buscava era promover sua candidatura a deputado federal. Mas Cláudio Braga entrou com uma ação na Justiça de Porto Alegre e, em 20 de dezembro de 1983, o juiz Luís Felipe Magalhães, julgando a acusação "infundada e gratuita", condenou Danilo Groff a um ano de detenção e à multa de Cr$ 50.000,00 (cinquenta mil cruzeiros), pelo crime de calúnia.[55] E a denúncia apresentada por Foch Díaz, o juiz Juan Espinoza, de Curuzú Cuatía, após investigações preliminares, mandou arquivar, razão pela qual Maria Tereza Goulart não entrou com processo na Justiça. Nenhum deles – nem Foch Díaz nem Danilo Groff – puderam apresentar qualquer prova.

---

52 Ibidem.
53 Marina Wodke e Luiz Antônio Corazza. "Os parentes não acreditam em crime", in: revista *Manchete*, nº 1.585, 4 set. 1982.
54 Ibidem.
55 "Ex-auxiliar de Brizola condenado por calúnia." Da sucursal em Porto Alegre. *O Estado de S. Paulo*, 21 dez. 1983; *Última Hora*, 21 dez. 1983.

Enrique Foch Díaz não desistiu do caso. No ano 2000, a propósito de notícias publicadas no *Jornal do Brasil*, do Rio de Janeiro, sobre a possibilidade de Goulart haver sido assassinado, no contexto da Operação Condor, Foch Díaz concedeu uma entrevista ao diário *La República*, em Montevidéu, na qual afirmou, peremptoriamente, que "Goulart fue asesinado" e que "los responsables fueron militares y gobiernos de la época asociados a personas de su entorno familiar, que com distintos intereses coincidieron en forma macabra". Segundo o jornalista Carlos Peláez, de *La República*, "la acusación de Foch recae directamente sobre Maria Tereza Goulart e João Vicente, esposa y hijo del muerto y sobre facciones y gobierno". Com tal declaração, Foch Díaz pretendeu, evidentemente, difamá-los, decerto por causa de ressentimentos, gerados pelo cancelamento da procuração que Maria Tereza Goulart lhe passara no início de 1982, para verificar a contabilidade dos bens da família na Argentina. E animado pelo fato de que, àquela época, a Câmara dos Deputados, no Brasil, criou uma Comissão Externa para investigar as circunstâncias da morte de Goulart, ele lançou um livro, intitulado *João Goulart – El crimen perfecto,* no qual buscou envolver Cláudio Braga e Ivo Magalhães, "como partícipes necesarios", e ainda comprometer a viúva Maria Tereza Goulart.

Foch Díaz, representado pelo advogado Rafael Barla Galván, apresentou outra vez a denúncia de "morte duvidosa" de Goulart, mas dessa vez o fez, em Maldonado, à juíza da Primeira Instância do Quarto Turno, porquanto o processo iniciado em 1982, em Curuzú Cuatía (Coerrientes), fora arquivado por falta de provas. Ele especulou que o motivo para o crime fora o propósito de apropriar-se dos bens de Goulart e o roubo de "grande parte" de sua fortuna, e acusou, principalmente, Ivo Magalhães, em cujo nome estavam as terras da Sun Corporation, no Paraguai,[56] de integrar "los servicios de inteligencia

---

56   Goulart possuía, no Paraguai (Alto Paraná), 25.000 hectares de terra, em uma, duas ou três fazendas, como propriedade da Sun Corporation S.A., uma empresa *holding*, constituída para a compra e venda de terras e cujas ações estavam em nome de Ivo Magalhães, que era seu procurador. Depois que Goulart faleceu, Carlos Lecueder, como procurador

de la dictadura", na Operação Condor. De maneira pérfida, Foch Díaz, no seu livro, acusou Maria Tereza de "insaciable avidez de dinero, su constante necesidad de gastar y gastar" e contou que o mordomo Tito, certa vez, comentou que ela "siempre odió al Doctor (Goulart), y lo siguió odiando después de su muerte", ressaltando que "él tenía locura pasional por ella, pero ella le guardaba rencor por algo muy lejano".[57] Foch não disse claramente que houve um crime, apenas insinuou, i. e., não afirmou propriamente que houve assassinato e, se houve, qual foi o meio que podia ter sido usado. Apenas sugeriu a troca de medicamentos e o emprego de gás Sarin,[58] um composto organofosforado que, liquefeito e injetado na corrente sanguínea, atua essencialmente sobre o sistema nervoso e muscular, gerando transtornos neurológicos e provocando morte rápida "sin dejar rastros, cuya causa podría atribuirse a un ataque cardíaco". Esta haveria sido a *causa mortis* de Goulart, hipótese aventada porque o biológo chileno Eugenio Berríos Sagredo[59] fora encarregado pela Dirección de Inteligencia Nacional

---

de Maria Tereza Goulart, e Cláudio Braga, como procurador de Denize, pediram a Ivo Magalhães prestação de contas e ele informou que apenas sobravam 1.250 hectares. Ivo Magalhães fora prefeito (na época, o *status* ainda não era de governador) de Brasília, durante o governo de Goulart, de 22 de agosto de 1962 a 6 de abril de 1964.

57 Foch Díaz, 2000, p.26-9.

58 O gás Sarin, também conhecido como GB, conforme designação da Organização do Tratado do Atlântico Norte (OTAN), é uma substância extremamente tóxica, cuja única aplicação é como agente sobre o sistema nervoso. É classificado pela Resolução 697 da ONU como arma química, de destruição em massa, e a produção e armazenagem é proibida pela Chemical Weapons Convention de 1993. O Sarin, aparentemente, foi provado em duas ocasiões, no Chile, e também se considerou a possibilidade de utilizá-lo para matar o ex-ministro de Salvador Allende, Orlando Letelier, exilado nos Estados Unidos. Porém, em virtude da incompetência do químico Eugénio Berríos, não foi possível realizar a proeza de colocar o gás Sarin no frasco de Chanel n° 5 e enviá-lo a Letelier, que então foi morto, em Washington, por uma bomba. O que se sabe, ao certo, é que o gás Sarin foi usado no ataque a várias linhas do metrô de Tóquio por terroristas da Aum Shinrikyo, em 20 de março de 1995, matando doze pessoas e intoxicando mais de 6.000, algumas das quais gravemente.

59 Eugenio Berríos Sagredo era homem da confiança do general Manuel Contreras, diretor da DINA, e trabalhou juntamente com Michel Townley, que também servia como agente da CIA, na preparação e execução de atentados terroristas, nos marcos da Operação Condor. Também tinha estreitas conexões com uma poderosa rede de narcotráfico, juntamente com agentes da CIA e do serviço de inteligência do Peru. Eugênio Berríos

(DINA), o serviço secreto do general Augusto Pinochet, de elaborar armas químicas, usando o gás Sarin, para eliminar os opositores da ditadura no Chile.

O objetivo de Foch Díaz com a denúncia, centrada, sobretudo, em Ivo Magalhães, consistiu em fazer publicidade do seu livro *João Goulart – El crimen perfecto*. Assassinato, se houve, e quaisquer outros delitos já estavam prescritos, dado que mais de 20 anos haviam transcorrido, desde 1976. O processo, que ele pretendeu iniciar com a denúncia de "morte duvidosa" de Goulart, na Justiça de Maldonado, foi assim arquivado, a pedido do fiscal (promotor). Porém, o crime de difamação, consubstanciado na denúncia, era atual e Cláudio Braga moveu contra Foch Díaz um processo, dado que lhe foram atribuídas ações ilícitas (furto) com referência ao patrimônio de Goulart. E contou com todo o apoio de Maria Tereza Goulart, que escreveu uma carta à juíza Fany Canessa, do Juizado Penal 4º Turno, em Maldona-

---

foi levado por militares chilenos, primeiro para a Argentina, e depois para o Uruguai, onde, com a cumplicidade dos militares uruguaios, foi escondido, de modo a evitar que fosse notificado pela Justiça do Chile, para testemunhar no processo do assassinato de Orlando Letelier, ex-chanceler no governo de Salvador Allende (1970-1973). No entanto, ele se tornou inconveniente. Acostumou-se a passar os fins da tarde em um quiosque, na Rambla, falando demais sobre os feitos no Chile. Daí que, em 1992, os militares chilenos, diante do risco de serem delatados, conseguiram com um major uruguaio uma casa na praia, para onde o levaram. Berríos conseguiu fugir e invadiu uma delegacia de polícia, dizendo que o general Augusto Pinochet queria matá-lo. Os militares chilenos, informados, foram resgatá-lo, mas, sem êxito, chamaram os camaradas uruguaios que tiraram Berríos das mãos da polícia. E, como o caso tornou-se público, depois de alguns dias, mataram-no. Ele foi visto pela última vez em 15 de novembro de 1992. Somente três anos depois, em 13 de abril de 1995, seu corpo foi encontrado, enterrado na areia, entre o arroio Pando e o Rio da Prata, com um disparo no crânio. Tudo indicou tratar--se de uma queima de arquivo, dado que ele deveria depor, no Chile, sobre o "Proyecto Andrea". Em 28 de setembro de 2008, no Chile, o juiz chileno Alejandro Madrid, da Corte Apelaciones de Santiago, acusou 19 pessoas, a maioria militares chilenos e três uruguaios, pelo sequestro e assassinato de Eugenio Berríos. Entre os militares chilenos estão o major (r) do Exército Arturo Silva Valdés, indiciado como autor do delito de sequestro com homicídio de Berríos, e o general (r) Eugenio Covarrubias Valenzuela, por haver encoberto o fato. A Corte Suprema do Uruguai, atendendo ao pedido da Justiça chilena, já havia autorizado, em 2006, a extradição para o Chile dos três militares uruguaios – o coronel (r) Wellington Sarli, o tenente coronel Eduardo Radaelli e o coronel (r) Tomás Casella – acusados de "associação ilícita" e "sequestro".

do, subscrita também por Denize Goulart, dizendo que, se não fosse o fato de morar no Brasil e não poder ir àquela cidade, "ya habría ido al Uruguay para presentar denuncia por difamación y calunia contra el sr. Enrique Foch Díaz",[60] que, além de fazer "referencias calumniosas" à sua pessoa, atribui "acusaciones a personas honradas, cosa que jamás hice, en especial, al Sr. Cláudio Duarte Braga, quien hoy lo denuncia por calumnia y difamación".[61] Enrique Foch Díaz teve a possibilidade de exercer a *exceptio veritatis*, i. e., a exceção da verdade, demonstrando não ser verídico o ilícito penal, que lhe fora imputado. Mas não o fez, não pôde provar suas acusações. E a juíza Graciela Eustachio condenou-o por delito de difamação a sete meses de prisão, sentença esta confirmada pelo Tribunal de Alçada.[62] Toda a edição do livro foi apreendida.

Ainda que encarcerado na penitenciária de Charqueadas, com Ricardo Anacleto Ruiz Mendieta, por contrabando e tenência de substâncias estupefacientes (por exemplo, ópio), com documentos falsos, Barreiro Neira, criminoso com algum nível de instrução, era muito bem informado. Conhecia, sem dúvida, o livro de Foch Díaz sobre a morte de Goulart, cuja coautoria atribuiu ao advogado Rafael Barla Galván.[63] E, quando o governo do Uruguai, onde era procurado pelo crime de rapina na financeira OCA e no Hospital da Casa de Galícia,

---

60 Teria ido ao Uruguai para fazer uma denúncia por difamação e calúnia contra o sr. Enrique Foch Díaz.

61 Carta de Maria Tereza Fontella Goulart à Senhora Dra. Fany Canessa, Juíza Letrada – Juizado Penal 4º Turno – Maldonado – Uruguai. Rio de Janeiro, 29 de abril de 2001. A carta é também subscrita pela filha, Denize Fontella Goulart, nos seguintes termos: "Señora Jueza: Me ajusto a las razones y dichos de mi madre, Maria Tereza Fontella Goulart, tanto en lo referente a no poder comparecer como a todos los demás conceptos". Firmas reconhecidas pelo 16º Ofício de Notas – Interventor Maurício Vieira Dourado – Rua Vinícius de Moares 118, Rio de Janeiro. AA

62 Miguel Muto. "Escritor va a prisión por caer en difamación – La Justicia condenó a siete meses de prisión por el delito de difamación al escritor Enrique Foch Díaz Vázquez". *El País*, Montevidéu, 26 dez. 2002.

63 Originais do livro que Barreiro Neira disse ter escrito, juntamente com Volnei Correa, intitulado *Entrevista com um réu confesso. Todas as respostas sobre o assassinato de João Goulart.* AMJDH.

em 1998, pediu sua extradição ao governo do Brasil, ele admitiu, por sua defensora nomeada, "ser a pessoa reclamada, negando, porém, a sua participação nas infrações delituosas imputadas a ele".[64] Segundo Barreiro Neira alegou, ele se opunha à extradição "por temer atos atentatórios contra a sua integridade e à sua própria vida". E atribuiu "as acusações à perseguição política [...] por ter participado, no regime militar, de operações de repressão aos opositores do governo uruguaio daquela época", razão pela qual teria buscado "abrigo" no Brasil.[65]

No interrogatório, a que foi submetido pelo juiz federal, em Porto Alegre, e anexado ao processo de extradição, Barreiro Neira declarou que "o único crime que cometeu foi escrever um livro onde relata o assassinato de João Goulart", que "foi morto a pedido do DOPS", na Argentina, "com a participação de agentes uruguaios e argentinos [...], em virtude de ter ingerido veneno, tudo supervisionado pelo médico legista Carlos Milles", depois "morto para não contar o que sabia". Adiantou que seu livro se intitulava *Morte premeditada*, a ser editado pela Editora Lenz, de Porto Alegre. Seu cúmplice, Ricardo Anacleto Mendieta, seguiu sua trilha, ao ser também interrogado pelo juiz federal. Recorreu ao mesmo subterfúgio, imputando às acusações de delitos comuns "motivação precipuamente política, fruto do período em que colaborou [...] com a ditadura então instalada naquele país" e que estariam "ligadas à publicação do livro de Ronaldo Mário sobre o assassinato de João Goulart".[66] Por isso – disse –, preferia não ser

---

64 Acompanhamento Processual: Ext 747 – Extradição. Origem: República Oriental do Uruguai. Relator: Ministro Neri da Silveira. Requerente: Governo da República Oriental do Uruguai. Extradição: Ronaldo Mário Barreiro Neira. Extradição: Ricardo Anacleto Ruiz Mendieta (falecido). Julgamento do Pleno – Deferido Decisão: O Tribunal, por unanimidade, deferiu o pedido de extradição. Plenário: 21 mar. 2001. Decisão publicada, DJ: 29/3/2001. Ata nº 7, de 21/3/2001 363/P AO Ministro da Justiça. Data de Publicação: DJ 4/5/2001 – Ata nº 13/2001 Transitado em julgado: 4/5/2001. Ibidem.

65 Ibidem.

66 STF – Coord. de Análise de Jurisprudência. DJ 4/5/2001 – Ementário nº 2029-1 – 21/3/2001. Tribunal Pleno. Extradição n. 747-5. Proced.: República Oriental do Uruguai; Relator: Ministro Neri da Silveira. Reqte.: Governo da República Oriental do Uruguai. Extdo.: Ronaldo Mário Barreiro Neira; Extdo. Ricardo Anacleto Ruiz Mendieta. Ementa: Extradição. Pedido do Governo da República Oriental do Uruguai. Tratado

extraditado, porquanto, sua vida correria risco, "devido à proximidade com Ronaldo Mário".[67]

Na realidade, Barreiro Neira ainda não havia escrito nenhum livro. Só o fez, posteriormente, tanto que, no esboço da capa que mandou fazer, aparece claramente o ano de 2004, não sendo o título *Morte premeditada,* como anunciou para o juiz federal, e sim *Entrevista com um réu confesso – Todas as respostas sobre o assassinato de João Goulart.*[68] O livro de Enrique Foch Díaz – *João Goulart – El crimen perfecto* – lançado no ano 2000, foi que certamente o inspirou. E daí que Barreiro Neira reivindicou para si o papel de "réu confesso", na "morte duvidosa", tentando mostrar que teve alguma participação no suposto assassinato

---

de Extradição. 2. Extraditandos enquadrados nas figuras tipificadas pelos artigos 344, 54, 60 e 341, alíneas 2ª e 4ª do Código Penal, autoria de dois delitos de rapina em regime de reiteração real. 3. Correspondência ao art. 157 e §2 do Código Penal Brasileiro. Princípio de Dupla incriminação. 4. Inexistência de prova quanto à alegada possibilidade de perseguição política. Extraditandos já condenados e presos em virtude de outro processo criminal por delito de entorpecentes. 5. Extradição deferida. AMJDH.

67 Ibidem.

68 Em 2002, Barreiro Neira conseguiu, na penitenciária de Charqueadas, o telefone do célebre advogado e ativista de direitos humanos Jair Krischke, presidente do Movimento de Justiça, no Rio Grande do Sul, para que visse a possibilidade de conseguir uma editora para um livro por ele escrito. Jair Krischke respondeu-lhe que não era editor e que só atuava na área de direitos humanos. Assim cortou a conversa. Em 10 de dezembro de 2002, o jornalista Roger Rodríguez, de *La República,* de Montevidéu, foi a Porto Alegre para receber o 19º Prêmio Direitos Humanos de Jornalismo, quando lhe foi proposto por Jair Krischke entrevistar Barreiro Neira sobre o desaparecimento da militante política Elena Quinteros, presa e cremada na Base Arenal, no Uruguai. Krischke recomendou-lhe que fosse com um jornalista do jornal *Zero Hora,* de modo que pudesse ter acesso à penitenciária de alta segurança. Barreiro Neira aproveitou a oportunidade, na entrevista a Roger Rodríguez e publicada por *La República,* na edição de 22 de dezembro de 2002, para dizer que havia participado de várias operações, entre as quais a que teria promovido a morte de Goulart. "Yo sobre esto tengo escrito un libro de 635 páginas que no sería sencillo resumir en una entrevista"– disse e exibiu a Roger Rodríguez fotocópias de um manuscrito, com bosquejo da capa de um livro, intitulado: *Entrevista com um réu confesso – Todas as respostas sobre o assassinato de João Goulart.* Folheou os papéis, mas não entregou ao jornalista. Roger Rodríguez. "La confesión del teniente Tamús – Ex-agente uruguayo dijo a *La República* en Brasil que existió una 'Base Arenal' donde fue cremada Elena Quinteros." *La República,* Montevidéu, 22 dez.2002. Jair Krischke conseguiu uma cópia para Arquivo do Movimento de Justiça e Direitos Humanos e declarou ao autor que nada mais contém sobre o suposto assassinato de Goulart além do que Barreiro Neira declarou à imprensa.

de Goulart (o mesmo fez seu comparsa, Ricardo Mendieta), a fim de ganhar notoriedade como bandido político e evitar a extradição para o Uruguai.[69] O subprocurador-geral da República, Edson Oliveira de Almeida, demonstrou, no entanto, que "as alegações defensivas são improcedentes" e destacou que os dois requeridos – Mario Barreiro Neira e Ricardo Mendieta – eram "acusados de crimes comuns", enquadrados no art. 344 do Código Penal Uruguaio,[70] "não havendo elementos que, mesmo remotamente, possam dar suporte à tese da perseguição política ou à pretensa falta de imparcialidade da Justiça estrangeira".[71] E opinou pelo deferimento do pedido de extradição.

O ministro José Neri da Silveira, como relator, observou, por fim, que "nenhum elemento de prova trouxeram os extraditandos quanto à viabilidade de perseguição política" e, para salientar a falsidade de suas alegações, salientou que, "segundo o seu autor, no interrogatório, o livro que estaria a ser publicado sobre matéria política ainda se encontra no prelo", não havendo, "pois, desde logo, como conhecer, sem conhecer seu conteúdo, saber se existe ou não, sequer, essa possibilidade de o documento vir a editar-se, emprestar-se eficácia decisiva à alegação em foco". As acusações contra Mario Barreiro Neira e Ricardo Mendieta – ressaltou o ministro Neri da Silveira – eram de delitos contra

---

69 Não resta a menor dúvida que o objetivo de Barreiro Neira era evitar a extradição, para não cumprir pena em Montevidéu, como criminoso comum e daí porque tentou aparecer como um criminoso político. Nos originais do livro que disse haver escrito sob a forma de entrevista com Volnei Corrêa, ao ser interrogado sobre o que pretendia, se era "liberado ou não ser extraditado", ele respondeu: "Nada disso. Só pretendia ficar preso no Brasil". Cópia dos originais no AMJDH.

70 "Ao crime de rapina própria, em reiteração real, pelo qual são acusados os pacientes, comina-se pena máxima de dezesseis anos de penitenciária e a mínima de quatro anos. Não há, pois, na espécie, falar em extinção da punibilidade pela prescrição da pretensão punitiva, a teor do art. 117, do Código Penal do Uruguai § 1º. [...]. Guarda, pois, o tipo penal correspondência ao art. 157 e §2º do Código Penal Brasileiro, quanto aos crimes de roubo e roubo qualificado". Acórdão. Vistos, relatados e discutidos estes, acordam os Ministros do Supremo Tribunal Federal, em Sessão Plenária, na conformidade da ata de julgamentos e das notas taquigráficas, por unanimidade, deferir o pedido de extradição, nos termos do voto do relator. Brasília, 21 de março de 2001. aa) Ministro Carlos Velloso, Presidente; Ministro José Neri da Silveira, Relator. Ibidem.

71 Ibidem.

o patrimônio, correspondentes ao roubo qualificado no Brasil, onde, de outro lado, os dois extraditandos já haviam sido condenados e se encontravam presos, em virtude de outro processo criminal por delito de posse de entorpecentes, "todos crimes de intensa gravidade".[72] Diante de tais circunstâncias, o STF, por unanimidade, deferiu o pedido de extradição, nos termos do relator, na sessão plenária, em 23 de março de 2001.[73] A extradição, no entanto, não foi consumada, porque Barreiro Neira devia cumprir, primeiro, a pena pelos crimes (seis processos) cometidos no Brasil, num total de mais de 19 anos de prisão, após o que seria entregue ao Uruguai para cumprir as sentenças que recebeu pelos delitos lá praticados e dos quais escapou para o Brasil.

Quando interrogado pelo juiz federal, ao ser iniciado o processo de extradição, no ano 2000, Barreiro Neira apenas afirmou que seu "único crime" foi escrever um livro, no qual relatava o "assassinato de João Goulart e de outras autoridades". Barreiro Neira nada falou sobre seu papel no suposto "assassinato" de Goulart, que, segundo ele, morreu "em virtude de haver ingerido veneno". Apenas citou o médico legista Carlos Milles, que de fato existira mas nada podia testemunhar porquanto já falecera, com o propósito de dar aparência de veracidade ao que contou. A declaração de Barreiro Neira é muito vaga, superficial, e aí se percebe, claramente, que ele ainda não havia confeccionado sua estória. Que veneno Goulart teria "ingerido" para causar-lhe um infarto ou uma embolia pulmonar, enquanto dormia, às 2h40 da madrugada?

Conforme João Batista Moniz Barreto de Aragão, cirurgião vascular do Hospital dos Servidores do Estado do Rio de Janeiro, comentou, teo-

---

72 Ibidem.
73 Plenário. Extrato de Ata. Extradição n. 747-5. Proced.: República Oriental do Uruguai; Relator: Ministro Neri da Silveira. Reqte.: Governo da República Oriental do Uruguai. Extdo.: Ronaldo Mário Barreiro Neira; Extdo. Ricardo Anacleto Ruiz Mendieta. Decisão: o Tribunal, por unanimidade, deferiu o pedido de extradição, nos termos do voto do Relator. Plenário, 21/3/2001. Acórdão: "Vistos, relatados e discutidos estes, acordam os Ministros do Supremo Tribunal Federal, em Sessão Plenária, na conformidade da ata de julgamentos e das notas taquigráficas, por unanimidade, deferir o pedido de extradição, nos termos do voto do relator. Brasília, 21 de março de 2001. aa) Ministro Carlos Velloso, Presidente; Ministro José Neri da Silveira, Relator". AMJDH.

ricamente, existem duas maneiras de envenenar uma pessoa: a primeira é com uma droga de efeito imediato, como curare, cianeto, cicuta etc., venenos que causam a morte agonizante imediata; a segunda é com uma droga de efeito lento (mercúrio, arsênico, chumbo, algumas substâncias radioativas etc.), que deve ser administrada, continuamente, durante semanas ou meses, causando diversos sintomas característicos antes da morte.[74] Do modo que Mario Barreiro Neira relata o envenenamento (colocando, de maneira aleatória, um comprimido envenenado em vários frascos), ou Goulart morreria, imediatamente, após a ingestão do medicamento (no caso de um veneno rápido), ou demoraria muito tempo, no caso do veneno lento, se ele, todos os dias, ingerisse justamente um comprimido contaminado, entre tantos outros. Na opinião do cirurgião vascular, uma pessoa de 58 anos, que tomava três drogas para doença cardiovascular, esta doença provavelmente já estava bem avançada e por isso o tornava mais propenso a ter um ataque cardíaco.[75] Em outras palavras, um homem como Goulart, que devia tomar um vasodilatador coronariano (Isordil) mais reserpina e hidralazina (Adelfan),[76] era um paciente bastante propício a sofrer um infarto agudo do miocárdio.

A respeito da possibilidade de que o infarto de Goulart houvesse ocorrido como consequência da troca de dois medicamentos (vasodilatador e vasoconstritor), receitados em Lyon, conforme a versão de Juan Alonso Mintegui, o médico cardiologista Geniberto Paiva Campos, da Clínica Biocárdios, em Brasília, e editor da Revista Centro-Oeste

---

74 Entrevistas do cirurgião vascular João Moniz Barreto de Aragão em e-mails datados de 15, 16 e 17 fev.2010.

75 Ibidem.

76 A reserpina é um alcaloide que bloqueia a ação da noradrenalina, um dos neurotransmissores do sistema nervoso simpático, provocando, entre outros efeitos, a diminuição da frequência cardíaca e a vasodilatação. É utilizada no tratamento de hipertensão arterial. A hidralazina (Apresoline) é um fármaco anti-hipertensivo ativo por via oral e parenteral. Devido às suas propriedades vasodilatadoras periféricas, a hidralazina foi utilizada no tratamento da insuficiência cardíaca congestiva. Na opinião dos médicos a hidralazina deve ser utilizada com precaução em pacientes com enfermidade coronária dado que a taquicardia reflexa aumenta o consumo de oxigênio e pode agravar uma angina ou uma isquemia. Em alguns casos, a administração de hidralazina pode desencadear um infarto de miocárdio.

de Cardiologia, admitiu que a mudança de uma substância vasodilatadora por outra de efeito contrário, como vasoconstritor, e nociva ao funcionamento do músculo do coração, poderia causar alterações que levassem a uma necrose – infarto – no coração de Goulart. No entanto – ponderou –, seria necessário que a administração dessa droga, trocada previamente, fosse feita por certo período para que produzisse os efeitos deletérios. E, ademais, são raros os casos em que pacientes cardiopatas necessitam de vasoconstritores, como algumas formas de choque cardiogênico (falência da bomba cardíaca), com hipotensão, mas devem ser usados com extremo cuidado, pois podem produzir isquemia em órgãos vitais especificamente.[77] O cardiologista Geniberto Paiva Campos explicou que a morte de Goulart não poderia ter sido causada por alguma droga venenosa, injetada em comprimidos, como Isordil e outros, posto que logo são muito pequenos e logo se romperiam e se dissolveriam. Se houve assassinato, a causa teria sido uma troca de medicamentos, de modo a provocar prejuízos ao funcionamento do seu coração. Em suma, Geniberto Paiva Campos explicou que "trocar uma droga bloqueadora do sistema adrenérgico cardiovascular por outra ativadora desse sistema, com danos evidentes para coração de Goulart, isto seria possível, mas não é provável que tenha ocorrido".[78] Goulart – ele comentou – não era uma pessoa saudável, já tivera outros infartos, continuava a fumar e não se cuidava.[79]

Enrique Foch Díaz, em seu livro, reproduziu a opinião de um cardiologista uruguaio, Oscar Conrado, coincidente com a dos médicos brasileiros. Não há qualquer referência à possibilidade de envenenamento. Segundo Oscar Conrado, depois de um infarto do miocárdio, dependendo do tamanho e da região afetada (independente ou dependendo de como estava antes o coração), as duas grandes sequelas que podem complicar a situação do indivíduo, na maior parte dos casos, são:

---

77 Entrevista do médico cardiologista Geniberto de Paiva Campos, por telefone e e-mails, em 12, 13, 21 e 25 fev.2010.
78 Ibidem.
79 Ibidem.

primeiro, a insuficiência cardíaca; segundo, a arritmia. "Cualquiera de estos dos eventos o ambos en diferente grado o con diferente gravedad, pero cualquiera es suficiente para causarle la muerte con posterioridad si no se realiza el tratamiento y las indicaciones adecuadas"[80] – observou o cardiologista Oscar Conrado, relevando que, "cualquiera haya sido de estas sus secuelas, el paciente debe tener una vida lo más tranquila y apacible, ya que una situación de fuerte tensión emocional podría descompensar cualquiera de estas dos secuelas-complicaciones, en tal grado como para producir la muerte".[81] Uma vida tranquila e aprazível era exatamente o que Goulart não tinha. Seu filho, João Vicente, relatou, no depoimento à Comissão Externa da Câmara dos Deputados, como seu pai vivia, sem descanso, pois "ele estava hoje em Maldonado, daqui a pouco ia para Tacuarembó, de lá ele ia para Mercedes, de Mercedes ele voltava para Buenos Aires". "Ele andava muito, ele se deslocava muito. Ele não permanecia, ele não tinha uma vida – vamos dizer – metódica, de sair de manhã e voltar. Ele andava muito. Uma hora estava no Uruguai, outra hora estava na Argentina" – frisou João Vicente.[82] A propósito de uma possível troca de medicamentos, hipótese imaginada por Juan Alonso Mintegui e endossada por Foch Díaz, o cardiologista Oscar Conrado ponderou que qualquer fármaco pode ser perigoso, "si no se indica y consume en la forma adecuada, algunos más que otros".[83] Uma complicação com medicamentos, por exemplo, betabloqueadores, que poderiam produzir efeitos deletérios no caso de

---

80 Qualquer um desses dois eventos, ou ambos em diferente grau ou com gravidade distinta, é suficiente para causar a morte futura se não forem realizados o tratamento e as recomendações adequadas.

81 Independentemente dessas sequelas, o paciente deve ter uma vida mais tranquila e agradável, já que uma situação de forte tensão emocional poderia desequilibrar qualquer uma dessas duas sequelas/complicações, em tal grau a ponto de causar a morte.

82 Depoimento de João Vicente Goulart à Comissão Externa da Câmara dos Deputados destinada para esclarecer em que circunstâncias ocorreu a morte do ex-presidente João Goulart, em 6 de dezembro de 1976, na província de Corrientes, na Argentina. Relatório final – Relator: deputado Miro Teixeira PDT-RJ.

83 Foch Díaz, 2000, p.170-2.

não ser manejado corretamente, e causar uma morte súbita, como no caso de duplicação da dose.

A hipótese do assassinato só poderia ser admitida se fosse comprovada uma troca, intencional ou não, dos medicamentos que Goulart regulamente tomava. Algo assim afigura altamente improvável. Nos seus últimos 15 dias de vida, segundo Maria Tereza Goulart, somente ela, o capataz Julio Vieira e Roberto Ulrich conviveram com Goulart.[84] Seria absurdo pensar que alguém trocou os remédios no bolso de Goulart. E somente quem não raciocina e carece de um mínimo de conhecimento pode considerar seriamente a estória da conspiração contada pelo delinquente Mario Barreiro Neira, preso no Brasil e condenado no Uruguai também por diversos crimes comuns. É impossível injetar um composto venenoso – "um corpo sólido", "um líquido desidratado" – em um comprimido de Isordil, Adelfan ou qualquer outro para tratamento coronariano, sem rompê-lo e esfarelá-lo, e, depois, colocá-lo no meio dos outros comprimidos, dentro dos invólucros roubados no Hotel Liberty. E a farsa ainda se torna mais ridícula na descrição de que Goulart "misturava aquele comprimido que o iria matar com outros comprimidos e dava a casualidade que ele continuava tomando e sempre eram os comprimidos que não iam matar [...] até que, em algum momento, chegou a desgraçada hora que lá na Villa ele tomou e, logicamente, lhe daria uma hipertensão e ia morrer".[85]

A alegação de que "uma reminiscência do cloreto" iria ficar no corpo do João Goulart, razão pela qual "não poderia ser examinado por 48 horas, pois "a substância poderia ser detectada", é outro embuste, que serve para alimentar a lereia de que, por essa razão, não foi feita a autópsia nem no Brasil nem na Argentina e de que o caixão foi fechado e proibido de abrir. Não é verdade que a autópsia tenha sido negada na Argentina e no Brasil. Simplesmente não foi requerida nem pela família

---

84 "Viúva de Jango não vai permitir em 'hipótese alguma' a exumação", in: *O Globo*, 24 ago. 1982, 2º clichê.

85 Transcrição do depoimento de Mario Ronald Barreiro Neira à TV Senado em dezembro de 2006. AMJDH.

nem por qualquer outra pessoa. Como a própria viúva Maria Tereza Goulart explicou, "a autópsia só é efetuada quando existem dúvidas sobre a causa da morte" e esse "não foi o caso".[86] Também é falsa a informação de que foi proibida a abertura do caixão. A verdade é que o corpo de Goulart, em Mercedes, não foi embalsamado. Apenas lhe foi colocado formol, rudimentarmente, e o caixão, fechado, deixando um visor na região do rosto. E, conforme depoimento de pessoas presentes no velório, o corpo começou a perder água pelo nariz e o caixão foi levado para trás do altar e aberto por um médico de São Borja, Odil Rubin Pereira, que lhe pôs algodão nas narinas e fechou o caixão. Roberto Alves, ex-secretário do presidente Getúlio Vargas, retirou então o visor, uma vez que a decomposição do cadáver começara e os ossos já estavam a aparecer no rosto.[87]

Conquanto pudesse realmente correr risco de vida, tanto no Uruguai quanto, sobretudo, na Argentina, o fato de Goulart haver dito a Júlio Vieira, quando foi dormir em La Villa, que ficasse, à noite, próximo ao seu quarto, possivelmente na varanda, não significa indício de que "suspeitava de algum perigo rondando sua residência", como aferiu o Relatório Final da Comissão Externa da Câmara dos Deputados.[88] Se Goulart, que tinha experiência no campo e sabia muito bem manejar uma arma, suspeitasse de algum perigo, ele tomaria outras providências para defender-se e não diria simplesmente ao capataz que dormisse na varanda. O próprio Júlio Vieira, aliás, entendeu a recomendação como brincadeira tanto que, em depoimento publicado no livro de Foch Díaz, após contar que Goulart lhe dissera "acostate ahí debajo

---

86 "Viúva de Jango não vai permitir em 'hipótese alguma' a exumação", in: *O Globo*, 24 ago.1982, 2º clichê.

87 Informação de Orpheu dos Santos Salles, que assistiu o velório, ao autor.

88 Câmara dos Deputados – Comissão Externa destinada a esclarecer em que circunstâncias ocorreu a morte do ex-presidente João Goulart, em 6 de dezembro de 1976, na província de Corrientes, na Argentina. Relatório final. 4. Investigações realizadas em países vizinhos. p.213-6. AMJDH.

de Ia baranda para me cuidar", observou: "Lo dijo por chiste, cosas que se le ocurrían".[89]

Também não é absolutamente crível que o general Ernesto Geisel, como presidente da República, ou qualquer outra autoridade brasileira desse alguma ordem para que ele fosse eliminado, de modo a evitar seu retorno ao Brasil. A ameaça contra Goulart existia porque os serviços de inteligência, que executavam a Operação Condor, haviam adquirido uma dinâmica própria e os agentes da repressão, radicalizados, tornaram-se facínoras. O principal campo de atuação foi em Buenos Aires. Mas, no Brasil, o assassinato do jornalista Vladmir Herzog, que apareceu (25 de outubro de 1975) enforcado com o cinto da própria roupa, na cela do DOI-CODI, em São Paulo, repercutiu de tal modo contra o regime militar que levou o presidente Geisel a demitir o general Ednardo d'Ávila Mello do comando do II Exército, em janeiro de 1976, quando ocorreu a morte do operário Manuel Fiel Filho.[90] Tratou de controlar a repressão. E Goulart (assim como Juscelino Kubitschek e Carlos Lacerda, que morreram à mesma época) não representava ameaça para o regime militar, se retornasse ao Brasil, porque a abertura "lenta, gradual e segura", que o presidente Ernesto Geisel tratava de promover, não previa eleição direta para a presidência da República. Esta somente ocorreria 13 anos depois, em 1989, devido à intensa pressão popular, na campanha pelas "Diretas já". Se Goulart retornasse ao Brasil, o que ele ansiava, mas ainda não decidira efetivamente fazê-lo, seria preso. Manifestações de protesto certamente ocorreriam, porém não ameaçariam a segurança e a estabilidade do regime militar.

Quem quiser pode e deve investigar a fundo qualquer acontecimento, se julgar necessário. Porém, tomar o depoimento de um delinquente, que não é corroborado por outros depoimentos, documentos e fatos, e apresentar o que ele conta como verdade é charlatanice. As evidências

---

89 Ele o disse por chiste, coisa que sempre fazia. "Declaracion de Julio Viera, capataz de la estancia La Villa" (Mercedes, Provincia de Corrientes. Transcrição fiel das fitas gravadas no dia 6 mar.1982), apud Foch Díaz, 2000, p.173.

90 O operário Manuel Fiel Filho também apareceu enforcado.

são de que João Goulart faleceu, incontestavelmente, em consequência de infarto agudo do miocárdio. Ele tivera o primeiro distúrbio cardíaco, em abril de 1962, quando visitava o México. No Uruguai, exilado, sofreu um infarto em 1964 ou 1965, e outro em 1969. O médico em Lyon, dr. Fremont, advertiu-o sobre o estado do seu coração. Mas, apesar de ter perdido cerca de onze quilos, baixando de 96 quilos para 85, desde que chegara da Europa em 13 de outubro, Goulart ainda estava com muito sobrepeso, uma vez que media mais ou menos 1,72 m; continuava a fumar quatro maços por dia (segundo Maria Tereza Goulart) e algumas horas antes de falecer mandara Júlio Vieira buscar cigarros em Mercedes; não dispensava quatro ovos (colesterol) no café da manhã e comia carnes gordurosas (colesterol); não descansava, não se cuidava, não tomava os remédios regularmente; estava profundamente tenso e estressado devido ao clima de ameaças em Montevidéu e Buenos Aires, ao anseio de regressar ao Brasil e à incerteza sobre o que fazer; no dia 4 de dezembro, fora de avião da estância El Milagro, em Maldonado, para a estância em Tacuarembó, e no dia 5 viajou, também de avião, com uma escala em Salto, para Bella Unión, na fronteira do Uruguai, de onde atravessou em lancha para Monte Caseros, na Argentina, e de lá prosseguiu, de automóvel (sua viúva disse que ele próprio assumiu a direção), com uma parada em Paso de los Libres, a fim de almoçar, e chegou a La Villa por volta de 15h. Percorrera cerca de 600 quilômetros, uma viagem extremamente cansativa para um homem cardíaco, com 58 anos; e ele mesmo preparou e comeu, tarde da noite, um churrasco de ovelha (refeição pesada, que demanda esforço para digestão) e depois foi dormir. Não resta dúvida que, em tais circunstâncias, um infarto agudo do miocárdio fulminou João Goulart, um dos grandes vultos da histórica política do Brasil, incompreendido e injustiçado, que mesmo depois de morto ainda não conseguiu descansar. É necessário honrar sua memória.

Arquivos e outras fontes primárias[1]

Arquivo Nacional – Coordenação Regional – Distrito Federal
Arquivo do Ministério de Relações Exteriores – Brasília
Arquivo de Armindo Doutel de Andrade
Arquivo de Getúlio Vargas
Arquivo de Wilson Fadul
Arquivo de Hugo de Fada
Arquivo de Carlos Alberto Carvalho Pinto
Arquivo de Francisco Clementino San Tiago Dantas (Arquivo Nacional)
Arquivo do Autor
Arquivo do Instituto Presidente João Goulart
Arquivo do Deputado Miro Teixeira
Arquivo do Movimento de Justiça e Direitos Humanos
Centro da Memória Social – Universidade Cândido Mendes
Centro de Pesquisa e Documentação de História Contemporânea Fundação Getúlio Vargas
Documentação de João Goulart
John Fitzgerald Kennedy Library
Lyndon Baines Johnson Library

---

1   Os documentos citados sem referência à fonte encontram-se em poder do autor.

Fontes impressas

Anais da Câmara dos Deputados – 1963, v.XXVI, XXVII – Brasília – 1963/1964, v. I, IV e V. Brasília.

Anuários Estatísticos do Brasil – Instituto Brasileiro de Geografia e Estatística – IBGE, 1957 e 1960.

Anuários Estatísticos do Brasil – IBGE, 1961, 1963, 1964, 1969 e 1971.

Anuário Estatístico do Brasil, IBGE, 1941-45.

Brasil Financeiro, 1971/72 e 1972/73, São Paulo, Editora Banas.

Exposição feita pelo ministro Carvalho Pinto ao presidente João Goulart em reunião ministerial de 4 de julho de 1963 – Ministério da Fazenda, 1963.

O Escândalo da Bond & Share, editado pela Frente de Mobilização Popular, mimeografado, 1963.

Programa de Estabilização Monetária (dezembro de 1958 – dezembro de 1959), t.I e II, Ministério da Fazenda, Rio de Janeiro, 1958.

United States Policies and Programs in Brazil – Hearings before the Subcommitee on Westerns Hemisphere Affairs of the Commitee on Foreign Relations – US Senate, Ninety-second Congress, First Session, May 4, 5 and 11, 1971 – US Government Printing Office, Washington, 1971.

Statistical Abstract of the United States, 1965, 86th. Annual Edition, US Department of Commerce, Bureau of Census.

Jornais e revistas

Conjuntura Econômica, Rio de Janeiro
Correio da Manhã, Rio de Janeiro
Correio do Povo, Porto Alegre
Diário de Notícias, Rio de Janeiro
Ensaios de Opinião, Rio de Janeiro
Folha de São Paulo, São Paulo
Fortune, New York
IstoÉ, São Paulo
Jornal do Brasil, Rio de Janeiro
Jornal da Tarde, São Paulo
La República, Montevidéu
Manchete, Rio de Janeiro
Novos Rumos, Rio de Janeiro

O Estado de São Paulo, São Paulo
O Globo, Rio de Janeiro
O Mundo Ilustrado, Rio de Janeiro
O Semanário, Rio de Janeiro
Revista Brasileira de Política Internacional, Rio de Janeiro
Tribuna da Imprensa, Rio de Janeiro
Última Hora, Rio de Janeiro
Veja, São Paulo

REFERÊNCIAS BIBLIOGRÁFICAS

ABREU, Hugo. *O outro lado do poder*. Rio de Janeiro: Nova Fronteira, 1979.

AFFONSO, Almino. *Raízes do golpe: da crise da legalidade ao parlamentarismo, 1961-1963*. São Paulo: Marco Zero, 1988.

AGEE, Philip. *Dentro da "Companhia": diário da CIA*. Rio de Janeiro: Civilização Brasileira, 1975.

AGUIAR, Hernani de. *A revolução por dentro*. Rio de Janeiro: Artenova, 1976.

ALARCÓN RAMIREZ, Daniel (Benigno). *Memórias de un soldado cubano: vida y muerte de la revolución*. 2.ed. Barcelona: Tusquets, 1997.

ALEXANDER, Robert J. *A organização do trabalho na América Latina*. Rio de Janeiro: Civilização Brasileira, 1967.

ALVIM, Thereza Cesário. *O golpe de 64: a imprensa disse não*. Rio de Janeiro: Civilização Brasileira, 1979.

AMARAL PEIXOTO, Alzira Vargas do. *Getúlio Vargas, meu pai*. Porto Alegre: Globo, 1960.

AMARAL PEIXOTO, Alzira Vargas do. A criação do PTB. In: *Ensaios de opinião – Getúlio Vargas*. Rio de Janeiro: Inúbia, 1975.

ARAÚJO NETO. A paisagem. In: DINES, Alberto et al. *Os idos de março e a queda em abril*. Rio de Janeiro: José Álvaro Editor, 1964.

ARRAES, Miguel. *Le Brésil: le peuple et le pouvoir*. Paris: F. Maspero, 1970.

ASH, Timothy Garton. *The magic lantern: the revolution of '89 witnessed in Warsaw, Budapest, Berlin and Prague*. New York: Vintage Books, 1999.

BAFFA, Ayrton. *Nos porões do SNI: o retrato do monstro de cabeça oca*. Rio de Janeiro: Objetiva, 1989.

BARBOSA, Ruy. *Uma campanha política*. São Paulo: Livraria Acadêmica, Saraiva & Cia., 1932.

BARRETO, Leda. *Julião, nordeste, revolução*. Rio de Janeiro: Civilização Brasileira, 1963.

BARROS, João Alberto Lins de. *Memórias de um revolucionário*. Rio de Janeiro: Civilização Brasileira, 1953.

BASTOS, Abguar. *Prestes e a revolução social*. Rio de Janeiro: Editorial Calvino, 1946.

BENEVIDES, Maria Vitória de Mesquita. *O PTB e o trabalhismo: partido e sindicato em São Paulo, 1945-1964*. São Paulo: Brasiliense; Cedec, 1969.

BENEVIDES, Maria Vitória de Mesquita. *O governo Kubitschek: desenvolvimento econômico e estabilidade política*. 2.ed. Rio de Janeiro: Paz e Terra, 1976.

BESCHLOSS, Michel R. (Ed.). *Taking charge: the Johnson White House tapes, 1963-1964*. New York: Simon & Schuster, 1997.

BLACK, Jan Knippers. *United States penetration of Brazil*. Philadelphia: University of Pennsylvania Press, 1977.

BLACK, Jan Knippers. *Sentinels of empire: the United States and Latin American militarism*. New York: Greenwood Press, 1986.

BYRON, George Gordon. *Don Juan: Canto the Eleventh*, XC. In: *Poems*, v.III, London: J. M. Dent & Sons [s.d.].

CAFÉ FILHO, João *Do sindicato ao Catete: memórias políticas e confissões humanas*. Rio do Janeiro: J. Olympio, 1966. v.1.

CALLADO, Antônio. *Tempo de Arraes: a revolução sem violência*. 2.ed. Rio de Janeiro: Paz e Terra, 1979.

CAMPOS, Roberto. *A lanterna na popa: memórias*. Rio de Janeiro: Topbooks, 1994.

CAPITANI, Avelino. *A rebelião dos marinheiros*. Porto Alegre: Artes & Ofícios, 1997.

CARLI, Gileno Dé. *JQ, Brasília e a grande crise*. Rio de Janeiro: Pongetti, 1961.

CARMO, J. A. P. *Diretrizes partidárias*. Rio de Janeiro: Pongetti, 1948.

CARONE, Edgard. In: *Manifesto do Partido Socialista Brasileiro, op.cit.*

CARONE, Edgard. *O tenentismo*. São Paulo: Difel, 1975.

CASTELO BRANCO, Carlos. *Introdução à revolução de 1964*. Rio de Janeiro: Artenova, 1975. v.1-2.

CASTELO BRANCO, Carlos. *Os militares e o poder*. Rio de Janeiro: Nova Fronteira, 1976.

CASTELO BRANCO, Carlos. *A renúncia de Jânio – Um depoimento*. Rio de Janeiro: Revan, 1996.

CASTRO, Fidel. *Che na lembrança de Fidel.* Compilado por David Deutschmann. Niterói: Casa Jorge Ed., 1994.

COELHO, Marco Antônio Tavares. *Herança de um sonho: as memórias de um comunista.* Rio de Janeiro: Record, 2000.

CONY, Carlos Heitor. *JK, memorial do exílio.* Rio de Janeiro: Bloch, 1982.

CORRÊA, Marcos Sá. *1964 visto e comentado pela Casa Branca.* Porto Alegre: L&PM, 1977.

COSTA, José Caldas da. *Caparaó.* São Paulo: Boitempo, 2007.

CUENO, Dardo. *La batalla de América Latina.* Buenos Aires: Siglo Veinte, 1964.

DANTAS, Francisco San Tiago. *Política externa independente.* Rio de Janeiro: Civilização Brasileira, 1962.

D'ARAÚJO, Maria Celina Celina; CASTRO, Celso (Orgs.). *Ernesto Geisel.* 5.ed. Rio de Janeiro: Fundação Getulio Vargas, 1998.

DEBRAY, Régis. *La guérrilla du Che.* Paris: Éditions du Seuil, 1996.

DIAS, Everardo. *História das lutas sociais no Brasil.* São Paulo: Alfa-Omega, 1977.

DICIONÁRIO HISTÓRICO-BIOGRÁFICO BRASILEIRO PÓS-30. Coordenação geral Alzira Alves de Abreu, Israel Beloch, Sérgio Tadeu de Niemeyer Lamarão, Fernando Lattman-Weltman. 2.ed. rev. e atual. Rio de Janeiro: Fundação Getulio Vargas, 2001. 5v.Il.

DINES, Alberto et al. *Os idos de março e a queda em abril.* Rio de Janeiro: José Álvaro Ed., 1964.

DINGES, John. *The Condor years.* New York-London: The New Press, 2004.

DREIFUSS, René Armand. *1964, a conquista do Estado: ação política, poder e golpe de classe.* 2.ed. Petrópolis: Vozes, 1981.

DUARTE, Paulo. *Memórias – Apagada e vil mediocridade.* São Paulo: Hucitec, 1977. v.5.

DULLES, John W. Foster. *Anarquistas e comunistas no Brasil.* Rio de Janeiro: Nova Fronteira, 1977.

DUTRA, Eloy. *IBAD: sigla da corrupção.* Rio de Janeiro: Civilização Brasileira, 1963.

ENGELS, Friedrich. Einleitung zu Karl Marx' Klassenkämpfe in Frankreich 1848 bis 1850-1895. In: MARX, Karl; ENGELS, Friedrich. *Werke.* Berlin: Dietz Verlag, 1977. Band 22.

FAUSTO, Boris. *A revolução de 1930.* São Paulo: Brasiliense, 1970.

FERREIRA, Jorge. *O imaginário trabalhista – Getulismo, PTB e cultura política popular, 1945-1964.* Rio de Janeiro: Civilização Brasileira, 2005.

FIALHO, A. Veiga. *Uruguai: um campo de concentração.* Rio de Janeiro: Civilização Brasileira, 1979.

FICO, Carlos. *O Grande Irmão: da Operação Brother Sam aos anos de chumbo*. Rio de Janeiro: Civlização Brasileira, 2008.

FICO, Carlos. *Como eles agiam – Os subterrâneos da Ditadura Militar: espionagem e polícia política*. Rio de Janeiro: Record, 2001.

FIGUEIREDO, Argelina Cheibub. *Democracia ou reformas: alternativas democráticas à crise política, 1961–1964*. Rio de Janeiro: Paz e Terra, 1993.

FIGUEIREDO, M. Poppe de. *A revolução de 1964: um depoimento para a história*. Rio de Janeiro: APEC Ed., 1970.

FOCH DÍAZ, Enrique. *João Goulart – el crimen perfecto*. Montevidéu: Editorial Arca, 2000.

FORMAN, Shepard. *Camponeses e sua participação no Brasil*. Rio de Janeiro: Paz e Terra, 1979.

FROTA, Sylvio. *Ideais traídos*. Rio de Janeiro: Jorge Zahar Editor, 2006.

FURTADO, Celso. *A hegemonia dos EUA e o subdesenvolvimento da América Latina*. Rio de Janeiro: Civilização Brasileira, 1973.

FURTADO, Celso. *Análise do "modelo" brasileiro*. 5.ed. Rio de Janeiro: Civilização Brasileira, 1975.

GARCIA LUPO, Rogelio. *Últimas noticias de Perón y su tiempo*. Buenos Aires: Vergara – Grupo Zeta, 2006.

GASPARI, Elio. *A ditadura envergonhada*. São Paulo: Companhia das Letras, 2002.

GASPARI, Elio. *A ditadura encurralada*. São Paulo: Companhia das Letras, 2006.

GONTIJO, Ricardo. *Sem vergonha da utopia – Conversas com Betinho*. Petrópolis: Vozes, 1988.

GORDON, Lincoln. *Brazil's second chance: en route toward the first world*. Washington: Brookings, 2001.

GORENDER, Jacob. *Combate nas trevas: a esquerda brasileira; das ilusões perdidas à luta armada*. São Paulo: Ática, 1987.

GROMIKO, Audrey. *Os 1036 dias do presidente Kennedy*. Rio de Janeiro: Record, 1969.

HAINES, Gerald K. *The americanization of Brazil: a study of U.S. cold war diplomacy in the third world, 1945-1954*. Wilmington, Del.: Scholarly Resources Imprint, 1989.

HEGEL, Georg W. F. Vorlesungen über die Philosophie der Weltgeschichte. In: _____. *Die Vernunft in der Geschichte*. Hamburg: Felix Mainer Verlag, 1994, Band 1.

IANNI, Octávio. *Política e revolução social no Brasil*. Rio de Janeiro: Civilização Brasileira, 1965.

IONESCU, Guita; GELLNER, Ernst (Comp.). *Populismo: sus significados y características nacionales*. Buenos Aires: Amorrortu, 1970.

JULIÃO, Francisco. *Que são as Ligas Camponesas?* Rio de Janeiro: Civilização Brasileira, 1962.

JUREMA, Abelardo. *Sexta-feira, 13: os últimos dias do governo João Goulart.* 3.ed. Rio de Janeiro: O Cruzeiro, 1964.

KENNEDY, John F. *Public papers.* Washington, DC: Government Printing Office, 1962.

KENNEDY, Robert. *O desafio da América Latina.* Rio de Janeiro: Laudes [s.d.].

KOPSCH, Uwe. *Die Rolle und Aktivität der Sozialistichen Internationale und ihrer Mitgliedsorganisationen in Lateinamerika seit 1976.* Hamburg: Institut für Iberoamerika-Kunde, 1982. (Verbund der Stiftung Deutsches Übersee Institut.)

LACERDA, Carlos. *Carlos Lacerda 10 anos depois.* Rio de Janeiro: Nova Fronteira, 1987.

LACERDA, Cláudio. *Depoimento.* Rio de Janeiro: Nova Fronteira, 1977.

LACERDA, Maurício de. A evolução legislativa do Direito Social Brasileiro. Rio de Janeiro: Nova Fronteira, 1980.

LANGGUTH, A. J. *A face oculta do terror: a verdade sobre as operações policiais dos EUA no Brasil e no Uruguai.* Rio de Janeiro: Civilização Brasileira, 1978.

LEACOCK, Ruth. *Requiem for revolution: the United States and Brazil, 1961--1969.* Kent, Ohio: Kent State University Press, 1990.

LEVINSON, Jerome; ONIS, Juan de. *The alliance that lost its way: a critical report on the Alliance for Progress.* [s.n.] 1972. (Twentieth Century Fund Study.)

LIMA, Hermes. *Travessia: memórias.* Rio de Janeiro: J. Olympio, 1974.

MAC RAE, Donald. El populismo como ideologia. In: IONESCU, Ghita; GELLNER, Ernst (Comp.). *Populismo: sus significados y caracteristicas.* Buenos Aires: Amorrortu, 1970.

MAGALHÃES, Juracy. *Minhas memórias provisórias: depoimento prestado ao CPDOC.* Rio de Janeiro: Civilização Brasileira, 1982.

MAGALHÃES, Sérgio. *Problemas do desenvolvimento econômico.* Rio de Janeiro: Civilização Brasileira, 1960.

MAIA NETO, João. *Brasil: guerra quente na América Latina.* Rio de Janeiro: Civilização Brasileira, 1965.

MARTINS, Mário. *Em nossos dias de intolerância.* Rio de Janeiro: Tempo Brasileiro, 1965.

MARX, Karl. Der achtzehnte Brumaire des Louis Bonaparte. In: _____; ENGELS, Friedrich. *Werke.* Berlim: Dietz Verlag, 1982. Band 8.

MARX, Karl; ENGELS, Friedrich. *Werke.* Berlin: Dietz Verlag, 1977. Band 22.

MATHEWS, Herbert L. *Diplomatic relations: the American Assembly, the United States and Latin America.* New York: Columbia University; Englewood Cliffs: Prentice Hall, 1969.

McSHERRY, J. Patrice. *Predatory states: Operation Condor and covert war in Latin America.* Oxford: Rownan & Littlefield Publishers, Inc., 2005.

MELLO BASTOS, Paulo de. *Salvo conduto. Um voo na história.* 2.ed. Rio de Janeiro: Família Mello Bastos, 2003.

MELLO BASTOS, Paulo de. *A caixa-preta do golpe de 64. A república sindicalista que não houve.* Rio de Janeiro: Família Mello Bastos, 2006.

MELO FRANCO, Afonso Arinos de. *O planalto: memórias.* Rio de Janeiro: J. Olympio, 1968.

MIR, Luís. *A revolução impossível: a esquerda e a luta armada no Brasil.* São Paulo: Best Seller, 1994.

MONIZ, Edmundo. *O golpe de abril.* Rio de Janeiro: Civilização Brasileira, 1965.

MONIZ, Heitor. *João Goulart e a crise institucional, 1961-1964.* Rio de Janeiro: Nova Época, 1983.

MONIZ BANDEIRA, Luiz Alberto. *O 24 de agosto de Jânio Quadros.* Rio de Janeiro: Melso, 1961.

MONIZ BANDEIRA, Luiz Alberto. *O caminho da revolução brasileira.* Rio de Janeiro: Melso, 1962.

MONIZ BANDEIRA, Luiz Alberto. *Presença dos EUA no Brasil – Dois séculos de história.* Rio de Janeiro: Civilização Brasileira, 1973.

MONIZ BANDEIRA, Luiz Alberto. *Cartéis e desnacionalização.* Rio de Janeiro: Civilização Brasileira, 1975.

MONIZ BANDEIRA, Luiz Alberto. *Estado nacional e política internacional na América Latina: o continente nas relações Argentina-Brasil, 1930-1992.* 2.ed. São Paulo: Ensaio; Brasília: UnB, 1995.

MONIZ BANDEIRA, Luiz Alberto. *De Marti a Fidel: a revolução e a América Latina.* Rio de Janeiro: Civilização Brasileira, 1998.

MONIZ BANDEIRA, Luiz Alberto. *Relações Brasil-EUA no contexto da globalização: rivalidade emergente.* 2.ed. revista e ampliada, v.2, São Paulo: SENAC, 1999.

MONIZ BANDEIRA, Luiz Alberto. *O feudo: a casa da torre de Garcia d'Ávila – Da conquista dos sertões à independência do Brasil.* Rio de Janeiro: Civilização Brasileira, 2000.

MONIZ BANDEIRA, Luiz Alberto. *Fórmula para o caos – A derrubada de Salvador Allende (1970-1973).* Rio de Janeiro: Civilização Brasileira, 2008.

MONIZ BANDEIRA, Luiz Alberto; MELO, Clóvis; ANDRADE, A. T. *O ano vermelho. A revolução russa e seus reflexos no Brasil.* Rio de Janeiro: Civilização Brasileira, 1967.

MORAES, Denis. *A esquerda e o golpe de 64.* Rio de Janeiro: Espaço e Tempo, 1989.

MORAES NETO, Geneton. *Dossiê Brasil: as histórias por trás da história recente do país.* Rio de Janeiro: Objetiva, 1997.

MORAIS, Fernando. *Chatô: O rei do Brasil – A vida de Assis Chateaubriand (1891-1968).* São Paulo: Companhia das Letras, 1994.

MOURA, Aristóteles. *Capitais estrangeiros no Brasil.* 2.ed. São Paulo: Brasiliense, 1960.

NEIVA MOREIRA, José. *O pilão da madrugada: um depoimento a José Louzeiro.* Rio de Janeiro: Terceiro Mundo, 1989.

NOHLEN, Dieter. *Sistemas electorales del mundo.* Madri: Centro de Estudios Constitucionales [s.d.].

OTERO, Jorge. *João Goulart – Lembranças do exílio.* Rio de Janeiro: Casa Jorge Editorial, 2001.

PAGE, Joseph A. *The revolution that never was: Northeast Brazil, 1955-1964.* New York: Grossman, 1972.

PARKER, Phyllis R. *1964: o papel dos Estados Unidos no golpe de Estado de 31 de março.* Rio de Janeiro: Civilização Brasileira, 1977.

PERDIGÃO, José Mária dos Reis. *O socialismo róseo do major.* São Luís, 1933.

PIGNATON, Álvaro A. G. *Capital estrangeiro e expansão industrial no Brasil.* Brasília: Departamento de Economia da UnB, 1973. (Mimeogr.)

PINHEIRO, Luiz Adolfo. *A república dos golpes: de Jânio a Sarney.* São Paulo: Best Seller, 1993.

PINTO, Bilac. *Guerra revolucionária.* Rio de Janeiro: Forense, 1964.

PIO CORRÊA, Manuel. *O mundo em que vivi.* Rio de Janeiro: Expressão e Cultura, 1994.

PLANK, John (Ed.). *Cuba e os Estados Unidos.* Rio de Janeiro: O Cruzeiro, 1968.

POULANTZAS, Nicos. *Fascismo y dictadura.* México: Siglo Veintiuno, 1970.

PRESTES, Luiz Carlos. Manifesto (maio de 1930). In: BASTOS, A. *Prestes e a revolução social.* Rio de Janeiro: Editorial Calvino, 1946.

QUADROS, Jânio; MELO FRANCO, Afonso Arinos de. *História do povo brasileiro.* São Paulo: J. Quadros Ed. Culturais, 1967. v.6.

RABE, Stephen G. *The most dangerous area in the world: confronts communist revolution in Latin America.* Chapel Hill, NC: University of North Carolina Press, 1999.

RAMOS, Plínio de Abreu. *Brasil, 11 de novembro.* Rio de Janeiro: Fulgor, 1960.

REALI Jr., Elpídio; CARTA, Gianni. *Reali Jr.: As Margens do Sena –Depoimento a Gianni Carta.* Rio de Janeiro: Ediouro, 2007.

RIBEIRO, Darcy. *El dilema de América Latina: estrutucturas del poder y fuerzas insurgentes.* 2.ed. México: Siglo XXI, 1973.

ROCHA BARROS, Alberto da. *Origens e evolução da legislação trabalhista.* Rio de Janeiro: Laemmert, 1969.

RODRIGUES, Edgar. *Nacionalismo e cultura social.* Rio de Janeiro: Laemmert, 1972.

ROLLEMBERG, Denise. *O apoio de Cuba à luta armada no Brasil. O treinamento guerrilheiro.* Rio de Janeiro: Mauad, 2001.

ROLLEMBERG, Denise. *Exílio. Entre raízes e radares.* Rio de Janeiro: Record, 1999.

RYAN, Henry Butterfield. *The fall of Che Guevara.* New York: Oxford University Press, 1998.

SCHLESINGER JR., Arthur. *Mil dias: John Fitzgerald Kennedy na Casa Branca.* Rio de Janeiro: Civilização Brasileira, 1966. v.2.

SCHMIDT, Augusto Frederico. *Prelúdio à revolução.* Rio de Janeiro: do Val, 1964.

SCHMITTER, Philippe C. *Interest conflict and political change in Brazil.* Stanford, CA: Stanford University Press, 1971.

SCHNEIDER, Ronald M. *The political system of Brazil: emergence of a "modernizing" regime, 1964-1970.* New York: Columbia University Press, 1971.

SCHOULTZ, Lars. *Beneath the United States: a history of the U.S. policy toward Latin America.* Cambridge, Mass.: Harvard University Press, 1999.

SHAKESPEARE, William. *The complete works.* New York: Gramercy Books, 1975.

SILVA, Hélio. *1935: a revolta vermelha; o ciclo de Vargas.* Rio de Janeiro: Civilização Brasileira, 1969.

SILVA, Hélio. *1926: a grande marcha.* 2.ed. Rio de Janeiro: Civilização Brasileira, 1971.

SILVA, Hélio. *1964: golpe ou contragolpe?* Rio de Janeiro: Civilização Brasileira, 1975.

SILVA, Hélio. *Por que depuseram Vargas.* Rio de Janeiro: Civilização Brasileira, 1976.

SILVA, José Wilson. *O tenente vermelho.* Porto Alegre: Tché, 1987.

SIMÃO, Azis. *Sindicato e Estado.* São Paulo: Dominus, 1966.

SKIDMORE, Thomas E. *Politics in Brazil: 1930-1964.* New York: Oxford University Press, 1967.

SOARES, Glaucio Ary Dillon. *Sociedade e política no Brasil.* São Paulo: Difusão Europeia do Livro, 1973.

SODRÉ, Nelson Werneck de. *Memórias de um soldado*. Rio de Janeiro: Civilização Brasileira, 1967.

SODRÉ, Nelson Werneck. *História militar do Brasil*. Rio de Janeiro: Civilização Brasileira, 1968.

SODRÉ, Nelson Werneck. *A fúria de Calibã: memórias do golpe de 64*. Rio de Janeiro: Bertrand-Brasil, 1994.

SOUZA, Maria do Carmo Campelo de. *Estado e partidos políticos no Brasil: 1930-1964*. São Paulo: Alfa-Omega, 1976.

STACCHINI, José. *Março 64: a mobilização da audácia*. São Paulo: Cia. Ed. Nacional, 1965.

STEPAN, Alfred (Ed.). *The military in politics: changing patterns in Brazil*. Princeton, NJ: Princeton University Press, 1971.

STEPAN, Alfred (Ed.). *Authoritarian Brazil: origins, policies, and future*. New Haven: Yale University Press, 1973.

SZATKOSKI, Elenice. *Os Grupos dos Onze – Uma insurreição reprimida*. Passo Fundo (RS): Editora Universitária – Universidade de Passo Fundo, 2003.

SZULC, Tad. Exportação da revolução cubana. In: PLANK, John (Ed.). *Cuba e os Estados Unidos*. Rio de Janeiro: O Cruzeiro, 1968.

TALMA, João de. *Da Fornalha de Nabucodonosor*. Buenos Aires: [s.e.], 1926.

TAVARES, Flávio. *Memórias do esquecimento – Os segredos dos porões da ditadura*. Rio de Janeiro: Record, 2005.

TOLEDO, Caio Navarro de (Org.). *1964: visões críticas. Democracia e reformas no populismo*. Campinas: UNICAMP, 1997.

TROTSKY, Leon. *Revolução e contrarrevolução*. Lisboa: Centro do Livro Brasileiro, [s.d.].

VIANA FILHO, Luiz. *Dias que mudaram o Brasil*. Brasília: [s.n.] 1986.

VIANA FILHO, Luiz. *O governo Castelo Branco*. 2.ed. Rio de Janeiro: J. Olympio, 1975.

VIANNA, Luiz Werneck. *Liberalismo e sindicato no Brasil*. 2.ed. Rio de Janeiro: Paz e Terra, 1978.

VINHAS, Maurício. *Estudos sobre o proletariado brasileiro*. Rio de Janeiro: Civilização Brasileira, 1970.

WAINER, Samuel. *Minha razão de viver: memórias de um repórter*. 4.ed. Rio de Janeiro: Record, 1988.

WALTERS, Vernon A. *Silent missions*. New York: Doubleday, 1978.

WEFFORT, Francisco C. Política de massas. In: IANNI, Octávio. *Política e revolução social no Brasil*. Rio de Janeiro: Civilização Brasileira, 1965.

WEIS, W. Michael. *Cold warriors & coups d'état: Brazilian-American relations, 1945-1964*. Novo México: University of New Mexico Press, 1993.

WESSON, Robert. *The United States and Brazil: limits of influence*. New York: Praeger, 1981.

ÍNDICE ONOMÁSTICO

A

Affonso, Almino Monteiro Álvares, 81, 127, 129-30, 148, 199, 210, 220-2, 409, 411-2

Agee, Philip, 189, 184, 430-1

Aggar, Arthur John, 277

Agripino, João, 121-2, 150, 221

Aguiar, Altivo, 358

Alaniz, Adolfo Wassen, 396

Alarcón Ramírez, Dariel, 381

Alexandre, Francisco, 94

Alkimin, José Maria, 336

Allende, Salvador, 19, 59-61, 65, 189n.1, 391, 393, 450n.58

Allende, Sofia, 65

Almeida, Edson Oliveira de, 455

Almeida, Hélio de, 216

Almeida, Miguel Osório de, 295

Almeida, Rômulo, 148, 162

Almeida, Rui Gomes de, 179n.14

Alves, Mário, 42, 44

Alves, Nelson de Sousa, 246

Alves, Osvino Ferreira, 82, 174, 178, 217, 247, 262, 274, 362

Alves, Roberto, 393, 461

Alves Bastos, Justino, 352, 362-3, 367-9

Amaral Neto, Fidelis dos Santos, 189

Amaral, José Oswaldo Campos do, 333

Âncora, Armando de Moraes, 323, 343-5

Andrada, Antônio Carlos de, 95

Andrade, Armindo Doutel de, 59, 80-1, 266, 351-2

Andrade, Auro Moura, 73, 170-1n.14, 174, 358, 351

Anselmo, Cabo. Ver Santos, José Anselmo dos

Aragão, Antônio Ferrão Moniz de, 42

Aragão, Augusto Cezar de Castro Moniz de, 82, 363, 389

Aragão, Cândido, 327-8

Aragão, João Batista Moniz Barreto de, 444, 457

Aramburu, Pedro Eugenio, 138

Aranovich, Marcela, 394, 397-8

Araújo, Carlos Franklin Paixão de, 35, 44

Araújo Castro, João Augusto de, 297-300

Araújo, Murilo, 86

Arbilla, Danilo, 26

Archer, Renato, 81, 159, 270, 307, 342, 370-1

Arma. Ver Walters, Vernon

Arraes, Miguel, 68n.48, 183-5, 190, 217, 219, 230, 247, 254, 265, 272, 307, 317, 352, 370, 375, 440n.34

Assis Brasil, Argemiro de, 82, 337, 351

Assis Chateaubriand, Francisco de, 364, 366

Avenarius, Richard, 83
Ayoroa, Juan, 391
Azevedo, Maria Madalena Lacerda. Ver
Costa, Ana Barreto

B

Bakunin, Mikhail, 85
Balbino, Antônio, 81, 212
Baleeiro, Januário, 365
Bandeira Ryff, Beatriz, 12n1, 56-7n.37
Banzer, Hugo, 391n.7
Barba Roja. Ver Piñero, Manuel
Barbato, João Gentil, 180
Barbosa, José, 387n.58
Barbosa, Mário Gibson, 435
Barbosa, Rui, 86
Barreiro Neira, Mario Ronald, 429-30, 454
Barros, Adhemar de, 135-6, 180, 218,
253n.42, 254, 259, 281-2, 285-, 288, 33,
355 362-3, 366-9
Barros, Alberto da Rocha, 104n.79
Barros, João Alberto Lins de, 88
Barrot, Odilon, 41
Bastos, Aurélio Wander, 393
Batista, Eliézer, 201, 212
Bell, David, 228
Bell, Ray E., 291
Benchmol, Ana, 255
Berle Jr., Adolf, 119-21
Bernardes, Arthur, 89-91
Bernardes, Carlos Alfredo, 155
Bernstein, Eduard, 83
Bethlem, Hugo, 291
Betinho. Ver Souza, Herbert de
Bevilacqua, Pery Constant, 170, 213-4, 242,
270, 274, 297, 299-300 304, 308, 341
Beyerle, Konrad, 112n.1
Bilac Pinto, Olavo, 293, 299, 304-5, 310
Bittencourt, Niomar Moniz Sodré, 262
Blanco, Juan Carlos, 403
Bocaiúva Cunha, Luís Fernando, 81, 262
Bonilla, Raúl Cepero, 43-4n.17
Bordaberry, Juan Maria, 396
Borer, Cecil, 137, 256, 263, 322

Borer, Charles, 263
Borges, Gustavo, 263, 264
Borges, Mauro, 125
Borghi, Hugo, 131
Botelho, Anísio, 80, 258, 339n.37
Bottai, Giuseppe, 99
Braga, Cláudio, 35, 79, 367, 390-1, 393-4,
398-9, 405, 407-9, 412, 443-7
Braga, Nei, 329
Bragança, José Lopes, 329n.63
Brandi, Antônio, 136
Brandt, Willy, 58n.38, 388
Brant, Vinícius Caldeira, 378
Bravo, Douglas, 377
Breitweiser, Robert A., 332
Brizola, Leonel, 18-35, 41, 47, 50-1, 54-5,
57-64, 81, 125-6, 130, 160-2, 168, 172,
187, 190, 199, 201-5, 222, 225, 228-32,
250-2, 260-5, 291, 294, 307, 309, 311, 314,
317, 333, 347, 349-50, 355, 358, 361-2,
370-2, 375-88, 401-2, 405, 424, 431, 434-
5, 437, 447-9
Brizola, Neuza Goulart,22n.9, 55, 59-60,
126n.37, 291n.55, 402
Brizola Rota, Francisca, 405
Brochado da Rocha, Francisco, 168-70
Brossard, Paulo, 58n.38
Brown, George S., 331
Brugueras, Miguel, 375
Brum, Hugo Linares, 21
Brzezinski, Zbigniew, 28
Bulhões, Octávio Gouveia de, 359
Byington Jr., Alberto, 70, 256, 309, 328

C

Cabanas, João, 96
Cabot, John Moors, 119-21
Cabral, Jurandir Palma, 180
Caetano, Marcelo, 62n.42
Café Filho, João, 113, 117, 136, 240
Caillard, Eugenio, 339n.36
Calafange, Márcio, 391n.8
Caldas, José Pérez, 396n.26
Camargo, Alberto Lleras, 199, 419

Camargo, Carlos Argemiro, 371
Camargo, Sílvio, 113n.5
Cameiro, Lauro, 80
Campos, Francisco, 348
Campos, Geniberto Paiva, 453
Campos, Milton, 136n.32
Campos, Roberto de Oliveira, 193, 201, 207, 214-5, 227, 248-9, 252
Canessa, Fany, 447
Capanema, Gustavo, 175
Capitani, Avelino, 383
Capitão Adonis. Ver Milles Golugoss, Carlos
Cardoso, Adauto Lúcio, 169n.21
Cardoso, Fernando Henrique, 53, 59, 81, 391n.8
Carneiro, Josias, 93
Carter, James Earl, 19, 21, 22n.9, 27-9, 33-4, 60, 64, 67
Carter, Jimmy. Ver Carter, James Earl
Carvalheiro, Manuel, 35
Carvalho, Amaro Luís de, 43
Carvalho, Joaquim Barradas de, 61-2n.43
Carvalho, Lélio, 379
Carvalho Pinto, Carlos Alberto, 79, 149, 182, 231, 236-7, 249, 290, 291-2, 294
Cascardo, Hercolino, 96
Casella, Tomás, 447
Castelo Branco, Humberto de Alencar, 45, 49, 75-6, 248, 270, 285, 291, 318-9, 324-7, 329, 333-4, 349, 353-4, 356-66, 386, 416
Castro, Fidel, 42, 122, 154, 192, 249, 271, 376-80, 381-4, 417
Castro, Raúl, 382
Castro, Regina de, 44
Castro, Tarzan de, 43-4n.17
Castro, Valter dos Santos, 254
Cavalcanti, Francisco Boaventura, 260
Cavalcanti, Luis, 250
Cavalcanti, Sandra, 264
Cavalcanti, Tenório, 334
Ceglia, Carlos, 35
Celestino, Paulo de Tarso, 322
Celi, Medina, 317

Cerqueira, Benedito,180
Che Guevara, Ernesto. Ver Guevara, Ernesto
Cheek, James R., 24, 27-8
Chuahy, Eduardo, 35, 82, 325n.30, 363
Church, Frank, 210
Cintra, José Pinheiro de Ulhoa, 328
Clark, Mark, 265, 285
Clayton, 19
Clipton.Ver Clayton
Coelho, Dario, 255
Coelho, Marco Antônio, 262, 287
Collor, Lindolfo, 96
Colussi, Joana, 429
Conrado, Oscar, 454-5
Contreras Sepúlveda, Manuel, 66-8, 446n.59
Cooke, John William, 43
Corbusier, Roland, 262
Cordeiro de Farias, Oswaldo, 227, 291
Cordeiro, Cristiano, 93n.36
Cordero, Mestre, 137
Corrêa Jr, Manoel Pio, 358, 360 -1
Corrêa, Gelcy Rodrigues, 229, 387
Correia, Hércules, 246
Corseuil, Ivo Acioly, 82, 324-5, 327n.35
Costa e Silva, Álcio da, 255
Costa e Silva, Arthur da, 169, 352, 362-4, 366, 368, 370, 389
Costa, Álvaro Ribeiro da, 360
Costa, Ana Barreto, 247n.35
Costa, José Raimundo da, 322n.33
Costa, Miguel, 92, 103
Couto e Silva, Golbery do, 175, 291
Crespo, Paulo, 179
Cunha, João, 58n.38
Cunha, Pedro da, 96

D

Daudt, Alfredo Ribeiro, 358
Daudt, Pedro, 375n.17
Davalos, Alejandro Fretes, 66
Dean, Robert, 345
Debray, Regis, 376, 380, 382

Denys, Odylio, 80, 123, 138, 150, 214, 249, 292, 329, 333
Derian, Patricia M., 28
Dias Lopes, Isidoro, 87-8
Dias, Everardo, 87, 98
Dillon, Douglas, 119-21
Dória, João de Seixas, 81, 250
Dornelles, Ernesto, 147
Drapper, William H., 269, 417
Dulles, Allen, 122
Dutra, Eloy, 180
Dutra, Eurico Gaspar, 65, 110, 114, 120, 131, 201, 218n.39, 331n.58
Duvalier, François, 119n.16

E

Eisenhower, Dwight, 271, 417
Ellis, Ary Abrahão, 263
Espinoza, Juan, 444
Eustachio, Graciela, 448

F

Fadul, Wilson, 35, 79, 127, 233, 238, 347-8, 363, 368, 371
Falcão, Armando, 31-2, 218, 435
Falcão, Francisco, 250
Faria, Hugo de, 79, 317
Fernandes, Florestan, 391n.8
Ferrari, Ricardo Rafael, 413, 440
Ferraz, Otávio Marcondes, 239
Ferreira, Amadeu Felipe da Luz, 380
Ferreira, Joaquim Câmara, 381
Ferreira, Joaquim Miguel Vieira, 137
Ferreira, José Medeiros, 62
Ferreira, Rogê, 345
Ferreira Aldunate, Wilson, 32, 62, 394n.19
Fiel Filho, Manuel, 458
Figueiredo, João Batista de Oliveira, 66, 391, 410
Figueiredo, João Batista Leopoldo, 176
Fleury, Sérgio Paranhos, 322, 424, 427, 433-4
Foch Díaz, Enrique, 412n.23, 442-7, 455-8

Fontella, João José, 57, 79
Fontella, Maria Tereza, 139
Ford Jr., Edwin D., 222
Freire, Americano, 239n.67
Freire, Marcos, 58n.38
Freitas, Ayrton Salgueiro de, 291
Fremont, professor, 442, 437, 459
Frondizi, Arturo, 42, 73, 281
Frota, Sylvio, 28n.29, 29-34, 61, 63, 414, 417-8
Fugimore, Yoshitame, 322
Furtado, Celso, 80, 160, 206, 216-7

G

Galdão, Araken, 383
Galhardo, Benjamin, 339
Galván, Rafael Barla, 445, 448
Galvão, Nei, 79, 288, 318
Galvão, Paulo de Sales, 254
Gama e Silva, Luís Antônio da, 371
Gama, Reinaldo Saldanha da, 255
Garcia Filho, Antônio, 245
Garcia, Roberto, 18, 27, 30, 35, 59
Garland, Paul Griffin, 235n.68
Gasparian, Fernando, 58n.38
Gaulle, Charles de, 73, 228
Geisel, Ernesto, 29-34, 53, 61, 63, 360, 372, 387, 413, 424, 427, 433-6, 458
Germano, Reginaldo, 441
Gertstein, Hélio, 257
Gianelli, Daniel, 26
Gilberto, João, 58n.38
Giovaneti, Gilberto, 247n.35
Gomes, Eduardo, 295-6
Gomes, João Varela, 62
Gonçalves, Laudemar, 35
Gordo. Ver Celestino, Paulo de Tarso
Gordon, Lincoln, 38, 69-76, 150n.9, 155, 170, 177-8, 181-2, 190-1, 197, 200, 228n.37, 235, 282-3, 286, 291, 294, 296, 298, 306, 317, 319, 324-8, 331-2, 335-6, 345, 353, 418-9, 421

Goulart, Denize Fontella, 56n.37, 401, 446-7n.47, 448, 450n.56, 452
Goulart, João Vicente, 56, 392, 396, 406n.1, 423, 438n.38, 442n.47, 455n.82
Goulart, Maria Tereza, 56n.37, 57, 143, 400, 415-7, 444-50, 452, 460-1, 463
Goulart, Maurício, 105
Goulart, Vicente Rodrigues, 131
Greenhalgh, Luiz Eduardo, 251n.35
Groff, Danilo, 444
Gromiko, Andrey, 271
Grossman, Major, 259
Groth, Vilhelm, 112n.1
Grünwald, Augusto Rademaker, 348
Guaragna, João Carlos, 19, 57, 405
Guariba, Eleni, 322n.33
Guedes, Carlos Luís, 296, 333, 340
Guedes, Paulo Pinto, 82
Guevara, Ernesto, 43-4, 380n.19, 383-6n.43, 388
Guimarães, Alencastro, 106
Guimarães, Josué, 398
Guimarães, Milton Barbosa, 341
Guimarães, Ruy de Freitas, 263n.47
Gurevich, Flora, 436n.35

H

Harnecker, Marta, 379n.16
Hasslocher, Ivan, 181, 185
Heber, Cecilia Fontana de, 438n.32
Heck, Sílvio, 39-40, 82, 125, 154, 218, 253, 259, 282, 307
Helou, Farid, 382n.42
Herrera, Heitor de Almeida, 179
Herzog, Vladimir, 462
Hitler, Adolf, 99
Horne, Ary R. Carrasco, 435n.33
Horta, Oscar Pedro, 121-2

I

Isecksohn, Isaac, 85-6, 96, 98
Isler, Henry, 93

J

Jagan, Cheddi, 265
Jardim, Paulo César Caldas, 430n.9
Jatene, Adib, 408
Jaurès, Jean Léon, 85
Jobim, Danton, 95n.36
Joffily, José, 266
Johnson, Lyndon B., 47, 285, 288, 339, 349, 351, 357, 425
Julião Arruda de Paula, Francisco, 43n.16, 44, 183, 272, 383
Jurema, Abelardo, 267, 311

K

Kennedy, Edward, 28-9, 407, 409
Kennedy, John, 32n.44, 33, 45, 75, 124, 129, 156, 158, 159n.20, 162-4, 189-90, 192-4, 199-200, 202-5, 227-8, 232, 245-6, 273, 275, 277-9, 283-5, 308, 342-3n.36, 413, 421-3, 425
Kennedy, Robert, 201, 206-7
Kennedy, Ted, 412-3n.10
Korry, Edward, 417
Kouri, Raul Roa, 43n.17
Kropotkin, Piotr, 85
Kruel, Carlos Amaury, 82, 137n.24, 172, 174, 216-9, 225n.1, 228, 231, 259, 288, 341, 343, 362-3, 366-9
Kruschev, Nikita, 45
Kubitschek, Juscelino, 65-9, 115-20, 138-40, 143-5, 147, 151, 162, 167, 203-4, 213-4, 219, 225, 244, 290n.50, 311-2, 340-1, 365, 370-1, 375, 388-9, 403, 423, 462

L

Lacerda, Carlos, 66, 82, 114, 124-5, 137-8, 140, 154, 162n.33, 179, 200, 217-8, 228, 231, 258-9, 262-8, 281, 283, 285-6, 288-90, 310, 325, 357, 333, 336, 338, 346, 355n.2, 365n.24, 370-2, 375, 388-9, 423n.7, 462

Lacerda, Maurício de, 90
Lago, Antônio Corrêa do, 21
Lapeyre, Gonzalo, 402
Laurido, Juan Carlos, 407
Lavareda, Antônio, 351
Leães, Manuel Soares, 361n.14, 413-4
Lecueder, Carlos, 446-7n.47, 450n.56
León, Eva de, 441, 443
Letelier, Orlando, 19, 60, 66-7, 450n.58
Levy, Herbert, 181, 349
Lima Filho, Oswaldo, 347
Lima, Francisco Negrão de, 361
Lima, Hermes, 81, 149, 174-5n.37, 177, 195, 210, 298
Lima, Luís Gomes de, 258
Lima, Pedro Mota, 95n.36
Lima, Rui Moreira, 82, 342
Lima, Valdomiro Castilho de, 102
Lins, José Luiz Magalhães, 177
Lins e Silva, Evandro, 83, 245
Lopes, Antonio Meirelles. Ver Barreiro Neira, Mário Ronald
Lopes, José Machado, 125
Lopes, Lucas, 139n.40, 144-5, 147, 154n.9
Lopetegui, Rosa, 376n.4
Lott, Henrique Teixiera, 115n.6, 119, 150
Luís Pereira de Sousa, Washington, 93-5
Luz, Carlos, 115n.6
Lyra, Fernando, 58n.38

M

Machado, Donato Fereira, 247n.19-20, 345n.43
MacRae, Donald, 134
Madrid, Alejandro, 451n.59
Mafra, Abelardo, 82, 264
Magalhães Pinto, José, 46, 82, 153, 173, 174n.33, 177, 247, 285-9, 291, 296, 333-4, 337-8, 340, 342, 365n.24, 418
Magalhães, Ivo, 376n.6, 393, 406n.48, 446-7n.47, 449-51
Magalhães, Juraci, 153, 296
Magalhães, Luís Felipe, 444
Magalhães, Mário, 326

Magalhães, Sérgio, 37-8, 79, 83, 148, 153, 199, 266, 284
Malfussi, 137
Mangabeira, João, 110, 206
Mangabeira, Otávio, 103
Mann, Thomas, 285-6, 351
Marcondes Filho, Alexandre, 107
Maria. Ver Guariba, Eleni
Mariani, Clemente, 121
Marighella, Carlos, 385
Marinho, Roberto, 362
Marini, Rui Mauro de Araújo, 47n.20, 49-50, 379-80n.18, 386-7n.46
Marques, Jarbas Pereira, 326n.33
Marques, Manuel Pedroso, 62
Martin, Edwin M., 199
Martínez, Maria Estela, 394-5, 398n.19, 401n.29
Martinez, Zoé, 133
Martins, Ivanhoé Gonçalves, 259
Marzagão, Augusto, 178
Mattar, Tuffik, 22
Mattos, Jorge Behring de, 313
Maurell Filho, Emílio, 139
McCone, John, 331
McGarr, Lionel, 277
McLean, Douglas, 187
McNamara, Robert, 331
McSherry, J. Patrice, 26-7, 30, 66n.46
Médici, Emílio Garrastazu, 51, 389-91, 395n.7, 440
Mein, John Gordon, 299
Mello Bastos, Paulo de, 35, 250n.29, 326
Mello, Ednardo d'Ávila, 462
Mello, Luis da Cunha, 341
Melo Franco, Afonso Arinos de, 138-9n.33, 192n.7, 285n.32, 288, 334, 342
Melo, Antonio, 183
Melo, Clóvis, 51
Melo, Francisco Correia de, 352
Melo, Humberto, 395n.7
Melo, Nelson de, 173, 218, 296
Melo, Plínio, 95
Mendes, João, 179n.14
Méndez, Aparício, 33, 407

Mendieta, Ricardo Anacleto Ruiz, 426, 433n.30, 448-9, 451-2
Mendonça, João, 254
Menegheti, Ildo, 329
Mesquita Filho, Júlio de, 254, 283, 288
Michelini, Zelmar, 24, 30, 63n.44, 65, 69, 395, 398-9, 411, 441
Milles Golugoss, Carlos, 431, 443-4, 453, 456
Mintegui, Juan Alonso, 23, 446-7, 458, 460
Mirza, Wilson, 440n.34
Mitrione, Dan, 253
Moffit, Ronni, 66
Moisés. Ver Costa, José Raimundo da
Moniz, Edmundo, 35, 83, 363, 368, 371, 401-2
Monteiro, Edmundo, 363-4
Monteiro, José Carlos Brandão, 46
Monteiro, Pedro Aurélio de Góes, 97-8, 103
Moraes Neto, Geneton, 76, 414n.13
Moraes, Clodomir, 44, 386-7n.46
Moraes, Evaristo de, 96, 98
Moraes, João Manuel Tito de, 62n.43
Moraes, Manuel Alfredo Tito de, 62n.43
Morrison, Lesseps, 275
Moss, Gabriel Grun, 125, 154
Mota e Silva, Álvaro Alberto da, 114n.1
Mota, Juarez, 35, 288n.43, 338
Mota, Sílvio, 262, 324, 324, 327
Mourão Filho, Olympio, 47, 218-9, 310, 333, 337, 340-5, 363
Mourthé, Arnaldo, 49-50, 379-80n.18, 386-7n.46
Murici, Antônio Carlos, 359
Mussolini, Benito, 89-90, 96, 101

N
Nadvorny, Mauro, 433-6
Nascimento, Manoel Lopes, 258
Natel, Laudo, 369n.35
Nazareth, Agripino, 96, 98
Neiva Moreira, José, 250, 314, 362, 372, 381-2, 383n.30, 387
Neri da Silveira, José, 455-6

Nery, Oswaldo, 139n.38
Neves, Francisco Castro, 39
Neves, Tancredo, 40, 81, 129, 137n.23, 152-4, 160, 170, 172, 333n.63, 347, 348n.60
Nixon, Richard, 159n.19, 259n.13
Nydorf, N., 222

O
O'Daniel, John W., 281
O'Meara, Andrew P., 281
Okun, Herbert S., 330
Oliveira Brito, Antônio Ferreira de, 227
Oliveira, Armando Sales de, 105
Oliveira, Francisco José de, 83, 183
Oliveira, Iris Lustosa de, 25
Oliveira, José Aparecido de, 83, 184
Oliveira, José Geraldo de, 333
Oliveira, José Medeiros de, 49
Oliveira, Nestor Peixoto de, 86, 96, 98
Oropeza, José Herrera, 67
Ortega, Augustín, 24
Ortiz, Miguel Angel Zavalla, 424
Osório Filho, Frutuoso, 183n.31, 185
Osório, Jefferson Cardim de Alencar, 375-6
Osório, Oromar, 125
Oswald, Lee, 284
Otero, Jorge, 58n.38, 397-8n.16, 401, 403-4
Otero, Raúl Leoni, 381

P
Pacheco, Oswaldo, 171n.15, 253
Paiva, Glycon de, 179
Paiva, Rubens, 148n.19, 184
Palhano, Aloísio, 326n.33
Pascale, Graziano, 26
Pasqualini, Alberto, 107, 110
Passos, Gabriel, 83, 154, 293
Passos, Julio Vieira, 416
Paulo VI, 245, 413
Paz, Alberto Gainza, 137
Peixoto, Alzira Vargas do Amaral, 13n.1
Peixoto, Celina Vargas do Amaral, 56
Peixoto, Ernani Amaral, 109, 145, 147n.14

Pelacani, Dante, 171n.15, 183
Pena Marinho, Ilmar, 197-9
Penalvo, Percy, 446-7
Pereira, Armando Temperani, 148n.19
Pereira, Astrogildo, 87
Pereira, Carlos Olavo da Cunha, 21, 23, 25, 27, 33, 57-9, 446
Pereira, Odil Rubin, 461
Pereira, Osmani, 68-9
Pereira, Osny Duarte, 81
Pereira, Paulo Octavio Alves, 68-9
Pereira, Roberto, 36
Perez Caldas, José, 400n.26
Perez, Carlos André, 391-2
Perón, Isabel. Ver Martinez, Maria Estela
Perón, Juan Domingo, 133-4, 137, 140, 309, 393-5, 440n.34
Perossio, Pablo, 411
Peruano. Ver Ulrich, Roberto
Pezzullo, Lawrence A., 20, 24, 27
Piegas, Enrique, 412
Pimenta, Joaquim, 96, 98
Piñero, Manuel, 379
Pinheiro Neto, João, 183, 305-6
Pinheiro, Israel, 365
Pinochet, Augusto, 19, 60, 395n.8, 451
Pinto, Onofre, 251-2n.35
Pires, Valdir, 81, 294
Piza, Vladimir de Toledo, 369
Plácido, 326n.33
Poerner, Arthur José, 62n.43
Polletti, Ronaldo Rebello de Brito, 439
Portal, Lourival, 179
Prado Jr., Caio, 395n.8
Prado, Manuel, 285
Prats, Carlos, 65
Prestes, Luís Carlos, 91, 94-5, 98, 101, 311, 440n.34
Prestes de Paula, Antônio, 249, 251-2
Previatti, Olavo, 179

Q

Quadros, Jânio, 37-9, 82, 119-25, 130, 135-6, 150, 151-6, 159, 168, 209, 225, 235, 312

Queirolo, Luís Vicente, 431, 436
Quinteros, Elena, 429, 437n.29, 454-5n.68

R

Rabelo, Genival, 189n.1
Radaelli, Eduardo, 451n.59
Ramos Filho, Hélio, 35
Ranieri Mazzilli, Pascoal, 72-3, 174, 349
Rauem, Felipe Benedito, 50
Ravena, Walter, 401
Reali Jr., 369n.36
Reedy, George, 339
Rega, José López, 394
Reichstull, Pauline, 326n.33
Reis Perdigão, José Maria, 90, 93, 98
Ribeiro Júnior, Alfredo Augusto, 91
Ribeiro, Carlos Flexa, 365
Ribeiro, Darcy, 54n.33, 55n.36, 81, 136, 207n.55, 209, 250, 347-8, 371, 376n.6, 379-83
Ribeiro, Jair Dantas, 173-4, 218, 247, 260, 262, 265, 267n.47, 274, 322, 337
Ribeiro, Nina, 264
Ribeiro, Trajano, 21-4, 28, 35
Ribeiro, Wanda, 35
Richard, John, 274, 422
Richet, Paulo, 227
Risquét, Jorge, 382
Rivero, Rubem, 399-400
Roberto, Carlos, 139n.38
Rocha, Gilvan, 58n.38
Rockefeller, David, 273, 417
Rodrigues, Carlos Olavo da Cunha, 26n.25, 35, 82
Rodrigues, Cizínio, 226
Rodrigues, Dagoberto, 50, 381-3, 385, 387-8
Rodrigues, Gelci, 387
Rodrigues, Paulo Mário da Cunha, 327
Rodríguez, Hector, 432, 436, 443
Rodríguez, Roger, 406n.49, 427, 433, 438, 454-5n.68
Rojas, Isaac, 140
Roy. Ver Clark, Mark

Ruiz, Héctor Gutiérrez, 63n.44, 65, 69, 395, 398-9, 411, 441

Rusk, Dean, 72, 159, 197, 273, 339, 349, 422

Ryff, Raul, 12n.1, 56-7n.37, 81, 194, 325n.30, 342-3n.36, 467n.2

S

Sachs, Eric, 379-80n.18

Sagredo, Eugenio Berríos, 446

Salazar, Antônio de Oliveira, 62n.43, 63

Salazar, Hector, 68

Salles, Dagoberto, 369n.35

Salles, Orpheu dos Santos, 35, 377-8, 393-8, 406n.48, 414, 441, 461n.87

Salles, Walter Moreira, 160

Salomón, Guido Michelín, 407

Sampaio, Cid, 153, 169, 183n.31, 269

Sampaio, Inaldo, 412-3n.10

San Tiago Dantas, Francisco Clementino de, 149, 154, 156, 158-60, 170, 172, 174-5, 193, 204-5, 210, 214-6, 220-3, 227-8, 230-2, 235, 248, 295, 307, 342, 415n.20

Santos, Adalberto Pereira dos, 417-8

Santos, Agenor Soares dos, 23

Santos, Albery Vieira dos, 372

Santos, José Anselmo dos, 317, 324-6, 338

Santos, José Duarte dos, 385

Santos, Max da Costa, 82, 250

Sardenberg, Idálio, 254

Sargent, Henry P., 226

Sarli, Wellington, 451n.59

Sarmento, João, 327n.35

Sarmento, Syseno, 358n.7

Scherrer, Robert, 64n.45

Schlesinger Jr., Arthur, 160, 200, 252

Schlling, Paulo, 251

Schneider, Mark L., 28

Seixas, Nicolau José de, 43n.17

Semhan, Abel, 417

Senna, Milton Câmara, 431

Serpa, Jorge, 265, 290, 292, 294

Silva, Alberto Pereira da, 267-8

Silva, Albino, 195, 197n.19, 217, 260n.14

Silva, Amaury, 59, 81, 243, 348, 351, 371

Silva, Carlos Medeiros da, 352

Silva, Eudaldo Gomes da, 326n.33

Silva, Hélio, 83

Silva, José Manuel da, 326n.33

Silva, José Wilson da, 376n.6, 382-3

Silva, Noir Gonçalves, 254

Silveira, Antônio Azeredo da, 440n.34

Silveira, Ênio, 51, 54, 70, 83

Simon, Pedro, 19-20, 35

Siracusa, Ernest V., 19n.3

Soares, Gláucio, 143

Soares, Manoel Raimundo, 385

Soares, Mário, 23, 58n.38, 61-2, 392, 402n.35

Soares, Mauro Vinícius, 431

Souza, Evaldo Luís Ferreira de, 326n.33

Souza, Herbert José de, 377, 381-2, 388n.52

Souza, Raimundo Ferreira de, 345

Stevenson, Adlai E., 190-1n.4

Stone, Harry, 183

Suharto, Hadji Mohamed, 437n.28

Suzano, Pedro Paulo de Araújo, 327-8

Szulc, Tad, 253

T

Talarico, José Gomes, 54, 59, 81, 371-2, 393, 397, 447

Talma, João de. Ver Reis Perdigão, José Maria

Tanahy, 321

Taub, Benjamin, 24n.16, 440

Taub, Guillermo Luís, 24n.16, 25, 440

Tavares, Flávio, 35, 44, 63n.44, 381n.22, 382n.26, 383, 385, 397

Távora, Joaquim, 86

Távora, Juarez, 95

Távora, Virgilio, 138n.33

Taylor, Maxwell D., 273, 281

Teixeira, Francisco, 82, 340n.20, 363, 368

Teixeira, João Pedro, 169

Teixeira, Lino, 340n.20

Teixeira, Miro, 424

Teles, Ladário, 337, 348, 350, 361

Teniente Tamús. Ver Barreiro Neira, Mário Ronald
Todman, Terence, 26, 28
Torres, Juan José, 65, 395
Torres, Paulo Francisco, 268
Townley, Michael, 65, 451n.59
Trujillo, Rafael, 121n.16
Turati, Filippo, 85
Tyson, Brady, 61n.39

U

Ulrich, Roberto, 395n.21, 411, 413, 440, 444, 456

V

Valadão, Haroldo, 294-5
Valadares, Benedito, 141, 158, 171, 333
Valdés, Arturo Silva, 447n.59
Vale, Edmundo Jordão Amorim do, 115n.5
Valente, Paulo Cavalcanti, 19, 27
Valenzuela, Eugenio Covarrubias, 451n.59
Vance, Cyrus, 29
Vargas, Getúlio, 13n.1, 94-6, 98-112, 113-5, 118-20, 125-8, 131-40, 143, 147, 162, 170, 236, 244, 287, 309-10, 338n.14, 353, 372, 376, 461
Vasconcelos, José Pereira de, 267
Vasconcelos, Olinto Mesquita de, 90
Vélez, Carlos, 133
Ventura, Domingos, 338
Viana, Cibilis, 82
Viana, José de Segadas, 207

Victor. Ver Ferreira, Joaquim Miguel Vieira
Videla, Jorge Rafael, 398n.19, 411
Viedna, Soledad Barreto, 326n.33
Vieira, Carlos Meirelles, 45
Vieira, Júlio, 432, 448, 460-3
Vilela, Carlos, 338
Viotti da Costa, Emília, 60
Viotti, Flora, 60
Vitale, Felix, 380n.20

W

Wainer, Samuel, 79, 132-3, 287, 307, 338n.34
Walters, Vernon, 38, 73-6, 257, 259, 261, 282, 289, 295-7, 303, 320, 330-2, 334, 337, 353
Werneck, Paulo, 80, 255n.10, 320n.27, 322-3
White, Robert E., 66
Wilkins, Hugo, 396n.26
Williams, Samuel T., 281

Y

Youle, John, 26-30
Young, Andrew, 61n.39

Z

Zerbini, Eugênia, 284n.43
Zerbini, Euryale de Jesus, 35, 284, 364-5
Zerbini, Euryclides de Jesus, 411n.21
Zerbini, Tereza, 35, 284, 365n.36

SOBRE O LIVRO

Formato: 16 x 23 cm
Mancha: 28,4 x 45,7 paicas
Tipologia: Horley Old Style MT 11/16 pt
Papel: Offset 75 g/m^2(miolo)
Cartão Supremo 250 g/m^2 (capa)
8ª Edição: 2010

EQUIPE DE REALIZAÇÃO

Edição de Texto
Paula Brandão Perez Mendes (Preparação de original)
Valquíria Della Pozza e Cássia Pires (Revisão)

Capa
Estúdio Bogari

Editoração Eletrônica
Estúdio Bogari

Impressão e acabamento